蔚理文叢01

001

鵝湖民國學案

呂榮海、賴研 等◎著

1. 非學案絮語——《鵝湖民國學案》序

曾昭旭

　　老友呂榮海律師，面邀我爲他以及他的團隊所編撰的《鵝湖民國學案》（首冊）作序。書中內容我一頁都還沒有看，就一口答應說「義不容辭」。請問是那一義令我不容辭呢？原來就是呂律師的爲人，包括他的熱誠、理想與鍥而不捨的毅力（正好是仁智勇三面俱全），讓我由衷敬重，所以不容推辭。

　　本書取名爲《民國學案》，顯然取法於《宋元學案》與《明儒學案》。但細看他的目錄與內文，則雖在第一、二部分略著學案之名，其後四部分則多所延伸，反更近於史傳與文學。而即使單就前兩部分而論，若以學案之體例與學術之方法爲準，則可說完全不合格。如：所記述僅就個人所知，而欠缺全面性之考察，以篩選出在學術上具代表性之人物，並形成有影響力之流派。其次，即使就表列於學案之人物而言，亦未能深入疏理其人、其學、其流派之學術內涵、義理統緒；而只能就片斷見聞、主觀感想，略予記述。甚至許多文字，都只是初步閱覽之讀後感而已。所以整體看來，其實不免是散漫蕪雜的。

　　既然如此，那麼本書還有一讀的價值嗎？如果還有，那應該是基於怎樣的觀點而有呢？

　　於是我們當注意到本書雖取名爲《民國學案》，之前卻還有
「鵝湖」兩字。這鵝湖不是指已發行超過四十七年的《鵝湖月
刊》（也有人稱之爲鵝湖學派），而是指呂律師在新竹橫山主持
的鵝湖書院；而且精神上更是由此向上追溯到南宋在江西鉛山鵝
湖山鵝湖寺舉行的那場鵝湖之會；而尤有進者，是對鵝湖之會的
著眼點，並不落在正牌學術義理的朱子與陸象山這兩位主角身
上，而是落在那促成此會、志在調和的中介者呂祖謙（東萊）身
上。這眞可說是別具隻眼、深懷苦心呀！原來呂律師正是深慕同
宗先賢東萊先生的胸襟風範，亟欲秉承東萊「同情、包容、溝
通、和合」的精神，好爲亂世中徬徨的人心，先找到一個最基本
的安頓之所。所以朱子、象山，雖然義理深刻正大，落於現實，
兩家卻依然不免扞格不通，反導致兩派後學互相攻訐。實不如東
萊，雖爲配角，反接地氣；雖未建立學術宏規，一點包容寬諒之

情，反更能撫慰廣大的破碎人心也。而呂律師團隊編撰《民國學案》，特標「鵝湖」兩字，其用心亦正在於斯乎？老子曰「正言若反」，莊子著文，亦運用「謬悠之說，荒唐之言，無端崖之辭」；則吾人讀《鵝湖民國學案》，亦不妨以此角度觀之也。然則雖讀不到學案應有的正規內容，亦正可放下此正規之成見，而領略其閃爍於字裡行間的言外之意也。

原來在大亂之世，一切所謂正規都已變假，反成仁心真情的遮蔽壓抑。所以老子才說：「絕聖棄智，民利百倍；絕仁棄義，民復孝慈。」蓋當禮教吃人之時，不如反求禮之本之仁也。故孔子也說：「先進於禮樂，野人也；後進於禮樂，君子也。如用之，則吾從先進。」正所謂禮失而求諸野；蓋比諸已喪失為人根本的上流社會偽君子，野人庶民小老百姓反保留相對有更多機會流露的純真善良真性情也。而正是因此之故，《民國學案》才把注意力更放在眾多無籍籍名的小人物身上，如老兵、如移民等等，以顯發他們的潛德幽光。歐陽修作《新五代史》一行傳，不是也意即在此嗎？即禮失而求諸野之謂也。

所以，若著眼於這些不經意流露的生命真情，便不宜使用早已異化變質的學術規格、邏輯系統，而當活用意在言外的非正統文法了！想當年王文興作《家變》一書，就是故意使用破碎的語言、不通的句子，讓人閱讀起來非常不習慣。人問為什麼要如此？他說正是要運用破碎的語句，才能如實呈現那破碎家庭中扞格難通的父子關係啊！雖然看似造成閱讀的困難，卻也正藉此提醒人不要執著假相，順著流俗，走向自欺欺人的人生歧途；而當及時自反，求其放心，庶幾在滾滾紅塵中，能一眼看見那在隱微處閃爍的點點清光呢！此所以莊子才說「每下愈況」也（愈在低賤不起眼的地方，愈能明白看見人性的真實）。

　　眞的，在此人人追逐虛妄名利而漠視眞情的大亂之世，老子的正言若反、莊子的謬悠之說，也該出現一些現代版罷！好提醒世人重新審視自我，拿出遺忘已久的同情寬諒包容之心，以看見人世本有的美好與自己原來的純良。而本書正以「非學案的學案」、「無結構的結構」、「非正常的正常」、「不完整的完整」（莊子說：「畸於人而侔於天。」），詭譎地展示出他又隱涵又清晰的微意。這讓我想起法國文豪羅蘭巴特的《戀人絮語》，也正是用一種散列不成系統條理的結構，隨機點染出愛情的吉光片羽，卻反而可以直通到愛情的奧秘底蘊。而2021年一部原名《No》，臺灣譯名爲《非戀人絮語》的德國電影，恐怕正是從此書脫胎，用同樣非結構的弔詭影象去指點愛情的關竅。然則所謂《民國學案》，是耶非耶？若知即非即是，而是非雙忘，則庶幾矣！吾以是遂亦名本序文曰「非學案絮語」也。

　　於《鵝湖民國學案》（首冊），余閱畢全書，也未嘗不津津有味，而忘其爲學案。至於呂律師是否果眞如本序所論，有意作此弔詭的設計？則我覺得恐怕沒有，此之謂自然，此之謂本來如是。那麼是我捏造這一說法去硬套在此書之上嗎？那恐怕也不是。眞情恐怕是他做他該做的，我說我該說的而已。然乎？不然否？亦只有請讀者諸君自問其心可也！

　　是爲序。

曾昭旭

2022-9-16

2. 走在朱子之路上

臺灣海峽兩岸朱子文化交流促進會創會理事長 朱茂男

2000年夏天，茂男帶著一對即將出國深造的兒女，隨家族宗長到廣東豐順尋根問祖，並到武夷山參加朱熹逝世八百年的紀念會，旅途中結識了應邀參加朱子學研討會的清華大學楊儒賓教授，回臺後還保持聯繫。2004年，茂男接任朱氏宗親文教基金會的董事長，深感重任。經臺大前校長孫震教授的推薦，認識了時任教育部卓越研究計畫總主持人的歷史系黃俊傑教授，兩人可謂一見如故。

2006年2月，由臺大與朱氏宗親文教基金會聯合主辦「東亞朱子學的同調與異趣國際學術研討會」，將朱子學推向國際，定位其思想為促進東亞文明的發展，在全球化的影響下具有當代的價值。在宗親活動方面，茂男舉辦了朱昆泰家族紀念秀成公來臺兩百二十二年活動，當時楊儒賓教授慷慨出借先賢墨寶及他的珍藏品於秀成公廳展出，會後將展出品印製成冊，楊教授在圖錄上寫了一篇《走在朱子的路上》序文，造就了「朱子之路」的緣起。

2008年8月1日，在茂男與臺大、清大、師大等研究朱子學相關學者們的多方努力下，朱子之路成功首航了！由楊儒賓教授領航的「朱子之路」，即走訪一遍朱熹出生、成長、求學、講學、終老的朱熹故里，親身體驗朱子之道。「朱子之路」的首航，得到了熱烈的回響與鼓勵，使茂男感到這是一項值得推動的文教志

業，並在此次首航中與楊儒賓教授定下「十年盟約」，繼而有了呂榮海律師參與的2009年第二屆朱子之路，在這一次的朱子之路，首次參訪鵝湖書院，對於身為呂祖謙後裔的呂律師而言，更顯意義非凡，回臺後，呂律師在臺灣新竹創辦鵝湖書院，打造書院文化交流平台。

茂男與呂律師自朱子之路後始終保持聯繫，2011年藥界第一次抗爭走上街頭，即由呂榮海律師擔任法律顧問。2013年新春，新竹主辦為時兩周的颺燈會系列活動。透過舉辦「2013臺灣颺燈會系列活動：新竹朱子學堂系列講座暨書院文化論壇」，更建立與新竹縣社區大學發展協會、新竹書社、新竹文教界人士與朱氏宗親的革命情感，並於同年9月28日教師節，成立「臺灣海峽兩岸朱子文化交流促進會」，由茂男擔任理事長，呂榮海律師擔任副理事長。旨以「朱子家訓、朱子家禮、

朱子之歌、朱子禮樂、朱子之路、書法文化、源流文化、茶道文化、儒商文化」等十大多元的面向，建構朱子文化的內涵，讓朱子文化廣佈四方。

從朱子之路到書院文化，呂榮海律師對茂男多所助益。2017年茂男成立「文德書院」，敦請黃俊傑教授擔任山長。文德書院的成立，是書院文化發展的里程碑，張崑將教授於2022年出版的《臺灣書院的傳統與現代》，更是近年來臺灣書院文化研究的集大成者。呂律師《鵝湖民國學案》一書，對此有更詳盡的脈絡描述，精彩可期。

八百多年前，南宋理學家呂祖謙邀請朱熹與陸九淵等人的「鵝湖之會」，首開書院會講之先河。八百多年後，呂祖謙的後裔呂榮海律師與身為朱熹後裔的茂男，相知相惜，十幾年來共同走在朱子之路上。希望這一段佳話，源遠流長，永續傳承。

朱茂男

2022年9月

3. 世界太需要你，心靈的暖力：

《鵝湖民國學案》序

王立新

　　有幸訪問過新竹的鵝湖書院，與書院的朋友們在一起活動，對書院有了一點初步的觀感。

　　鵝湖書院原本在江西的上饒鹽山（現名鉛山），但現在的原址上卻早已少了講學活動，只是一個紀念的場所，供遊人參觀而已。眞正還在進行講學交流活動的鵝湖書院，在臺灣的新竹。

　　臺灣大學法學博士呂榮海律師，邀集對思想文化和社會人生確有實際興趣的各路朋友，在新竹創立鵝湖書院，這裏的人們，來自民間各行各業，但他們對學術和思想卻都很感興趣，他們舉辦各種集體性的講學、讀書等活動，其中的朋友們出版新書，也常常在那裏交換，交流。是一個活動頻繁，交流廣泛，人氣很盛，向心力強的所在。我於2019年3月底，應邀到那裏講學，與朋友們一起交流學習體會、參加他們自發進行的文娛活動，這件事情，讓我感覺既親切又溫暖。

　　他們的書院，既跟政治無關，也跟經濟無關，只跟他們的興趣有關。依照我的觀感，他們的這種興趣的動力，並不來自對歷史上無論哪一家哪一派的學術思想眞諦的執泥追求，更不來源於復古的懵懂情緒，而是來自于對現世社會人生的探求熱忱。其實古典書院也一樣，多半以探討學術、思想爲依託，表達對社會人生的看法，交換對生活和生命的體會。就此而論，他們的這個民

間組織，稱之爲書院，是當之無愧的。他們有很高的生活熱忱，他們都十分熱愛生命。他們的所有活動中，充滿了生命熱力的相互傳遞。

近些年來，傳統學問在社會上出現明顯回溫之勢，但很多人借此興辦書院，卻是爲了謀求經濟利益，卻是爲了傳遞一家一派的價值，撈錢的同時，用某種特定的價值觀和管制方式，壓抑來

其中受學的孩子和人們。這些所謂書院，不配叫做書院，連一絲古典書院自由講學，尊重個體感受的氣息都沒有，倒是有點類似於新型的精神監獄。他們的做法，既無益現代的社會，也無益于當下的人生。因為他們的做法，明顯是與整個世界的發展方向和基本人間道義背道而馳的。

在臺灣新竹鵝湖書院裏，我一點這種跡象都沒看出來，卻在那裏看到了一種現代社會發展和人生幸福最需要的一種東西，這種東西已在那裏完全展開，而且還在繼續擴大。這種東西，我可以叫做心靈的暖力。為了寫這篇文字，我臨時想出了這個自己感覺很恰切的詞語。

他們因愛好而聚合在一起，他們互相間給予別人並從別人身上獲取的，正是一種心靈的暖力。

人們今日生存的世界，雖然技術進步很快，經濟生活水準不低，但因為種族、國家的各自自私自利，因為各色人種的各類社會裏的自以為是的價值崇尚，各個國家、地區的統治集團及其各級各類的官吏之間的勾心鬥角、爭奪權勢，使得人們不斷心灰意冷，已經造成人際交往交流的巨大障礙，這種情況仍在不斷加劇，短近期間內看不出回轉的明顯跡象。

加上工作負擔加重，節奏加快，人際關係越來越疏離，人心感覺越來越冷寂。無論對個體人私人感受，還是對整個社會公平正義而言，人人自掃門前雪，不管他人瓦上霜，人們似乎已經失去了對他人瞭解、理解的興趣，關愛的行動，雖然在表面上依舊存在，但關心的真實性，卻已離人間越來越遠。

當今時代，無論哪個國家、地區、民族、職場，或者社會團體之類，最需要但卻最匱乏的，就是人與人之間真正的互助和關心。

　　改變這種狀況，需要一股力，一股暖力，一股眞正發自每個人心靈深處的暖力。在新竹鵝湖書院，我感受到了這股暖力，我感到這股暖力，在他們的書院裏，發自幾乎每個人的心裏，又向每一個另外的人們傳遞過去。

　　書院不只需要講學、讀書，更需要互相給對方以溫暖，這是今日社會最需要的東西。這種暖力在人世間的不斷流失，致使每個人的內心越發孤僻，越感無力。由此導致了整體生活熱情降低、生活情趣驟減，人心越來越冷漠，就連談話、交流的欲望和熱情，都在明顯的一天天降溫，如此下去，人們都將生無可戀。

　　人類當下所面對的這種危險而難堪的境遇，與每個人其實都有關係，儘管主要導因於世界上的各種權力之爭和利益之爭，以及由此誘發的從上主義、壓下主義、官僚主義、形式主義之類；再伴隨技術至上、經濟利益至上等不良社會風氣，使得人間情誼越來越淡漠，使得人心越來越冷漠，幾乎將要達到麻木不仁的狀態。眞誠的關心和關懷，離人間越來越遠。人心本有的暖力，嚴重衰減到近於衰竭的程度。

　　喚醒人心的暖力，煥發人心的暖力，是當前世界的最大關鍵點所在，人類未來是否幸福，人類是否還有生存下去的欲望，最緊要的當務之急，全在喚醒並煥發人心的暖力！

　　新竹書院呂榮海院長發來他們即將出版的《鵝湖民國學案》，希望我能爲該著的出版說上幾句話語。該著記載了民國以來兩岸各地的學者們的一些生平事蹟，收錄了呂律師和幾位朋友對一些學者思想、學術的瞭解和評斷，同時還輯錄了書院裏一些「小人物」的讀書心得和生活體會。也許因爲我是冒學者之名的生存者，所以他們將前兩部分當成內容的主體向我引介，這部分

自然表現了他們的好學和責任，也表現了他們的認知和見識；但我更希望他們在未來的書寫中，更加著重自己書院朋友們相互間的讀書交流和生活心得，這部分更能體現他們互相間暖心的交流，更能為社會增添溫暖的力量。這份力量不是古代、現代和當代的學術和思想所能直接造成的，可在他們身上卻已有相當充分的展現，這是這個世間最可貴的東西。

暖力，暖心之力，心靈的暖力，是這個世界最不可或缺的東西，缺了這個東西，世界將不再是世界；人間，也不再能夠稱為人間。

由衷祝願這種暖力，在新竹鵝湖書院持久不衰地增長下去，同時也希望這種暖力，在世界各地不斷升起，給受困於孤寂冷漠的人生，以情感、情緒的慰藉，增強人們之間交流、交往的熱情，增進人們瞭解、理解的熱望，鼓舞人類生存下去的信心和勇氣。

世界太需要你，心靈的暖力！

王立新

（深圳大學人文學院教授）

2022年9月14日

4. 處士、天下士、行所無事、竟成其事／為臺灣鵝湖書院呂榮海主編《民國學案》推薦序

林安梧（東華大學榮譽講座教授、元亨書院山長）

　　呂榮海律師，是老朋友朱高正的同班同學，雖然我這幾年才交往起來，但總覺得歲月悠悠，有種宏遠的深識。榮海兄與高正兄有一個共通的地方，他們對中國文化都很熱愛，用情十分真摯。當然，朱高正是受過從法學到哲學訓練的，又是政治運動家。呂榮海基本上從事法學研究，並在實務上有輝煌的成績。朱高正取得的是德國波昂大學的哲學博士，而呂榮海取得的是臺灣大學的法學博士學位。可謂各擅勝場。

　　二十一世紀初，他與朱高正、朱茂男等先生，參加了「朱子文化之旅」及一些其它學術活動，去了江西鵝湖山的鵝湖書院。參訪了鵝湖書院，當然也聽聞到著名的「鵝湖之會」，除了朱、陸兩家以外，這故事與呂家有密切的關係。呂祖謙將勢同水火的兩派，理學一派與心學一派，朱熹師徒與陸九淵兄弟，在此議論風發。這輝耀古今的朱陸鵝湖之會，肯定的說，要是沒有呂祖謙牽線，便沒有這場會議。

　　呂祖謙，就是我們年輕時常聽到《東萊博議》一書的作者，這是一部非常了不得的古代散文典範，政論、史論、文化評論，含聚其中。呂東萊文章寫得非常好，知人論事，即事言理，契乎

大道，十分難得。《東萊博議》堪稱議論之典範，內容本於《左傳》，他的論點並不是瑣細的考索原先的史事，而是迴向整個生活世界，切察史文、深察史理，於事理之論略，道理的深求，頗為深切著明。這本書常被用來訓練學子，如何做科舉文章，可以說是考試的必備用書，流傳至今，用現在的語彙來說，仍然夯得很，很有市場價值。我覺得呂榮海兄知人論事，乃祖東萊，似在左右，相隔八百餘年，其精神義氣，通徹古今，真難能也。

呂先生這些年來，又繼續深化這條路，他身體力行，建立了臺灣鵝湖書院。起先，不知道的以為，這個鵝湖書院，與1975年在臺北建立的鵝湖月刊社，下屬的鵝湖文化書院，是否是同一個？其實是兩個。原先的「鵝湖月刊社」的「鵝湖」，代表著學術自由的論辯，學術獨立的精神。「鵝湖月刊社」是一民間組織，每月出版《鵝湖月刊》，至今已接近五十個年頭，從沒有脫期過，是臺灣最具有影響力的人文學刊。幾十年來，他孕育了相當多的學者，遍佈在臺灣、香港、澳門乃至大陸。我想無論是老、中、青的學者，海內外高校及研究單位，有很多學者都與《鵝湖月刊》多少有著關係。一九七五年建立的鵝湖月刊社，綿延至今，在學界已經被稱之為鵝湖學派。這「鵝湖」可以說是臺灣人文學界的奇蹟。

相較於一九七五建立的鵝湖月刊社，及其下屬的鵝湖人文書院；呂榮海先生建立的鵝湖書院，面向更廣，他集結了一批文化人，有博士、碩士還有一群社會賢達，士農工商都有，雖然許多人已經有一把年紀了，但他們可真是老當益壯，集結起來，讀書討論，議論風發，竟然做了一件大家覺得不可思議的事，他們立志編寫《民國學案》。學案的編選，何其重大也耶？當然，會有人質疑，你現在找的這群人，有這個能力編成《民國學案》嗎？

如同在呂先生在＜自序＞裡寫的，你這樣的思考，就有一點多餘；因為它基本上，其實是做了一個文化保存的功夫。他希望由於這樣的啟動，而會引來後起者的重新帶動，成功不必在我。這發想，這用心，這願力，豈一般俗事者之所能知之。這正如同王立新教授代序裡提到的「世界太需要你！心靈的暖力」，這種「心靈的暖力」，彼此是會相互滋濡綿延而生的，用臺灣的語彙來說，他便有一種「生湠的力量」。老實說，文明的維持，就是這樣生長著的。

呂榮海先生的臺灣鵝湖書院，正在啟動的這件事，編寫《民國學案》，讓我悠悠然想起，人類文明，特別華夏文明，有一非常可貴的「地方處士」的傳統。什麼是「地方處士」呢？他指的就是在一個地方蹲點的、真正的讀書人。這地方蹲點的讀書人，卻是通曉宇宙古今的。「地方處士」正乃「國士無雙」也。可要記得：文明是要接地氣的。接了地氣，才能通天道，通了天道，要入乎本心，進而布乎四體，通達於八方的。

呂榮海先生及同道們所建立的臺灣鵝湖書院，最早的院區在新竹縣橫山鄉，後來又增設了一個院區，在彰化縣溪州鄉，除了這兩個院區以外，生湠出去，我想還會有更多院區。榮海兄充滿了生命力，他騎單車繞臺了好幾圈；去大陸朱子之路，尋根，去找尋他的老祖宗呂祖謙。他現在正在做的事，與他的老祖宗呂祖謙做的事，可謂古今遙相呼應。呂祖謙與朱熹一起編纂《近思錄》。《近思錄》集結了北宋四子：周敦頤、張載、程顥、程頤，其語錄成為後來研究宋代理學必備、研究宋代理學必讀的書籍。朱熹是理學家最重要的代表者，後來刊印的《近思錄》，往往只署名朱熹所編。其實，這中間有一個非常重要的參與者，而且參與甚至一點都不比朱熹少，那個人就是呂祖謙。有人說，沒

　　有呂祖謙，便不會有《近思錄》，沒有呂祖謙，便不會有「朱陸鵝湖之會」，要是沒有《近思錄》，沒有「鵝湖之會」；中國文化學術史就得改寫。

　　從呂祖謙而下的呂氏家族的血脈裡，似乎有著獨特的文化基因。呂祖謙很重要地促成了朱陸的鵝湖之會，促成朱熹與他一起編纂《近思錄》。作爲呂家後世子孫的呂榮海先生會發願立志辦臺灣鵝湖書院，啓動《民國學案》的編寫。像這些難能甚至不可能的事，世俗人覺得好奇而困惑的事，在他來講可能就只是一件事而已。《易經》有云「乾以易知，坤以簡能」，天地之事，原來簡易而已。

　　初看這《民國學案》，觸及的面，非常廣泛，包羅萬象，精純者有之、駁雜者有之；它不只是我們所說的哲學的學術，它也涉及到政治的、社會的、文化的，經濟的、心理的，方方面面，

幾乎無所不包，甚至一般社會現象、文化現象的深層觀察也涵納其中。包容差異，容納多元，眞所難得也。

因爲呂榮海先生的臺灣鵝湖書院，民國學案，讓我想起中國古代的處士傳統。記起小時常到霧峰林家花園遊玩，園中有另一小園子，前面有一副對聯，對聯寫著：「自題五柳先生傳，任指孤山處士家」，霧峰林家標舉自己是孤山處士，標舉自己是五柳先生。五柳先生，是陶淵明啊！孤山處士，是林逋（林和靖）啊！不管是林和靖還是陶淵明，它們都是地方處士，都是蹲點在地方的讀書人。不過這地方處士，卻是國士無雙。須知：眞正的讀書人，不一定要是學界裡的人，不在論文多少篇，而是眞正的、能夠在地方蹲點紮根生長起來這樣的讀書人。這讀書人對地方影響很大，不只是對地方，乃是對家、國、天下影響都很大。這是咱華人文化傳統所最常強調的、最可貴的。我從呂榮海先生

身上看到這樣一種可貴的氣質，這氣質我認為是中國傳統文化、傳統書院所擁有的。

《民國學案》第一輯，就要出版了，令人歡喜，高興非常；榮海兄要我寫個序，想著想著，說了以上這些。祝願臺灣鵝湖書院諸君子能繼續「承天命，繼道統，立人倫，傳斯文」，綿綿若存，自強不息。蓋地方處士，原來國士無雙；行所無事，天下事，就這樣啓動了。是為序，深祈敬禱！

——壬寅二零二二年九月廿四日，
林安梧寫於臺北福德街象山居

推薦者簡介：

林安梧，宗教學家、哲學家，臺灣大學第一位哲學博士，曾任清華大學教授暨通識教育中心主任、《鵝湖》學刊主編、社長、《思與言：人文社會科學雜誌》總編輯，臺灣師範大學國文學系教授、中央大學哲學所教授、上海同濟大學講座教授暨中國思想與文化研究院院長，北京大學客座教授、廈門大學國學院客座教授、慈濟大學人文社會學院院長、宗教與人文研究所所長，元亨書院創院院長、山東大學儒學高等研究院傑出海外訪問學人、山東大學易學與中國古代哲學研究中心特聘教授。專著三十餘部、論文三百餘篇。

5. 儒家仁愛之說仍有益當今世界／鵝湖民國學案序

王維生

「在熱愛在徬徨，在躁動在孤單，在故鄉在他鄉，黃色的皮膚黑色的眼，割不斷的古與今，奔流向遠方！」

這是上月啓動的第五屆全球華人「致敬國學」活動宣傳片的開篇解說詞，好朋友散人兄撰寫。彼時聽了，心中有一種莫名的感動，心有戚戚焉！

是的，庚子流年以來，面對百年未有之變局，人們感慨良多！一方面是新冠疫情的肆虐，帶來了太多的不確定因素，且風波未平，今年頭又爆發俄烏戰爭，對世界政治經濟民生格局影響之大，前所未有。人們在徬徨、在躁動、在孤單、也在思考，希望從傳統文化中吸取智慧尋找答案；另一方面是割不斷的古與今，讓我們對傳統文化始終保有情懷與敬意！依然相信儒家仁、愛之說仍有益於當今世界。不僅在大陸、在海峽對岸，都有這樣一批人，臺灣鵝湖書院呂院長榮海兄就是其中一位。

上周收到呂院長的微信，希望我能爲他的新書《鵝湖民國學案》寫一小序。兄臺之託，自然不敢怠慢，於是認眞拜讀書稿，頗有收穫，略談幾點感想。

呂院長領銜主編寫的這套《鵝湖民國學案》，仿《宋元學

案》、《明儒學案》的編寫模式，搜集整理民國以來的思想、學術成果，建立民國學案資料，囊括了很多優秀學術成果，輯錄範圍很廣，臺灣現代社會的方方面面都有所涉及，尤其是學案的第一部分，圍繞「儒學」和「書院」兩個中心，輯錄了諸學者們的學術成果及心得感想等。第二部分，則收錄了文藝、教育、科學、經濟及法治五個方面的學案，介紹了不少現代各行大家及其學術對話。對於想要瞭解民國以來的書院學術思想史及兩岸文化交流的人來說，這是一部頗為難得的工具書。

呂院長乃南宋東南三賢之一呂祖謙的同宗後人。其同宗先祖呂祖謙當年為調和朱熹「理學」和陸九淵「心學」之間的理論分歧，望雙方的觀點能「會歸於一」，於是親自安排了朱陸在鵝湖寺見面，促成了一場名傳千古的「鵝湖之會」。此乃中國古代思想史上的第一次著名的哲學辯論會，意義重大，影響深遠。而今，呂院長亦十分提倡「會歸於一」、「互相溝通，求同存異」的鵝湖會精神。他認為世人在紛爭中，很需要坐下來心平氣和地溝通交流，祈望大家能通過友好溝通，尋求共識、求同存異、異中求同、會通和合。

呂院長本是一位名聞遐邇的大律師，曾經作為法律顧問，參加過兩岸的許多重要協商談判。其人又愛好國學，業餘時間常與友人讀經論道、探討一二，對文教事業亦非常熱心。2009年，他隨朱茂男先生參加「朱子之路」，到訪朱熹活動過的許多重要地方，尤其是到了江西鉛山鵝湖書院，此間他深受觸動，對儒學有了不同的認識。為了發揚其先祖遺風，他聯合諸位好友，籌辦書院，於2013年及2016年在新竹縣、彰化縣先後創設臺灣鵝湖書院，致力推展理學，傳承鵝湖論學做事之精神，為國學的推廣和海峽兩岸的學術交流，提供了極好的平台和環境，此舉頗有先祖

之風。

呂院長從事法律行業三十餘年，對民生、法治有深刻的見解，其以自身獨特的視角來研究儒學，將儒學與現代法制融合在一起，從儒學、哲學中探尋仍有益於當今法制、人權社會之精華，進行文化推廣，能夠結合科技、產業、經濟等方面，思考儒學文化、經濟科技、民生法制等多向提升的問題，眼光十分獨到，令人非常敬佩。他與諸位賢人深入研究理學，探討鵝湖精神，編輯出版了「鵝湖四書」──《呂祖謙的儒（理）學、法理學》、《文化呂學》、《理學呂學》及《鵝湖紅樓隨筆》等，對鵝湖文化進行詮釋，以儒學來解讀當代人權、法治、經濟、科技各個方面，並積極將理學在各地宣傳推廣開來。這其中為理學傳承付出的心血可想而知，令人十分欽佩！呂律師雖非專業思想史的學者，但思想史如若能遇到更多像「呂律師」這樣的「非專業的人」來推介，將會有更廣泛的影響力！

我與呂院長結緣於十多年前的一場海峽兩岸四地的朱子學論壇，兩人十分投緣，之後互動往來頗多。記得當時聊起各自的經歷，都有一個共同的感慨，原來我倆都是「不務正業」。他本是一位著名大律師，而我原來從事企業經營管理，我們都是懷揣著對中華傳統文化的熱愛與嚮往，而走上創辦書院與傳播國學這項事業的。

2005年，在廈門市領導和相關部門大力支持下，我開始籌畫創建廈門篔簹書院，歷經五年的規劃與建設，於2009年初夏正式投入使用。十幾年來，篔簹書院秉持著「舊學商量·新知培養」的辦院理念（源於朱熹在「鵝湖之會」提出的「舊學商量加邃密，新知培養轉深沉」和詩）。充分利用地處廈門面向臺灣的地緣優勢，緊緊把握傳承與創新兩方面，致力於當代書院的建設、

辦學、運營模式等探索；致力於海峽兩岸的傳統文化交流事業。廣泛開展多層次的國學普及教育推廣與海峽兩岸傳統文化學術研討交流等活動，至今已成功舉辦十二屆海峽兩岸國學論壇，有一千多人次的海峽兩岸學者先進蒞臨過筼簹書院，參加論壇、講學、交流；更有數千名海峽兩岸大學生，參加過在筼簹書院舉辦的國學夏令營、走朱子之路等活動，使筼簹書院成爲海峽兩岸最

爲活躍與高端的傳統文化交流平台。

2017年9月初，金磚國家領導人廈門會晤期間，中俄二國元首在篔簹書院舉行重要會晤；2018年6月，篔簹書院榮獲「中國國學傳習獎」，同年11月，榮獲第三屆全球華人「致敬國學」大典之公共建設力大獎。媒體評價它：上可作爲國家外交的名片，下可成爲市民的精神家園！

2015年，我應邀到臺北參加兩岸四地朱子學會議時，曾首次建言創辦系列「朱子書院」。2016年5月，我們與同安區政府合作創辦的全球首家實質運行的朱子書院正式開院，呂院長與數十位臺灣各界人士應邀蒞臨，共襄盛舉！朱子書院迄今舉辦了六屆國際朱子文化節與論壇，每屆都有不少臺灣學界人士、朱氏宗親參加，儼然成爲兩岸朱子文化交流的一個重要平台。

傳承優秀傳統文化，當代書院責無旁貸。篔簹書院、朱子書院與臺灣鵝湖書院一樣，一直致力於傳統文化的傳承研究傳播等事業，並努力在海峽兩岸文化交流中發揮紐帶與平台作用。期望我們的努力，能爲人們的身心安頓提供些許幫助，能爲中華民族的偉大復興，做出點滴貢獻！

再次祝賀榮海兄新書出版！

是爲序！

王維生

2022年9月23日

（王維生，中國書院學會副會長 廈門篔簹書院創院院長 廈門朱子書院創院院長 西安唐少陽文化研究院終身院長）

6. 《鵝湖民國學案》推薦序

俞慧君

欣見呂律師邀集十多位好友共同編寫《鵝湖民國學案》，洋洋灑灑五百頁之多，他們說這只是「首冊」，是的，資訊爆炸，民國事物繁多，豈是五百頁所能道盡？呂律師說「急什麼，《宋元學案》編了兩百年、好幾代呢，但總要開始。」這讓我想起小學課本中「愚公移山」的故事，黃宗羲、全祖望、王梓材雖非「愚」公，但他們經兩百年合編《宋元學案》的成功，確如「移山」，很是勵志，我雖然不知道《鵝湖民國學案》能不能成功，是否會有第二冊、三冊……但它確實已經開始了，應該加以鼓勵。

他也給我一本程兆熊著《大地人物》一書（《宋元學案》、《明儒學案》代表性人物故事），我略讀其第九篇云：方伯謨勸朱晦庵（熹）少著書，朱回答「在世間喫了飯後，全不做得些子事，無道理」，於是朱晦庵著了《四書集注》、《伊洛淵源錄》、《近思錄》等書，後來上海古籍出版社、安徽教育出版社共計出版二十七巨冊的《朱子全書》。《鵝湖民國學案》的作者群恐怕也多是有一點「吃飯，不做事，沒道理」吧？尤其呂律師「去大陸五百次」、想「步行臺灣兩百個鄉鎮」，又已出版四十本書，到了一把年紀，還跨出他的法律專業領域，做起《鵝湖民國學案》，呂律師自言這也是「吃飯，不做事，沒道理」吧？其實，我真心認為呂律師意在為文，可比擬東坡居士所言：「某平

生無快意事惟作文章，意之所到，則筆力曲折無不盡意，自謂世間樂事無踰此者。」只要能開心，就值得鼓勵。

我曾在司法界擔任法官三十年，時常面對原告、被告都根據同一條法律（例如民法第184條「侵權行爲」），各自主張自己應該勝訴，誠如臺灣鵝湖書院牆上所掛朱晦庵（熹）的名言「理一分殊」，原告、被告的舉證，格物致知、引用判例、法理等「窮理」工夫，但最終也都須由法官「自由心證」做出判決，不服的還可以上訴，不同的法官可能「心證」不同，也是一種「理一分殊」，這些「理學」、「心學」的元素，據悉皆存於西元1175年「鵝湖之會」的論辯中，難怪專業法律論辯的呂律師被「鵝湖書院」吸引了，他感嘆「我爲什麼五十五歲才知鵝湖？」、「那是前人少提鵝湖之故？」，於是他投入「鵝湖之會」的介紹、推廣，因此因緣，他也在「法理學」、「法哲學」開了一個新窗，而不只是從我們年輕時代所學悉傳自西方的法律文化。所以，他邀集同志編寫《鵝湖民國學

案》，想讓更多人、更早知道鵝湖之會，融會「窮理」與「心證」。

當前也如朱熹所處的南宋一樣，是個「不敬的年代」，南宋人不敬北方遊牧民族及其軍事行動、不敬執政者殺掉有能力「還我河山」的岳飛、不敬執政者只想偏安江南，主戰派主和派互相攻伐謾罵、互相指責，互不敬之至，於是朱熹在此「昏暗、不開朗的社會」之中主張「主敬」替代「主靜」，提倡「涵養須用敬」，守住、鼓舞人性的正能量與善意。如今，臺灣許多人不敬大陸軍事威嚇、不敬美國政客及其「烏克蘭化臺灣的意圖」；執政者用了許多「不怕罵的無恥之人」，令人不敬；統派獨派互相不敬；大陸人也有很多人不敬美國政客、不敬臺灣政客及不敬獨派；兩岸的名嘴、電視、群組因顏色不同，互相謾罵，互相不敬，社會充滿負能量，缺乏善意，何人有份量再倡「主敬」？如何主敬？欣見《鵝湖民國學案》的編寫群體仍佈朱熹、陸九淵、呂祖謙聚在鵝湖所傳達的「敬」、「開朗」與「溝通之橋」的正能量、善意及敬意，仍做著「文以載道」或是「以文會友」的開朗工作！

看到《鵝湖國學案》書中第二部分「和平民主法治」提到的舊識翁林澄，於九〇年代創辦「兩岸和平小天使」，「民主戰艦朱高正」、「法官高鳳仙」皆勤於其人生理念，一生努力追求和平、民主、法治，惜乎已然逝世，令人不勝唏噓！也嘆息和平、民主與法治之危機，然雖處此世事紛紛而「不敬的年代」，但人總要充滿希望，思此，不禁想起清末大儒俞樾對禮部考題「淡煙疏雨落花天」，回應「花落春仍在，天時尚艷陽」的詩句，博得考官曾國藩的讚賞而拔為復試第一，以其能使人擺脫幽傷，對人間仍充滿希望之故，先父名俞繼樾，祖籍浙江諸暨，宜「繼

檇」，亦常言「吃虧就是占便宜」，同俞樾壯年之後，在蘇州自行設計「曲園」，取《道德經》「曲則全」之意，成爲蘇州名園之一。當前世上自覺失意、委屈之人、區域或國家不少，謹以「春仍在」及「曲則全」鼓勵自己、大家及本書的出版。

俞慧君

2022.08.24

俞慧君主要著作：

1.《從保險業之興衰論負責人之資格及其應有之責任》（政大碩士論文）

2.《美國之法官選任制度》（司法院研究報告）

3.《兩性工作平等法》

7. 我與臺灣法律界的交流與觀察／代《鵝湖民國學案》出版序

周大偉（旅美法律學者）

2008年5月中旬，我應臺灣臺北市和臺中市律師公會的邀請，分別在臺北和臺中市舉辦講座。此時，距離我第一次訪問臺灣，整整相隔十五年的時間。

光陰似箭，斗轉星移，物是人非，中國大陸和臺灣這些年的變化之大，簡直讓人難以置信。十五年前來臺北的時候，我們和臺灣法律學術界的朋友探討的，還是剛剛結束的「汪辜會談」後兩岸交往中的種種充滿悲觀變數的可能性問題；今天，我和臺灣法律實務界的朋友們彙聚一堂所談論的，已經是種種充滿樂觀前景的現實性問題了，比如，大陸同胞如何來臺灣觀光旅遊？臺灣同胞如何去中國大陸參加司法考試？臺灣法律界人士如何在大陸從事法律業務？等等。這些事實本身，已經釋放出了太多的不言而喻的情理和結論。

1949年，在中共完成建國大業的時刻，有相當一批法律職業人隨國民黨逃逸到臺灣孤島。那批法律人，開始在臺灣慘澹經營，但還可以殘喘為生。我這次在訪問臺灣期間，在臺北的龍山寺一家舊書店裡買到一本法律舊課本，是孟劍平先生在1954年臺北出版的《民法原理》。由於印刷和裝幀簡陋粗糙，我已經不忍輕易打開翻看，因為每翻一頁，均可能嚴重破損。當年臺灣法律

人的艱辛歲月，可見一斑。

　　有趣的是，在蔣家父子幾十年的軍管統治下，1927年至1937年間建立的民國法統，基本保留下來了，並成為臺灣在全球化潮流中經貿快速發展的重要砥柱。我曾和臺灣法律界朋友開玩笑說，臺灣後來經濟起飛並成為亞洲四小龍之一，得益於老蔣帶到臺灣島上三件寶貝：一批人才、一船黃金和一本《六法全書》。

　　1949年後，大陸廢除了國民黨的《六法全書》。舊的法統被廢除，新的法律制度（儘管少得可憐）曾被砸爛。中國的法治進程在中國大地上一直厄運不斷，其中充滿了無法言喻的宿命。今天看來，對國民黨以及西方國家的法律採取全盤否定的態度，給後來的司法改革和法制建設帶來的消極影響是顯而易見的。因為《六法全書》中一些民事和刑事法律規範及先進合理的訴訟程序

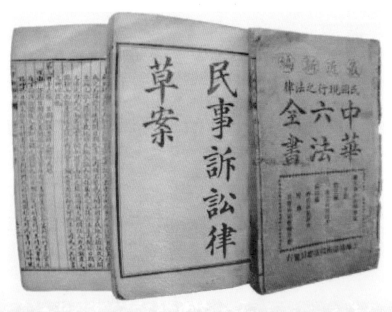

《六法全書》

等，主要是近代中國一批法律學者歷盡艱辛制定和積累起來的，它們很大程度上反映了人類法治文明的共同成果。事實上，後來內地改革開放時期的立法中，立法部門和學者們不約而同地參考了《六法全書》的有關內容。

記得中國人民大學法學院78級校友徐建律師曾回憶說，著名民法學者佟柔老師在1982年時，給他們的畢業致辭中說過一段令人難忘的話。佟先生對同學們說：「你們馬上就要畢業了，就要離開學校了。以前你們在學校裡是有老師的，但畢業後就沒有老師了。在學校裡，老師會告訴你們去讀什麼書，畢業以後就需要你們自己去找書看了。你們應該去看什麼書呢？如果可能，希望你們能去看看過去舊中國的《六法全書》，這些東西臺灣還在用。我相信，中國是早晚要搞商品經濟的。」這段話，今天聽來還是令人振聾發聵。

在臺灣現行的法律體系中，與內地最為接近的，當屬民商法律制度。我這次在臺灣訪問時，經臺灣元照法律出版集團的萬董事長引薦，有幸見到臺灣著名的近代法律史專家黃源勝教授。記得我們在一起遊覽陽明山時，黃教授認真地對我說：「說句老實話，實際上三民主義統一不了中國，但是民法能統一中國。」我當時也引申了俄國作家托爾斯泰的一句話說：「大概幸福的私法（民法）都是相似的，但不幸的公法（比如憲法、刑法）就各有各的不幸。」此言不虛，在國內法學界，那些從事民商法研究的法學教授們，從外表上看，似乎的確比那些從事憲法、行政法和刑法的教授們要顯得幸福一些。

我在臺灣結束講座時，正逢臺灣領導人換屆。5月20日那天上午，我在位於臺北市中心的西門町函舍酒店裡幾乎足不出戶，從頭到尾在觀看馬英九和陳水扁在「總統府」內交接儀式的實況

轉播。

　　只見陳水扁先是在門口迎接馬英九，然後一本正經地向馬介紹「總統府」內各個房間的情況。還聽見陳細心地告訴馬，有一個房間的窗門有些問題，此前曾有可疑之人撬動過，你來了以後注意修繕一下，等等。讓人感到不同政敵間也不乏「溫情脈脈」。接著，馬英九又回過頭來送陳水扁到門口，二人握手道別。當馬英九轉身回來的一瞬間，在那些「總統府」普通公務員的人群裡，突然發出雷鳴般的掌聲。在電視裡看到，這些人的笑容和掌聲都是充滿眞誠的。

　　有趣的是，就在播放「總統交接儀式」的過程中，電視節目裡插播了幾條新聞。一條是關於「馬大姐辭職」。馬大姐即馬英九的大姐，人稱「馬大姐」，馬英九入主「總統府」的當天，「馬大姐」宣佈辭去在一家企業的董事職務。接著一條新聞是「馬英九夫人周美青」宣佈辭去在一家公司裡的經理職務。家裡有人當了「總統」，天下的好處總不能都得，同時瓜田李下也為

了避嫌。看來，在一個有制衡和監督的體制裡，為了社會公平，官員們的親屬們也不得不如此。

更有趣的是，就在陳水扁離開「總統府」半個小時後（或許他的車隊還在回家的路上），臺灣「最高員警署」特偵組馬上宣佈陳水扁為被告──因為此時陳水扁已經失去了「刑事豁免權」。兩年前，一個七〇後的臺灣人廖信忠寫了一本書叫《我們臺灣這些年》。他在書中用輕鬆的筆調告訴大陸讀者：你們知道嗎？我們臺灣這些年變化好大哦──國民黨倒臺了，臺灣人民選舉了，陳水扁上臺了。N年後，我們又把自己選出的總統送到監獄裡去了，國民黨又執政了。政黨輪替而已啦，臺灣人日子過得還好啦！

離開臺灣時，我在臺北桃園機場的禮品商店裡，買到了一個類似麻將牌形狀的鑰匙鏈，白色光滑的膠木上面用紅藍色分別寫著「九萬」二字──代表著「馬英九和蕭萬長」二人。看到今天的臺灣人對最高領導人「如此不恭敬」，令人捧腹的同時，亦令人深思。

☆　　☆　　☆　　☆　　☆　　☆　　☆　　☆

　　事隔多年，回想：我與呂榮海律師自1988年相識至2022年已三十四年，一直保持互相關心與長久友誼，現在他主編的《鵝湖民國學案》大書即將出版，索予為序，特以此文代序，祝他們在法學之外的文化路，走的順利、快樂。

周大偉　於北京

8. 以文會友，以友輔仁

洪文東

　　2020年適逢庚子年，從近代歷史觀之，每逢庚子年，在中國就發生了巨大事件。公元1840年發生中英鴉片戰爭，英國船堅砲利，敲開清朝閉關自守大門。1900年義和團之亂，引起八國聯軍進攻北京，滿清王朝戰敗，簽訂喪權辱國的辛丑條約。1960年，毛澤東發動文化大革命，導致中國大陸各地連續三年的大饑荒。如今2020年，新冠肺炎COVID-19 病毒傳染全球各地，世界各國感染新冠肺炎的人數節節上升，各國政府因疫情嚴峻而設立很多防疫規範，也因而影響各國人民的日常生活作息。

　　因緣際會，2020年4月間參加海基會座談會，認識了鵝湖書院山長呂榮海大律師，加入其鵝湖書院及友群組，有此機緣進而成為鵝湖民國學案作者，就所知「民國人物」在Minguo.online網站進行撰述。又鑑於上述庚子之亂，《鵝湖民國學案》編輯群，2020年編輯會議決定以「庚子紀事」為專題邀稿。2021年辛丑年，編輯會議決定再以「辛丑紀事」為專題，並開闢「移民滄桑史」、「錦繡文章」等專題，提供鵝湖書院之友在Minguo.online 網站撰稿。其立意在以鵝湖書院所主張的「麗澤」精神，鼓勵鵝湖群組朋友進行跨領域論述，彼此之間互通有無，期能藉此網站平台以文會友。

　　《鵝湖民國學案・第一輯》中，經編輯會議審查決議，「科學學案」專題獲刊登二篇：〈物理學之父：吳大猷博士〉、〈臺灣科

學教育之父：趙金祁博士〉。「移民滄桑史」專題獲刊登三篇：
〈草屯洪姓故事〉、〈草鞋墩之由來〉、〈臺灣五大族群〉。「庚子
紀事」專題也獲刊登三篇：〈COVID-19 疫情〉、〈重遊馬祖〉、
〈病毒與疫情〉。另有「錦繡文章」專題獲刊登一篇：〈伯公、叔
公的聯想〉。

　　人生歷程真是機緣巧合，《論語》曰：有朋自遠方來，不亦
樂乎！有幸參與鵝湖書院《民國學案》寫作、審議與編輯，「麗
澤」所謂君子與朋友講習，彼此之間相互切磋，有如兩澤水庫交
流互動溝通。從科學觀點而言，此種互動正如自然現象中聲、
光、熱、電、磁之交互作用（interaction）。自然界唯有「一
理」，此「一理」能在萬事萬物所「分殊」的萬象中得到體會。
此種「理一分殊」哲理乃宋明理學所論述的自然「一理」與萬物
的「分殊」關係。曾子曰：「君子以文會友，以友輔仁」，藉由

《鵝湖民國學案》，交朋友以詩書文章爲情誼基礎，經由朋友的
學識修養，增進自己的進德修業。

9. 或許就是未來的青史紀錄

蕭新永

　　呂律師榮海兄主編的《鵝湖民國檔案・首冊》一書即將大功
告成，付梓上市。他囑咐寫一篇小序，以共襄盛舉，同享成就。
我與有榮焉，因有拙作數篇入選，當以共同作者名分，分享榮
耀。

　　榮海兄出身法界，以律師為終生志業，兼遊儒學。渠對宋明
理學、心學等新儒學，涉入頗探，屢有佳見，公開表述。他於
2014年成立臺灣鵝湖書院，以發揚其同宗先祖呂祖謙的「麗澤精
神」。1175年，由呂祖謙主導，邀請朱熹、陸九淵等南宋名賢，
會於江西鉛山鵝湖寺，試圖調和朱、陸思想之爭論，呂祖謙這種
「不私一家」胸懷，呂律師視為呂家榮耀，並因此而熱衷於探討
各朝學案，迤至當代。他對當代民國學案的撰寫整理視為一生懸
命之任務，有著「雖千萬人吾往矣」的決心，效法孔子「述而不
作」的精神，進行編書工作。他認為一部《宋元學案》，從草
創、成書、刊印、發行，前後歷經兩百餘年，幾代學者的青雲之
志與使命感，終於完成一部學術史大作。

　　我輩豈無踵武前賢，繼志述事之心？他邀集幾位有興趣的文
史哲者，先成立群組，互提知識，君子與朋友講習，互相砥礪，
損有餘以補不足。為學日益，分享知識；為道日損，提倡修為。
「君子尊德性而道問學」。尊德性為存心之功，而道問學則是致
知之業。進而於網路上發表文章，不論民國人物事蹟、科學家行

誼、文學藝術音樂、兩岸臺商互動、家族移民故事等等，多元而雜博，處處留下歷史痕跡。正如榮海兄於其序中所言：「補述甚至改寫二十世紀、二十一世紀發生的學術故事及思想言論」是爲書寫方向。

作爲市井小民，我本學識有限，生性魯鈍，僅能就鄉里鄙事、家族移民、浮生紀事等之所見所聞，紙上獻醜也。

記得在幾年前的一次鵝湖會議中，我曾提出個人見解，亦即編寫範圍應當規範在1950年以後在臺灣的民國人物紀事，這包含1950年以前在大陸的人事與當前臺灣相關連者，都可羅列在內。我一直秉持這個原則維持個人的「一家之言」，努力於在鵝湖民國檔案網路發表接近兩百篇的文章，無論詩篇、小品、時事、論文並陳。有時心血來潮，成就出一氣呵成的短文；有時醞釀許久，搜盡枯腸，創作出體裁嚴肅的論文，每篇都是時代背景下的產物，應能代表這個時代小人物的背影。我寫出我的人生觀、世界觀、價值觀。如何正確地表達出三觀？個人認爲應從內省開始，求之於心，其理自在，故《明儒學案》之序提到：「盈天地間皆心也，人與天地萬物爲一體，故窮天地萬物之理，即在吾心之中。」內觀省思自己，「理」就在心中，不必外求。如有這種體悟，則文思泉湧，下筆如有神，而文章自當躍然紙上，雖非大筆如椽，亦能交差了事，完成任務也。

明朝萬曆年間，位於無錫的東林書院大門口有一副對聯：「風聲雨聲讀書聲，聲聲入耳；家事國事天下事，事事關心」，這就是中國民間知識分子關懷社稷民生的寫照。如能有心書寫下來，或許就是未來的青史紀錄，或許只是紅塵微粒，亦有蜘絲馬跡可循也，誰能輕忽未來的歷史評價？

茲於《鵝湖民國檔案·首冊》出版前夕，謹綴數語，以表歡

欣之情。

蕭新永　寫於梅花颱風侵襲之午後
壬寅年（2022）9月13日

10. 《鵝湖民國學案》小編感言

賴研

「學案」二字對一般民眾而言，多半是學術界巍巍大山的感覺，雖然在讀書的某些階段，也知道《宋元學案》，《明儒學案》等皇皇鉅作，但是距離現實人生其實非常遙遠。這些考據嚴謹、字字珠璣的文章，似乎只是知識份子的堂皇冠冕，與一般升斗小民無涉。

歷史真正的意義，每人的生命中各有不同的理解，歷史的陳述如果脫離了庶民的生活，那麼只是圖書館書架上陳列精美的套裝書。民國雖然僅僅百餘年，但是中華民族在這短短的百餘年，卻經歷了翻天覆地的變化，古以三十年為一世，在這四世更迭的過程中，無數的華夏子民的生命，在時代的巨輪下遭到碾壓，無論是八年艱苦抗戰，還是接踵而來的國共內戰，數佰萬的軍民同胞隨著國民政府遷臺，骨肉分離、親人離散的痛苦在歷史中，只有五胡亂華、晉室南遷堪相比擬。

臺灣在二戰結束後重新回到祖國的懷抱，但是歷經五十年的日據時代殖民統治，「祖國」兩個字對受到日式教育的臺灣同胞，真的是既熟悉又遙遠。二二八事變造成的傷害，至今還是許多人心中無法抹滅的傷痕，島內和解都不容易了，何況跟對岸的所謂血濃於水的大陸同胞們，正是「和解尚未成功，同胞仍須努力」。

政治人物有各自的政治盤算，操弄藍綠惡鬥，有志之士、謅

諤君子在類白色恐怖的氛圍中記述庶民觀點，其心至簡，其意至誠。太史公司馬遷編撰《史記》，「究天人之際、通古今之變、成一家之言」。今吾等雖才具不足，無法從大處著眼，成歷史璀璨篇章，又何敢不從小處著手，記錄時代的小民痛苦呻吟與幽幽歎息，以爲野史巷議、後人談資。

移民滄桑多爲家族眞實血淚，先輩勇渡黑水溝蓽路藍縷，今天無數臺商前仆後繼回到秋海棠這片土地上胼手胝足，成就事業者有之，鎩羽而歸者亦不在少數。竹籬笆的故事是逐漸消失的場景，卻是這一代成長無法遺忘的記憶。所有的這一切進不了正史典籍，卻是活生生咬著牙、留著淚的眞實歷史。庶民觀點固難登大雅之堂，柴米油鹽確實是凡夫俗子的日常小事，管窺之見、坐井觀天，也是每一位作者以自己或家族爲背景的眞實記述。

美麗的夜空是由無數的星星點點成就的，《民國學案》的所

有參與者，願意把自己一生所思所想、所遇所得，以最素樸的文字記述平凡，獻給這個不平凡的時代，還有這個時代無法發聲的喑啞同胞，既不虛此生，也庶幾不枉讀聖賢書。

小編不揣淺陋，追隨呂榮海律師，在網路時代以文會友，共同開啓庶民記史之端，當代人記當代事，援引第一手個人資料，拋磚引玉，積沙成塔，成大事終需眾人八方鼎力始能成就，是爲之記。

11. 《鵝湖民國學案》序

呂榮海

　　明末清初，大儒劉宗周因改朝換代而「絕食殉國」，其高徒黃宗羲比較積極，在「反清復明」行動失敗時已四十六歲，決心編著《明儒學案》，爲明朝一代大儒作傳、選錄他們的思想要旨，思索檢討明朝何以滅亡？這些思想家做些什麼？書成之後，他覺得還不夠，乃在康熙十五年（1676年）開始溯上宋元，編寫《宋元學案》，爲宋、元二代大儒作傳及分錄各學派之思想。

　　黃宗羲編寫到八十六歲過世，書未完成，只寫十七卷，他的兒子黃百家繼續編，又成八卷，又未完成而過世。而後，於乾隆12年至20年，由全祖望繼續編，又未完而過世，直到道光年間由王梓材、馮雲濠繼續補、修，共記宋元學者兩千四百多人，於道光18年（1838年）刊於浙江，但毀於鴉片戰爭。至光緒5年（1879年），再由張汝霖翻刻於長沙。前後歷兩百年。

　　不久，清朝也亡了，但《宋元學案》一百卷還在，甚至還繼續讓二十一世紀的人閱讀，我要說：黃宗羲勝利了，果然學術文化是長久的，政治是一時的。

　　《宋元學案》這部書中有四個呂氏作爲「案主」的學案：滎陽學案、呂范諸儒學案、紫微學案、東萊學案，呂氏學者十七人。

　　這很令我感動！編了兩百年的《宋元學案》的故事。我認爲：《宋元學案》接續《明儒學案》，還有後來梁啓超、錢穆分

別各自撰述的《中國近三百年學術史》、《清代學案》，成爲一系列，是一千年來的「思想人物及思想史」，其所述之人物、思想、傳承、派別，絕對值得珍藏、翻閱，足以啓發人們「立志」。

我和幾個朋友也受其影響而動手續編《民國學案》，雖然我們人手、能力有限，但怕什麼？還有兩百年，一定有更多更好的人才加入、補述，甚至改寫二十世紀、二十一世紀發生的學術故事及思想言論。

現在出版的可能只是首冊。有若干點必須表明：

1、在這個言論自由、各說各話的民國時代，我們所述只是「一家之言」，出於善意，在文獻浩瀚的世界（尤其網路知識豐富），我們的文字的影響力仍有限，出於讀書人的單純善意，希望能免「文字獄」；

2、所述尚未完整,乃受限於精力及見識,尚未被述及的人物、故事絕對並非不重要,有待補述。

3、有許多學術專業論述,因為我們認為其優秀、有參考價值或有為其宣揚之價值,乃有引用其重點、精華,但均依學術倫理注明出處,俾讀者可進一步去詳讀原著,意在光大原著,特此表明。

4、作者學殖未深,且多以業餘行之,請各界方家批評指教甚至共襄勝舉。

5、作者多人,且風格不一,自由獨立,互相並未「實質審稿」,也只能「文責自負」,然相信皆出於知識份子善意、敬重宇宙世物的一己之見。祈請包容。

6、名為「鵝湖」,取1175 年朱呂二陸及諸賢「鵝湖之會」,發揚儒家仁學、求同存異、溝通歧見的好意,佈之、揚

之，希望能減少當前世間的歧見與對抗，和平第一，蒙神保守，平安過日子。

7、特別要感謝本書三十多位共同作者的共襄盛舉，及主編賴研的統籌編輯及設置電子媒體「民國學案藏經閣」，為這個年代的大人物、布衣庶民作一些紀錄。

從法融儒道，臺大法學博士呂榮海律師 序於臺灣鵝湖書院

三條魚在K2（8611米，世界第二高峰）

序言

第一部分　民國學案

第二部分 民國新元素

第三部分　布衣列傳

第六部分　錦繡文章

CONTENTS

第 一 部 分
民國學案

　　2022年這年頭還發生俄烏戰爭，百姓生靈塗炭。儒家仁、愛之說仍有益於當今世界。宋史呂蒙正傳云「弭兵省財，古今上策，⋯以百姓為念」，良有以也。此時四月新冠肺炎仍烈，不易出國，總不能天天耗在手機Line群組中過日子，於是讀黃宗羲主編《宋元學案》、《明儒學案》，為諸儒仁說作傳，令人非常感動。他「反清復明」失敗後，於四十六歲開始編《明儒學案》，又編《宋元學案》，八十六歲辭世，未完，其子黃百家、學生全祖望續編，又未完，其後王梓材續編，至道光年間始出版，歷近兩百年。清亡，好書續存，值民國庚子年、辛丑年新冠肺炎期間，出門、出國不易，效黃宗羲之一、二，集諸友編《鵝湖民國學案》。民國學術豐富，余取《近思錄》意，就從十年來先接觸的開始述之，而尚未述及的並非不重要，有待以後或後人述之也。

1、朱茂男／黃俊傑學案・朱子之路

（1）走在朱子之路上／朱茂男學案

　　2019年 5月23日10：00-12：00呂榮海律師去臺大校友會四樓，聽朱茂男董事長演講「走在朱子之路上／二十年知性之旅」。朱董經營文德藥業公司，事業成功，卻約自1999年起，用了二十年深度推動文化活動「朱子學」。很是難得。「致廣大、盡精微、綜羅百代」（《宋元學案・晦翁學案》），黃宗羲及其子弟編《宋元學案》，以《中庸》此語讚朱子，深度甚高！這也是律師應追求的高度。2009年，呂榮海律師追隨朱董第二屆走朱子之路，到訪朱熹到過的許多重要地方，最後一站來到江西鉛山鵝湖書院，朱熹、陸象山、呂祖謙於1175年求同存異理學、心學的地方，第一次有「得道」的感覺，……乃有臺灣鵝湖書院。人生如夢，一朝還戲江月。感謝。朱茂男推動兩岸朱子文化活動逾二十年，和楊儒賓教授、朱高正一起推動「朱子之路」逾十屆（年），影響至遠。當年參加的兩岸教授、學子，後來多成為兩岸學術界中朱子學或儒學的教授，如殷慧、史甄陶；參加的教授在之後也成為名氣更大的教授，如蔡方鹿、張崑將。朱茂男董事長也組織了「海峽兩岸朱子文化交流協會」。有關朱茂男從1999年起花了二十年以上的時間、精神、財力，持續推動朱子文化於兩岸、東亞，詳見朱茂男口述、陳榮裕採訪撰述《走在朱子之路》一書，大立文創公司於2019年10月出版。朱茂男也當選臺大

傑出校友。

曾昭旭教授：

東坡《念奴嬌》詞曰：「人生如夢，一尊還酹江月。」

俞慧君：

我記得我們被教東坡的詞是：一樽還酹江月。

（2）文德書院／黃俊傑教授

2017年，朱茂男創立文德書院，敦請剛自臺大退休之黃俊傑教授擔任山長。「文德」二字取自《論語・季氏》篇「遠人不服，則修文德以來之」。在此之前，朱茂男與黃俊傑已組織「儒商文化協會」，推動儒商文化，由黃俊傑擔任理事長、朱茂男擔任副理事長，呂榮海擔任常務監事。

黃俊傑教授主要的學術關懷有三大領域：1. 東亞儒學思想史，數十年研究孟子思想，2022年春季還出版新書《深叩孔孟》；2. 戰後臺灣史領域，出版這方面的中、英文著作豐富；3. 大學通識教育領域，擔任第二、三屆《通識教育協會》理事長。他說：「資本主義的幽靈正在世界各國大學校園遊蕩，所有的現實主義者與功利主義者，都組成了神聖同盟，隨時準備攫取大學的靈魂。」（詳參張崑將，《臺灣書院的傳統與現代》，第464~476頁）

2022年4月，黃俊傑教授贈其著作百本予呂榮海律師、臺灣鵝湖書院，其書房掛有余英時書之對聯，曰：「白鹿青田各有宗，千年道脈遍西東；鵝湖十日參同異，變盡猖狂一世風。」（夏威夷第一屆朱子學會議作），意境高遠，夏威夷歐胡

（OHU）島，與鵝湖同音，亦寓東、西方思想之參同之意也。

（3）孫震、張崑將、陳逢源、葉雙士、羅際鴻

在「海峽兩岸朱子文化交流協會」所舉辦的「兩岸四地朱子學研討會」的活動中，經常可以看到臺大前校長孫震，以及張崑將教授、陳逢源教授、羅際鴻及協會理事長葉雙士。

孫校長是專業經濟學家，十年來著述孔子、論語多本，例如《孔子新傳》、《儒家思想在二十一世紀》、《儒家思想的現代使命》，可以說是為兩千多年來的傳統儒家文化，注入了當代經濟學的「新元素」，非常特殊！朱董經常以其書贈送各界賓客，也可以說是儒學之推手。

張崑將教授於2022年春出版《臺灣書院的傳統與現代》之巨著，五百二十一頁，臺大出版中心出版。書中第九章「當代新興書院的傳承：民間書院」，述奉元書院、志道書院、日月書院、臺灣鵝湖書院、文化書院。

陳逢源教授為政大教授、政大書院山長，一生以注解朱子「四書」、朱子學為專業。羅際鴻、葉雙士為書法家及茶道家，均活躍於海峽兩岸之朱子文化交流活動、論壇。

（4）蕭新永：張崑將著書述臺灣書院的轉化現象與朱子的書院貢獻

臺灣師範大學教授張崑將歷時數年，經由對五十所書院（包括義學）及五所現代書院的田野調查，完成《臺灣書院的傳統與現代》一書，是臺灣第一部對全臺書院的田野調查，所調查的對象主要以有官憲記載的書院為主。他於2021年12月19日上午，在「臺灣儒商文化協會」主辦的會議上，獲邀專題演講《臺灣書院研究專題報告》。

一、臺灣書院的轉化現象

張教授說，清代臺灣書院因應臺灣割日以及臺灣光復，由於政權的遞嬗，迫於政治及教育的需要，造成書院的轉化現象：

（一）**書院宮廟化**：這種轉化現象是清代書院能保存至今的主要關鍵。

1. **書院鸞堂化**：例如南投的藍田書院、集集的明新書院是鸞堂化的代表；

2. **書院文昌廟化**：例如員林的興賢書院、北斗的螺青書院；

3. **書院佛寺化**：例如臺南的南湖書院、竹溪書院。

（二）**書院古蹟觀光化**：有些書院重修成古蹟樣貌，但多數演變成觀光功能取向，例如新北泰山的明志書院，雖保有祭祀活動，但已淪為觀光之地。

（三）**書院升格孔廟化**：例如澎湖的文石書院及屏東的屏東書院。

（四）**書院國民小學化**：日據時期，當局因推行正式學校教育之

故，書院遂失去原有的教育功能，紛紛停辦，並將書院學田轉爲公學校用地；臺灣光復後，也將書院學田轉爲國民小學用地。例如嘉義新港的登雲書院，轉爲文昌國民小學，尚奉祀文昌帝君，整個學校成爲孔廟用地，作爲嘉義縣政府的祭孔典禮之所。

接著，張教授提出書院祭祀中，朱子與文昌信仰的合流與分流現象：

（一）崇祀朱子

由於「朱子學」對臺灣的書院教育影響至深且鉅，故書院多崇祀朱子，例如彰化和美的道東書院；另外也有書院除了崇祀朱子外，並祀奉宋代五夫子，例如宜蘭仰山書院。值得一提的是金門，由於朱子曾於擔任同安主簿時，到過金門講學，金門人爲感念朱子教育之功，建立浯江書院，並於院後立朱子祠，目前是國定二級古蹟。

只有金門的浯江書院以及彰化鹿港的文開書院、和美的道東書院是純書院，具有書院的講學功能。

（二）臺灣書院傳統中普遍的文昌信仰

文昌信仰在臺灣中下階層的儒生中得到廣大的支持。清嘉慶六年，當局將文昌帝君升格爲國家祭祀，與關聖帝君同列國家祭典。

（三）臺灣書院大小傳統合流與分流的發展階段表現

臺灣光復後書院並未恢復，致使大傳統的經典儒學教學趨於式微，其功能轉入新式學校中。小傳統則經由書院宮廟化而保存下來，但已非原來的純書院面貌。直至最近幾十年以來，純書院功能的大傳統古經典儒學的講學功能，經由民間新創的書院傳承下來，是爲現代書院，且逐漸恢復成純書院性質，甚

至創新。例如臺北的文德書院與奉元書院、新竹的鵝湖書院等等。

最後,張教授以臺灣書院的精神,結語如下:

（一）融合海洋文化儒學與內陸文化儒學的最新試煉所;

（二）融合大小文化傳統的分岐,也折衝過內陸文化與海洋文化的種種衝突;

（三）早期臺灣,書院成爲緩和冒進的「移民性格」之處,另一方面也是撫慰失落的遺民性格之場所。

二、我的研讀心得

本人聆聽張教授演講後感觸頗深,遂研究其大作,並參閱相關書籍,提出研究心得,著重在朱子對臺灣書院的歷史貢獻,祈以先進不吝指教。

（一）**吾道東矣**

《後漢書·卷三五·鄭玄傳》:「（鄭玄）乃西入關,因涿郡盧植,事扶風馬融,……因從質諸疑義,問畢辭歸。融喟然謂門人曰:『鄭生今去,吾道東矣。』」比喻自己的學說得人繼承、推廣。

彰化和美道東書院之命名,意指「王道東來」,乃取名「吾道東矣」,顯然有期待臺灣學子繼續發揚中華文化爲使命。

（三）**吾道南矣**

北宋熙寧九年,福建人楊時進士及第,拜程顥爲師,是程門四大弟子之一。業滿返鄉時,程顥親自送別,與旁人欣慰地說:「吾道南矣!」

當時的政治和文化中心在長江以北的汴京地區,楊時回老

家，等於是將「二程理學」傳播到東南半壁，這是文化傳承的大事。楊時也因此被稱為「道南第一人」。我在集集的明新書院，看到「吾道南矣」之匾牌，其理亦同道東書院。

（四）朱子對書院興學與制度的貢獻

根據湖南大學教授蕭永明著《儒學‧書院‧社會──社會文化史視野中的書院（修訂版）》（2018年）一書中提到，朱子幾次出仕為地方官員時，相當重視官學。他於出仕同安縣主簿期間，針對當地縣學頒布《諭學者》、《諭諸職事》等一系列文告，釐定各種規章制度，勉勵學者學道為己的志向。他於淳熙七年（1180年）修復白鹿洞書院後，率軍、縣官員與書院書生一道祭祀先師先聖，並親自主講《中庸》首章，稍有閒暇即留居書院，與弟子談學論道。除了為官時推動書院建設，而於歸居山間時期，興建多所書院，例如寒泉書院、雲谷晦庵草堂、武夷精舍、竹林精舍（後改名滄州精社）。可以說這些書院成為他進行學術研究，覃思天人之際，探究心性道德之理的重要基地。而他的硬體書院建設與軟體學規制度，在當時的臺灣漢人移民社會，被官方與民間有識之士引入，做為書院興學的依據。

另外根據湖南大學鄧洪波教授在《朱子文化》（2021年5月號）發表的《朱子的書院世界》大作中提到，書院制定學規、章程，規範和約束書院書生的言行舉止、勸善規過，是書院制度確立的重要標誌，在書院學規中，最早的有呂祖謙的《麗澤書院學規》，最有名的是朱子的《白鹿洞書院揭示》，鄧教授肯定朱子對書院制度的貢獻。《揭示》是書院精神的象徵，後來成為天下書院共同的校規，清代臺灣的書院，也將這些軟體文化「東矣、南矣」入臺。

三百年來，士人孺子秉承《揭示》的書院精神，在書院裡面研讀朱子學及其他中國古經典，這種傳承與發揚，是來自朱子的創見與啟發，他的貢獻，歷史上無出其右，所以書院主祀朱子，頗能符合歷史的事實。清代曾任臺灣知府的鄧傳安說：「閩中大儒以朱子為最，故書院無不崇祀，海外亦然。書院必祀朱子，八閩之所同也。」

因此，黃俊傑教授在序文中說，《臺灣書院的傳統與現代》這本書提出在諸多臺灣書院之中，指出朱子學的主流地位，頗能求一貫於多識。

（五）大傳統的恢復，現代純書院功能再現

由於傳統書院式微，大傳統的純書院功能面臨斷絕。臺灣民間有識之士及學者紛紛成立現代型式的書院，以求恢復傳統經典傳授。現代書院不重視硬體建築而著重在軟體教化的儒學經典傳授。例如文德書院由企業家朱茂男成立，聘請臺大退休教授黃俊傑擔任山長，主授東亞儒學；鵝湖書院由知名的呂榮海律師成立並擔任山長，其先祖為南宋理學家呂祖謙，眾所周知的1175年鵝湖會，是由他主導，藉以調和心學與理學的理論差異，尋求共識。呂律師主授內容為法律、哲學與傳統國學經典，並著重心學與理學在法律之應用；奉元書院成立於1971年，初名「天德黌舍」，1987年改名奉元書院，由百歲大儒愛新覺羅毓鋆（1906-2011）創辦。毓鋆逝世後，其眾弟子成立中華奉元學會，主要傳授愛新覺羅毓鋆的經典儒學講學事業。

2、錢穆學案・徐復觀・胡適

錢穆的《朱子學提綱》，是呂律師的朱子學入門書。此書沒有「目錄」，呂律師還為其整理出三十二節目錄對照頁次，方便查閱。

（1）錢穆論一家之言，會通和合，朱子學以求同為主、辨異為次

賴俊鵬：

《文選・司馬遷・報任少卿書》：「亦欲以究天人之際，通古今之變，成一家之言。」，民國學案諸君共勉之。

面對歷史幽微的真相，我們猶如秉燭夜行，青青子衿，悠悠我心，與君同行，何幸如之。

呂律師：

何謂「一家之言」？

錢穆：「……曰：明天人之際，通古今之變，成一家之言。明之通之豈不在己？中國稱門人為受業弟子，比如一家人。子子孫孫相承為一家，學問亦當有傳統，故謂之一家言。中國全部二十五史必推司馬遷為鼻祖，斯亦誠如一家之言矣。豈一己獨創，前無承、後無繼，一人之學，何得為家？……今人治朱子學，每喜分別其與前人之相異處。實則朱子亦豈不知前人有相異

處？朱子為學精神重在會通和合，尋求古人之共通處，不在獨抒己見，表明其個人之特異處……蓋求同必有辨異，辨異亦以求同，而二者之間，則終以求同為要，辨異為次。先秦如墨、如荀，辨異過於求同，皆不為後世所重。呂覽、淮南，集賓客為書，而主會通和合，其見重乃轉有勝於荀墨。理學家亦多出入釋老，不知此正理學家長處，非理學短處，會通和合，以求共同之一是，正是理學家所用心也……愈會通，愈和合，以愈見其共同之一是……」（錢穆，《宋代理學三書隨劄》P.209-216，三聯書店）。

呂律師曰：「本人受錢穆此段之益甚大，乃知求同存異、異中求同、會通和合、求共同之一是，『一家之言』的精義，並更能通於『1175年鵝湖會』之宗旨。且因此段及錢穆著《中國近三百年學術史》而尊錢穆為民國儒學之首。吾人集數人欲成「民國學案」，而非一人獨抒，民國學案乃吾數人共同之一是，可望成『一家之言』。」

（2）錢穆力主打破門戶通為一家，符合鵝湖會宗旨

錢穆又力主打破門戶：「學者困於門戶之見，治理學必言程、朱、陸、王……學者又有經學、理學乃及漢學、宋學之辨，此等皆不免陷入門戶。朱子學廣大精深，無所不包，亦無所不透，斷非陷入門戶者所能窺究。本書意在破門戶，讀者幸勿以護門戶視之。」（錢穆，《朱子新學案·自序》）「蓋清儒治學，始終未脫一門戶之見，其先則爭朱、王，其後則爭漢、宋。

其於漢人，先則爭鄭玄、王肅，次復爭西漢、東漢，而今古文之分彊，乃由此起。……本書宗旨，則端在撤藩籬而破壁壘，凡諸門戶，通爲一家。經學上之問題，同時即爲史學上之問題……」（錢穆，《兩漢經學今古文平議・自序》）。公元1175年，呂祖謙邀集朱熹、陸九淵、陸九齡開鵝湖會的宗旨和精神，就是「打破門戶，通爲一家」，錢穆之說符合鵝湖會宗旨。

（3）謝敏聰對錢穆上課的回憶兼述韓復智及其「錢穆先生學術年譜」六冊

我（謝敏聰）是文大碩士班畢業的，錢老師講課不看稿，侃侃而談兩個小時，第一學期講《莊子》，錢老師著有《莊老通辨》；第二學期講《孟子》。這兩門課是博士班的課，但碩士班可以修。上課是在素書樓的一樓。還沒上課，素書樓就擠滿了學生。

臺大已升上教授的韓復智先生，也旁聽錢先生的課。韓復智先生完成《錢穆先生學術年譜》，有六巨冊。在臺灣由五南出版公司出版。在大陸由中央編譯出版社出版。

（4）錢穆晚年受擾於「法治」

錢穆高壽九十五，一生著述、講學，可謂福壽雙全，然晚年遇法律界人物陳水扁任臺北市長，打著「民主、法治」的大旗，干擾晚年錢穆之住居之問題，突顯傳統儒學、儒者碰到現代問

題。呂律師在五十五歲之前，亦不知錢穆之份量之重，如知之，當會是更大努力融會傳統文化與法治，阿扁大概亦不知錢穆之份量吧？而以法治對之，及自己晚期亦自陷法網糾纏，令人嘆哉！

俞慧君：錢穆與呂思勉、陳垣、陳寅恪是四大史家，你說你歷史很強，卻說在五十五歲之前不知錢穆份量之重，或許你知但因專注於事業，五十五歲之後較有餘暇思考。

（5）徐復觀與錢穆、胡適／讀黃俊傑教授大作

2020年7月12日下午抽空讀黃俊傑教授大作《東亞儒學視域中的徐復觀及其思想》一書，摘記若干要點：

1、**黃教授自序**：「寫此書是情理交融的作品，……民國54年入臺大歷史系，校園瀰漫著濃烈的西化氛圍，我雖然艷羨，但終不能忘情於儒學及中國文化，開始閱讀錢穆《國史大綱》，並經由熊十力的《十力語要》、《讀經示要》，而接上馬一浮、唐君毅、牟宗三及徐復觀等『當代新儒家』的著作……1967年與徐復觀先生見面，請其開示、請教……」

2、**徐復觀與錢穆**

黃俊傑指出：「錢穆認為自孔子以降，幾千年來中國思想家皆重同不重異，重和諧而不重衝突……朱子為學精神重在會通和合，尋求古人之共同會通處……中國的歷史也表現在知識分子與歷代統治者的合作無間……徐復觀非常重視在中國傳統文化進程中，知識分子與專制政權的抗衡與衝突，歷史是沿著理想與現實的拉鋸戰所形成的『二律背反』而展開的，儒家是拉鋸戰中最前面的一道防線，儒家所感受到的理想與現實的緊張性也最大……

賈誼、司馬遷、揚雄的著作都是『感憤之心』……錢穆重和諧，徐復觀重衝突，這與二人的性格及經歷不同，實有密切之關係」（同上，P.37、38、39）

3、徐復觀與胡適

徐復觀曾明白說明他和胡適對中國文化價值的看法之歧異：「自由中國」以胡適之先生為首，以毛子水先生為胡的代言人，是反對中國傳統文化的。殷海光先生本來和我私人的關係最深，所以開始也在「民主評論」上寫文章；後來因文化觀點便完全走向「自由中國」。「民主評論」當時以錢穆、唐君毅、牟宗三先生為中心，是發揚中國文化傳統的，我則一面強調民主，同時也維護傳統中國文化，於是我和唐、牟兩位先生之間，漸漸形象要以中國文化的「道德人文精神」，作為民主政治的內涵，改變受中西文化衝突的關係成為相助相即的關係……由文化取向的不同，又時常引起兩個刊物的對立與危機（徐復觀，〈死而後已的民主鬥士——敬悼雷儆寰（震）先生〉）。

黃俊傑教授認為，「所謂胡適是反傳統中國文化的，對胡適並不公平。胡適引杜威實驗主義以解決近代中國政治社會及文化危機時，深受中國儒家傳統『修身』及其思維模式的影響……」（同上，P.76、77）。「胡適對宋明理學嫌惡，……引纏足攻擊宋明理學的中古色彩，胡適推崇清學考據、實事求是；反之，徐復觀對清學鄙夷……徐復觀認為中國文化內容豐富，纏足也不能代表宋明理學……」（同上，P.78-82）

呂律師曰：以「鵝湖會精神」觀之，認同黃教授的持平觀點，余認為徐與胡之「異」非重要！仍有大同之處。畢竟他們二人都不會贊成裹小腳（纏足）吧？所以，二人皆不必以之作為論

戰之依據。余難得見胡適之不是，而纏足說或有「以偏概全」之
失。

3、程兆熊學案／鵝湖書院學案

（1）鵝湖天機？初識簡澄鏞、李惠君

2022年2月10日在某Line群組，李惠君女士和呂律師聯絡，提及華夏出版有限公司出版程兆熊著《高山行》、《山地書》、《高山族中》、《臺灣山地紀行》四書，要在全省各地十個書店辦新書發表會，問我要不要參加？我沒有什麼思索就答應了四場、之後又追加了一場。她大概是在群組中多次看過我po的「鵝湖書院活動」而起意的，就這樣我們因「鵝湖」而結緣，「鵝湖」當然少不了先賢程兆熊先生，也因此結緣了出版者華夏出版有限公司簡澄鏞、中華出版基金會楊克齊，還有程門諸師友溫金柯、蔡龍銘、蘇子敬、高柏園、趙信甫、曾議漢、曾明泉、林于弘（方群）、伍元和、曾錦煌、鍾添景，共同參與了全臺的程兆熊著作、座談會。可喜程兆熊先生之弟子及鵝湖群儒出現了。

（2）程兆熊著《憶鵝湖》一書2022年出版序

欣見華夏出版有限公司於2022年春，再出版鵝湖書院前賢程兆熊博士所著「臺灣高山四書」（《臺灣山地紀行》、《高山族

中》、《高山行》、《山地書》），使我在期盼多年之後，終於得到「有書可看」之樂。《論語‧學而》：「學而時習之，不亦說乎？有朋自遠方來，不亦樂乎？人不知而不慍，不亦君子乎？」三事皆指向「快樂」與否，說明快樂爲儒學功能之首。余讀程兆熊博士之著作，學習、交友，兼有此樂也。

　　語有云「一見如故」，如果容許我「沒大、沒小」（閩南語），我對程兆熊博士及程門諸弟子如蘇子敬、高柏園、溫金柯、蔡龍銘、趙信甫、曾議漢、曾C.H.，以及此次推動出版程兆熊博士著作的簡澄鏞、楊克齊、李惠君，我竟是到了「未見也如故」的境界……他們邀請我參加程兆熊博士新書出版的座談會，我還不認識他們，就報名了十場中的五場助講。何故？借用公元1175年曾參加鵝湖之會的陸象山曾說「宇宙內事，即己分內事」的句型，就是「鵝湖內事，即己分內事」，所以我欣然地接受了邀請，當然，也感謝他們邀請了我，他們也是一樣。

　　這就是「鵝湖」替大家結的緣。程兆熊博士曾在鵝湖書院辦過信江農學院，擔任校長，住在鵝湖多年（1945-1949），之後寫了一本《憶鵝湖》的書。而我和鵝湖書院結緣，是在程兆熊博士之後一甲子，我於2009年參加朱茂男、楊儒賓、朱高正、張崑將主辦、主持的第二屆「朱子之路」，到訪朱子住過、到過的多數重要地方、書院，最後一站翻越武夷山，來到江西上饒市鉛山縣的鵝湖書院，始悉朱呂二陸四賢於公元1175年曾有鵝湖之會。該鵝湖之會融會了儒學中理學、心學元素，以及幾年之後另二位事功學之陳亮、辛棄疾亦會於鵝湖，大言「金戈鐵馬，氣吞萬里如虎」。於是鵝湖之會融會了理學、心學與事功學，三元素全在鵝湖，九百年來各家論述甚至包括唯物論，皆不出這三元素，可以說這九百年來大家忽略了朱呂二陸鵝湖之會的宗旨，浪費了許

多民族精英的精力。而我這律師，三十年在法庭上所實踐的舉証、窮理、格物致知，力求建立事功與面對法官的自由心證（本心），也在鵝湖之會的三元素之中，乃有「得道」之感。

在民國諸儒者之中，程兆熊博士通儒學、禪學，又通農學、園藝，爲臺灣高山始種蘋果、蔬果，造福世人，可謂集合鵝湖之理、心、事功之學三元素，而異於他純儒者。程兆熊在《憶鵝湖》一書中「鵝湖書院可以重振嗎」的章節中，採牟宗三之論，謂現時應到了儒家第三期，雖未具體論第三期和第二期之宋明理學相比應有何加焉？其實，程兆熊本身的經歷融合了儒學、農學、園藝、文學（他是法國巴黎大學文學博士、凡爾賽園藝學院工程師），其自身就是一個第三期儒學的絕佳範例。本同原理，第三期需要更多人以儒學爲基底，去融合儒學與科學、經濟學、民主、法治、建築、醫學等等，完成對中西方文化的融合。

可惜我竟然在西方傳入的法律界浸潤了三十年之後，到了五十五歲才知鵝湖及程兆熊博士，才知鵝湖之會的融合之意，才知道朱陸之外，還有呂祖謙也參加了，這是如程兆熊所言當代太少人知道鵝湖之會的緣故，而知者也多著重於「辯」而忽略了「會」（融合）。這有點像太強調法庭上的「辯論」，而忽略了「和解」止訟的成就。於是我在2015年在臺灣新竹縣橫山鄉成立了「臺灣鵝湖書院」，希望能以種種活動，讓海峽兩岸、世間更多的人認識鵝湖之會的精神所在：溝通歧見、異中求同、求同存異、兼容並蓄（包）。

人類的災難很多來自於歧見不能溝通，輕則訴訟，重則戰爭（《易》前七卦：乾坤屯蒙需訟師，師者，戰爭也），當前俄羅斯、烏克蘭的戰爭就是，過去歐洲歷史上也因馬堡宗教會議沒有開好，而發生三十年宗教戰爭。第一次、第二次世界大戰也是。

世人當效法大思想家呂祖謙、朱熹、陸九淵在鵝湖之會好好溝通才是。這是我看了華夏出版有限公司最近新出版的程兆熊博士所著《高山行》封面題了程兆熊的五言詩，所得的「解此意」的體會。該詩云：

> 高高山上行，久久憶鵝湖
>
> 但願世間人，深深解此意

程兆熊博士在《憶鵝湖》一書中寫到，「以前是人人知道的鵝湖……所有的讀書人更是知道……只是自清末以來，就是所謂的知識份子也差不多是對鵝湖不識不知……」這是事實，但我和程兆熊博士、牟宗三先生一樣認識到鵝湖的重要性，我們各以不同的方式介紹鵝湖的重要性。於是，我懷著喜悅的心情，能為程兆熊博士的大作《憶鵝湖》一書的再出版作序與推薦，也是我的實踐與榮幸，透過一點踐履、實踐及文化「道東」或「道南之傳」，也就不只是「憶」或是「懷想」了。不是後人強，而是我們站在巨人程兆熊博士、朱呂二陸的肩上。

時公元2022年3月20日，距上次出版（第二次出版）於公元1975年，已隔四十七年。其第一次出版時為1954年，巧為我出生之年。前後三次出版、前後已近七十年，相信一千年以後也是有價值，足見《憶鵝湖》一書有長久價值，值得閱讀及收藏。在這世界多事、俄烏戰爭的此時，生靈塗炭，中美、兩岸關係令人心憂，人與人之間有著太多的歧見……華夏出版有限公司再出版《憶鵝湖》具有深意。程兆熊所稱「朱呂二陸」說的好，完整的述說鵝湖之會的全貌及會通精神。

（3）程兆熊教授思懷在江西鵝湖書院的歲月

蘇子敬教授提供其師程兆熊有關曾經在江西鵝湖書院辦學的文獻，非常寶貴。

程兆熊教授曾在江西鵝湖書院四年（民國34-38年），後來在臺灣思念鵝湖書院云「但總是不見了一個書院」，而將其所著書名爲「鵝湖書院叢書」。

余不敏，又是國學儒學的外行（專業法律），然於2009年參加朱子之路到過朱熹曾去過了許多地方，最後一站到了江西鵝湖書院而頓悟呂東萊先生在鵝湖書院融合理（朱）、心（陸）之機，爲此後九百年中國思想之高端，回臺灣後乃不揣淺薄之譏，忍不住設臺灣鵝湖書院，或可稍補前輩程兆熊教授「總是不見了一個書院」的思懷，但已經晚了四十多年矣。語云：「聞道有先後，術業有專攻……如是而已。」雖時空、環境、人物有別，但不才我的「悟」和先儒程教授是相同的，只是我晚了六十年而已，哈哈。

（4）程兆熊之學融合園藝、環境、經濟、文化與休閒養生、生命性情（蘇子敬）

「近來仔細讀完程兆熊先生的《九十回憶》，欣喜萬分，幾度涕下，不只知曉許多時代氛圍以及與當代儒學界相關的要事，也更覺得其學在現代的重要意義，並感受到程老師的襟懷與性情之教，宛如邵康節、周濂溪再世一般……」

程師之學融園藝、環境、經濟、文化與休閒養生、生命性情

於一爐，是一眞善美合一之學，其一生亦幾乎離不開詩與山，所謂仁者樂山、詩無邪歟！

程先生因許思園先生而認識了唐君毅先生，程先生所創辦大爲成功的「國際譯報」，就是請唐先生當主編的。而程先生《九十回憶》中提到最多的學人就是唐先生。程先生寫的許多書，都是請唐先生指正而經唐先生印證推許的。

新亞書院最初幾年的校舍，都與程兆熊先生息息相關，程兆熊教授是農業、園藝專家融會儒學，創立中興大學園藝系，任第一屆系主任，於1945至1949在江西鵝湖書院址創辦新式學校，邀唐君毅、牟宗三講學。又與錢穆、牟宗三講學於香港新亞書院。

（5）初到鵝湖（程兆熊）／一位兼通農業、園藝、文史、儒學、哲學的民國學者

省識風塵萬里吟，
回頭自是白雲深；
當年一次鵝湖會，
此月還留天地心。
應任予懷山與水，
不須他想古猶今；
眼前光景知何似？
善見桃花李樹林。

等閒覓得新天地，

便自逍遙天地中；
此水已非前水在，
他山更映後山紅。
拈來花草留窗下，
攜得孩兒過水東；
祇是鵝湖欣作主，
嬉嬉終不似孩童。

程兆熊（農業、園藝專家／儒學哲學）

（6）程兆熊：與錢賓四書（節錄）／平面文化之弊／品當代諸儒

余讀程兆熊先生「臺灣山地四書」中的《山地書》，有一文〈有關山中感〉（與錢賓四書），品當代諸儒，很有參考價值，摘錄如下：

「……兆去歲暑期中，曾走遍臺灣中部各山地部落所居之處，歸來所草《臺灣山地紀行》一書，凡十餘萬字，本月內臺北一文化出版公司可以印出，印後即當寄呈乞正。另一本《臺灣中部山地園藝資源調查報告書》一大冊，已由中國農村復興委員會印出，此為一科學寫作。此次山地之行，所得較去歲似尤多，科學部分正草報告，而紀行之作亦正在寫，已在山行急急中，偷閒寫了五萬多字，現猶繼續寫。兆來臺灣以後，做了三件比較有意義的事，一為參加耕者有其田的督導，此使兆走遍臺灣平地各鄉村。一為創立了一個園藝系，此使兆藉此亦不負所學。其三則為

去歲暑期及今年暑期以至明年暑期之山地調查，此三年之山地調查工作，對整個臺灣之山地開發固將不無貢獻，即對一己心靈之開發，亦似有點名堂。山地開發可解決一些問題，而一己在山地之似有所見，似亦可以述之，以告來者。此次在臺北未獲一晤，而上次又復晤談匆匆，山行之趣竟亦因此而未能向先生稍一吐露，今寫此信，自是所言太少，惟有一深感，終不能不藉此一達。數年前先生自港九沙田曾賜一長函，後此函被附印於《人生十論》中，當時兆即擬將此感表達於奉覆之信內，旋又思書面表達，不如中心藏之。乃不覺一藏數載，遂致想奉覆先生一長信之願，亦數載於茲，未能辦到。今在山中，又在信義村中，亦即羅娜部落中，適遇全臺戶口普查日，停下來，乃急急寫此，但恨多謬誤，只是管不了，此或亦不過一任一氣之流行，與夫一理之流行以至一善之流行罷了。

兆入山愈深，便愈覺平地之為平面，又入山愈高，更愈覺平面之為墮落，以此而論現代文化，實為平面文化，以此而論平面文化，實為墮落文化，一切墮下來，一切落下來，這便不能不接上一點東西，不能不建立一點東西，不能不實際做一點東西，否則，便要一直墮下來，墮入深淵裏，一直落下去，落到斷崖邊，這要如何才能爬上來？這要如何才能越過去？便不能不大費思量：

要接上，便要承先，便要繼往。

要建立，便要啟後，便要開來。

而要實際做一點什麼，便必須要站起來，立得住，並頂上去，凝然不動。

就如此構成了人類社會與人類文明的三代，此即是前輩、晚輩和平輩。目前的時代青年，不論遇到什麼人，一見面就是拍拍

肩，稱兄道弟，這是不知三代，這是平面作祟。在現代的平面文化裏，是只有一代，只有一面，因之一代的精神，便只是一時的風氣，而一時的風氣，又只不過是一方面的飄忽，以至飄，飄，只是飄，隨風飄來，又隨風飄去，人類的精神是飄去了。於是人類社會便只動進，新奇而無清寧，人類文明便只是舒服，花樣而無安適。大家不能歸本歸仁，大家便飄如陌上塵土，大家不能歸根歸土，大家更飄如水上萍踪，一切只是刹那，一切只是影子，於是臨風而泣，顧影自憐，就造成了目前一大生活的慘相。此一慘相平舖著，自會是一大平面的慘相。墮落之後便是卑屈，卑屈之後便是污下，所謂一大平面的慘相，其實就是一大污下的慘相。於此而言天地之美，則天地已閉，於此而言事物之真，則賢人已隱，於此而言心性之善，則面目尤非。在一氣流行處是一斷崖，在一理流行處是一斷崖，在一善流行處是一斷崖，**莊生之意，禪門古德之意與夫程朱陸王諸宋明大師之意，皆邈焉不可復得。**

而**談科學者，便只是一面，人類安於一面，實即是安於卑下**，以此而言自拔，便必須三代。挽救一氣之流行，要三代，挽救一理之流行，要三代，挽救一善之流行，要三代。這就是前輩、平輩和晚輩，這亦可說是夏商周，這亦可說是忠質文。大家想像三代之盛，就可想像三代之德，大家想像三代之德，就可想像三代之人。三代之盛是一個規模之盛，三代之德是一個撐架之德，而**三代之人則就是眼前之人，有前輩、有平輩、有晚輩就有三代，三代之人，當下即是。人類文明要接上，人類社會要建立，人類歷史也得要實際做出來，這必須要前輩、平輩和晚輩，**這必要三代之人。在撐持架格方面，要三代之德，在規模氣象方面，要三代之盛。

以此而言新亞，則先生是前輩，兆與君毅、丕介諸兄是平輩，唐、余及亞諸友不能不是晚輩。年來兆默察新亞風氣之所趨，趨於平面之處猶多，而趨於三代之處猶少。因此規模總似未如何立，撐架總似未如何堅，眼前總似未如何順，此先生之所苦，自亦爲兆之所慮。此次君毅兄來臺，與兆暨宗三兄等相晤時，兆對**君毅兄瀰天蓋地之象與夫宗三兄截斷眾流之氣**，益有所體認，而君毅兄與宗三兄之對先生亦可謂瞭解最深，尊崇最甚者，此實富一極大之時代意義和社會意義與夫文化意義。

吾鄉歐陽先生自是一代大師，惜入於佛。梁先生崛起南荒，好深湛之思，有獨特之行，惜履秦地，以致降志辱身而未有已。熊老先生目擊而道存，其風姿之美，氣象之真，舉世無匹，應可爲天人師表，但終未免飄逸，爲人太清，遂與世隔。馬先生詩文之妙，儘可不朽，其守身與守道之誠，亦爲人所共見，惜山林氣重，終與世相忘。此外兆所遇之前輩先生猶有柳老先生，亦確爲腳踏實地人，昔吳先生極稱之，今已不知去向。至於胡先生自是名聞中外，婦孺皆知，前歲來臺，曾至農院，自稱爲學，流來流去，其風度極佳，其所言可以見其謙謙之德，亦以見其自知之明，其學之流來流去不足非，惟其學之始終似流於平面，則不免爲天下惜。國無仁賢，其國空虛，前輩寥寥如此，豈不足嘆？

大亂之際，天賜良機，大湖之濱，與先生相識，避難港九，更獲追隨，惟因家累及一己所學，不能不離新亞而居此間，此則無可奈何。年來有些事，先生亦無可奈何，而先生於此而「莫安排」，又於此而自以爲「正好做工夫」，亦所以見先生之所學，與夫先生之所以自許與自任之處。宗三兄年來亦富無可奈何之情，後獲君毅兄一言而決，於此**君毅兄之知言之哲**，與夫**宗三兄之從善之勇，實皆爲舉世之所不及**。兆之平輩中，彼二人人五體

投地，其將來之所成，兆實不能窺其際。**至復觀兄五十歲後始致力於學，且能有成，並能勇猛精進而不已，此亦舉世之所難見。**他如**許周姚傅諸子，**多年來已音訊沓然，而道路傳聞，姚兄在兆昔日所辦農院中，已患血疾，消瘦不堪，果如所傳，真是可慮。國無仁賢，其國空虛，前輩寥寥，平輩亦似不多。年來在此，新識吳葉二君，亦常通信，其來信中曾云中國不亡，文化不亡，乃先生等之力，即此亦可知先生實已負天下之重望，固非兆等人之私言。

新亞年來自亦聲譽日隆，就兆所已教過之學生而論，**唐、余等人皆有天資，惟唐之質似較厚且知收歛，余則似雄於才，發揚而開張，如得其道，成就自未可限量，惟觀其所為文字，如對梁先生文化路向之說，竟率爾議論，當係為時代風氣之所影響，如其一任發揚而不知收歛，則將來流於平面，亦未可知，**此則須先生之時加鎚鍊方能有大成就。唐生來信每言欲學兆之為文，實則兆之文字不可學，學則必出毛病。**唐生質厚而天真，復有內慧，他和余生之未來成就，現時猶難確言，**但他已走上了一條路，則無可疑，惟猶須先生之好好培養，方可為新亞精神之發揚光大人。就兆記憶所及，新亞學生之佳者極多，如不流於平面，則莫不是有為有守之士，將來一氣之所達，一理之所到，與夫一善之所鍾，有前輩如先生之道之以忠，有平輩如君毅兄等之承之以質，則後輩如新亞諸子之興，自會是「郁郁乎文哉」而不能止。如此一氣之流行，有三代之撐架，必成天地之美；一理之流行，有三代之撐架，必復事物之真；一善之流行，有三代之撐架，必全心性之體。時至今日，實只能賴先生以接上一點東西，賴君毅宗三兄等以建立一點東西，並賴新亞諸子以實際做一點東西。

　　宗三兄在臺有人文友會，聞風而起者已大有其人，**吾鄉有蔡仁厚者從其學，雖其氣清而弱，然亦漸能卓然而立**。復觀兄在此亦足使後學聞其言而興。以此而論新亞，其影響之所及，有先生等三代之撐架，自當無可底止。不能援天下以手，而援天下以道，目前總是一個大時候。」（以上節錄自程兆熊著「山地四書」中之《山地書》4.有關山中感，P71~P76，華夏出版有限公司2022年出版）

（7）蕭新永：與呂榮海律師交流的一些事

　　蘇東坡說：「人生到處知何似？應似飛鴻踏雪泥。」臉書常常自動跳出多年前的文章，讀之又恢復了往事記憶。臉書好像是時光機，不時自動發來舊文，范仲淹說：「勿以物喜，勿以己悲。」敘舊罷了。人生要抱著時光不染，回憶不淡，不忘初衷的態度，我與呂榮海律師交流的一些事，是緣分，也是一件喜悅的人生遭遇。

　　2015年的1月15日，第一次到新竹橫山的鵝湖書院，拜訪呂榮海大律師，雙方交談愉快。當談到呂朱兩姓的先祖，由呂祖謙牽頭，聯合朱熹（主張：理在心外，萬事萬物各具一理）及陸九淵（主張：心即是理，宇宙即我心，我心即宇宙），於1175年在江西鉛山鵝湖寺召開鵝湖會，尋求化解及融合朱陸學術觀點的岐異，呂大律師深以有如此傑出的祖先為榮。

　　再又談及呂朱後裔承襲祖德，子孫都以先祖智慧為共同信仰，分別由朱茂男董事長成立「臺灣海峽兩岸朱子文化交流協會」及「文德書院」，呂律師成立「臺灣鵝湖書院」，同為發揚

先祖懿言，同時互相聯繫分享與探討學問之事，七年後的今天，他們仍一本初衷，如火如荼地進行。我也因呂律師的介紹，分別加入了「臺灣海峽兩岸朱子文化交流協會」及「臺灣鵝湖書院」，擔任理監事。他則擔任副理事長或監事長，每次開會，輒有建言，對兩會助益甚多；同時也與呂律師組成一些line群組，共享知識，共行臺灣路，他誓言要走完兩百個鄉鎮，我算是陪他走了幾次，可能加速完成目標，在從遊的實踐中，也獲益匪淺，無任感荷。另外，又與幾位共同興趣的朋友成立《鵝湖民國學案》的編寫工作，有幾次選在臺灣鵝湖書院會議，大家各抒己見，仿《宋元學案》、《明儒學案》的編寫模式，建立民國學案資料，雖然進度緩慢，質量有差，但都在進行中。而這一切的起源都來自呂律師的構想。

回想2010年10月，我與呂大律師執行陸委會的大陸在地服務專案，千里迢迢，來到合肥、無錫、南昌、九江等地，為當地的臺商協會講課，提供諮詢服務。他的律師專業，當場解決了許多臺商的困窘問題。

在江西南昌參觀中國四大名樓之一的滕王閣的途中，他隨口念出「落霞與孤鶩齊飛，秋水共長天一色」這句出自王勃的《滕王閣序》中一段話。呂大律師這種物我合一的宇宙觀，有點像陸九淵的「宇宙便是吾心，吾心便是宇宙」的「心即是理」思想，我記憶猶深。畢竟物景因緣，隨人造化而感受有異也。

呂榮海大律師與朱高正博士及朱茂男先生，同為南宋理學大師呂祖謙與朱熹後代裔孫。他們業餘組成朱呂讀書會，初步讀《近思錄》，再逐步探討朱呂之學。當呂律師讀到朱熹、陸九淵、呂祖謙三位思想家1175年在江西鉛山鵝湖寺的鵝湖會論辯精神以及求同存異、兼容並蓄的精神，深受啟發。他想古學今用，

於是有了籌組「臺灣鵝湖書院」的使命感。從計畫到行動,聯合同好,在新竹橫山鄉一處靜謐鄉間街巷,成立臺灣鵝湖書院,初步構想以讀書會及講學方式展開。

朱熹是南宋大理學家,著作等身,著有《四書集注》、《四書或問》、《太極圖說解》、《通書解》、《西銘解》、《周易本義》、《易學啓蒙》等。此外尚有《朱子語類》,是他與弟子們的問答;《近思錄》,是他與呂祖謙共同整理的北宋理學家著作之摘要,是歷代學子必讀的一本儒學入門書。

呂祖謙的「講實理、育實才、求實用」研究精神,對於現代的實用科學,猶有啓迪作用。他的著作有 《左傳說》、《東萊左氏博議》、《歷代制度詳說》、《宋文鑑》等書,及與朱熹合編《近思錄》。

2021年的1月18日,風和日麗,特地去鵝湖書院拜訪好朋友呂榮海大律師。在書院裡,與呂博士品茗論書,受益匪窮。同時

到附近的田螺坑觀看風水，殊覺該地東南背山，西北寬闊，前臨
大溪，婉轉流過，視生處高，應該是一處好風水。

4、牟宗三・唐君毅學案／新儒家（心學）／鵝湖月刊諸儒

呂律師自2009年復接觸儒學以來，聽聞學者言當代諸儒者最多者，當屬牟宗三先生。於是，述其一、二：

（1）貫通儒釋道與康德

牟宗三（1909~1995）於1975年指導學生創辦了《鵝湖月刊》，並將演講、文章刊在《鵝湖月刊》。牟宗三是他那時代新儒家哲人中離世最晚的一名，不少人都認為牟宗三的思想最具系統性和原創性。他不僅對儒、釋、道三家在不同時期形態作出整理和分析……而原創性則更多體現在深刻領會和完整把握康德哲學的基礎上，把它和中國哲學相貫通……（張文彪，《儒學與當代臺灣》，第124、125頁，福建人民出版社，2010年）

（2）牟宗三案、儒學佛學與科學、民主／自我坎陷

2021年，呂律師讀牟宗三演講錄（伍）《實踐的智慧學》，

摘記要點如下：

「自我坎陷」是我自覺地要這樣，這個在佛教叫做「留惑潤生」。「自我坎陷」是我們現在用的黑格爾的名詞。用鄭板橋的話說，那就是「難得糊塗」。這個就是「自我坎陷」這個詞的來源，就是把良知這個身分暫時放棄……」（牟宗三演講錄第伍冊，《實踐的智慧學》，P.17-19）。

呂律師論曰：1、牟宗三是民國儒學的重要學者，此段論及儒學（理學）、佛學不反對科學、民主，言「凡是合理的東西，良知不能反對」，佳。它已點及儒學與佛學、科學、民主的關係。只是此似已成吾常人的「想當然耳」，能引用「名家」說出，亦有意義。2、引用「自我坎陷」說明良知和understanding的關係，至少是一種說法，雖然我並不一定能夠百分之百「理解」而稍感其強說理；3、讀牟宗三先生書，呂律師學習到了「自我坎陷」、生滅門、留惑潤生、難得糊塗……雖未完全理解，但也是學習之始，牟先生學問廣，足為吾人師……鵝湖會精神：致廣大，盡精微，綜羅百代。努力學習！

感覺牟宗三先生著作豐富、融會東西、弟子眾多，又自1975年創辦「鵝湖月刊」，影響力深廣，引起呂律師的注意……

其學生問：「因為我是學科學出身，然後讀牟老師的書很感動。當我理解儒學、佛學的道理，我如何看待科學？」

牟宗三：「……佛家菩薩道也不反對科學呀，儒家也不反對科學，儒家是正德、利用、厚生。理學家講德性之知、見聞之知，也不反對科學……佛家一心開二門，生滅門就可以安排科學。生滅門把現象範圍之內的一切門，那個多門都開出來了……我說「自我坎陷」（self negation），那是照陸王系統講的，這句話你當然不懂。良知本身不能成科學，但科學也是良知的要求

呀，也要求民主政治呀，凡合理的東西，良知不能反對。良知本身不能成科學，因為良知的作用不是了解科學知識的那個認知的作用。所以，從良知這個地方，要完成良知的那個要求，那個良知一定要降下來。暫時把你良知的身分放棄，這個放棄是我自覺地要放棄。要放棄變成甚麼呢？就是從良知這個自覺變成知性（understanding）。轉型啦。良知本身不是understanding，要從良知轉成 understanding，這是我自覺要求這個understanding。這個自覺的要求，就是你自己要把你自己那個心境放一放，放在旁邊，這個就叫做「自我坎陷」。

（3）讀牟宗三《五十自述》／熊十力／唐君毅

　　2021年3月12日前後這一周，牟宗三《五十自述》一書突然跑出來到了我的眼前，抽取零碎時間讀了第五章〈客觀的悲情〉，述其在北大大三（1932）時至避難臺灣初的經歷：

　　1、初識熊十力，聽其「獅子吼」對學問的熱情與自負，言「講晚周諸子只有我熊某能講，其餘都是混扯」，牟乃覺熊是真人，一般名流教授隨風氣、趨時勢而已。熊先生一聲霹靂，直復活了中國的學脈。馮友蘭言「良知之為假定」，即可知馮氏的哲學史全部不相應。（P.86-88）。

　　2、義與神聖使中國抗戰勝利。科學方法沒有義與神聖（P.90-91）；

　　3、牟宗三在昆明期間生活困頓，受張遵驑（張之洞的曾孫）資助頗多，肝膽相照。對胡適、張君勱頗多嚴厲批評（P.91-103），時個人、國家困頓之五年（1937-1942）。唉，皆一時俊

傑，文人或可勉勿相輕，始符鵝湖會宗旨。

4、牟亦言，「我那時太氣盛，任何人我都不讓，中年人老年人的昏庸無聊，我尤其憎恨，我毫不顧惜的和他們決裂」（P.128）。

5、牟曾赴重慶勉仁書院依熊十力，勉仁書院由梁漱溟所設，牟與梁始終不相諧。日軍佔香港，梁從港渡澳門，書云「我不能死，吾若死，歷史必倒轉，尚有若干書，當世無人能寫」。熊師見之，移書讓之，謂其發瘋，彼覆書「狂則有之，瘋則未必」，種種不愉快，熊師脾氣暴發，大罵勉仁諸君子。然發後亦無事，即梁先生究亦是克己守禮之君子，與俗輩不同也（P.101-102）。

6、牟宗三《五十自述》或書成於民國五十年前一、二年，其於民國七十七年十二月的〈序〉中言「忽忽已八十矣」，長壽使其在五十之後又完成《才性與玄學》（魏晉時期）、《佛性與般若》（隋唐時期）、《心體與性體》（宋明時期），並譯注康德第一、二批判與之對照，並著《現象與物自身》、《圓善論》以明對康德二批判的消化（見序）。完成了中國思想史前後及康德思想的東西融合。可謂生命力的展現、自負使命感、長壽及持續長期努力而成一代宗師。

7、「在那困頓的五年，除與熊師常相聚外，最大機緣是認識唐君毅，也是談學問與性情最相契的朋友。我不喜歡他那文學性的體裁，我認為讀哲學以理論思辨為主，不能走文學的路，他受方東美、宗白華的影響。君毅兄對形而上學有強烈的興趣，又是黑格爾似的。而他那無定準的形上學的思考，我也不感興趣……他有一股藹然溫和，純乎學人之象……我自己亦多放盪胡鬧處，言行多不循禮，我覺得他乾淨多了、純正多了」（P.108-

109）。

民國法學博士呂榮海律師於2021年論曰：牟宗三先生以那樣嚴厲的說詞批評胡適、張君勱等人，似未引起反擊的「官司」，亦可證這些被批評者的寬厚風度矣。與二十一世紀不同，也如牟宗三所言「梁、熊」皆是克己復禮的君子。

（4）別子為宗？／李明輝論「儒家與康德」

2020年春，呂律師買了李明輝（1953年生）教授大作《儒學與康德》一書，這兩天略讀之，摘記若干要點：

1、李明輝自序：「受到兩位恩師牟宗三與黃振華的啓發極大」，黃是中國人在德國攻康德哲學的第一人，牟先生對康德哲學之闡揚不遺餘力，以康德哲學爲橋樑會通中西。

2、李教授，臺灣大學哲學研究所碩士、德國波昂大學哲學博士。他的書直接引用豐富德國文獻，和我們法學院一樣，對德國文獻一般比較容易被「肅然起敬」，李教授融會東西文化，融會《儒學與康德》自是一座大山，在引用德文康德運用於新儒似又比牟先生進了一步。

3、李教授自序：「……我們知識界瀰漫著一股強烈質疑並反對中國傳統的風氣……毫無批判地嚮往西方文化……其後筆者偶爾讀了梁漱溟先生的《中國文化要義》一書深受感動，中國傳統文化在西化派的質疑下，並非毫無招架的餘地，梁先生誠屬孟子所謂的豪傑之士。其後，接觸了熊十力、唐君毅、牟宗三、徐復觀諸先生的著作，並親炙牟先生門下，領略到中國哲學絕不能迴避西方哲學的挑戰，康德哲學據有一個關鍵地位。」

4、李教授於此書集中闡述康德的「自律道德」（自律倫理學）和孟子的自律倫理學之比較、論述，並以此「自律道德」看伊川、朱子與陸、王的爭論，判定朱子只能成就他律道德，爲「別子爲宗」，而認同其師牟先生的相同看法（P43-46）。這令呂律師等唸法律的感到驚訝，唸法律的認爲有強制力的法律才是「他律的規範」，而道德是「自律規範」。

5、看來，牟先生的著作豐富、見解深刻，誠如李明輝教授所言：「哲學界不管認不認同牟先生的見解，但不能不理（跳過）牟先生的意見（著作）。」就像朱子學，學界多認爲「不管同不同意朱子學，是繞不開朱子學的」！看來，直到現在的二十一世紀，也是仍然繞不開公元1175年鵝湖會的朱、陸之辯！呂律師認爲一千年來，世人忽略了鵝湖會，忽略了呂祖謙邀集鵝湖會，希望「兼容並蓄」的重要性，才會在鵝湖會之後持續爭論了一千年。

（5）道德自律？他律？信仰？知識／讀李明輝文章

呂律師昨晚及早上（6／30）閱讀李明輝教授的文章〈如何繼承牟宗三先生的思想遺產？〉，略摘記若干要點：

1、「牟先生說以知識講道德即爲道德他律，其根據就是康德在《純粹理性批判》第二版前言中所言：『我必須揚棄知識，以便爲信仰取得地位。』這是康德哲學的綱領，勞思光先生曾經很恰當地以『窮智見德』一語來表述此義。康德在此使用的是wissen，而非Erkenntnis。又康德所說的信仰並不是宗教信仰，

而是指他所謂的『理性信仰』或『道德信仰』。他在《純粹理性批判》的『先驗方法論』中比較『意見』（Meinen）、『知識』（Wissen）、『信仰』（Glauber）三者的確切性……」

　　（呂律師注：「新儒家」把「自律」、「他律」作為判定孟子、陸、王、新儒家為正宗；荀子、程、朱為別宗的標準。呂雖不贊成，誌之）。

　　2、「誤解」與「創造性的詮釋」不同。牟先生也承認他非按照康德的原意來使用這些概念……藉由改造前人的概念來建立自己的學說，在中西哲學上屢見不鮮，例如，康德藉柏拉圖的「理型」擷取「超越經驗及知性概念」及「源於最高理性」二義。

　　3、這二十年來，新儒家的著作在大陸大量出版（仍有刪節），對大陸學界造成難以估計的影響，當年課題組的成員郭齊勇、顏炳罡、羅義俊、景海峰成為某種意義的「大陸新儒家」，牟先生的相關著作已取得類似於經典的地位，我們也要說：「中國哲學的研究者可以不贊同牟先生的觀點，卻不可不理會他們。」（呂律師注：哈，朱子學也是如此說。則鵝湖之會兼容並包矣）。

　　4、「多年來我寫了不少文章，為當代新儒家（尤其是牟宗三先生）辯護，友人林安梧甚至帶有貶意地（雖然他不承認）加給我『護教的新儒家』之封號……對於以哲學思考為職志的學者而言，決非恭維之詞……（此文）反駁楊澤波、鄧曉芒對牟宗三的批評意見……」

（6）李明輝不希望再聽到「新儒學是心性儒學的濫調」

2022年5月初，呂律師在群組中，讀到新儒家大將李明輝於4月22日在網路上刊出一文，〈我實在不希望再聽到港臺新儒學是心性儒學的濫調〉，文中述及（1）「新儒家」的說法都不是當事人的自我標榜，而是外人加諸他們的標籤；（2）李教授親耳聽到牟宗三說，「儒家就是儒家，那有什麼新舊之分」；（3）述新儒家的源流、可加上張君勱、錢穆，余英時堅持要將錢穆排除於新儒家之外，李教授認為是很奇怪的；（4）述港臺新儒家與自由主義（殷海光、張佛泉）、共產主義的區別，此為三大主流思想鼎立；（5）港臺新儒家是關注現實的，張君勱、徐復觀曾參與實際政治，牟宗三有《外王三書》一千頁。

李教授在該文中，附有一張包括程兆熊在內的四位民國大儒，但文章內文卻未提及程兆熊，程門弟子感到不解，呂律師安慰他們，「鵝湖之會」也常常忘了呂祖謙。

（7）自律？他律？孟子、朱子／讀周博裕著作

2020年6月30日晚，呂律師略讀周博裕著《康德哲學對新儒學之啟發》及《半畝方塘》，紀述若干要點：

1、「……孟子談的是人心內在的道德良知……朱子的『由義行仁』是有條件律令，須先窮理知仁知義，甚至可以利仁，由外而內的途徑，這可以說完全脫離了孟子的本意。我們以為這是朱子先有『性即理』的定見來解讀孟子。但這樣的讀法，卻把自

律道德解讀為他律道德，也把孟子的價值消除。吾人講自律道德，講自由意志，並無意排除他律道德，只是講道德應該以自律道德為主，他律道德為輔，反之則容易錯亂……」（P.203）。

呂律師注：（1）、記此段或可看出所謂「當代新儒家」的基本看法，朝向「心學」。（2）、朱子作《四書集注》，孟子取得儒家第二號人物的地位。朱子也是。

2、又周博裕從年輕起任「鵝湖月刊」執行編輯、社長、執行長……凡四十年，將在鵝湖月刊刊載的短文收集出版，上下二冊，書名《半畝方塘》，分〈一鑑開〉、〈共徘徊〉、〈清如許〉、〈活水來〉四卷。取自朱子的名詩之各一句，很有意思。既喜陸學（心學），似又喜朱學（理學）耶？鵝湖之會耶？

3、周博裕擅長及興趣於攝影，留下1975年以來鵝湖月刊人物活動的相片無數，近來出版「攝影集」，取名《當代新儒家的奮鬥／理性的守護者報導攝影》，十分珍貴。呂律師曾於他在編輯過程中，鼓勵其為相片式的民國學案。有價值。也是一種創新。

（8）當代「新儒家」指新「心學」？以鵝湖會觀之，以廣大為心

什麼是「新儒家」？同樣言語，常有不同的解讀，如依一般常識，一般語言會認為「新儒家」包含廣義的當代認同儒學者，但亦有專指「心學」者，例如林安梧在其書中指出：

「當代新儒家仍然承繼著先秦的原始儒家及宋明新儒家傳統，尤其宋明儒學陸王一脈，更給予了它決定性的影響。另外，

早期如熊十力、梁漱溟都曾受佛學思想的影響及生命哲學一脈影響；當代新儒家主要指的是民國以來熊十力、張君勱、梁漱溟等學者，以及熊十力弟子唐君毅、牟宗三以及徐復觀等學者……他們努力尋求民主科學，相信民主科學不悖於中國傳統的……極為強調文化的連續性……」（林安梧，《牟宗三前後／當代新儒家哲學思想史論》，P.2）。

呂律師觀察到上段言「當代新儒家」承繼「宋明儒學陸王一脈的決定性影響」，仍不脫1175年朱熹、陸九淵、呂祖謙鵝湖會欲兼容心學與理學的大格局，林教授高明的保留所謂「主要指」、「……等學者」，表示除了「心學」以外，仍然還有「次要的」、「尚未全部包括」，估不論何主何次？當更廣包括、容納更多學者時，才是更完整的「當代新儒家」，當代兩岸研究「朱子學」的學者隊伍亦非常多，可見理學、心學兼容並蓄，更符合鵝湖會精神。1175年的辯論固然有意義，但應該不是鵝湖會最重要的精神。鵝湖會最重要的宗旨應是融合理、心之兼容並蓄。世人略於「鵝湖會」之宗旨，是以八百年後的二十、二十一世紀，還是繼續辯論心學、理學？《中庸》云「致廣大、盡精微、綜羅百代」，呂祖謙言「以廣大為心，以踐履為實」。

（9）唐君毅：求合於人，見人之是

唐君毅先生年少氣盛，自負已對宇宙人生真理洞見無遺，不免狂妄自大，後在玄武湖散步，忽悟人之思想，皆能超越於所知之上，故人人皆可有超邁前哲的狂妄自大。又悟一切真理應為普遍而永恆，應為人所共見。所謂「莫道君行早，更有早行人」，

許多自己以為石破天驚之發現，其實古已有之。故自此以後，先生為學，即由「求異於人，見人之非」，轉為「求合於人，見人之是」。如是，先覺後覺，同歸一覺，一切有情，終成聖佛。（唐端正，〈唐君毅先生的生命與學問〉，鵝湖月刊第153期）

（10）唐君毅：包容性最終使儒學站在最高處

唐君毅的哲學思考活動的一個極大的特點，就是理解各種哲學體系，入乎其內、出乎其外，既能準確把握任一哲學的內部邏輯結構，又能溝通各種理論的思辨關係。他幾乎是承認一切中西哲學體系皆有其意義與價值。……因此他也就成為當代大哲學家中，最能尊重各家哲學精神主旨，並給予合理對待的介紹者。至於作為哲學家而高舉儒學的價值時，唐君毅便是最具包容涵蓋性的儒學價值中心之體系建構者了……正是這種包容性，而最終使得儒學站在了所有思想的至高之處。（張文彪，《儒學與當代臺灣》，第115頁，福建人民出版社）

（11）《鵝湖月刊》諸儒、學者

1975年創刊至今的《鵝湖月刊》，已逾四十七年，在西學勢大之下，持續傳承傳統文化，難能可貴，鵝湖月刊諸儒：楊祖漢、潘柏世、袁保新、岑溢成、沈清松、曾昭旭、王邦雄、周博裕、王財貴、潘朝陽、林安梧、高柏園、李瑞全、蔡家和、梁奮程、賴賢宗、魏美瑗、朱建民、黃漢忠、劉世慶、霍晉明……

（不分先後，不及備載），人才濟濟，承繼鵝湖朱、陸先賢高度文化，貢獻巨大，尤其曾昭旭在《鵝湖月刊》創刊號中〈鵝湖史話〉一文，除了朱、陸，亦言呂東萊的作用，並言「……今天看來，我們仍然為東萊的熱心深感敬佩，因為學界不應該長久分裂，人與人間，不應該始終誤解，相通畢竟是人心中最深的願望」，呈現鵝湖之會全貌及鵝湖會真精神，十分精彩，呂東萊即朱熹的好友呂祖謙，特述之，全文詳見《鵝湖月刊》網站。呂律師也是《鵝湖月刊》的訂戶。

5、元亨書院・林安梧／廖崇斐

（1）林安梧：以心性論作為正統容易變得封閉

2020年6月20、21日，呂榮海律師在屏東旭海、佳樂水太平洋濱，讀林安梧教授大作《牟宗三前後／當代新儒家哲學思想史論》一書，摘記要點如下：

「……主流系統認為道德本心論是整個儒學的核心，先秦是以孔子、孟子為代表，而宋明理學則是繼承孔孟而發展的，它以陸王學為正宗，而程朱學代表了一個歧出的發展；再者，當代新儒學自認為繼承了陸王而直承孔孟。……但是它並不能夠說就是一個完整的儒學，也不適合說它是儒學正宗。因為整個中國文化歷史的事實，很難說它是儒學正統，要求是強調以心性論作為正統，容易變得封閉，所以我反對這樣的說法。……所以我認為應該破除掉儒學血緣上的、正宗的意思。因為你很難說荀子、董仲舒、王通、文中子、康有為、章學誠不是儒學，我覺得都是儒學……我覺得儒學正宗的概念去除，回歸到歷史社會總體的視野來看儒學，就會有很大的不同……進一步來說，我認為儒學關聯到整個天道論、自然哲學、歷史哲學，關聯到心性論，關聯到整個政治社會的哲學。儒學是在一個非常豐富的文化土壤下所長出來的，它跟它的經濟的生產方式，跟它整個社會結構的方式、政治組織的結構方式，有著密切的關聯……」（P.330）

庚子六月，呂榮海律師讀林安梧教授大作。

　　呂律師觀察到：林安梧教授的上述論述，較接近於1175年「鵝湖會」兼容並蓄的宗旨。

　　6月21日下午四、五時有日環蝕……

（2）儒學與宗教的融通

　　林安梧教授對「儒、道、佛、基、回」等宗教融通的基本看法，與「鵝湖會」的宗旨同：

　　「……我們對基督宗教也要恰當的理解，對伊斯蘭教也要更多理解……就中國歷史上儒、道、佛整個發展來講，宋明理學家要去闢佛老，對佛老提出嚴厲的批評，這種批評是嚴厲的批評，到當代新儒學已經有比較平情而論的的理解，儒學已經不再去闢佛了……牟宗三對佛學的理解，已經超過宋明理學太多了，也超過熊十力……但是我們可以發現，當代新儒學對於基督宗教的理解是有偏見的……我覺得重要的是應該要條目性的把差異標舉出來，至於如何為優、劣？不該輕斷。關於如何圓融？梁燕誠花了一些工夫……蔡仁厚、周聯華牧師，還有林治平、傅佩榮他們對談……當代新儒學要正視自己作為一個大教的歷史地位，如何與佛、道融為一個不可分的整體，是一個重點……我們研究儒學不能把自己視為特殊人種……現在應該必須有多元的、互動的、融通的觀點，而不可鎖國閉關或不理會人間煙火」（林安梧，《牟宗三前後：當代新儒家思想史話》，P.333-335）

　　呂律師論曰：善哉，林安梧教授融通、多元之論！公元1175年呂祖謙、朱熹、陸九淵兄弟「鵝湖會」兼容並包、集益之工夫，向為「辯論」、「爭勝」所掩，千年來學者只見朱、陸之

辯，而少見呂及集益融通之工夫！而宋代呂氏之家學，就是以融通、兼容並蓄爲特色！《宋元學案‧滎陽學案》稱呂祖謙之四世祖呂希哲，「滎陽少年不名一師，初學焦千之，盧陵（歐陽修）之再傳也，已而學於安定（胡瑗），學於泰山（孫復），學於康節（邵雍）、亦學於王介甫（安石），而歸宿於程氏（程頤），集益之功，至廣至大。然晚年又學佛，則申公（呂公著）家學未醇之害也。要之，滎陽之可以爲後世師者，終得於儒」。以今日看來，呂氏之學及「鵝湖會」反而符合現代多元的實況！

　　歐東華：說宋明理學家嚴屬闢佛，這論點是指南宋以後之發展而言，事實上在北宋以前並未如此嚴重，周敦頤就是一位有容乃大之理學先驅者。

（3）林安悟對儒佛道的警省：當仁不讓、生而不有、獅子吼

　　感謝先輩在前面的努力，臺灣現在尚能平安，但有正在稀薄化的危機。「放下」、「放空」、「當下」的佛教思想很是流行。

　　其實，佛教的眞精神是「獅子吼」，對墮落以大雄無畏的精神作獅子吼，從平庸的善（緊挨著平庸的惡）走向智覺的善；從平庸的佛教走向開悟的佛教。

　　相對的，儒家也有「當仁不讓」的氣魄。道家則有「生而不有、爲而不恃、長而不宰」的積極、自然氣質，現在反而巔倒成「有而不生、恃而不爲、宰而不長」，使生命失去了承續的動力。值得警醒、警戒、轉向。

（4）見地歧異，君子論交／鵝湖的真精神

在四重溪晨起，讀林安梧教授大作《牟宗三前後／當代新儒家哲學思想史論》一書，余摘記一段論述：「……孔子歿後，儒分為八；墨子歿後，墨離為三；陽明歿後，其學亦有江左、江右之異；此學派發展之所使然。所可貴者，孔子之徒仍為孔子之徒，墨子之徒仍為墨子之徒，陽明之徒仍為陽明之徒，皆戮力於學問道業之傳揚，未改其志也。牟宗三先生生前『鵝湖』朋友對於儒學見地亦本多歧異，唯彼此君子論交，以文會友，以友輔仁，時或不同，即如水火，亦相資而不相斥也。此亦可見宋代『鵝湖』之會，一時朱陸的景況，此蓋『鵝湖』之真精神也……」（P.155）

（5）多元的鵝湖精神／《儒道情懷與鵝湖精神──從王邦雄與曾昭旭時代的鵝湖月刊談起》／林安梧教授此文是重要文獻

林安梧教授的大作《儒道情懷與鵝湖精神──從王邦雄與曾昭旭時代的鵝湖月刊談起》──這一篇文章（見下面附錄）是一篇重要的文獻！「多元」的鵝湖史，說的好，同感。我的看法及根本的公元1175年「鵝湖會宗旨」和林教授同，大家共同加油傳鵝湖精神。

近十年來，我是《鵝湖月刊》的訂戶，現在的《鵝湖月刊》名為「鵝湖」，似乎不多見「鵝湖精神」，不免遺憾，至2009年我首次至江西鉛山縣鵝湖書院始見融會朱、陸、呂「多元」併蓄

的鵝湖宗旨，之後而有「臺灣鵝湖書院」之立以傳「鵝湖會精神」，哈哈。很高興看到林安梧教授此篇融會多元及宏揚鵝湖精神的大作（及其他書），堪稱是重要文獻。

當前的世界意見激烈衝突不斷，既有疫情天災，亦充滿人禍危險，極需「多元的鵝湖會精神」，求同存異、彼此和平（西元2021年5月29日，臺灣大學法學博士呂榮海律師在雲林土庫「鵝湖農場」記）。

（6）廖崇斐述熊十力的「會通」之學、「生活世界」到「新六藝」

2021年11月20日，呂律師受林安梧之邀，赴臺中元亨書院主講「參與鵝湖儒學（書院）的緣起」等等，感謝廖崇斐教授的接待與主持，廖教授並贈我他所著《從熊十力到新六藝的思考－以生活世界爲核心的實踐開展》，讀之，受益良多。元亨書院耕耘有成（群）。

該書從以第一、二、三、四章分別引述熊十力學說〈**名言概念與真實的存在**〉（第一章）、〈**見體之學、生命關懷**〉、〈**會通之學**〉（第三章）、〈**生活世界與見體之學──胡塞爾與熊十力的對比理解**〉（第四章）。其中，〈**會通之學**〉特別引起呂律師的注意，深感其最能近「鵝湖之會」的宗旨。

〈**會通之學**〉是要在根源處通透。必須藉由致力通融各家的學問，在種種障弊中尋求微露的智光，以引發吾人之同證，進而趨向真理」（廖著，P.77）。「……**哲學所貴在會通，要必爲是學者，能自伏除情見，而得正見，然後可出入百家，觀其會通**」

（熊十力，《新唯識論》，語體文本，頁199。轉引自廖書P.59）

其次，所云「名言概念與眞實的存在」，在呂律師經歷四十年的律師生涯中，有深刻的體會。「法律概念、邏輯與經驗」的辨認、差距，時時有心。

廖教授從2011年開始參與「體制外的教育活動」，並引述林安梧的「生活世界」思考，以茶、琴、弓、拳、書法、棋等活動爲基礎的人文教育，統稱爲「新六藝」，並附以文化史上藝能行醫、武術高超的顏元（1659~1733，習齋）的「習行說」教育理念，用於道禾實驗學校的課程茶學（禮）、古琴（樂）、弓學（射）、山水學（御）、書學（書）（P.252）。

呂律師曾觀顏元之學重習、行，他也會醫術、武術，又清初理學家呂留良也會醫術、武術，則現代的「新六藝」或許可以跨大一些，包括經濟學、投資理財、科技、法學等皆可也，此皆正德、利用、厚生之學也。

6、篔簹書院、奉元書院、咸臨書院、至道書院、日月書院諸儒、學者

　　2021年12月18日，呂律師赴奉元書院，參加第十二屆海峽兩岸國學論壇臺北場，因為新冠肺炎疫情的影響，主辦方篔簹書院在廈門篔簹書院、臺北奉元書院、高雄師大設三個會場，參加人分別至三個會場集中，海峽兩岸透過遠距視訊進行論壇，和過去十一屆實境議論不同。

　　參加者臺北場有徐泓、陳鼓應、蔡家和、劉君祖、潘朝陽、林安梧、董金裕、陳福濱、苑舉正、馬康莊、黃忠天、吳哲生、吳克、田富美、呂榮海。

　　主辦方為廈門篔簹書院，山長王維生，非常活躍於海峽兩岸之國學交流，對當代民間書院文化貢獻至大，他也曾組織大陸的「十大書院」嶽麓書院鄧洪波、嵩陽書院宮嵩濤、白鹿書院邢小利、東林書院榮駿炎、江西鵝湖書院王立斌、七寶閣書院馬大華、仙岳書院黃昌玲、唐少陽文化研究院杜燕妮、洪偉、常州書院薛芹、春暉書院趙興，訪問臺灣奉元書院、臺灣鵝湖書院，交流傳統文化。

　　奉元書院源遠流長，奉愛新覺羅‧毓鋆（1906~2011）為精神導師，毓老為晚清禮親王後裔，六歲為溥儀伴讀，熟《易

經》、《公羊》、《春秋》。1947年隨國民政府赴臺，民國60年自創「天德黌舍」，講授經、史、子書，開始六十年的講經生涯。民國76年解嚴後，爲宏揚「夏學」，改爲奉元書院，至2009年講完最後一堂課，2011年以一百零六歲高齡去逝，教過的弟子有兩萬多。其弟子黃忠天、徐泓、潘朝陽、劉君祖續承奉元書院志業。奉元書院主張「夏學實質」的「實學」精神，或與呂祖謙言「講實理、育實才、求實用」的實理之學近。元者，善之長也（參考：張崑將，《臺灣書院的傳統與現代》，P.435~P.441）。呂律師曾聞白培霖講毓老言：「《論語》『……行有餘力，則以學文』，『文』何義？經緯天地謂之文。」呂律師聞之大驚，檢討自己平時所爲文章之「低層次」矣！還好，當代是「庶民」的時代。

劉君祖任奉元文化學會理事長，也經營咸臨書院，一生講授《易經》，聞名兩岸，不能不先扼要述之也。

此外，高瑋謙、呂基華經營之志道書院，以及馬叔禮爲山長的日月書院，亦實際傳承文化，可詳見張崑將、張溪南巨著《臺灣書院傳統與現代》，P.442~454。

以上重要諸儒，先予簡敘，來日如有因緣，再補述之。

7、韋政通學案／王立新、陳復

（1）韋政通教授的「一家之言」及手稿捐贈國圖儀式

　　2020年8月5日下午，法學博士呂榮海律師出席「韋政通教授著作手稿捐贈國家圖書館捐贈儀式」，由韋教授公子韋昭平及國圖館長曾淑賢博士主持。陳復、黃光國、林安梧、魯經邦、翁林澄、溫明正、呂榮海、國圖呂姿玲主任及其他專家及青年學子代表共約五十人出席。

　　韋政通教授的學術文章、人格特質，受兩岸學者（如陳復）——尤其是大陸學者以深圳大學王立新教授爲代表，對韋教授甚是敬愛，爲其作傳、立像及種種活動，兩岸融合，令人感動，和民法教授王鑑也受兩岸民法學子所敬愛一樣，可以說是「民國之寶」，不管一時的政治如何，這種學術、文化的交心，才是永久的。呂律師知其一二，並認爲能融合兩岸特爲珍貴，特述入民國學案。眞是能融合兩岸的「一家」之言。

（2）韋政通與程兆熊智慧不老／聽陳復講韋政通

　　在2019年2月17日的一天中，讓我同時接觸到程兆熊與韋政

通的故事，程教授（1906-2001）、韋政通（1927-2018）均分別於九十五歲、九十二高壽別世，九十歲仍在研究學問，真是智慧不老，終不免於老。

該日早上我整理蘇子敬教授提供的資料，略述程兆熊和江西鵝湖書院（1945-1949）的淵源，下午和陽明書院翁林澄去聽了陳復教授演講韋政通。

韋政通是幸運的，獲得了許多大陸學者如王立新、柳恆、陳晨、陳玄等人的敬愛，還為他出版了一本《思想的感染與生命的感動：獻給韋政通先生九十華誕》的紀念文集（岳麓書社），347頁，全書記述了大家和韋政通往來的經過與敬愛；在臺灣，又有如學生陳復成為他的「學術家人」，料理一切身後事務，使身為「思想家」的韋政通可以含笑走完一生矣。

程兆熊也是，如今的江西鵝湖書院方也重視程教授於1945年至1949年對鵝湖書院的「重視故事」，已把它當作鵝湖書院的重要史蹟，在臺灣方面，也有弟子如蘇子敬、溫金柯等人承述程兆熊的學思。

我同韋政通一樣是在1988年開始接觸、探索中國大陸，韋時年六十一，我三十五。轉眼間三十年過去，韋政通已九十二高壽辭世，三十年中他活的精彩。我也在不知不覺之間已經不再年輕，看著前輩走過的路，想想自己未來的人生，是否也能夠「智慧不老」？哈哈。

程兆熊教授的最後兩年，受家人接養，匆促赴美灣區，離開了他習慣二十年的臺灣華岡，人生中又第二度「花果飄零」，第一次是1949離開鵝湖，人生中不免難於自己無法控制啊……想想我又如規劃與控制？

（3）讀王立新「思想引領人生」

2020年3月，讀王立新教授著《思想引領人生》一書，摘記幾個要點：

1. 周敦頤生在一個好時代

王立新教授認為：三部小書改變了思想史：《論語》、《老子》屬之。周敦頤〈太極圖說〉249字、〈通書〉2832字，加上〈愛蓮說〉及其他共6248字，略比《老子》五千言多，也改變了中國歷史。王立新認為：這是周敦頤生在好時代－趙匡胤立下「大宋」規模，不殺士大夫、有言論自由及君臣共治，「道理最大」。

2. 沿著宋太祖當年的足跡，中國歷史的優質值日生

王立新在2015年6月跑了許多當年宋太祖的足跡，包括洛陽、鞏縣、陳橋黃袍加身處、開封雙龍巷。王立新：真想退休後在鞏縣太祖永昌陵附近蓋間小土房，把餘生時間為趙匡胤守陵、掃墓，跟真心來此的人談談宋太祖的為人、處事。

3. 隱山，湖湘文化的真正源頭

胡安國、胡宏父子在公元1131年來到湘潭隱山，創建碧泉書院，以「修身養性」為基礎，強調「經世致用」作為湖湘文化的核心。培養了很多人才，張栻（南軒）較有名。其後人才輩出，王船山（第二代）、曾國藩、左宗棠、譚嗣同……

（4）王立新教授對鵝湖書院、嶽麓書院的補充／善用兵的儒生趙方

在2019年3月28日鵝湖會中，王立新教授講到嶽麓書院、鵝湖書院（含麗澤書院）的故事，提到嶽麓書院（湖湘學派）有二人父子（姓趙？），在襄樊二城抵抗元兵達五十年，又說嶽麓書院儒生在長沙抵抗元兵事。今天下午翻閱《宋元學案》，書中提到此事：

「祖望謹案：明招學者，自成公（呂祖謙）下世，忠公（呂祖儉）繼之，由是遞傳不替，其與嶽麓之澤，並稱克世。長沙之陷，嶽麓諸生荷戈登陣，死者十九，惜乎姓名多無考。而明招諸生歷元至明未絕，四百年之文獻所寄也。述麗澤諸儒學案」（《宋元學案·麗澤諸儒學案》）。

受到王立新教授的啓發，呂律師昨晚在新竹鵝湖書院翻閱《宋元學案》，嶽麓諸儒學案記載張栻弟子趙方的抗金事蹟：

「趙方，字彥直，衡山人，早從南軒學。淳熙中，舉進士。……寧宗時，知襄陽府，諜知金人謀犯境，上疏力陳不可和者七，戰議遂定，其後累敗金人，進至顯謨閣直學士、刑部尙書……先生起儒生，帥邊十年，以戰爲守，合官民兵爲一體，通制總司爲一家。其歿也，人皆惜之。」（《宋元學案·嶽麓諸儒學案》）。

哈，我們以前讀書眞不多，第一次知儒生趙方善戰：其子趙范、趙葵。

我又查到趙方的兒子趙范、趙葵的戰績：

「趙范，字武仲，衡山人。忠肅公方子。與弟忠靖葵俱有大志。少從鄭清之、牟子才學，從父軍中。嘉定間，嘗與忠靖殲金

人於高頭。累官知揚州、淮東安撫副使,屢立戰功,進工部尚書,兼沿江制置副使。後為京湖安撫制置史,兼知襄陽。卒,諡忠敏」(《宋元學案・滄洲諸儒學案下》)

「趙葵,字南仲,忠敏弟也。以功累官知滁州。度李全必叛,乃聚兵為戰守計。及全寇揚州,先生率眾與戰,出奇破之,斬全以歸。……後拜右丞相,兼樞密使,封魯國公。先生有英武之才,累立大勳,朝廷倚之為重二十年。卒,贈太傅,諡忠靖,子潚。」。

梓材謹案:《宋史・先生本傳》:「與兄范俱有志事,父方器之,聘鄭清之、牟子才為之師,又遣從南康李燔為有用之學,是先生固李敬子弟子也。」(《宋元學案・滄洲諸儒學案下》)

(5) 讀王立新教授「胡宏」一書

這兩天略讀深圳大學教授王立新在年輕時寫的宋儒「胡宏」(五峰),摘記要點如下:

1、胡宏(1105-1161)乃胡安國幼子,因戰亂避居湖南湘潭五峰之下,研治理學,授徒講論,稱五峰先生,開始湖湘學派、嶽麓書院之端。胡氏一門多才俊,胡安國是治春秋大家。堂兄弟「胡憲」(籍溪)也是大家,朱熹、呂祖謙皆曾受業於胡憲(P.175、176)。

2、胡宏著《知言》一書,主「性本論」,有別於朱熹的「理本論」及「心本論」,可防「以理殺人,甚於酷吏」之弊,防「理」的強制性;也可防「心」的「冥行妄作」,為求自律道德卻失去了「他律的控制」。「性本論可以成為理本論與心本論

的中間環節」（P.105、106）。

3、「性本論」雖無「理本論」那麼精密，但也克服了它的煩瑣；雖不具理本論能夠與政權合一，從上推行下去的「強制」可能性，但性本論也可克服強制性，從而易於喚醒「良知」。性本論雖不如心本論對自由意識的強調，但它防止了「猖狂者參之以情織」的過正行為，不致墮入「心官茫茫，不知其鄉」的迷霧中去。在胡宏那裡，人，得「性命之正」，可以保持善端，「守而弗失」，「內不失成己，外不失成物，可以贊化育，而與天地參也」（《知言‧天命‧胡宏集》3頁；王立新，胡宏，P.122、123）。

4、牟宗三、龔道運認為「胡宏的性本論」可作為理學的「第三條路線」。王立新說，「從時間上講是第二條路線，象山心學才是第三條，性本論是心學的邏輯前提」（P.123）

5、胡宏的得意弟子張栻（南軒）與朱熹、呂祖謙人稱「東南三賢」，在朱熹、呂祖謙、張栻的文獻中討論胡宏的《知言》。王立新認為「呂祖謙對《知言》過於熟悉，所以未解胡宏性心學說的精奧，但因深知其局部之妙，故於三賢中對《知言》讚譽較多，態度也較公正」（P.176）

6、胡宏主張，「道不能無物而自道，物不能無道而自物，故離物而自道，妄而已矣」，道與物的關係，即是「屬性」與「存在」的關係，屬性非存在無以附著，存在非屬性無以成就。屬性作為存在的根據，是與生俱來的，因此謂「天命為性」（P.93）。

7、「道物不兩離、陰陽不分治……物不獨立必有對，對不分治必有交焉」（P.96、97），呂祖謙也主張「天下事必有對，陰陽、男女、寒暑……」，和胡宏一致。

8、《中庸》：「天命之謂性，率性之謂道，修道之謂教」。

（6）和王立新教授論《史記・貨殖列傳》

2016年，余編《法律古文今用》一書，選用《史記》若干篇，包括〈貨殖列傳〉，敘列國、個人經濟之重要性，評其如「東方國富論」之重要性……列〈平準書〉敘國防、財政、貨幣政策與人民幸福的關係……

又看《宋・沈括・夢溪筆談》一書論史記之觀點與余略同，班固論史記「是非頗謬於聖人」，論大道則先黃老而後六經，序游俠則退處士而進奸雄，述貨殖則崇勢利而羞貧賤。

沈括則反對班固，認為：予按後漢王允日：武帝不殺司馬遷，使作謗書，流於後世。班固所論，乃所謂謗也。此正是遷之微意，凡史記次序論，皆有所指，不徒為之，班固所譏遷「是非頗謬於聖賢」，論甚不令人意（不慊）！（沈括，《夢溪筆談補論・卷一，史記非謗書》）。

二十一世紀當今之世，拚經濟已是重要之事……《史記・貨殖列傳》應受重視……

深圳大學文學院王立新教授評呂榮海律師論《史記・貨殖列傳》為東方的《國富論》如下：

「司馬遷作『謗書』，正是異端歷史，此等聲音為正史正聲所不容。此事乃中國歷史之悲哀，故而後世歷史遂成帝王自家族譜。蓋史者，人類之過往也，而非一家一姓之往昔。

「司馬遷之重經濟，至如贊美寡婦清富可敵國，正是重視經濟生活。此在後世歷史中幾乎成為絕響。魯迅等只悅其文筆，謂

為『史家絕唱，無韻離騷』，仍然沒有中意其對致富的高標。

「致若鵝湖書院院主呂律師以其為東方《國富論》則雖稍過譽，然能體認『經濟乃當今重要之事』，則過於今世學院派史學家遠矣！故而書此長評以大贊之！」

（7）陳復教授深研王陽明心學／縱谷書院

陳復教授曾受業於韋政通教授，主研陽明心學，有許多陽明心學著作，曾與翁林澄於臺北創陽明書院。陳復與黃光國教授力主融會心學與西方傳入之心理學。

2022年三月，陳復教授在其臉書云：「我特別請花蓮書法與金石名家姜秀琴老師幫我刻兩枚印章，一是姓名章，一是別號章，往後寫完書法可蓋上。姓名章固不用說，自今年三月開始，我除『南平先生』外，再取『縱谷先生』這一別號，這象徵著我將深耕縱谷跨域書院，培育縱谷青年成為具有經世濟民懷抱的人才。秀琴老師刻在凍石上的印章線條渾厚清澈，實在令人愛不釋手，人在花蓮，寫完書法蓋上這兩枚印章更是深具意義。」

陳復年輕、行動力強，每日在各群組發一短文述古代賢人，文短卻內容豐富，甚具勵志、啟發性，期盼它早日集結成書。他甚有潛力，日後再述。

8、北大、清華國學院學案

（1）梁啟超《中國近三百年學術史》

2019年6月28日傍晚跑了三千公尺，略有進步。心肺功能尚可，一千五百公尺以後腿、關節微痛，可能是熱身不足所致。

晚上精神佳，續讀梁啟超著《中國近三百年學術史》。感覺梁任公才氣橫溢，評斷宋儒、明儒之「病」很有決斷、見地。其言宋儒總體言想把儒家形上學化（加入性與天道、神秘的《易經》）以因應佛教的挑戰⋯⋯雖有呂伯恭（祖謙）、朱晦庵（熹）、陳龍川（亮）各派，不專以談玄爲主，然大勢所趨傾向到明心見性，如陸象山、王陽明，直至心學末流，明亡。逐因而於明、清之交，引起「反動」走向「實學」。顧炎武、王船山、朱舜水是力主「實學」的代表性人物。

王船山、朱舜水皆抗清失敗流亡，王船山長期在山區著述不斷、豐富，生時人不知其著述，死後二百年才由曾國荃於同治年間印書。朱舜水則流亡日本，教德川幕府德川光圀，使日本成爲儒教國度，他的學風主張實踐，排斥談玄，期求「有益自己身心」、「有益於社會」，他還會畫工程、器物圖，教人製作，有益日本精神、物質文明。梁任公云「朱舜水之學不行於中國，是中國的不幸。然而行於日本，也算人類之幸了」。

如同梁啟超在前面提到呂伯恭不專談玄的實在特殊性，印證了歷史繞了五百年，又走到了這樣的「實學」，讓我感覺又回到

呂祖謙所主張「講實理、育實才、求實用」、「百工技藝皆是學」，與事功派陳亮、葉適爲友的實學之路。公元1175年融合理、心的鵝湖會，更有比純學術論辯之外，更深的「實學」正路。

我這世所學的「法律學」及執行律師，也是實用之路，近十年再加上一些「儒家思想」，體會更多。幸哉。

梁啓超稱王船山、朱舜水是「兩畸儒」，我稱之爲「奇儒」。他們的生命力眞強，值得學習。

（2）梁漱溟經歷西學、印度（佛）學、儒學思想三期

呂律師讀梁漱溟《東西文化及其哲學》，摘記若干要點如下：

1、梁漱溟（1893-1988）自稱其一生思想轉變大致可分三期：第一期近代西洋這一路，從西洋功利派的人生思想，折返到印度的出世思想是第二期。從印度思想轉歸到中國儒家思想，便是第三期。（呂律師注：其後又經歷社會主義的寄望）。

2、梁先生自言：「我最早思想是受中國問題的刺激，在先父和父執彭翼仲的影響形成的，他們是愛國維新主義者，彭先生首創在北京辦小學、辦報紙，我就是那小學的學生……先父當時認爲中國的積弱，全爲文人——讀書人所誤，專講虛文，不講實學、會做文章的人就是會說假話的人，詩辭歌賦及八股古文多是粉飾門面的假話……一切評價皆以實用爲準，其極端便成了實利主義……」（臺灣商務印書館版，P.258-259）。

　　這讓呂律師想起宋末樂雷發有感元兵入侵所寫的「烏烏歌」：

莫讀書！莫讀書！

惠施五車今何如？

請君為我焚卻離騷賦，我亦為君闢碎太極圖；

深衣大帶講唐虞，

不如長纓繫單于……

九州博大兮君今何之？

我當贈君以湛盧青萍之劍

君當報我以太乙白鵲之旗

好殺賊奴取金印，

何事區區章句為？

　　（註：這是某時空文人的感嘆，但事實上我們還真的要認真讀好書啊。而形成「無用」多是政治弄出的八股的。呂祖謙（成公）：「成己成物只是一個成字」、「百工技藝皆是學」）

　　3、梁先生在書中大力比較東西方文化對科學、「德謨克拉西」的差別，歸結於「人的個性舒展、社會性發達」的人生態度的差異。這是梁先生在1921年書中的分析。一百年後的今天仍可發現梁先生行文（其實是演講）之「白話文」，他不需「胡適的文學革命」。

　　4、感覺梁先生也深受西洋著作影響。而論中國文化，他常引用羅素的哲思、進化論，甚至無政府主義克普特包金的說法，他並用西洋現代心理學分析儒學。然而，他會在隔若干年後的第三版序、第八版序中明言濫用心理學之誤。

　　5、論佛學，他說：「我好說唯識，而於唯識實未深澈，我

請大家若求眞佛教、眞唯識，不必以我的話爲準據，最好去問南京歐陽竟無先生……還有歐陽先生的弟子呂秋逸先生，歐陽先生的朋友梅擷芸先生也都比我可靠。」（自序）

6、1917年，北大校長蔡元培邀請梁漱溟入北京大學任哲學系講席。先生時年二十四歲。《東西文化及其哲學》一書出版於1921年，先生二十八歲。這書賣到2020年還持續著。1917年那是一個「不需要學歷」、看「學力」的年代，於今則是博士過多，出現許多「流浪博士」的年代……梁先生在當代諸儒當中，是少數關注、實踐農村、土地改革的人，這一點和程兆熊類似，很是難得，不只是談「心性」問題。

（3）1925年清華大學國學院的大師們：王國維、梁啟超、陳寅恪、趙元任、李濟／吳宓的命運

1911年，清華學校成立，作爲留美預備學校，青年進入清華園，主要學習英文和歐美文化知識，受北京大學的影響，1924年建制爲清華大學，校長曹雲祥邀胡適、范源濂、張伯苓、張景文、丁文江爲顧問，成立國學研究院。採用宋元書院的導師制，兼取外國大學研究生學位論文的專題研究法。胡適建議聘梁啓超、王國維、章太炎三位大師。1925年二月，校長曹雲祥聘美國哈佛大學歸國的吳宓主持國學研究院的籌備事宜。吳宓一一前去誠懇聘請這三位大師。但章太炎拒絕（和梁啓超有不快）。經吳宓努力，加聘學冠中西的陳寅恪（哈佛、柏林大學）、趙元任爲教授、李濟（哈佛）爲講師及吳宓爲主任。後世評價這些都是

「大師」。

王國維精通英文、日文、德文，是利用西方文學原理通中國文學的開創者，人稱「王國維學問博大精深、幾若無涯」，能夠作出「為伊消得人憔悴，衣帶漸寬終不悔……驀然回首，那人卻在燈火闌珊處」的美句。我們一般人一輩子是作不出的。1927年6月2日卻不幸投昆明湖自盡，至今令人不解是否懷憂「故國情懷」？

梁啟超是國學大師，看其著《中國近三百年學術史》的品評學術脈絡的能力，就可知其功力，其他的「言論界驕子」之名望，大家均已知，不贅述。梁任公因就醫割錯腎而速亡，但他為不使科學被污名化，堅持不和醫院爭訟（以上詳見岳南著，《南渡》，P.41-58）。

大家可能對國學研究院主任吳宓比較不熟，他在反右、文革期間被鬥的很慘，想喝一碗粥都不容易。人性之惡竟未能寬待建立清華國學研究院的大學者、哈佛回來的海歸（岳南，《傷別離》，P.450-454）。

（4）清華大學校長梅貽琦的關鍵決定

1948年12月21日，清華大學校長梅貽琦搭機離開北京。

在此之前，他不只一次說自己對清華「生斯長斯，吾愛吾盧」，離開清華大學前，曾有學生張貼海報並結隊至校長辦公室請願，要求校長不要南撤，留下繼續主持校務。

梅貽琦為什麼要離開呢？

清大校史研究者黃延復認為：「恰恰從這件比較容易引起敏

感的事情上，才能真正窺出他超人之處⋯⋯頭腦的清醒，決意的果斷，以及對於自己的理念或為人原則的執著和堅守。」黃氏所言並非妄談。

　　梅氏於1931年底出任清華大學校長時，在就職演說中說：「孟子說：所謂故國者，非謂有喬木之謂也，有世臣之謂也。」我現在可以仿說：所謂大學者，非謂有大樓之謂也，有大師之謂也。」（岳南，《傷別離》P.127-129）梅貽琦是「大師」，也有他在文化現象中的「故國」。

　　梅貽琦之後輾轉由美國回到臺灣，用「清華基金」在新竹設清華大學，繼續開設其教育事功。影響至大至遠，包括新竹科學工業園區。

　　林三元：

　　原來「清華基金」是這樣來臺的，我們交大當年流傳一個不知真假的說法，只因為交大校園如此的小而清大又是那麼大又漂亮，是因為清大有帶可以領庚子賠款轉為基金的印信來臺，交大沒有帶，所以我們少了建校資金，才沒有大又美的校園，那時候我們看電影得自帶椅子板凳到竹商的禮堂，偶爾跑去清大大禮堂看，被高中同學挖苦酸言酸語，自卑啊！跑到敵對校園看電影！

　　呂榮海律師：

　　交大人也很棒！

　　魏憶龍律師：

　　我當年在新竹交大曾兼任教職數年，也多次順道至新竹清華大學逛逛，感覺兩校還真不同，清華雖以理工見長，但人文景觀及氣息似較濃，梅校長殆亦關鍵。哈！

9、劉季倫教授「天人三際」論黃仁宇、柏楊、魯迅、胡適、殷海光

（1）黃仁宇、柏楊／天人三際／過去際／讀劉季倫著《現代中國的思想與人物》

2020年7月5日，看了一本很有思想深度的書，是由劉季倫教授著的《現代中國的思想與人》（政大出版社，2014），我受益匪淺，爰扼要述之：

何謂「天人三際」？

在某個歷史階段中，個人的作為（人）究竟有什麼影響力？分「過去際」、「現在際」、「未來際」三際，各舉二位人物的思想、作為，加以說明：

一、過去際

1、柏陽

柏陽認為「中國歷史如漫漫長夜，一片漆黑」，他總忽略了歷史的時間向度，**總以現代的價值觀（民主、法治、人權），飛進入過去的歷史，不顧當時歷史的條件，而欲將現代的價值標準**

施用於古代，想使歷史達到現在的標準，例如向漢元帝推議會政治、選舉、司法獨立……可想而知，當然只是以現代人審判過去的歷史，他認為「儒家學派定於一尊之日，開始沈澱於醬缸之時」。「醬缸」和魯迅的「染缸」類似，他們一前一後沿襲了五四的傳統。

2、黃仁宇

黃仁宇則相反，他徹底沈溺在歷史的時間向度中，認為歷史總有其「目標」，在合理達成「大歷史」的目的下，所發生的苦難、不道德，都是合理的。

黃仁宇好似站在歷史的後端，綜覽了「全部經過」，並給予判定「長期合理性」（劉季倫，《現代中國的思想與人物》。政大出版社，2014）。他認為中國的現代化需完成下層社會的改造、動員，才能進行「數字化的管理」。因為「下層的改造」的必要，共產政權的農村運動、知識份子下鄉，也獲得了合理性。

（2）王國維、胡適／天人三際／現在際／讀劉季倫《中國現代思想與人物》

二、現在際

1、王國維

王國維（1877-1927）於1927年6月2日自沈於頤和園昆明湖，遺書「五十之年，只欠一死；遭此事變，義無再辱」。他在1927年的「現在」不想再活下去，為他的「舊社會」（他當溥儀

（小朝廷）的老師，以身殉「念」。他是大學問家。

2、胡適

1949年，胡適（1891-1962）面對選擇，寫下「我們必須選擇我們的方向」。胡適認為「三四百年來，民主自由是大潮流」（信仰、言論自由），不必為三十年的逆流就懷疑三四百年的大潮流。所以胡適選擇「自由中國」（臺灣）。不但遭遇大陸的批判，也受國民黨右派所批判，而於雷震被捕、判刑確定後，心情是最低落的。他困在自己相信的「自由中國」不自由，但忠於自己所信而不公開批評自由中國。他被罵四十年，從來不生氣，並歡迎之至，這代表自由中國之言論、思想自由。對於「圍剿」他的人，胡適引1934年寫的〈西遊記的八十一難〉，認為捨身布施，就是讓圍剿的人罵，就是「吃一塊唐僧肉」，這就是布施。

徐復觀在1958年4月22日在給胡適的信中稱，「先生在學術上所以領導群倫者，不僅為個人在學術上之成就，而尤為知識分子精神上之象徵」，但到了1961年11月在《民主評論》上罵胡適，「是一個自瀆行為的最下賤中國人」、「擔任中央研究院院長是中國人的恥辱，東方人的恥辱」，前後對照差很多（劉季倫，P.138）！

胡適於1961年1月4日中研院團拜演說長篇，提到顧炎武於康熙元年所作的詩，「遠路不須愁日暮，老年終日忘河清」，裏面含意甚深，雖未如後來的衣復恩言及反攻無望而被關，但也感亭林之志難矣吧！（P.145-148）。

至公元2020年「自由中國」的「自由」已經實現，只是在民進黨主政下，胡適的「自由中國」恐已不再「中國」矣？是耶？非耶？

（3）殷海光／天人三際／未來際／讀劉季倫 《中國現代思想與人物》

三、未來際

2、殷海光

　　法學（Rechtswissenschaft）作爲一種科學（Wissenschft），呂榮海律師的哲學思路和進化，比較容易和殷海光先生很類似：1、先科學主義（如邏輯經驗論、新實証主義、科學的哲學、自由主義、實然與應然的區分）；2、人生後階段關心心靈、儒學。

　　殷海光（1918-1969）在生命最後一刻，逐漸從「大腦的問題」，轉移到「心靈問題」，乃至於「人生問題」。他也逐漸突破五四的思維藩籬（如「唯科學主義」、「反傳統主義」），肯定了傳統儒學的孔仁孟義，也不再像五四人物認爲科學可以解決一切人生觀問題（劉季倫，《現代中國的思想與人物》，P.263）。他肯定內心自由，甚至還借用他以前討厭的宋明理學「存天理，去人欲」。晚年最重要的著作是《中國文化的展望》（P.262）。

　　殷海光總結了五四，又開啓了一個新的時代，他在九死一生中，使自己從過去通向未來的門，像羅馬的門神Janus 一樣，有兩面門，一面向著過去，一面向著未來。他站在生命終點上的課問，竟成了許多後輩的起點，成爲自由主義思想史上的轉折（P.265）！

（4）歷史的長期合理性／政治幼童／劉季倫教授的分析／胡適／黃仁宇／張忠棟／韋伯

　　劉季倫教授自注：「上過張忠棟教授所開『胡適思想專題』的課，張是最崇敬胡適的人。我以「被圍剿的胡適」這篇文章紀念張忠棟。」（P.95）劉季倫教授認為：「我們也許既不必像韋伯那麼悲觀，也不必像黃仁宇一般樂觀。這個問題根本不可能有一元論式的答案……只能就個別的情形、特定的事件來看……有時我們的行事居然合乎理性，有時則未必……真相是當下那一刻的危疑難決，是那既開放又無保證的現實情境，歷史並沒有必然的軌道。每一個世代，都面對無法預測的未來，沒有保證，也沒有萬全之策……我們只能努力於當下，知足於當下，未來仍在未來之天，我們不可妄圖連未來也要擁有，卻反而忘了當下，忘記了當下自有價值……」（P.360、361）

　　韋伯：「善因必有善果，惡因必有惡果，絕對不是實情；反之，情況往往正好相反；這個世界是由魔神所統治的；不知道這一點的人，在政治上實際是個幼童。」以上韋伯的觀點與黃仁宇所謂「歷史的長期合理性」，難道不是針鋒相對嗎？我們也許既不必像韋伯那麼悲觀，也不必像黃仁宇那麼樂觀……黃仁宇認為毛澤東的大躍進、文化大革命……其後導致鄧小平的改革開放……具有長期歷史的合理性……（劉季倫，《現代中國的思想與人物》，P.359-360）。

（5）魯迅／天人三際／未來際／讀劉季倫《中國現代思想與人物》／沒有標準、規範的人比較有競爭力？

1、魯迅

在魯迅（1881-1936）的世界裡，很糟的過去、現在，都不夠格與絕對標準的「未來」相比。只能活在「現在」的魯迅，被無盡的未來困住。他從日本人丘淺次郎書中吸收進化論知識，認爲只有永不止休的鬥爭才是進化。他也認爲撒旦的引誘才有人，所以要對神宣告獨立。他並借用黑格爾的眼光，認爲中國停滯了二千年，只有「眞的人」才有歷史（或發展精神），他也接近拜倫的「摩羅詩人」及尼采的「超人」，認爲摩羅就是人類的進化，「野性」是好的。

西方的理想之邦是眼前或未來美好的事務，中國的「理想之邦」卻設在歷史起點的唐虞堯舜，成爲退步的原因。這是他創作《阿Q正傳》、《狂人日記》、《摩羅詩力說》的思想根源，其實也是五四後引西方說法，完全反傳統的思路，完全喪失了民族自信心。

魯迅不像王夫之，王夫之在面對民族苦痛之餘反省文化，一方面固然承認「天假借秦始皇的私心，行其大公」，另一方面仍然更推崇那些身負延續道統、學統的人。

源於完全反傳統，1930年左右後，魯迅走入馬克斯主義革命的陣營，他自己知道，「參加革命，對他這樣的中間物，無疑是自殺」（劉季倫，《現代中國的思想與人物》、P.217；P.161-223）。這樣的反傳統、欣賞摩羅、撒旦、野性、超人、英雄，難怪其後爲老毛利用作爲批孔、文化大革命……

　　劉季倫教授有一段論述，很引起我的注意：「魯迅並不相信存在一套放諸四海皆準、普世的標準，只有在無窮的進化路程中，一一達成，一一丟棄，他們生存於永動之中。因爲沒有一定的規範，反而能夠更靈活的處理在其發展路程中所遭遇的問題。反之，實有型的思路，由於一切作爲，都要先定的合於其規範（如殷海光），往往不能靈活地面對歷史上的挑戰。」（P.275）。

　　此點，是1949-2020大陸能夠「成局」的原因？絕頂聰明的胡適在1949-1962預期「反自由的大陸政權會崩潰」，並未出現，此其原因耶？至2020年白貓、黑貓的思維與做法，仍然繼續實存於中國大陸之中！

　　而2000年後的民主進步黨也反傳統、也沒有一般人認知的「規範」（如敗選官更大、同性結婚、去中華文化……），也是走這樣的「易爲功」的路線？相對的，國民黨是否太多「規範」了？

　　然「民無信不立」，長期而言，禮義廉恥仍是需要的，有「規範」還是正道的價值，只是不宜有太多、不適宜的規範，過猶不及。

　　劉季倫教授大作很有啓發性，其人及著作、書中對所述諸多人稱之評述，值得列入民國學案，更豐富的內容請看劉教授的原著。

10. 臺灣鵝湖書院簡介

臺灣鵝湖書院新竹院

　　臺灣鵝湖書院設立於2015年，源於2009 年臺灣呂榮海律師（2005年連戰主席首次訪問大陸的隨團法律顧問，陳水扁、馬英九、蔡英文的臺大法律系學弟、學長）參加朱茂男董事長、楊儒賓教授、張崑將教授、朱高正同學主辦、帶領的第二屆「朱子之路」，參訪十來個朱熹當年出生、到過、講學的地方，最後一站來到江西上饒市鉛山縣的鵝湖書院，始悉公元1175年南宋淳熙二年，呂祖謙邀集儒學大家朱熹（理學）、陸

九淵（心學）於鵝湖，辯析窮理、讀書與心性之先後、重要性，希冀會歸、融合。

臺灣鵝湖書院彰化院

兩岸鵝湖交流

兩岸鵝湖交流

鵝湖會

　　呂律師大為感動，認為融會理學（証據、法規、法理）、心學（自由心證）就是自己四十年來在法庭上論戰工夫的原理、概括與集大成。

　　又當今美、中的爭執，基督教、回教文明之爭執，海峽兩岸的分歧、臺灣內部的重大分歧，訴訟中原、被告嚴重分歧，世界因貧富不均而不安寧，世界的和平均需要有如1175年「鵝湖會」的融會、化解，異中求同、求同存異。鵝湖書院的精神具有世界性的普世價值。世界和平需要鵝湖會精神，中華文化的思想大師朱熹、陸九淵、呂祖謙都願意坐下來討論！世人當向思想大家學習，坐下來化解歧見，力促世界和平。

與中國大陸十大書院交流

　　然，臺灣及大陸、世界知道鵝湖會、鵝湖書院的，還遠比其價值之高少很多。呂律師乃和數十個同志，於2015年於臺灣新竹縣橫山鄉新庄街133號及彰化縣溪州鄉，先後設兩處臺灣鵝湖書

院，宏揚優秀中華文化──尤其是儒學、鵝湖會所會歸的朱子理學、心學（含陽明學）。

王維生/廈門筼簹書院

廈門筼簹書院山長
王維生在臺灣鵝湖
書院致詞

臺灣鵝湖書院數年來致力於：1.編輯基本工具書，如呂祖謙的《儒學、法理學、法律古文今用》、《鵝湖紅樓里山紀》、《鵝湖民國學案》（電子版）。2.致力研究儒學的與時俱進，以儒學為體，融會現代法治、經濟、科技（例如書院也設置太陽能發電，增加經濟收入），是一個結合傳統與現代的書院。3.以文會友：和大陸、臺灣各地書院交流互勉，例如和江西鵝湖書院、廈門筼簹書院、嶽麓書院、嵩陽書院、東林書院、白鹿書院、常州書院、仙岳書院、七寶閣書院、唐少陽文化研究院、臺灣元亨書院、文德書院、陽明書院、奉元書院、明新書院、藍田書院、

新加坡企業家協會組團參訪臺灣鵝湖書院

鵝湖重要成員參訪關西范仲淹後代「餘慶室」

效法孔子、朱熹的方法編輯重要工具書

登瀛書院、關西餘慶室等，已於2018年、19年、21年有過互訪、交流，有兩岸一家的眞精神及深度文化底蘊。（後記：2021年8月30日受廈門篔簹書院王維生山長之邀，撰此稿，可能編入《閩臺文化大辭典》）。

效法孔子、朱熹、黃宗羲的方法，編輯代表二十一世紀思想的重要工具書。

石豐銘：

同好共幫臺灣鵝湖書院：

教授前輩開書院
教育系統一生忙
現今年長同好幫
臺灣鵝湖續發揚

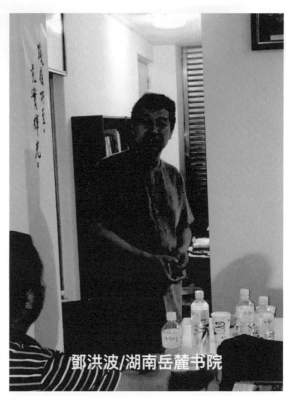

鄧洪波/湖南岳麓书院

岳麓書院鄧洪波
教授在臺灣鵝湖
致詞

把書院努力掛上玉山頂

11. 黃靈庚、梅新林、杜海軍與浙師大諸儒、中華呂祖謙學術研究協會

一、浙師大

　　呂律師於2009年在參加第二屆朱子之路後，寫了一篇＜朱子之路的省思＞在網路上，述朱、陸、呂之事跡，引起以呂理胡、呂松壽、呂鐘江、呂燕堂、呂學乾、呂學裕、呂理雄、呂芳林、呂勝倉、呂理聖、呂坤源、呂學勤爲首的「中華呂祖謙學術研究協會」的注意，邀請呂律師入會，該協會與設於金華的浙江師範大學有長期的交流，該校對儒學—尤其是呂祖謙學術有深厚的研究，梅新林書記帶頭，黃靈庚主編了《呂祖謙全集》十六巨冊及長期研究。透過學術交流，也認識了編《呂祖謙年譜》的杜海軍教授、姚一葦、潘富恩及浙師大諸教授，如俞樟華、陳玉蘭、慈波、宋清秀、陳年福、陳國燦、王錕、葛永海、龔劍鋒、金曉剛、邱江寧、于淑娟、崔小敬、韓洪舉、彭榮、楊自平、曾禮軍，他們俱深研呂祖謙學術。陳年福還通甲骨文。俞樟華教授送呂律師一本《王學編年》，十六開本，七百餘頁，將王陽明之事蹟、文獻述自1472年至1911年。梅新林通《紅樓夢》，可謂領導學術之英才，後轉升浙工大。

　　呂律師買了五十套《呂祖謙全集》，並據之編著《呂祖謙的儒（理）學、法理學》一書，於2012年出版。

二、中華呂祖謙學術研究協會讀書會／溫俊富／呂榮海／呂理胡

　　中華呂祖謙學術研究會和浙師大合作出版《東萊博議今譯》，並時常舉辦讀書會，以下是其中一次：

　　楚侵隨？楚伐隨？小國生存之道／呂律師在呂祖謙學術研究會讀書會上的報告

　　為了準備2019年7月4日呂祖謙學術研討會的讀書會，七月三日晚呂榮海律師夜讀《春秋》、《左傳》及《東萊博議》，並記下要點（另有書面報告）：

1、「楚侵隨」？「楚伐隨」？的價值體系錯亂？

　　孔子作《春秋》對歷史作價值判斷，據說可以令「亂臣賊子懼」。今晚發現一項《春秋》的價值判斷錯亂，前稱「楚侵隨」（桓公6年）；之後稱「楚人伐隨」（僖公20年）；《左傳》加深隨國之非曰「隨以漢東諸侯叛楚」。對小國隨國不公平。何故？誰能教我？

　　今天兩岸關係也是「侵」？或「伐」？臺灣人民認為是「侵」吧？

2、秦取梁新里、梁亡

　　「梁伯益其國而不能實，命曰新里。秦取之」（《左傳》僖

公18年）

奇怪，左傳用中性的「秦取之」，而不是「秦侵梁奪新里」，沒有說大國楚國的不是。

「梁亡」（《春秋》僖公19年），《左傳》解釋《春秋》「梁亡，不書其主（誰滅亡了梁），自取之也」。

3、梁何以自取滅亡？

小國梁國大興土木，又不讓百姓使用，民疲不堪，又詐稱「秦將襲我」，民懼而潰，秦逐取梁（《左傳》僖公19年）。

4、小國生存之道

隨國用「季梁」這個智者、忠者時，團結漢水周邊諸小國，大國楚國都有「吃不下隨國」的感嘆！到了隨國改用善於討好隨王的「少師」時，楚國大將就一步一步滅了隨國（故事精彩，情節曲折，暫不表）。

5、堯舜之地不可滅的今解：

好制度、有人性尊嚴、人權、法治民主、醫療水準好、經濟好的一方不可滅。臺灣加油！宜量力，不自取滅亡。可參看《左傳》桓公6年、8年、僖公20年及《東萊博議・卷四.1及卷十二.4、卷十一.6》。太精彩了。

為此，呂祖謙學術研究會誌入《民國學案》。

此次讀書會由呂榮海、溫俊富主講。中華呂祖謙學術研究協會創立於2012年，於臺灣、大陸闡揚呂祖謙學術，創會會長為呂理胡律師。該協會於2018年10月出版《呂祖謙理學在臺灣發展》一書，收錄前述浙師大教授論文及臺灣呂理胡、中央大學中

文系教授劉德明、溫俊富律師、邱秀珠律師、呂勝倉、呂傳盛、項立明、吳尚昆、吳正牧、呂學裕、劉德明、呂燕堂、劉素梅之論文。

12. 上饒師院、岳麓書院、（鉛山）鵝湖書院、十大書院、上海師大、臺營會、徐公喜、鄧洪波、王立斌、朱杰人教授

一、上饒師院、徐公喜教授

上饒師範學院、岳麓書院（長沙大學）是大陸當代研究、發揚儒學、傳統文化的重鎮。

2018年5月17日、18日，呂律師與中央大學中文系教授劉德明、中華呂祖謙學術研究協會副理事長溫俊富三人代表協會應上饒師院、徐公喜教授之邀，前往上饒師院參加「首屆東南三賢學術研究會」，該研究會由上饒師院發起，也與浙江師範大學、湖南大學岳麓書院取得共識，由三單位輪流主辦。所以，此次研討會自然以此三校的教授為多，此外，亦有上海師大、聊城大學、浙江工商大學、寧波大學、廣州中山大學、杭州師大、同濟大學、社科院的教授參加。此次研討會發表的論文最多的是朱子學，其次是呂祖謙，再者張栻。其中，杭州師大張天杰教授發表《東南三賢張栻與朱熹、呂祖謙的交遊與學術影響》一文。

2009年，呂律師第一次至鵝湖書院參訪時，即遇徐公喜教授負責主講「鵝湖之會」，乃受啓蒙，特別誌之。

二、岳麓書院、鄧洪波教授

岳麓書院得天獨厚，與湖南大學結合爲一，人才、財務豐富，得以大力發揚傳統文化。鄧洪波號「鄧書院」，對書院的研究最爲深入，他曾與大陸十個有名書院來臺訪問臺灣鵝湖書院、高師大、奉元書院、朱子文化交流協會。

三、（鉛山）鵝湖書院、王立斌、張賽華

王立斌曾任鵝湖書院院長、鉛山博物館館長，著有《鵝湖書院研究》等書，文先國先生於序中稱王立斌爲「鵝湖書院研究的集大成者」。呂律師和王立斌兄多次交流，他眞的是一位熱愛鵝湖的人，可稱爲鵝湖「王」。鵝湖書院後起之秀院長張賽華、阿吉祥雲、劉慶利、葉正林、汪進及姜志民主任也是可圈可點，熱愛鵝湖文化，致力於傳佈鵝湖會精神，呂律師與他們都成了熱愛文化的眞心朋友，大家不分年齡，爲傳佈鵝湖文明而喜樂。孔子說「學而時習之，不亦說（悅）乎？有朋自遠方來，不亦樂乎？」此之謂也。我們彼此皆曾互相兩岸互訪過，樂甚！

四、嵩陽、東林、白鹿書院等十大書院來訪

2018年11月14日，以中國書院學會副會長王維生、鄧洪波為團長的中國書院訪問團訪問臺灣鵝湖書院，中國（大陸）「十大書院」共十六人來臺作書院文化交流，包括王維生（廈門篔簹書院山長）、鄧洪波（副會長、湖南大學岳麓書院教授）、王立斌（副會長、鵝湖書院原主任）、宮松濤（副會長、嵩陽書院山長）、張曉彬（嵩陽書院文物保管所所長）、馬力華（副會長、北京七寶閣書院山長）、榮駿炎（副會長、無錫東林書院管透中心主任）、邢小利（副會長、陝西白鹿書院常務副院長）、趙興（中央紀錄片《中華書院》製片人）、杜艷妮（西安唐少陽文化研究院院長）、楊群慧（西安唐少陽文化研究院院長）、洪煒（西安唐少陽文化研究院主任）、薛芹（常州書院院長）、趙平（常州書院）、黃昌玲（廈門仙岳書院）、盧慧莉（廈門篔簹書院）。

這是兩岸書院文化交流的一大盛事。臺灣鵝湖書院一方參與的同志有呂榮海、呂學勤（副院長）、黃志卿（執行長）、許瑞峰、羅台生、闕瑞湘、邱泓欽、呂理聖、呂建東、梁美玲、曾淑珍、呂孟政、吳正牧、鄧清和、曾賀禧、呂燕堂、吳麗雪、樊克偉、鄭鴻文、溫俊富、邱秀珠、黃振樓。文化討論熱烈。

五、新加坡CK百貨集團主席洪振群率團參訪 臺灣鵝湖書院

2019年3月28日，新加坡CK百貨集團主席洪振群團長率十七

名團員參訪臺灣鵝湖書院。團員有洪振群、林麗珠（律師）、沈茂強、余春炎、林建發、陳秋鳳、蔡福南、張秀娟、彭松彧、許世奇、周以亮、汪福順、黃錫源、林道生、卓瑞展、鄭招業、陳開宗。

當日另有深圳大學教授王立新、周大偉、陳永寶教授共同參與研討、講話。臺灣法學會胡駿、陳芳蘭也參與。

臺灣鵝湖書院有呂榮海、黃志卿（執行長）、陳耕太、呂理聖、吳麗雪、羅台生、于盼盼、鄧清和、賴珀瑚參與接待、研討、交流。

六、中國臺商投資經營協會、傑商會參訪臺灣鵝湖書院

2022年8月3日，中國臺商投資經營協會（臺營會）、傑商會由傑商會會長韓佳宏率團參訪臺灣鵝湖書院，團員包括郭正津（監事長）、陳燕木（運時通家具公司董事長）、曾鴻鍊（監事）、洪鉛財（傑商會秘書長）、陳祥順（臺營會秘書長）、謝嘉鳳等人。

鵝湖書院有呂榮海、黃志卿、鄧清和參加討論，雙方就企業經營、大陸營商環境及儒商、義利關係、文化創造等內容，作深入探討、研析。

七、上海、華東師範大學、上海財經大學、朱杰人

上海人文、人才匯萃，自是當代儒學、學術重鎮之一。2016年12月10日，呂律師受邀前往上海財經大學參加「首屆中華儒商論壇」，由上海市儒學研究會、全國經濟哲學研究會聯合主辦。印象中，大陸方的靈魂人物是朱杰人教授、臺灣方則是朱茂男董事長。朱杰人曾任華東師範大學出版社的社長，該社也出版了朱高正的書，可謂華東、上海推展儒學的重鎮，在許多朱子學的學術活動中，皆可以看到朱杰人的身影。他後來又出任紫陽書院的山長，對朱子學、儒學的研究、推廣，起到了關鍵性的作用，2017年，朱高正著《本體即工夫／走進陽明學》在浙江大學出版社出版，即請朱杰人寫序。朱子應慶幸大陸有朱杰人、臺灣有朱茂男，大有功於朱子學的發展。呂律師很欽羨二位及諸多朱子學的學者，相對的，呂學學者少很多，只有黃靈庚、潘富恩、姚一葦、杜海軍、慈波及前述浙師大諸教授，呂家應多做研究!

當時參加研討會的臺灣人士有孫震、朱茂男、王文德、呂榮海，大陸有朱杰人、黎雷紅、徐洪興等一百多人。大家對「儒商」、「利與義和」作深入探討。朱茂男回臺後，主催申辦（臺灣）儒商文化協會，由黃俊傑教授擔任首屆理事長。

八、鵝湖快樂研習營十期學員

臺灣鵝湖書院對社會各行各業朋友開放，舉辦過十期「鵝湖快樂研習營」，傳佈鵝湖之會、求同存異、和諧融合、儒家仁、

愛、快樂、努力向學宗旨，由執行長黃志卿推動、執行，使儒學從「學術圈」走入社會。參加過的人有羅台生、許瑞峰、許惠琪教授、陳金圍律師（前法官）、陳耕太、邱泓欽、賴柏瑚、翁淑惠、邱正偉、陳嘉君（名演員）、鄧清和、陳熙煬、蔡薑安、吳麗華、李少麗、鄭哲民教授（主講人）、葉春榕、吳正牧校長、簡沁琳、柯佩吟、張茂廣、張佑丞、傅瑞麟、張祖坪、洪耀仁、陳珮瑜、黃明源、黃心美、廖咸浩（主講人）、洪成昌導演（主講人）、鄧稚勤、彭清政、林全府、胡宗文、鄭鴻文、高慧銘、張鎮洲、萬誠、謝彥安、林紹胤、余曄婕、曾賀禧、陳連順、呂孟政、呂建東、梁美玲……等八十餘人。所辦活動均不收費。

13. 廈門篳簹書院／王維生 學案

　　談到中國當代書院學案，就不能不提起廈門篳簹書院和它的創辦人王維生山長。這所被譽為中國當代四大書院之一的現代新書院，在海峽兩岸學界和書院界，赫赫有名，是大陸當代書院的一個標竿；其創始人王維生，同樣是兩岸書院界和學界的活躍人物，對中國當代書院的發展亦是貢獻頗多，業界甚至有人稱之為「當代書院第一人」，雖然其本人聲明絕不敢當，但其影響力可見一斑。

　　篔簹書院是一家「無中生有」的書院，2005年開始籌辦，2009年開院。在其後短短的十幾年間，能夠聲名遠揚，有人分析主要原因有三點：

　　其一是其建築與環境的設計建造匠心獨運、相當有特色！「遠看很傳統、近看很現代、走進看很地道」，此爲「篔簹書院三絕」；書院周邊環境的塑造更是中西合璧的典範，碧綠的大草坪連接著寬闊的湖面，眞是水天一色。

　　其二是功能定位準確、運營有方。書院集國學普及教育、學術研究、國學傳播推廣等爲一體，廣泛開展多層次的傳統文化普及活動，制定了面向少兒的國學啓蒙十階計畫，面向成人舉辦系列國學經典講習課程；定期舉辦名家講座，廣邀海峽兩岸知名學者和文化名人來書院演講；每年三個學期，開設大量的國學藝術課程，如古琴、書法、國畫、琵琶、二胡、箜篌、花道、茶道、香道等。十幾年來，有數萬名學員在此研修，接受傳統文化薰陶，儼然成爲國學文教聖地，市民精神家園。

　　其三是深耕海峽兩岸文化交流。書院立足廈門、放眼兩岸四地，很好地利用其地緣優勢，廣泛開展各種形式的兩岸傳統文化交流和高端學術活動。篔簹書院聯合廈門大學國學院與臺灣「中研院」文哲所已連續舉辦了十二屆「海峽兩岸國學論壇」。每年深秋時節，來自海峽兩岸的百餘位專家學者，聚集篔簹書院，談經論道，切磋交流，極大地促進了兩岸傳統文化交流，被譽爲是當今海峽兩岸最高端的國學交流平台、最活躍最有影響力的現代書院之一。

　　篔簹書院的創始人王維生山長，亦是一位傳奇人物。他十六歲上大學之前，就當過初中老師，大學上的是福建師大學校教育專業，大學畢業後又當了八年的大學老師，九〇年代初下海經商

後，一直從事企業經營管理工作，但始終保有文化情懷。2005年初，時任廈門白鷺洲建設開發公司總經理的王維生，向廈門市政府提議在廈門市中心白鷺洲公園東部修建篔簹書院並獲批准，之後歷經五年的籌辦與建設，於2009年初夏落成投入使用。有人總結他的主要貢獻也有三方面：

其一是篔簹書院的創辦。他最先提出創辦篔簹書院並積極說服市領導和有關部門，將這片廈門市中心最有價值、景觀最美的土地，改變原來準備做廈門最高級酒店的用途，轉給篔簹書院建設用地。並花費了五年時間，精心設計建設了一座倍受讚譽的二十一世紀新閩南建築風格的書院。

其二是吸取古人的智慧，創造性地建立了書院「現代學田制」，爲書院的可持續發展奠定了良好的基礎。

其三是致力於現代書院的建設、辦學、運營模式等的探索、

實踐、研究與推廣。曾爲國內數百家書院的創辦或運營提供諮詢服務，廈門的社區書院（已有三百五十餘家）、朱子書院、蘇頌書院，常州向明書院、希爲書院、西安唐少陽書院、貴州銅仁梵淨書院、貴陽心源書院、重慶長江書院、廣東惠州豐湖書院，世界吳氏「泰伯書院」系列（已成立五家）等等，都是他竭力參與策劃的成功案例。可見，其在大陸書院界的影響力並非虛傳！

2018年11月，他牽頭組織了大陸十幾家著名書院的院長，組成中國書院學會參訪團，第一次到臺灣參訪交流。一路從金門到高雄、臺南、臺中、苗栗、新竹、臺北等地，參訪了燕南書院、高師大經學所、宏遠書院、臺南書院、正和書院、象山書院、鵝湖書院、臺北書院、奉元書院、咸臨書院等，在兩岸的書院文化交流中發揮了獨特的作用。

王山長本人著述也頗多，二十二歲就出版了個人專著，近年來，他又專著或主編出版了《箬篷書院》、《其命維新》、《國學新知》、《賡續千年》、《論道老莊》、《研易闡微》、《箬篷鐸聲》等書籍。同時還擔任了福建師範大學、廈門理工學院、中國老子研究院、河北美術學院等的客座教授、特聘教授等。

第二部分
民國新元素

1、文學、電影、藝術、高爾夫球學案

（1）齊邦媛寫南開校長張伯苓／梅貽琦／張忠謀／查良鑑／《巨流河》

齊邦媛是文學界的巨人，其人其書及所述人物故事，值得述入《民國學案》。2020年，呂律師熟讀齊邦媛教授的大作《巨流河》，摘記一些要點：

齊邦媛教授在抗戰期間，唸位在重慶沙坪壩的「南開中學」六年，校長是張伯苓（1876／1951）。齊教授這樣懷念張伯苓：「他那時不知道，他奮鬥的心血沒有白費，他說的話，我們數萬學生散居世界各地都深深記得，在各自領域傳他的薪火，永恆不滅。」（齊邦媛，《巨流河》，P.112）。

張伯苓於1894年由北洋水師學堂畢業，眼見水師全為日本甲午戰爭所全滅，這樣的羞恥受到刺激，思索唯一能振民心的是教育，乃離開海軍，一心辦教育。1908年從「嚴氏家館」開始，擴大到天津南開中學，建校之前，他不滿三十歲，還兩度去日本考察各學校——特別是私校。更令人意外的，1917年他四十一歲了，還去美國哥倫比亞大學當學生，研究西方教育，上過杜威的課。

1936年，張伯苓已看到日本對華北的企圖，戰爭只是遲早的

問題，他便「超前布署」，在重慶沙坪壩籌建南開中學，是第一個在「大後方」長期抗戰為信念而重建的學校，教育了數萬青年學子。南開大學也和北大、清大併為西南聯大。張伯苓常鼓勵學生「中國不亡，有我」，齊邦媛說「在我成長的六年中，留給我非常溫暖的印象」（P.108-112）。

勝利後，張伯苓看到了最大的安慰，「南開中學、大學在天津原址復校」（P.112）！然好景不長，1949年之後，他留在大陸，私校的南開成為「人民的」，雖有校友周恩來的「關照」，張伯苓仍然受到冷落，南開大學也被拆散，只留少部分科系，直到改革開放後才恢復。張伯苓於1951年去逝，其子女於文革中亦受到迫害。

家長名單更為精彩，包括梁啓超、袁世凱、黎元洪、段祺瑞、胡適、張學良、張自忠、翁文灝、汪精衛、馬寅初、傅作義（P.152-153）。齊邦媛教授特別感觸地提到，當她只知道抗日愛國的「政治無知」少年時，原來另一場內鬥的風暴已經在醞釀，她在後來才讀到她的同宿舍室友「傅？菊」，也是勸她父親傅作義「停止內戰」的勸降者之一（p.153）。有人問齊教授：你打一個？號，是忘記她的全名。她說：不是。

呂律師曰：比較張伯苓的「念舊」，也許是天津人也是南開中學第一屆（1908）畢業生的清大校長梅貽琦（1889-1962），更有幸在全新的臺灣新竹重開清大，繼續教育志業，此其「命」乎？畢竟梅先生晚生張伯苓十二歲，也晚去逝十一年，二人有略為差別的天命。畢竟，張伯苓也曾經在新的地方重慶沙坪壩重新辦過學，他們同樣是英雄好漢。相信張伯苓會對其南開中學的首屆得意門生梅貽琦的表現，感到欣慰。

齊邦媛教授說：使南開揚名的是他的校友和家長。校友如梅貽

琦、喻傳鑑、周恩來、吳大猷、曹禺（萬家寶）、吳訥孫（鹿橋），
名單可以達一里路長。溫家寶於1954－1960唸南開中學，張忠謀於
1943年入重慶南開中學，1945年轉學到上海。護國神山張忠謀也
唸過南開中學。

查競傳：

先父查良鑑就是南開政治系畢業的，之後再去東吳法學院讀
法律，因為他立志要消除不平等條約。

他的親兄弟姐妹和堂兄弟姐妹大多數是南開初中、高中、大
學的，部分去了北大及清華。因為我的祖父四兄弟都定居天津。

先父對我們的教育都是張伯苓式的，連座右銘都是南開的校
訓。

我們小時候聽到最多的名字就是張伯苓。張伯苓的偉大之
處，這裡不多說了。

先父最自豪的事之一是擔任南開校友會會長（也同時是東吳
校友會會長），一直到他往生。

先父為了鼓勵我們好好讀書，曾經跟我及弟弟說了很多次他
在南開的故事，例如他老是全班第一名，跳高、長跑金牌，全國
大學辯論比賽打敗北大，得了全國第一，等等，我們都以為他吹
牛，因為所有的爸爸都是如此對孩子說的。

有一年，我弟弟去南開做研究兩個星期，去了南開圖書館看南
開的歷史檔案，先父說的都是真的。遺憾的是那年先父已經離開
了，我們沒有機會向他說一聲「爸爸對不起，我們誤會您了！」

呂榮海：

感人！

祭拜時，灑一點酒，大聲跟他說「知道了，對不起」，相信

他會理解你們兄弟「少年時不知天高地厚」。

查競傳：

我們在他墳前已經說過多次。他已經離開二十六年，墳場管理員（第二代了）去年告訴我，我和弟弟是整個墳場上墳最多的兩個人。我們都有無限的歉疚。

呂榮海：

不會啦，「小孩」常這樣，所幸，你們兄弟有機會知道「眞相」了。

查競傳：

張伯苓的弟弟張彭春也很偉大。在制定國際人權宣言時是他提出平等權的。西方民主國家開始時還反對。

（2）齊邦媛的老師和同學／朱光潛／吳宓／楊昌英／田德望／錢穆、馬一浮、熊十力／蘇雪林

一、師長

1、朱光潛、錢穆、馬一浮、熊十力、陳西瑩、蘇雪林

齊邦媛效其父齊世英早年在德國學哲學，也想了解人生的道理，考上武漢大學哲學系，大一時受朱光潛勸說她英文好、願意做她的導師，而轉外文系，並斷了去西南聯大哲學系的念頭。她在武漢大學樂山校區上過名師朱光潛、陳西瀅、凌昌英、蘇雪林的課。還有在馬一浮的復性書院聽錢穆、熊十力、馬一浮的課，人山人海（齊邦媛，《巨流河》，P.226-227）。

2、朱光潛

抗戰勝利後，朱光潛遷回北京發展，齊邦媛教授說：「臺灣開放探親初期，我在武大校友通訊《珞珈》中，讀到王築學長寫『朱光潛在十年文革浩劫中的片段』中得知：四年牛棚之後，一九七○年，朱老師被遣回北京大學的聯合國資料翻譯組，繼續接受監督勞動改造，掃地和沖廁所之外，可以摸得到一些書，有一天在西語系清掃垃圾時，偶然從亂紙堆中發現自己翻譯的黑格爾美學第二卷譯稿，那是他被抄家時當作封、資、修的東西抄走的，重見這些曾付出心血的手稿，如同隔世，幸得組長馬士沂取出，他在勞動之餘，得以逐句推敲定稿，並且譯出第三卷，文革後得以出版」（齊邦媛，《巨流河》，P.575）。

3、吳宓

當年朱光潛回北京時，還交請名師吳宓接著指導遷回武大珞珈山校區齊邦媛一年。吳宓未回北京清大，主張文學須「宗旨正大，修詞立其誠」，理想高，內容綜橫古今中外（P.267）！他指導齊邦媛的關於「愛情」的論文，主張「佛曰愛如一炬之火，萬火引之，其火如故」、「愛」不是一兩個人的事。齊邦媛主力「鍾情派」的愛情觀，很想以濟慈的一篇換掉雪萊的「致年輕的靈魂」（P.267-268）

吳宓文革中遭批鬥、不准上課、屈辱、逼寫檢討、強迫勞動、挨打、罰不准吃飯、挾持急行摔斷腿、雙目失明，被批鬥時頻頻說「給我水喝，我是吳宓！給我吃飯，我是吳宓教授」；在批孔會上，吳宓竟敢說「孔子有些話還是對的，寧可殺頭」。（齊邦媛，《巨流河》，P.576）。

4、田德望

　　只一人齊邦媛修從義大利回國、剛新聘的田德望博士所開「但丁‧神曲」（描述九層地獄，一層又有不同rounds，故譯稱十八層地獄），替代大家所修的熱門課「俄國現代文學」，齊邦媛說：「大家受惑於狂熱政治文學，我既以決定走一條簡單的路，相信救國有許多道路，選神曲，對我以讀書爲業的志趣，有實際的意義。」（P.274）！

5、袁昌英（女）

　　袁昌英老師和他的丈夫楊端六留學英國，在武大二十年，在抗戰艱困中守住學術標準，勸在武大的女兒楊靜遠好好讀書，但楊靜遠攻擊現狀，爲激進份子。（P.267）。

6、六一慘案

　　齊邦媛也述繆朗山教授常用上課三分之二時間批評政府，而發生「六一慘案」，武漢警備司令帶軍來逮捕繆教授，學生大批去搶人，軍人開槍打死三人，傷及多人，大家推齊邦媛寫悼文云：「三個年輕人不死於入侵敵人之手，卻死於勝利後自己同胞之手，苦難的中國同胞何時才能脫離苦難的血腥、對立仇恨，能允許求知的安全和思想的自由？」，其後吳宓保繆朗山安全離開武漢去香港，武漢警備的司令撤職，開槍人員嚴辦。齊教授說武大六一慘案有助中共奪取政權，但二十年後文化大革命的無數師生又該如何控訴（P274-279）。

二、同學／1943春風遠　相隔超過四十多年後，齊邦媛教授到大學見到一些老同學，尤其她們1943班的同學：

1、魯巧珍

　　一九九三年五月間，齊邦媛到上海和肺癌末期的魯巧珍見面，先是在武大校友會通訊珞珈上看到她的病，並和她的先生許心廣通了長途電話，電話中得知一直住在上海的「俞君」，已經於一年前心臟病去逝。齊邦媛說：「當年若嫁給他，我黑五類的身分必然是他的噩運。樂山的老友姚關福、蘇漁溪、彭延德都已去逝，我在上海看到的只有巧珍一人，而且已至彌留階段。」（P.558-559）。「見面時，她拿出紙唸杜甫的〈贈衛八處士〉。我淚不能止。她在斷斷續續喘息之間說，別後五十年，青春夢想都已被現實擊破，你到臺灣這些年可以好好讀書、好好教書，真令我羨慕。她勸我珍惜已有的一切，好好活著。我茫然走出醫院，知道這重逢便是訣別。回到臺灣便接到她去逝的消息。」（P.559）。

2、邢文衛

　　1999年，齊邦媛到北京參加四三班的聚會。見到十多位。首先見到接機的邢文衛，南開中學的真正校花，齊教授當年所見過最端莊美麗的中國少女。（P.569）

　　「二年後，我在臺灣收到四三通訊登載邢文卫病逝的消息，卫是簡體字，齊教授說她的死訊卻用這個我不認識的名字宣告」（P.573）。

3、柳志琦

柳志琦從天津病著趕到北京見面，她和余瑜之、齊邦媛為「三文友」。齊教授說：「半世紀前她去延安，我到臺灣，兩人不同的命運已定。吟誦清代顧貞觀金縷曲「季子平安否？便歸來，平生萬事，那堪回首」的詞句，不勝唏噓（p.570）。「柳志琦應是親身目睹燕京大學末日的人，燕大的未名湖變成了北大的，政治力量如此斷然消滅了大家的共同記憶，我那充滿文學情懷的好友，如何回首我們分手的1949？」（P.571）。

（3）朱西寧、朱天文、朱天心、朱天衣

2022年3月22日，呂律師去欣賞朱天文執導的紀錄片電影「願未央」，述作朱西寧、劉慕沙夫婦及一家的故事，由導演侯孝賢指導。片中述朱西寧投身軍校，與劉慕沙結緣、寫作、一門皆文學的紀錄故事，後半部並訪大陸南京老家家族，述「華太平家傳」的原創的故事。此故事片，很令呂律師感動，宋史有蘇洵、蘇軾、蘇轍、蘇母、蘇小妹的優秀文人家族，當前民國也有朱門一家皆作家的真實界。

宋朝的蘇門三人皆是靠當官的「俸祿」過日子，民國的朱門除了朱西寧仍靠軍旅俸祿外，第二代則靠版稅、稿費、授權費過日子，民國看似勝了一籌。

呂律師與朱家一門結緣於《八二三注》一書的著作權顧問，代表朱西寧先生處理電影公司的「八二三砲戰」所涉的著作權問題，指出：八二三砲戰雖是「史實」，如電影情節引用了文學作品《八二三注》的人物、情節，仍可能侵害著作權。

（4）金庸作品

1973至1977，呂律師念臺大法律系時，住16宿舍，時常和205、206的室友去永和樂華戲院、國華戲院、景美戲院看金庸作品、古龍作品改編的武俠片，和當時的年輕人一樣，喜愛金庸、古龍的作品。

1981年起，我開始擔任律師，王榮文經營的遠流出版公司接手出版金庸作品集，當時我正在研究著作權案例，時常作著作權演講，經詹宏志推介，擔任金庸作品的法律顧問，王榮文還送我這個法律顧問一套金庸作品並把我的名字印在書上，我深覺光榮與喜悅，金庸可以說是當代最出色的作家之一，當時學術界的著作權法教授蕭雄淋，也因我的鼓動踏入江湖，一起不斷對出版社演講，而成爲著作權法的名律師。

（5）楊樹清的報導文學

2020年4月，《漂流的文學樹：楊樹清文學作品展》在金門登場，呂律師特別去觀展。觀察及心得如下：

1、楊樹清年齡五十多，自云「一生靠文字過活」，但我認爲「他更靠生命的活力、熱情、自信、步驟方法」，他有資格在大學開「寫作方法論與實例」的課程，可惜現在的大學體制容納不了他，是大學的損失。

2、楊樹清的事跡已經成爲多篇「碩士論文的題目」（如附件），這一點我也很羨慕樹清。

3、楊樹清寫過小說、散文、詩、報導文學，獲獎無數，他說：

「人的精力有限，最終只能以『一』歸之。」如洛夫、余光中什麼都寫過，但人們稱「詩人洛夫」、「余光中的詩」，而楊樹清最後衷情於「報導文學」。我作爲法律家四十年，勞資、著作權、公平交易（反托辣斯）、兩岸、不動產、刑事辯護、文化鵝湖儒學……無不精通涉及，則將歸「主一」何處？朱子亦云：「熹舊時亦無所不學，禪、道、文章、楚辭、詩、兵法，事事要學。一日，忽思之曰：『且慢，我只一個渾身，如何兼得許多？』自此逐時去了，學者須是主一上做工夫……」，一種「由博返約」的過程，知識、工夫也不能「一直很狹窄」。「主一」不同於「一」。

4、楊樹清曾以〈消逝的漁民國特〉、〈被遺忘的兩岸邊緣人〉、〈天堂之路：掃描臺灣新移民在溫哥華的浮生現象〉、〈消失的衛星孩子：世紀末臺灣小留學生的東西碰撞〉，獲得時報、聯合報文學獎報導文學首獎，也以〈番薯王〉獲梁實秋文學獎散文首獎，總編輯《金門學叢刊》獲金鼎獎圖書主編獎；2003年第四十四屆五四文藝獎章，楊樹清在報導文學類脫穎而出，推薦得獎評語爲，「楊樹清長期從事報導文學工作，在這個文學類型中努力耕耘，發展出獨特的個人風格與文學視角，也藉此展現他對社會的關懷，尤其是筆端時時關切被遺忘的領域、被邊緣化的人群，使其寫作足以紀錄這個時代，他也從事報導文學推廣和教學的工作，非常值得推薦」。

5、呂律師因不懂什麼是「消失的衛星孩子」，上網查了一下，原來是：現代人培養孩子上大學、出國，花了很多金錢、精神，像把衛星打上太空，後來孩子也像衛星一樣，只是發回微弱的訊息，最後消失。哈，眞貼切。

6、報導文學作爲社會運動的功能：

楊樹清最終走報導文學的路，除了不斷獲獎外，還體驗出報

導文學在社會運動中的功能，他曾經辦《金門報導》社區報，挑戰「戰地政務」，經過兩年的努力，1992年11月7日「金門光復節」，軍方將「政權」交還金門人民及縣政府。樹清說：郝大將有許多優點，但對金門的建設如機場等格局都太小，阻礙了金門的發展。2020年5月此時，樹清正計劃復刊《金門報導》，周刊？或雙周刊？我建議他「行穩致遠」從季刊開始，再輔以電子報的快速；但他認為季刊的火力打擊力太小了。

7、樹清說他會走上文學之路，是小學時發表一篇〈我的哥哥〉，而此作實為哥哥代筆。哥哥代筆反而成為樹清日後不斷動筆寫作的奇蹟，十分美妙。

8、樹清十九歲時花了三個月就寫成《小記者獨白》。一個年輕記者有此「衝動」寫成書，足見其寫作的動力和信心。和呂律師於二十一、二十二歲已有動力、信心寫法律文章類似吧……

9、〈番薯王〉寫明末魯王的故事在金門，類比當代的兩岸、兩門，家鄉總是給予楊樹清寫作的養份啊。我說此文值得拍成電影。

10、在金門期間，我們又去燕南書院祭拜朱熹、清水祖師，樹清說他靠一支筆，創造出燕南山的公車站牌及燕南書院。可惜書院少了內容和溫度。

11、去書院前，我們並至書院燕南山下樹清出生的老宅參觀，老宅已十分破舊，要倒又未倒，涉及整修，有法律問題：（1）誰有權出售基地予某建設公司？怎麼過戶的？是否無權處分而無效？（2）建物所有權人（未登記）是否對基地有優先購買權？債權性？物權性？

（6）王元慶的詩

王元慶

自述

元亨利貞知天命
慶餘自在度此生

人生

生老病死人生過
功名利祿難帶走
活時多建功德簿
走時不立無字碑

虎年吉祥

虎嘯龍吟傲人世
年年財庫滿豐實
吉時吉人有吉相
祥和平安多吉事

遊鵝湖書院雜感

鵝群飛天展英姿
湖光山色覽美景
書盡絕學一甲子
院 中珍藏豐寶山
求知若渴飽腹笥
同根相源朱子門
存菁去蕪留精萃

異軍突起成高論
兼善天下巨胸懷
容川納河聚洋海
並 比聖母傲群巒
蓄陽儲能高科技
永續留芳創佳績
世人得惠無以計
傳道授業滿桃李
承古道統宏環宇

比翼

鳥鳥相依成比翼，
枝枝相接結連理；
形形相異不同形，
心心相印同理心。

醉紅塵

寂寞的心雨狂瀉
想著和乘著流星的你
共臥在歡樂的雲朵裏
飲酒入心
一起醉
人早已　醉了千百回
惟有那　心未醉
紅塵醉　醉紅塵
雙心交醉
酒醒時分
迷茫的人早已不再迷茫
但沈醉的心卻依舊沈醉
只因有你　不願酒醒
只願長醉紅塵裏
紅塵醉　醉紅塵
只因有你　寧願長醉

四季頌之春之詠

春
似蜜
味甘甜
大地春回
生生不息中
綠蔭捲毯天成
百花齊放獻生機

萬物滋長綿綿不絕
陰陽相合愛戀正滋長
傳宗接代後繼子孫孕育
春宵一刻何只值千金
千金難買大好光陰
世間遊子莫蹉跎
珍惜上好時節
努力勤耕耘
揮灑汗水
成果皆
甜美
春

四季頌之夏之咏

夏
似火
味如辛
熱焰高漲
何處消酷暑
烈日豔陽高照
化身一支火燭臺
才知何是熱鍋螞蟻
急覓小巷潛身冰果室
此時只求冰品入口解熱
身心靈與冰融為一體
冰中有我我中有冰

分不清了我是冰
還是冰是我
冰我合一
心歡喜
清涼
夏

四季頌之秋之咏
秋
似酒
味香醇
天地無情
歲月轉眼過
終日喜怒哀愁
小樓昨夜東風破
無端吹縐一池秋波
只緣一路有人相依首
晨曦昏影彩霞中同携手
一壺濁酒成釀喜相逢
品茗論酒賞月同遊
楓落大地展雲袖
徹夜千杯不休
娥娘倚月宮
才子佳人
共聚首
香濃

秋

四季頌之冬之詠
冬

似冰

味無留

天冰地雪

如時光靜留

清走紅塵憂愁

任往事隨風而逝

唯有獨留愛恨情仇

只因有你一路伴我走

沐冰霜擷松露雪中漫遊

待到新綠萌芽再放手

品頭論足賞雪依舊

銀雪遍地滾雪球

榮華富貴知否

名利拋山頭

不忮不求

心不動

身凍

冬

自晃的一家（本詩被譜成曲，首兩字相連為友人家屬名）

自強不息天行健
晃朗彌高心敞亮
梅花堅貞寒綻放
珍寶貴人賢內房
詩心寫意情濃郁
涵養格高永留芬
詩文俠武角崢嶸
宇寰八方美名揚

翟普麗君伉儷

翟心仁厚勤誠正
普渡眾生廣施恩
麗質天生難自棄
君夫疼惜戀痴迷
百年修得共眠枕
年年歲歲歡心過
好夫好妻白頭老
合舟共濟萬難了

不少歌

賺多賺少快樂不少
見多見少真愛不少
累多累少幸福不少
友多友少真心就好

孤翁垂釣

古詩版

彩雲咫尺雁飛眇

柳葉輕飄風中搖

孤翁隨性湖心釣

我心靜平世紛擾

宋詞版

彩雲天 碧蔭地

柳葉輕飄風中移

群飛燕 獨釣翁

湖水波興沖岸泥

任波興任沖泥

紅塵紛擾我心離

新詩版

打開窗門
天上的雲彩迎面飄來
我伸出喜悅的雙手迎接
卻換得滿手的柳葉

　　此時
頑皮的風吹走了我
滿手的柳葉
吹縐了釣翁的湖水
吹出了滿湖的波濤
一波又一波
一波再一波

　　此時
我的心中竟沒有一絲漣漪
任憑那再洶湧的波浪

一波又一波
一波再一波

心中除了
　　平靜
還是
　　平靜……

開悟偈

心靜則氣定
　氣定則神閒
　神閒則靈活
靈活則智開
智開則慧明
　慧明則明心
明心則見性
　見性則悟道
悟道則出離
出離則解脫
解脫則入涅槃大道矣

默照禪法

默默行善度眾生
照見智慧捨煩惱
禪法精進知微妙
法喜充滿得自在

花海

片片花海花映紅
茫茫人海人幫人
春神降臨喜加喜
祝願來年人上人

框

框內有框似無框
框外無框似有框
若能走出框中框
就算有框亦無框

框內有框似無框
框外無框似有框
若能無視框中框
就算有框亦無框

框內有框似無框
框外無框似有框
若能放下框中框
就算有框亦無框

框若加門成門框

框若加窗成窗框
框若加鏡成鏡框
框若加框成框框

框在我心就有框
框離我心就無框
我若無心何來我
框若無我何來框

若被框住就有框
不被框住就無框
框框框框皆是框
框來框去框何框

無題

草堂春睡足，
窗外日遲遲；
沈香已壯大，
櫻花何時開？
萬物依天運，
榮枯有定時，
君若蝶戀花，
靜待來時年。

林政輝友讚

政人君子品高潔

輝光明耀照世間

黃其權友讚
其頤之壽享天年
權衡得宜樂人生

（7）胡金銓、李翰祥　　　　　周隆亨

一、胡金銓是演大牛的演員，哈哈！

《江山美人》是李翰祥執導的一部電影，獲第六屆亞太影展最佳影片、最佳導演、最佳女主角、最佳男主角、最佳男配角、最佳女配角、最佳編劇、最佳彩色攝影、最佳剪輯、最佳音樂、最佳錄音和最佳藝術設計等獎項。該片是黃梅調電影的開山之作，根據民間故事《游龍戲鳳》改編，講述正德帝與酒家女李鳳的故事。歌曲由席靜婷代唱。胡金銓在片中演大牛。

胡金銓那時還不是導演，而且那時的藝名叫「金銓」。

胡金銓是河北人，當年李翰祥先到香港，胡金銓後來才來，家人拜託李翰祥照顧。胡金銓在邵氏，從美工做起。非常好學，尤其喜愛明史，用力尤多。

胡金銓後來拍《大醉俠》、《龍門客棧》、《山中傳奇》、《迎春閣的風波》、《俠女》等，甚見功力，開時代的先河，那是大家都耳熟能詳的了。

二、周隆亨

我周隆亨很小小時，住基隆，母親很喜歡看電影，總是帶我

一起去看，反正我不要票啦，依稀記得金銓演的那個大牛很搞笑！

　　後來李翰祥來臺灣成立國聯影業，母親還有帶我到白沙灣看《西施》現場搭的景，非常壯觀！（applause）

三、七大閒

　　1953年，胡金銓與宋存壽、蔣光超、李翰祥等七人結爲異姓兄弟，號爲「七大閒」，其中胡金銓與李翰祥關係最爲密切。胡金銓由長城電影公司轉到永華影業公司後，由李翰祥推薦，胡金銓在嚴俊導演的《吃耳光的人》、《笑聲淚痕》中擔任主要演員，開始從事演員工作，同時兼職做廣播員，並在「美國之音」中結識了鄒文懷，在此期間，胡金銓還將自己的汽車借給鄒文懷和李翰祥，幫助他們結婚。1958年，經李翰祥介紹入邵氏公司任演員，後兼任編劇及助導。1963年在《梁山伯與祝英臺》（李翰祥導演）中名義上任副導演，實際上是分擔李翰祥的導演工作。1964年編導《玉堂春》，這是他在李翰祥策劃下第一次做執行導演之作，是部黃梅調古裝喜劇。1965年正式獨立執導抗戰片《大地兒女》，卻迫於邵氏上層壓力大幅刪改劇情。1966年導演《大醉俠》，奠定後來的作品風格，亦從此影響中國武俠片甚深。翌年離開邵氏公司，赴臺灣籌組聯邦公司事業部。

四、李翰祥

　　1926年4月18日（丙寅年農曆三月初七），李翰祥出生於遼寧錦西，年輕時曾在國立北平藝術專科學校學習油畫，及在上海戲劇專科學校學戲劇電影。

　　1948年赴香港，曾做美工、小演員等。1954年首次執導，並

進入邵氏，拍攝多套古裝片，包括《江山美人》、《梁山伯與祝英臺》等，獲得票房與好評。1963年，在電懋老闆陸運濤支持下到臺灣成立國聯電影，1965年的《西施》獲得金馬獎最佳故事片導演。其後改拍一系列票房不俗的奇情片、騙術片、風月片，與白小曼、余莎莉、陳萍、邵音音、狄娜、胡錦、陳思佳、恬妮、楚湘雲等多位女星有合作經歷。1972年拍攝《大軍閥》，把許冠文帶入影壇，並教他電影的知識，奠定日後他成為影響香港影壇走向的重要人物[1]。

　　1983年，李翰祥回中國大陸，拍攝其清宮三部曲：《火燒圓明園》、《垂簾聽政》、《火龍》等一系列清宮片，把原放棄當TVB藝員的梁家輝帶入影壇。

　　1996年8月起，李翰祥在北京拍攝劉曉慶主演的四十集電視劇《火燒阿房宮》；於同年12月17日下午，在錄影廠內開會討論拍攝殺青戲時，突然心臟病發作，緊急送醫後搶救至晚上9時45分離世。

（8）誰是藝術家？藝術信仰與藝術收藏的使徒——我也可以是藝術家

文：周隆亨（口述）詔藝1、張世文2（訪談）

　　亨利哥怎麼看自己的收藏，他笑了，「對我來說，這就是跟藝術家一起走過的『心靈的旅程』。」當作品跳脫世俗的框架，讓人感到驚艷或感動，藝術的價值就從此而生，「我期待有更多的藝術家，創作出更讓人『有感覺』的作品，這是我想收藏的。」

周：除了人類，沒有任何一種地球動物，會將自身擲入渾沌未明之境。冒險的意義不在戰利品，而是在過程中發現自我，在實作中實現自我，也是這種意義感的追尋，讓人類自十八世紀後進入成長的高峰期。思想擺脫了暗夜和困窘，體驗超越了時間與空間。

那我五十歲之後，對於更深入生命意義的追求、哲學思維與人社會文明脈絡的探索，乃至與藝術欣賞和收藏的連結，雖然與之前歷史上留下足跡的多位冒險家相比，真的不算什麼，但對於已到人生下半場的我，拋開人生上半場對與功名利祿的連結與追求，顯然是必要的認知。每一個人活在這世上，走一遭，對於各自生命意義的追求，真的是非常重要而必要，已經不是冒險或不冒險的問題與抉擇的了！

詔：藝術收藏可能有千百種理由，任何一種理由都有其獨特

性，大概也都被提出或討論過。在臺灣，企業家、藝人、媒體人、工薪族等，都可以被尊稱爲收藏家。收藏家中，比較不常見的可能就是職業上是「純技術導向」的科學家，因爲科學家多以理性心態收藏，而極爲富裕的科學家，往往沒有太多時間研究藝術知識，較多是因爲怡情養性而做收藏。周隆亨，一位絕對技術導向的機械工程博士，他對於藝術的熱情在華人圈中極爲罕見。周博士，在2018年自8月9日至8月31日，於日帝藝術舉辦了他個人的首次收藏展。

　　張：這是第三次來找人稱「亨利哥」的周博士了。從亨利哥收藏展的開幕茶會上，滿到讓人呼吸困難的賓客，就可以瞭解他的「交遊廣闊」，而這些藝術圈好朋友們，都是來自亨利哥近十年的跑場與分享藝術心得而來，笑說自己現在的人生除了工作之外，「不是在藝廊，就是在趕往藝廊的路上」的他，本身的工作其實與藝術沒有太多關係——他是一位在工研院裡工作的機械工程博士，主要的專業是「度量衡」，這種看來跟藝術應該毫無關係的科學理性人，闖蕩於藝術圈中，卻沒有絲毫格格不入之感，反而看著他跟藝術家毫無隔閡地互動中，感覺到他「悠遊其中，怡然自得」。

　　不過，亨利哥並不好訪，這也是必須找他三次的原因。不是因爲他惜字如金，亨利哥是個聊天的好對象，他很好聊也很會聊，但很容易岔題，而且會是岔題之中再岔題的高難度岔題，亨利哥笑說這就是自己的個性——十足的「開放」心胸，「所以什麼都喜歡涉獵一點」。他的收藏也是如此，跟他所交往的朋友們一樣，擁有多元風格。

　　跟著亨利哥在畫廊中走，每一作品都有與它相遇的故事。他說早期他也沒有意識到自己會變成「收藏家」，一開始只是聽從

畫廊的介紹，收一些有「價值」的作品，「不過我又不是有錢人，怎麼收得起趙無極的作品？」有時在畫廊中看到有收藏欲望的作品，也只能用刷卡分期付款的方式買下來，自己的子彈不夠，當然不可能像一般的收藏家一樣去大量收購，但亨利哥總是忍不住想到藝術博覽會、藝廊去走走看看，「這樣走一輪下來，我自己開始問自己，我真正喜歡的藝術是哪種類型的？」

我收藏和我有聯結的作品

張、詔：能否分享您收藏作品的觀點？

周：跳脫框架！

一路走來，我發現自己喜歡的還是當代藝術作品，各種不同的媒材、發想空間讓我覺得興味盎然。當代藝術對我來說，那是「藝術的時間脈動」，比起已成為大師的藝術家具有辨識度的作品，我更愛當代年輕藝術家的活力。有些已然成為「大藝術家」的作品，在自己眼中有點像是一件作品的「同一個系列」。我喜歡的是看到藝術家對生命的領悟，他們對於自己生命中的強烈情緒展現，那些最初的創意、動機與觀點，都是讓人覺得別有深意的，這些最初的感動，透過藝術作為媒介讓人感受到的意境，那才是真心喜愛藝術的人所欣賞的重點。

對我來說，我收藏的作品最主要關心的特質，是要和我有一種情緒或情感上的連結。但這樣的連結，實際講起來也很廣，可能包括有趣、具有啟發性或是具有深層意喻的等作品，不一而足。因此說起來，我的收藏沒有一般所謂藝術顧問常在建議的那種「系統」。我覺得收藏如果太有「系統」，會變得太公式化。系統性的收藏並沒有不好，那其實是投資者的眼光，必須要靠精準的判斷。就像玩撲克牌一樣，你如果擁有一整套，就是跟市場

來比大小，這並不是我所喜歡的收藏方式 —— 開放性，簡言之，就是要「有感覺」。

　　我的收藏史大約十年，也就是當我五十歲那的時刻起。當人生一進入五十，不管是工作或是對於生命，都有一種倦怠感。那種倦怠感，急需某種無法言喻的事物來予以補足，而藝術就在當時進入我的生命。

　　我算是一位科學家，但當時的我已經和科學糾纏了四十年了。我還是喜歡科學，也依舊樂於科學上的工作，但我渴望更多形而上哲學類型的思想進入我的生命，希望透過這樣的管道去更加了解自己，開放自己心靈上的桎梏。

　　我的收藏沒有系統化，而我也盡力避免陷入那樣的系統化。我偏好那些從來沒有見過、可以刺激人去思考更多、可以讓人產生想像力和創造力、深具啓發性的作品。因此，這樣的收藏方式所引起的結果，就是我很少收藏同一位藝術家的第二件作品。畢

竟人通常都有慣性，年輕藝術家一件好作品出來之後，之後幾年，幾乎就是一直在做一樣的東西。

可能不少收藏家都偏愛所謂有「辨識度」的作品，但這方面我就比較沒那麼認同。當然多數藝術家都不太可能像畢卡索一樣，一生的作品都一直在變化。大師中我也欣賞孟克和梵谷，他們終其一生的作品，都有各階段很強烈想要表達的一種當時的情緒，不是那種一成不變的東西。因此我會希望藝術家可以有更多的變化，一直不斷地創造新的東西出來。

藝術品的獨佔性

詔：您對於「擁有」藝術品這件事有什麼看法？

周：我覺得在多數人的心理層面上，因為比較從經濟學或唯物論上的觀點去想，「藝術分享」和「擁有藝術品」有種「對立性」。但在我的觀念中，人出生後逐漸學到的最恐怖的概念就是「擁有甚至佔有！」

在收藏上，人們最常談到「擁有」藝術品，但也會有人卻喜歡說「分享」藝術。但你仔細去想想，其實「到底是我們擁有藝術品，還是藝術品佔有我們？」我會去質疑：「我們真的是因為『擁有藝術品』而熱愛藝術的嗎？」「隱藏在藝術品背後的東西真的是藝術嗎？還是跟藝術一點關係都沒有？」

再談到藝術品的唯一性、排他性和獨佔性，是不是只有當我們賣掉它，它才能帶給下一位擁有者快樂呢？是不是藝術給人類產生的喜悅與感受，一定非得要跟金錢扯上關係呢？我時常會有這樣的困惑，但卻堅決反對這樣的想法。在我看來，我希望透過各式各樣不同的途徑，去真正以藝術品作為「介質」，來分享人類互通間的「快樂」和「喜悅」！因為如果無法達到分享藝術上

的喜悅，再高價的藝術品，它的本質是不是就變成「一點都不是藝術了」呢？

對於臺灣年輕藝術家的建議

詔：您多數的收藏都是臺灣年輕藝術家的作品，您是用什麼樣的標準來收藏這些作品？

周：如果要我給本地藝術家一些建議，我會告訴他們要「做自己」。所謂的「做自己」，大概會包括以下的幾個要素：勿從眾、勿媚俗、獨特性、個性化、多想像、多看、多聽、多學、多感受、保持高度好奇心，然後要「有自己的觀點」。

很多年輕藝術家在尚未被挖掘、受歡迎之前，長期都處在一種苦瓜臉的狀態。但這些狀態往往都是因為他們過於在乎別人的觀點、受到市場是否受歡迎或藏家的喜好的制約，長久下來，沒法突破心魔，衝破自己創意或能力的門檻。

我覺得那些都不必要。往往藝術家最初的動機和觀點都是最新鮮有趣的，且饒富深意，不會有太市俗化或給人太市儈的感覺。我想那些才是真心喜愛藝術的人所欣賞的重點。

最後，我想分享的一個深植我心的想法：多思考「盒子外的東西」（Think out of the Box，即「跳出思考框架」），無論對於收藏者或創作者，終究都會是最令人享受的心靈旅程。

Reference：

1. 「藝術收藏的使徒」──認識收藏家周隆亨 - 非池中藝術網
https://artemperor.tw/focus/2212
2. http://prestigeonline.com/tw/art-culture/-/%E5%BF%83%E4%B9%8B%E6%89%80%E5%90%91-yearning-art/

（9）懷念官校張夢奎中校及其妻歸亞蕾（陳熙煬撰）

我在官校時，隊長就是歸亞蕾的先生張夢奎，時任中校。

有一次放假回臺北，要趕去臺南機場搭機，因爲內務及儀容檢查過程延誤，厚皮的找區隊長請求先出發，隊長聽到了說：坐我的車，我送你去。

他們那時住臺南飛雁新村，開的是福斯鵝黃色的金龜車，土包子的我第一次坐這車，行李箱在車頭也不知道……

後來又有幾次學校活動，歸亞蕾都參加了，那時只覺得她很漂亮、平易近人、很親切，沒有一絲大明星的感覺！

張夢奎退伍前還是中校，我和他有緣的又在公館的作戰司令部當同事，我已經從學生變成上尉了……

（10）呂良煥（Mr.Lu）・高爾夫學案

民國多彩多姿，學問豐富有趣，又國際化。臺大法學博士呂榮海律師說，在淡水呂氏宗親中，最有名望的應該是「高球好手」呂良煥先生（Mr.Lu）（1936~2022.3.15），他在國際高球賽上得獎無數，呂律師從小聽父母、宗親口中的呂氏英雄就是呂良煥。呂律師也親眼看過呂良煥露兩手，他說：「這球要從右邊繞過林木，第二球要從左邊繞過樹林。」球果然很聽話，隨其心指揮而去。Mr.Lu的事蹟網上都有，堂弟呂律師特於呂良煥先生於2022年3月15日八十六歲仙逝之時，特記此一段以爲紀念。呂良煥先生人帥、儀態幽雅，通英、日語，享譽國際，可爲高爾夫

球宗師，彰示民國之光不限於學院內也。其曾言高球生涯受惠於衣復恩先生，在其之後，呂律師同受呂良煥之恩澤，而曾受衣先生聘爲法律顧問，爲亞洲化學公司處理陝西合陽合資案之仲裁等等，獲得勝功，亦是受呂良煥之惠也。呂良煥時代，淡水的高球高手還有謝敏男、郭吉雄等等，「高手」如雲，享譽鄉譽！之後，有呂西鈞、呂子濟（嘉騏）、呂文德等，人才濟濟，也是此時代之「新六藝」。

2、教育學案／曾昭旭／畢光庭／陳怡安

（1）臺灣人如何才能樂為世界人？／仁道、性善

曾昭旭

今天（10月10日）是雙十國慶，但今年的國慶主題是什麼呢？也許從10月5日起每晚光雕投影在總統府上的「臺灣人樂為世界人」八字，可以算是一個可能成立的主題吧！若然，則「何謂世界人」？「如何才能樂為世界人」？便有細究之必要了！

先談何謂世界人？實即世界大同，眾生平等，一體是人，無分彼此之謂。換言之，也就是放下一切人為衍生的身分差別、意識形態，如白人黑人、西方東方、臺灣大陸、是藍抑綠等等，而回歸到所有人的共同身分：「人」。原來我們都是一家人，前提根本是得我們一家都是「人」才行。這樣才能夠沒有大小眼，沒有傲慢、沒有排斥、沒有歧視；否則即使親如夫妻仍會惡言相向，兄弟之間一樣可能禍起蕭牆，就更不用說大國之中，隱藏有多少矛盾糾結了！最近的美國不就是一個鮮明的例證嗎？

再談如何才能樂為世界人，這答案其實不在外而在內，亦即不能徒靠法律制度（如美國明令不可族群歧視），而更要回到人

性的根源去做心性修養的工夫、把握住人性的普遍常道才行。

　　而所謂人性的普遍常道，一言以蔽之就是孟子肯定的性善（所有人無例外的都希望自己是好的，而且也都有活出好的能力）。善的落實表現就是孔子說的忠信（曾子轉說為忠恕），所謂「言忠信，行篤敬，雖蠻貊之邦行矣。言不忠信，行不篤敬，雖州里行乎哉？」（言行忠於己、信於人，才能走出臺灣，成功做世界人；否則連在臺灣行走也會到處碰壁）。正俗所謂「有理行遍天下，無理寸步難行」也！這樣才能實踐地做成一個能與眾生同在的「人」，即子夏所謂「四海之內皆兄弟也」，或程明道所謂「仁者以天地萬物為一體」。原來歸本於「仁者愛人」的仁道或人道，才是世界人的本質啊！此本質內在於每個人心中，反躬自求，能近取譬，自然抒發，毫無勉強與私心，才會是真正樂為的世界人啊！

　　而這一套心性修養、內聖外王的義理，正是發端於孔子，漸凝為中華文化根本性格的廣義儒學。所以慶祝國慶，宜當先紀念孔子。孔子誕辰正在雙十國慶的前兩週，可真不是沒道理的呢！

（2）我的悟道體驗 曾昭旭

　　有親近的學生長久感受到我義理精熟，似乎涵養功深；很好奇在我的成長過程中，是否也有一些特殊的開悟體驗，以打開這道生命義理的大門？同時也問到是純儒家進路嗎？還是也參酌佛道？開悟後如何重回生活？有發生什麼困擾嗎？

　　我生命成長的一次重要轉折或說悟道體驗，發生在二十五歲那年。當時，我從小薰習的許多儒家觀念，就像一盤散珠，各有

重點卻不相統屬。卻在偶然機緣下讀到梁漱溟《東西文化及其哲學》一書，我忽然覺得好像找到一根一以貫之的線，可以把一盤散珠串成一條項鍊。我爲此十分興奮，以爲自己見道了；遂懷抱著極大的熱誠去跟身邊的友朋說理；卻不想反而給了別人巨大的壓力，讓我的人際關係變得緊張起來；我也不免有我想拯救世界，爲什麼世界卻不讓我拯救的困惑。

終於有一位老朋友受不了了，寄給我一封絕交信，說我的眼神對他充滿批判；並引孟子「殺人以政與殺人以梃無以異也」的話，說我用義理殺人也跟用木棍殺人沒兩樣……

我當下頓時有了一個覺悟：最近我的人際關係緊張，難道都是別人有問題嗎？（我大可用「孺子不可教也」搪塞過去）恐怕是我自己有問題罷！我因此發現了自己不自覺的傲慢，於是把所有自以爲是的道理完全放下，不敢再對他人與世事有任何批判與意見。結果奇妙的事情發生：當我脫下那副有色眼鏡，眼前竟然出現我從來沒有見過的景象：整個世界是活的，風在吹，水在流，連陽光都好像有腳在跳躍，看到迎面走來的路上行人，每一個人都是滿臉祥和。我頓時明白這就是所謂事物的本來面目，也懂得了明儒爲什麼說見到滿街都是聖人……

在其後的一段時間，我感覺自己好像活在太空的無重力狀態；也好像是把自己的人生架構拆散，七寶樓臺碎成滿地瓦礫。我也不急著重構我的人生觀，就暫時徜徉在這渾沌浪漫的無何有之鄉中好一陣子。然後才慢慢重構我的人生觀，重建我的人我關係。這重建的歷程至少過了一年，除了自我省思，也得力於在那一年讀到的幾本書：唐君毅的《人生之體驗續編》（那是一本專爲撫慰行道受挫折者而寫的書）、錢穆的《國史大綱》（那才是中華文化大生命的存在脈絡）、方東美的《科學哲學與人生》

（那是真正實踐過才會出現的道德美感）。而我經過這一番重整的人生觀，和之前最大的不同，就在於之前是一個封閉系統，所以與人必有對立批判；如今其後則是一個開放系統，所以與人無忤，有更多的接納同情，在眾生平等的大格局下，自己也有更多的自在與成長。可以說，從那年之後直到如今，我的人生觀再無更張，卻反而在生活內容與體驗上，有更多的活潑流動與不經意的觸發……

這一次生命的重大轉折，有一次跟佛學家游祥洲教授談起（當時我們同應邀在香港法住機構出席學術會議，在旅館同房），他驚異地回應說：這就是一種悟道的體驗呢！

不過，在五十年後的今天，再回省當年那一次悟道體驗，我倒肯定這不是禪家道家式以「照見自家本來面目」為主的悟道，而是儒家式以「秉至誠以通人我」為主的悟道。這當然蘊涵佛道的證真我，卻更須延申到證真愛（所謂仁者愛人）。所以不是藉出家遠離塵俗以證自然生命的清淨，而是就落實於生活與人際關係中去證道德生命的飽滿。所以不但沒有重回生活的困擾，反而是通過生活經驗與人我交接而更有生生不息、日新又新的體道心得呢！

（3）辛丑八十生日感言　　　曾昭旭

引言：我的學生幫我過生日，向例都過國曆，今年因為正逢春節，所以改過農曆。又因辛丑年尾，適逢八十，所以筵開三桌，還要我發表感言。之後也有多人在FB上為師生情義發表感人的文章。因此雖已事過一旬，我還是把當日的感言整理成一

文，以聊爲整件事體作結：

我向來是不過生日的，都是學生要幫我過，我才隨緣過。今年八十初度，還特別要我發表感言，也就隨緣爲諸位說說「生生之道」罷！

但「生生之道」，其實有必要從死切入。還記得二十年前（2001年），罹患三期卵巢癌已三年的作家曹又方首開風氣之先，以全集新書發表會的名義，而其實是辦了一場生前告別式。當時她邀請了她的十二位好友上臺說話，輪到我上臺，我說：這場生前告別式名義上是爲曹又方辦，其實是借此名義爲我們所有在場的人辦的。因爲生命無常，死亡隨時都可能來臨，我們在場的每一個人都有可能比曹又方先死呢！所以我們每一個人都應該自我警惕，時時將死亡放在眼前才是。

果然曹又方其後勤練氣功抗癌，又活了八年，到2009年逝世時也不是因爲癌症，而是因爲心肌梗塞。當時在場的人，說不定眞已有人先曹又方而去了呢！

說到這裡，我猜在座諸位，一定有人覺得我怎麼在生日吉時大談死亡？其實道理一樣：這生日宴也是暫借我的名義，而實爲在座所有人辦的；用意也就是要提醒在座每一個人，時時把生放在眼前。

原來生和死根本是一體的兩面。孔子說：「未知生，焉知死？」同樣，依佛家義理，也可以說：「未知死，焉知生？」原來知生所以知死，知死所以知生。知死是一種提醒，提醒我們莫執假爲眞，蹉跎度日。知生是一種期勉，期勉我們要珍惜當下，創造價值，以自我實現。

若依儒家之言，孟子有說：「志士不忘在溝壑，勇士不忘喪其元。」便是以死警生的消極提醒。至於「生生之道」的積極期

勉，則可以王船山之言爲最精到的代表。船山在《尚書引義》有云：「命日降，心日生，性日成。」原來我們的生命不是一成不變，由有限形軀的基因決定的，而是通過天賦的心靈創造性不斷在發展成長的。天命之性是每天都自天而降，天人刻刻相通相感；人心秉天命的創造因此也是自強不息，日新又新；而新創的意義價值，更是不斷地匯入我的生命體中，而日顯其成長與豐富。正《易》繫辭所謂「富有之謂大業，日新之謂盛德」也！生命必如此充盡其性、善用其才，才算是生命，才有在活，才永保其青春活力而不老。否則，依慣性習氣日日重複地苟活，也不過就是一種廣義的死亡罷了！即所謂「哀莫大於心死」，遂令人雖生猶死也。所以必知死然後能不死，必知生然後能生生。今天既假我之名有此慶生之嘉會，所以也就聊盡稱名盡義之責，爲諸位一述生死一體之義，生生不息之道，以與諸位同慶此生罷！

附

鄭錠堅：

老師這篇太重要了，學生僭越，定「位」一下。我覺得這篇是文獻，理當存留，有三點理由與特點：

1. 老師這樣一位一生踐履的老儒家（老不指年齡，指功力的蘊積），八十時發出這樣一席感言，無須多言，自當有紀念價值。

2. 八十華誕感言卻說出生死之道！心懷豁達還只是金石聲，所代表的主張與態度，更是內藏寶玉的重大儒家主張。這就是我所謂文獻的理由。

3. 進一步，感言中處處發出深邃的慧見，譬如：

（1）出生日紀念只是一個假借，從內在工作去說，日日都可能開展出一個「生」日。

（2）結合與定位儒、佛「未知生，焉知死」／「未知死，焉知生」的說法，其實是一椿創見與洞見。

（3）對船山「命日降，心日生，性日成」的詮釋。

（4）「不怕死」的功夫修爲，源於行者日日將死放在生的旁邊去修練與面對。

文中屢見在歲月玉盤上滾動的智慧珍珠啊！

上述是弟子定位這篇文獻的三個特點。更不用說，其實當日在現場諦聽的感動與氛圍，又不是文章所能悉數傳達的。還好，沒到現場的師友，還有機會期待影音檔的傳眞。

老師，就不用祝您生日快樂了，因爲您何日何時，哪裡不是芳華與生氣！

老師，請借分享。

（4）民主、法治、學術的變質／《人變質異化的關鍵在以形式取代了精神》 　曾昭旭

人異於萬物的最特殊處，就在人不僅是要求價值的存在，且根本就是一種價值性的存在。是的，人的存在本身就已無例外地呈顯了某種價值。

但所謂意義價值，本就有正有負，人的存在所必然呈現的意義價值也可以是正價值或負價值；反正決非無意義的中性。所以人之存在，非善即惡；「不爲聖賢，便爲禽獸」（在此，禽獸已是一特指名詞，非一般所謂的動物；蓋動物中性，無善無惡也）。即使一般看似無足輕重的庶民也不例外，因爲他已生活在人文社會中，已參與人文的價值性運作也。故王船山才說：「庶

民者，流俗也；流俗者，禽獸也。」亦即漢娜鄂蘭所謂的「平庸
的罪惡」，意即罪惡之平庸化、普遍化為流俗，使人生活在其
中，習焉不察也。

於是可進一步追問：所謂習焉不察，到底是習什麼？不察什
麼？其實即習於生活的慣常形式，而不察借此形式以呈現之應有
精神也。

例如民主，即有民主形式與民主精神之別，前者是投票選
舉、依法執行之類；後者則是尊重每一個人的主體人格，至少是
在法律之下一律平等。但如果缺少這種根源性的原則肯定、精神
素養，一種負面的主體意識（自我中心、我最大、我要贏……）
就會趁虛而入，假借投票選舉、依法執行等等民主形式，實現的
卻是政治野心、鬥爭獨裁。遂生「民主獨裁」之名，實則為民主
之異化，即所謂「假民主之名，行獨裁之實」是也。而其關鍵點
則無非是以形式取代精神而已。

又如法治，當然亦有法治形式與法治精神之別。形式上是依
法執行，行皆有據；但根源仍在體察立法之初衷，在維護社會每
一成員（公民）之基本人權（免於匱乏、免於恐懼，以及信仰、
言論之自由），並從而建立社會之合理秩序（公平、正義）；即
法治精神之體現也。但若此精神不彰，人之虛妄主體便也會利用
法律制度為工具以逞其私，於是枉法濫權便將層出不窮。尤其在
法律制度未臻健全的社會，人就更容易有玩法弄權、鑽法律漏
洞，乃至對法律條文曲解硬拗的餘地了！

再如學術，不例外的也有學術形式與學術精神之分。前者就
是思考邏輯、行文語法、論文結構、專業規範等等，後者就是探
討真理的精神。但一個學者若拋棄了探索與維護真理的學術良
心，而把學術工作（做研究、實驗、發表論文……）當作求取名

利的工具，學術也就異化而成爲謊言詐欺了！

　　但政治、法律、學術等等領域的精神以及從事者的良心，是怎樣喪失的呢？恐怕核心就在教育精神的淪亡，而只餘虛假的教育形式。是的，臺灣眞正的危機正在於此。長期以來，教育都工具化了！例如升學主義、文憑主義、形式主義。而且由個人力爭上游的競爭工具，更惡化爲統治者灌輸意識形態的管理工具，再惡化爲只爲短暫的政治利益而不惜犧牲全民的終極理想、人生幸福的鬥爭工具。這種無視人道精神與眞理莊嚴，不免造成全民走向虛無弱智、生命沈墮的教育異化，可說是人文精神異化的極致，也正是臺灣以至全世界最嚴重的危機。試觀連美國的制度運作都已民粹化，全世界的經濟都導致愈益嚴重的貧富不均，由兩極化所導致的種種對立、歧視、衝突普遍發生，是眞的不能不令人爲臺灣以至人類的前途擔憂呀！

曾昭旭教授演講

（5）當年在大同初中、建中的陳年往事／畢光庭老師

孔憲法

謝謝丁建樹學長這段短片！讓我想起許多事情，第一件是我的初中導師，雖然不是建中時期的，但應該有校友知道，至少，呂榮海大律師，我的初中同窗。請大家容許我占用建中《紅樓佳人》版面一角，或許可連絡上其他學長。

畢光庭導師（國文）

民國56年，進入大同初中，那是建中停辦初中後的幾年，九年國教的前一年。編入14班，導師畢光庭，一位帶著濃厚雲南口音的國文老師，已經五十歲，經歷過抗戰、剿共，老兵出身轉任教師，清癯、嚴格、正直，當時他的胃已經割掉三分之二，教學依然極為認真；一直帶我們到初三畢業，學生們私下都稱他「老畢」。除了個別成績未達標準，老藤棍伺候，真的頗疼之外；班上秩序混亂，集體整隊跑操場，記得有一次跑了二十六圈，大同的跑道一圈是250公尺，當然有些人很辛苦，包括又高又帥的班長游敦成，他當時還有氣喘；喜歡足球的丁邦彥、徐嘉華、曾煥哲大概就小菜一碟了。初中時期呂榮海很靜，我比較愛鬧，常跟金華國趁老師不在就上臺模仿老畢，有幾次被抓到，下場不必贅述。但意外練就雲南腔，能聽些

畢光庭導師

高美珍老師

馬來西亞馬六甲的抗戰勝利紀念碑，孔憲法攝於2014年9月11日。

四川、雲貴口音。後來，教育部公費留考送到泰國讀碩士期間，中華民國同學會活動到金三角山上偏鄉，遇到孤軍遺族，幾乎只有我能聽懂他們的中文，即便到一九八〇年代中期，他們還在遙望著雲南故鄉。能夠溝通，還是得感謝老畢。

我們那一年，隔壁十三班導師是教英文的高美貞，中文課也是畢老師教的，這一班有成績很好的三李：李萬、李世煌、李德義。那幾年，大同初中畢業，平均一班三十位進建中，以上提到姓名的都在民國59年排隊進了建中。

英文高美珍老師

從雲南戰場向南連接的緬甸、泰國、馬來西亞，抗戰期間，有許多可歌可泣的事蹟，曾在馬來西亞檳城、馬六甲看到中華民國國徽的紀念碑，據說全馬來西亞有二十幾座。民國八〇年代之後，我們漸漸經營乏力，中共反而逐步深入，終至僑社轉向，中華民國在南洋也逐漸退卻正式舞

臺。在七七這段日子思及此事，倍感唏噓！！

呂榮海律師：

@Shiannfar Kung @Di-Son 郭迪生

同學：

很棒的回憶。

我可以無償轉載並注明你所述嗎？

我和你初中同班（14班）三年，和郭迪生皆建中高二、高三23班同學一年半（高三下我才決心唸法律，「流亡到」社會組，建中真自由。）

孔憲法：

同學，謝謝您謬賞！轉載當然沒問題。這裡頭有非常多的感恩：初中沒有畢老師，像我這樣愛玩不肯背書的，國文基礎應該不會提升多少。他幾乎全心全力從事教育，關注著每個學生的成長，我自己教書之後，才體會過去中小學老師的不易。到建中之後，初中同學們偶爾碰面，游敦成長到183公分，沒料到的是你、曾煥哲、蔡裕修一個拉得比一個高，都超過了老班長。在期盼長高的時期，羨慕極了！記得那時候在中副還是聯副，有位建中學生寫了篇文章，提到了鶴立雞群188公分的他，以及某次遇到196公分的程偉的趣事。哈！青春期的煩惱。

呂孝德是我進建中所遇到的第一位奇人。據說是早我們兩屆的臺北工專榜首，讀了兩年重考再進建中，成績出眾，高一在我們班上，除了胡俊哲，沒有人能稍微威脅他的第一名霸業。高二離開我們，高二那年，建中社會組兩位淡水同學引領風騷，另一位是陳國棟。後來你們三位分別進入臺大經濟、歷史、法律，堪稱該屆淡水三傑！

陳民擁和呂榮海後來都唸臺大法律系。照片「明」應為「民」
（本節照片引用自大同中學畢業紀念冊）

丁建樹：

學長們大家好，我初中也是讀大同（48年入學，學號85136），
高中（51年入學，學號10367）……可惜，初中同學都已失聯
了……。

孔憲法：

丁學長大我八屆。我的時候，大同校長鄭世洵，建中校長崔
德禮。

林振崇：

許自省在龍潭開婦產科。他哥哥許自齊在馬偕直腸癌第一把
交椅。

游敦成是上海齊邦董事長，他太太癌症往生後，他住波士
頓。他那天要去上海過境桃園機場打電話給許自省，我剛好在許

自省那裏，也跟游敦成談了話，他的聲音沒變，還是有點口吃。

李謀正在美國接長榮海運（他家族的）。

嚴翔勇在高雄開婦產科。

呂榮海：

唸大同時，嚴同學數學很好，是小老師。

數學老師陳宗堯。

許智強：

我是13班的，高美珍導師，畢老師是我們的國文老師。

許金隆後改名許智強，13班的呂錦鋒和14班的呂榮海是堂兄弟。

（6）我在洪健全基金會主辦陳怡安老師主講 「激勵營」的日子 林月嬌

1983年聽過陳怡安老師的演講後，喜歡他的演講，心想如果他開課我一定要去上課。

那年年底洪健全基金會舉辦激勵營，講師是陳怡安老師，我馬上報名參加，一直參加到1986年，第一次舉辦的地點在陽明山中國飯店，以後都在北投楓丹白露，每次上課五天四夜，大家生活在一起，一起上課也住在一起，每年約有三、四次，三年大約上了十次課。

第一次上課的第一堂課，老師要我們寫自己的墓誌銘，他說不知死、何以生，我寫的是無憾；老師有很好的哲學訓練，上課常談人生，他上課講的我常要在腦子繞好幾遍，不過常繞到迷路聽不太懂，還是儘量吸收，那時真的年輕。

陳怡安老師

　　學員大部份來自企業主管，老師教法是心術並重，他教的一輩子受用，我到現在還在用，包括如何溝通、講話的四個層次……，很多很多，我書看的快、寫文章也快，可能跟上課有關係。

　　老師溫文儒雅非常溫暖，講話鏗鏘有力，充滿愛心且態度從容，上課很享受，他的絕活是心理諮商，做的是團體心理諮商，他很了解人的心理，常點到我們的內心深處，上課時哭聲此起彼落，那是被深度了解，同時也得到治療。

　　上課時學員感情很好，晚上10：00下課，每天晚上幾個人聚在房間裡聊天，什麼都聊 —— 家庭、婚姻、工作、人際關係……，常聊到半夜甚至通宵，主辦單位很貼心，泡麵泡好了分送每個房間，好懷念吃泡麵聊心事的日子。

　　老師常講對生命的終極關懷，也就是如何安身立命，把我們的心安在哪裡？也就是我們的人生目標，人生的意義及價值，這是大題目，下次寫。

　　師者，傳道授業解惑也，這是陳老師一生行誼，幾十年來桃李滿天下，他的徒子徒孫在各行各業，影響許多人、造就許多人，他的言行也深深影響我，老師已完成他的安身立命，雖已離開人間，但他的生命仍持續在人間，綿延不斷，這就是他的人生價值。

3、科學學案

（1）物理學之父：吳大猷博士　　　　洪文東

一、緣起

民國69年，我考取臺灣省政府教育廳公費留學美國加州大學Santa Cruz校區，學成歸國後，於民國73年元月自省立南投高級中學調聘行政院國家科學委員會科學教育發展處（簡稱國科會科教處）擔任助理研究員，當年國科會辦公室在廣州街六號廣博大樓，我的辦公室在六樓，每天早上我搭公車至愛國西路站下車，再步行至廣博大樓，經常在搭電梯時會在電梯內巧遇吳大猷先生，當時他擔任中央研究院院長，兼任總統府國家安全會議科學發展指導委員會主任委員。吳先生是中華民國物理學家，也是科學教育家，素有「中國物理學之父」或「臺灣物理學之父」尊稱。

二、生平

吳大猷先生於民國前4年（西元1907年）9月27日，出生在廣州市番禺區，民國18年畢業於天津南開大學，獲中華教育文化基金會董事會乙種研究補助金，留學美國密西根大學，民國22年得文學碩士，翌年獲哲學博士。返國後在四川西南聯大擔任教授，

開設高等物理課程，當時聽課的學生有李政道、楊振寧等人，兩位後來都是我國傑出科學家，並同時榮獲得諾貝爾物理學獎。民國56年至民國62年之間，擔任行政院國家科學委員會第一任主任委員，並兼任國家安全會議科學發展指導委員會主任委員。民國72年至民國83年之間，擔任中央研究院第六任院長。民國89年3月4日在臺灣臺北仙逝，享壽九十三歲。哲人日已遠，典型在夙昔。

三、我所認識的吳大猷先生

根據國立臺灣師範大學科學教育中心出版的《趙金祁回憶錄》（附註）第八節所述，吳大猷先生約在西元1960年代後期，經前中央研究院院長胡適博士介紹，自加拿大返臺，擔任總統府國家安全會議科學發展指導委員會主任委員，西元1967年至1973年期間，出任行政院國家科學委員會第一任主任委員。西元1957年，由於蘇俄人造衛星Sputnik 昇空，促使美國進行科學教育改革，開發出一系列創新科學課程，中學課程諸如P.S.S.C.物理教材，C.H.E.M.化學教材，B.S.C.S.生物教材，這些教材都強調物理理論、化學理論、生物理論等科學概念之知識結構，期能藉由科學課程改革與科學教材開發，培養出具有科學素養的國民與優秀的科學家。國民小學當時也開發出S.A.P.A.教材。S.A.P.A.是Sine-A Process Approach之簡稱，它是講求科學方法的教科書，強調科學的過程技能。當時吳大猷先生非常關心國內科學教育改革與科技人才培育，因緣際會出來主持編寫國內中小學各科科學課程教科書，透過吳先生之聲望，對國內科學各領域專家學者號召力很大，這些學者不分晝夜，將所學得的各學科領域

科學智慧，依據P.S.S.C.等各科科學教材內容與精神，運用教科書編纂原理，巧妙編寫傳播各領域科學新知，讓中華民國科學教育及時趕上世界科學課程改革的潮流。吳大猷先生非常關心科學人才培育，曾構想經由中央研究院直接培養理科碩士生、博士生，作為各大學表率。西元1974年，教育部為加強科學教育研究實驗與推廣，特在國立臺灣師範大學成立科學教育中心（簡稱科教中心），吳大猷先生繼續負責主持高中科學教科書編寫計畫。西元1975年，國立臺灣師範大學物理系主任趙金祁教授，當時特商請吳大猷先生主持推動科學教育研討活動，辦理中學物理課程研討會連續數年之久。西元1980年，教育部設置科學教育指導委員會（簡稱科導會），聘請吳大猷先生擔任主任委員，由科學教育中心執行其計畫，同年趙金祁教授轉任國立中山大學教務長，同年並由國立臺灣師範大學化學系魏明教授接任科教中心主任，兼教育部科導會執行秘書，繼續協助吳大猷先生主持教育部科導會，有關中小學科學課程改革與各科科學教材編寫計畫。西元1983年至1994年間，吳大猷先生擔任中央研究院第六任院長，仍繼續擔任科導會主任委員，筆者在國科會服務期間，除經常在搭電梯時遇見吳大猷先生，另外也因業務關係，前往臺灣師範大學科學教育中心開會，從與會的各科科學課程專家學者口碑中，感受到吳大猷先生在國內科學界與教育界真是德高望重。

四、吳大猷先生的貢獻

　　由於吳大猷先生關心科學教育人才培育，主導國內科學教育改革，與主持科學教材編撰，促進我國科學教育及時趕上世界科學教育改革趨勢，從後續的科學資優人才培育追蹤發現，當時的

科學課程改革，確實培養出許多優秀的高中畢業生，參加大學聯招時，都以國立臺灣大學物理系爲第一志願進入就讀，其他如國立臺灣大學化學系，生命科學系等，也在大學聯招時，皆爲建中、北一女、師大附中、武陵高中、竹中、臺中一中、嘉中、臺南一中、雄中等各明星高中畢業生的優先志願，這些大學理科畢業生，畢業後出國留學取得博士學位後，有好多人學成歸國，貢獻其所學，確也促進國內科學技術的研究與發展，眞可說是吳大猷先生的貢獻。筆者在此非常佩服吳大猷先生當年應前中央研究院院長胡適先生邀請，返國擔任我國國家安全會議科學發展指導委員會主任委員，並出任第一任國家科學委員會主任委員之高瞻遠矚。

【參考文獻】

《趙金祁回憶錄》係行政院國家科學委員會補助國立臺灣師範大學科學教育中心的科學教育資料庫第二期研究計畫（計畫編號NSC97-2511-S-003-045-MY5），受訪人趙金祁教授，訪談人陳正凡博士，計畫主持人任宗浩，國立臺灣師範大學科學教育中心出版。

（2）臺灣科學教育之父：趙金祁博士　　洪文東

一、緣起

趙金祁博士是我在國立臺灣師範大學（簡稱臺師大）科學教育研究所（簡稱科教所）博士班進修時的指導教授。初次認識趙金祁教授，是在民國65年、66年間，我擔任省立南投高級中學化

學教師，至臺師大化學研究所暑期碩士四十學分班進修，前後有兩個暑假，上過趙金祁教授開設的「科學教育心理學基礎」課程。民國78年，我在行政院國家科學委員會服務期間，考取臺師大科教所博士班，以在職進修方式至民國85年修滿博士班課程，並請趙金祁教授擔任我的指導教授，完成博士論文：〈典範式思考與敘述式思考在科學文章閱讀中的關聯性〉，取得科學教育理學博士學位。

二、生平

趙金祁教授生於民國19年7月1日，民國41年臺師大物理系結業，民國46年，擔任救國團花蓮支隊秘書，與林碧楨女士相識並結婚，育有一子二女。其子趙涵捷博士先後擔任國立宜蘭大學校長、國立東華大學校長，父子同為國立大學校長，傳為杏壇佳話。

民國50年，獲美國Indiana University 科學教育碩士，民國63年，獲美國Ohio State University 科學教育博士。民國63年至民國68年，擔任臺師大物理系主任，民國68年至民國69年，擔任臺師大理學院院長兼科學教育中心主任，民國69年至民國73年，擔任國立中山大學教務長，民國73年至民國76年，擔任國立中山大學校長，民國76年至民國81年，擔任教育部政務次長，民國81年至民國85年，擔任臺師大科教所教授。曾榮獲國立臺灣師範大學第四屆傑出校友獎，中華民國物理學教育學會物理教育傑出貢獻獎特別獎，東亞科學教育學會傑出貢獻獎。民國105年2月2日仙逝於臺灣臺北。同年2月17日馬英九總統明令褒揚。

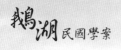

三、科學教育進修、教學、研究、服務歷程

　　就我所知我的指導教授趙金祁博士，是中華民國第一位留學美國Ohio State University，學成歸國之科學教育博士。在臺灣科學教育界被譽為「臺灣科學教育之父」。今根據我的指導教授趙金祁博士於民國100年所贈之《趙金祁回憶錄》所述，將其成長背景、求學過程、投入科學教育領域、從事科學教育教學、研究、服務，參與科學課程改革等歷程概略敘述之。

　　趙金祁教授民國19年出生於上海，小學畢業於上海柏多祿教堂旁的磐石小學，自小即受天主教洗滌，中學在上海中法中學唸了五年半，適逢抗戰勝利，轉學肇光中學，民國36年，中學畢業參加三民主義青年團後，考上上海大同大學物理系。民國37年，自上海南下廣州進入中山大學就讀，當時國民黨中央黨部搬到廣州，因緣際會趙教授結識前行政院長李煥先生，從此建立了一生的交情。

　　民國38年，趙教授隨國民政府到臺灣，考取臺灣師範大學物理系，從二年級重讀，民國41年，畢業後擔任預備軍官一年，再分發至臺北市成功中學擔任物理教師半年，後經鄧傳楷先生推薦回臺灣師範大學擔任物理系軍訓教官半年，民國43年至民國46年，至花蓮高工擔任物理教師並兼任訓導主任一年，民國46年至民國47年，擔任花蓮救國團秘書，民國47年，返回臺灣師範大學物理系擔任助教，民國48年升講師，民國49年至民國50年，赴美國Indiana University 在職進修取得科學教育碩士學位，領悟出科學發展與人文發展的平衡性。

　　民國51年，獲理學院陳可忠院長推薦至美國Colorado University 進修三個月，民國54年升副教授，民國57年，獲亞洲

基金會（Asian Foundation ）公費再赴美國Ohio State university 進修一年，民國58年升教授，民國61年，再自費前往Ohio State university 進修，民國63年，獲得科學教育哲學博士。學成返國擔任臺灣師範大學物理系主任，民國68年，升任理學院院長。

民國46年，蘇俄人造衛星Sputnik升空，激起美國科學界與教育界進行科學教育改革，美國麻省理工學院（Massachusetts Institute of Technology ）首先邀請科學家、教育家共同合作編寫第一套P.S.S.C.科學教材，期能藉由科學教育改革與科學課程開發，培養出頂尖科技人才與增進全民科學素養，進而提升美國國家科技水準與國際競爭力。接著美國Harvard University 也提出一個H.P.P.科學教材編寫計畫。美國的科學教育改革，帶動我國教育部也跟進進行科學教育改革，邀請各科科學領域專家學者，根據美國P.S.S.C.等科學課程精神與內容，從事新科學課程之編寫工作。

民國52年，趙金祁教授即根據P.S.S.C.精神，與物理系同仁蘇賢錫教授、傅祖祥教授、許蘭生教授合作翻譯出P.S.S.C.中文版，後來物理系王成椿教授、吳友仁教授再根據翻譯版本，改寫成國內各中學普遍接受的高中物理教科書。民國63年，教育部為加強科學教育改革，在臺灣師範大學成立科學教育中心，同年9月，教育部成立科學教育指導委員會，由科學教育中心執行計畫，並聘請吳大猷博士為主任委員。當時趙金祁教授擔任物理系主任，特商請吳大猷博士出面主持推動科學教育研討活動，並連續數年舉辦中學物理課程研討會。研討會中由於吳大猷博士的領導與號召，每年大專聯招的入學考試中，國內各明星高中畢業生都以臺灣大學物理系為第一志願，後續發現確實為國家培養出不少科技人才。

　　民國69年，趙金祁教授轉任國立中山大學教務長，繼續參與吳大猷博士主持編寫的高中物理教科書計畫，並協助將所編寫的理科教材，在南部國防幹部預備學校實習試教。在教務長任內要求上班時間同仁不能打毛衣、不能看報紙，借用場地撤離時一定要清理乾淨，把場地回復到原來狀態。民國73年，中山大學校長李煥先生擔任教育部長，趙金祁教授接任中山大學校長，同時成立中山學術中心，民國74年，主持國科會補助「高雄區高中自然科學學習成就優異學生輔導實驗計畫」，民國75年，規劃成立物理系。民國76年至民國81年，借調至教育部擔任政務次長。在教育部次長任內，推動「誠實教育」，規劃《師資培育法》，以及面對學生民主運動的溝通與協調。

　　民國81年返回臺灣師範大學科教育研究所擔任教授，同年我在科學教育研究所博士班進修，有此機緣，請其擔任我的指導教授。

　　在科教所任教期間，民國82年5月，帶領中小學科學教育考察團出國考察科學課程，同年6月至12月，主持國科會「物理教育學門資源整合規劃」協調計畫，同年7月至民國83年7月，主持「科學與人文平衡研究規劃」協調計畫，民國83年6月至民國84年12月，推動「科學／數學教育資訊系統」規劃案，民國83年7月至10月，舉辦〈科學／技學／社會科學教育研習會〉，民國83年8月至民國84年7月，主持「科學與人文平衡的基礎：生活世界的結構分析研究」計畫，民國84年4月至民國85年3月，主持「數理師資之實習與教學能力檢定之研究」總計畫。

　　趙金祁教授在科教所服務期間，主要講授「科學教育的心理學基礎」，「科學教育的哲學基礎」，「獨立研究」，「書報討論」等課程。民國85年6月我完成博士論文，同年8月，趙金祁教

授屆齡退休。科教所李田英所長請其兼任科教所教授，繼續指導博士班研究生。趙教授最關注科學與人文的平衡問題，並於民國86年6月在臺灣師大科教所出版之趙教授金祁榮退學術研討會論文集中發表〈科學教育與心靈重整：通識化科學教育的必要性及其應達成的目標〉一文，提出求眞、求善、求美三者之外，另加金岳霖先生《論道》（1987，商務印書館）的求如，指出求如即是求取如常。

民國88年趙教授與博士班研究生林樹聲共同發表〈大學教育中通識化科學課程的必要及實踐進向〉，指出大學通識化科學課程設計要注重科學的故事，科學家傳記，以及歷史或當前社會中引發爭議的科技事件，讓學生認識科學歷史過程，以及科技事件來龍去脈，從而理解科學、技術、社會三者之間的關聯性。

趙金祁教授認爲科學教育的目標在培養具有科學素養的國民，因此科學課程與教學，應以科學概念、科學方法、科學態度爲主要內涵。教科書第一目標在呈現科學概念，科學概念的知識結構由最基層的知覺感受開始推理，經由直接概念、事實、定律、創設楷念、原理、最後到理論，共七個階段。換言之，各科學學科如物理、化學、生物、地球科學、數學等每一學門，都包含許多理論，每一理論皆具有上述七個層次的概念元素。至於科學方法的學習，主要是透過實驗方式探究與實作來完成。而學生科學態度方面，則藉由科學教學過程中科學概念學習、科學方法訓練、融入科學態度加以培養。趙金祁教授基於此科學概念、科學方法、科學態度三位一體之設計理念，進行科學課程設計，期能培養出具有科學素養的國民，進而培育出傑出科學技術人才。

四、趙金祁教授之貢獻

趙金祁教授是中華民國第一位獲得科學教育博士的學者，可說是推動臺灣科學教育之巨擘。趙教授在美國Ohio State University 獲得科學教育哲學博士學位，學成歸國即擔任臺灣師範大學物理系主任，歷任理學院院長兼科學教育中心主任，國立中山大學教務長、校長，後轉任教育部政務次長。

在臺灣師範大學物理系擔任師資培育者角色，培養出國內各國中、高中物理教師。其為推展中小學科學教育，即積極投入科學課程改革，並與物理系同仁合作編譯高中P.S.S.C.物理教材，對國內中學物理教育影響深遠。

趙教授是國立中山大學在臺復校之首任教務長，與第二任校長，篳路藍縷開展校務，並大幅延攬國內外傑出優秀學者至中山大學擔任教職，提升中山大學師資與學術研究水準。

趙教授擔任教育部政務次長期間，推動誠實教育運動，改善山地農村教育，負責高爾夫球場之籌設與審核，並草擬師資培育法；當時臺灣正逢解除戒嚴時期，學生示威運動不斷，趙教授負責與學生們協調溝通，讓各種學生示威運動平和落幕。

趙教授離開教育部後，重返臺灣師範大學科學教育研究所擔任教授，發表多篇科學教育發展論文，提出「三維人文科技通識架構」之立論，建構其科學教育系統觀。趙教授之科學教育哲學觀為「求如」，認為科學教育在求真、求善、求美之上，應進而「求如」。主張科學教育教學目標應科學概念、科學方法、科學態度三者並重，而以「求如」之科學態度最為根本。趙教授在臺灣師範大學科學教育研究所開設「科學教育哲學基礎」、「科學教育心理學基礎」等課程，訓練研究生邏輯

思維與批判思考，給予學生們在學術專業上深遠的啓發。其所指導的博士班研究生，於完成博士論文獲取科學教育博士學位後，應聘在國內各大學院校任教，他們皆能在科學教育各種學科領域貢獻所長，對國內之科學教育發展與科技人才培育可謂影響深遠。趙教授從事科學教育教學、研究、服務等工作，培育臺灣科學教育領域無數人才，其與臺灣科學教育的發展有極其偉大貢獻，是推動臺灣科學教育之巨擘，堪稱其爲「臺灣科學教育之父」。

參考文獻

《趙金祁回憶錄》，行政院國家科學委員會科學教育資料庫研究計畫補助，計畫主持人任宗浩，計畫編號：NSC97-2511-S-003-045-MY5，國立臺灣師範大學科學教育中心出版。

臺灣科學教育之父：趙金祁博士，照片由國立東華大學通識中心主任陳復教授所提供，拍攝於民國100年6月23日中午，地點在臺北市新生南路三段紫藤廬茶館。

（3）我的職場三十二年　計量學家 Metrologist

周隆亨

　　我在量測中心二十八載，記於量測中心三十週年慶前夕。

　　我是在七十八年二月二十七日到量測中心工作，至今已超過二十八載，量測中心算來是我兄長，今年五月五日將三十而立，值此三十週年慶前夕，祝我的兄長量測中心生日快樂。每個人一生應該都有預想每個人生階段該達成的某件成就，但是命運從不會讓我們如願，人生就是如此的奇妙。所以我很感謝珍惜每一件人生中美好的事。回頭往前看，我在量測中心的日子，從開始到現在一路走來，卻都是拍案驚奇，樣樣感恩，抉擇之間或篤定或徬徨，肯定自有上帝同在同行的恩典，以下就開始數算我在這二十八載量測中心的感謝感恩之旅。

　　大流量之旅：七十七年年初取得博士學位後，待在洛杉磯找事已有八個月，雖然六月初已有臺北工專機械科主任提供副教授職位的offer，因家庭緣故而婉拒，但十二月中來自當時量測中心邱羅火主任一通約十五分鐘的熱誠邀約，參與大流量液體氣體標準實驗室的籌建計畫，之後再與黃瑞耀副主任和計畫主持人許明德博士詳談，當下敲定次年二月底回臺參與大流量的籌建，感謝三位前輩兄長，開啓了我在流量與計量領域的學習乃至專業貢獻之旅。

　　大流量實驗室的整廠籌建乃從無到有、一磚一瓦開始，經費達二億五千六百萬元的擘建工程，本人除負責液體部分的總設計工作，三次赴蘇格蘭國家工程實驗室（NEL），蒐集資料、確定合作方式並引進系統設計圖，再自行轉化設計成現場工程施工藍圖及帶團訓練，同時負責整個計畫的設備與管路安

裝工程的技術規格標的估價、招標與工程施工的現場品質監督，期間歷經風（颱）風雨（暴）雨的緊急應變，與炎陽旱暑三個月屋內無空調、僅著短褲打赤膊地艱辛完成精密稱重平台與週邊系統的組裝，整個計畫團隊於一千六百多個工地日子中，真的是累積了不少男人的汗水與國家級實驗室專業工程的施工經驗，終致在八十五年九月三日正式落成啓用，完成了當時全世界技術最新與亞洲規模第一、令國際同儕艷羨的大流量量測與校正設施。

真的很感恩並與有榮焉有這一生難再的機緣，從頭到尾參與了這座至今仍是臺灣唯一且世界級流量實驗室的籌劃與擘建，並為流量實驗室團隊打下提供國內外同儕實驗室整廠設計之堅實專業經驗的基礎，在此向一路走過、共同打拼的團隊弟兄致敬，李執鐸、蕭俊豪組長、陳逸正、范雲龍、陳堯福、楊峰銳、王威宏、蔡錫鴻、何宜霖、戴世文、林文地、王文彬…，限於篇幅，還是要向曾參加且支持本計畫的同仁與長官一併致謝。

振動聲學重溫之旅：感恩蕭俊豪組長，於91、92兩年兼職振動聲量實驗室主任期間，拉我進該實驗室幫忙管理，因而讓我有機會重溫我博士論文與學程的聲學（Acoustics）專業，重整振聲量測系統的品質系統與量測品保，同時透過我在流量上的國際比對與第三者認證通過的實務開拓經驗，協助該量室完成第三者國際同儕評鑑，最後達成任務，將振動聲量所有系統的校正與量測能量登錄於國際度量衡局（BIPM）附錄C的網頁。所謂「知之不如好之，好之不如樂之」，能在職涯持續並長久做自己喜歡的事還做出貢獻，真是不亦快哉，非常喜樂的事啊，感恩還是感恩！

跨領域科技管理之旅：於93年，感恩量測中心林增耀主任，當時為標準組組長，推薦我報名技術處跨領域科技管理（MMOT）碩士學分班，有幸錄取國內班一學期的研習，再錄取美國東西岸十週的智慧財產、技術移轉與投資評估國外班的跨領域專業知識再學習取經之旅，打開了我個人的心境和開拓了眼界視野，完成了「建立鈾型企業的創新經營模式」的突破性科技碩士論文研究，並於次年成了論文登上政大「智慧財產」半年期刊唯一的一個研究小組，這是我理工科學領域研究者能在SSCI期刊領域發表論文做出貢獻的破天荒第一遭，95年也繼續在工研院創新與科技管理研討會上，發表我對突破性科技創新研究持續的看見與觀點，至此我的職涯已踏入跨學門、跨領域的範疇，除了原有的機械工程、精密量測（流量、振動聲量相關）、計量標準、實驗室管理、品保等專業專長，更增添了跨領域科技管理、智財（智慧資本）管理、新興技術開發之產業標準計量策略規劃等的專業，真是應驗了「命運從不會讓我們如願，但人生就是如此的奇妙」，再次感恩量測中心提供給我奇妙獨特而寶貴的人生機會。

量測追溯尋根之旅：自95年起轉進標準組組長室擔任組長技術幕僚，感恩先後任兩位組長，現在量測中心的彭國勝副主任與藍玉屏博士付予組內的計量「饅頭（Mentor）」的角色，並透過計量定義源頭的重新詮釋分析，回頭審視及深化NML量測系統的品質基盤和校正與量測能量，以及進行計量知識的擴散，同時參與了國內外標準組織（CIE，ISO TC 229 Nanotechnologies）加入與成立（CIE Taiwan 臺灣照明委員會，TNSC 臺灣奈米標準技術諮議會）的先期規劃、憲法章程／施行細則的研析與制訂及組織運作執行，更進一步深化了個人在書面與量

測標準兩者技術專業的知識能量。今年開始由各國際計量與標準組織和各有關NMIs所蒐集累積到的資訊和資料，特別設計出「E起計量打基礎」個人專欄單元，定期向組內同仁以E-mail發出信函，期盼能對加強組內同仁的基盤專業計量標準知識有進一步之助益。

最後仍要再次感恩量測中心，在職涯不同的階段和旅程，總是提供我全新的機會，不斷地發現自己新的能力並貢獻自己的所能，真的是無上恩典。祝福量測中心未來的腳蹤，在量測技術發展上百尺竿頭、日新又新，也感謝曾經和現在與我共事的同仁，人生道上有緣同行，就是福份、就是恩典，祝福大家。

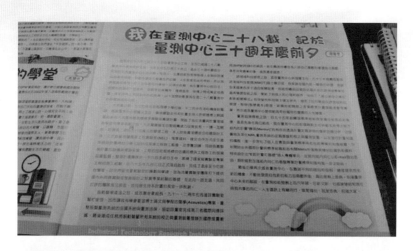

體悟——人生難，就在此_20191215

（4）科技與經濟：小買幾張富邦金，實驗社會瀑差價值原理及科技含金量

呂榮海

　　這幾天閱讀《今周刊》1298期（2021／11／8-14），我被周刊的封面「浪尖上的富邦」吸引了，詳細閱讀。該專題大意略為：1、富邦金至十月底獲利1358億，每股EPS 11.81元，較國泰金的1279億、每股9.39元為多；2、富邦金的「未實現獲利」（其他綜合損益）222億元，也比其他金控為「負的」為優。3、更重要的，蔡明忠對「元宇宙」、石墨烯等等新事務受訪時能侃侃而談，今周刊認為顯然已下過工夫，這位臺大法律系畢業的經營者，是蔡英文的同班同學，表現不俗。4、富邦金投資重押半導體，包括臺積電、聯電、聯發科、瑞昱、聯詠、環球晶、超微、德儀、日月光、應用材料、艾斯摩爾、英飛凌、中美晶、輝達等十二家，在第三季底的總計約5700億元中，對半導體的投資高達42％。至第三季底對臺積電仍有1389億元。5、整個集團依序投入臺灣大哥大，由 2G 、3G 到5G，不斷學習科技新知及交互應用；更創立Momo 電商，成長快，至十月EPS達12.98元，市值3259億元。6.對新變化反應快速，因為大陸的政經大變，對阿里巴巴的投資至九月底已經在申請的資料中消失，對騰訊的投資已減半，約只剩1.1億。比同業快速反應。

　　我也不太懂這些複雜的事務，姑且先相信周刊的報導。我個人單就我正在研究及寫作的「社會瀑差價值原理」加以「感覺」：傳統工商業的銀行，股價（市值）、獲利多比不上「擁有較高社會瀑差價值」的高科技業（當然，只是大概），但作為傳統工商業一員的富邦金，比起金融業的同行，其投資、學習新科

技而較接近許多「高科技」，或許可以從高科技業吸取更多的利益。較穩的傳統行業兼高科技產業的營養，或許符合我「綜合多元」的個性與價值觀。

於是，依據這個原理，我今天小買進了幾張富邦金的股票試試看，作為「社會瀑差價值原理」的實驗。當然，我也會在不久之後買進幾張國泰金及其他銀行，長期試驗，比較比較。雖然，它的配息不見得比其他銀行股好，也有在高價區的「高處不勝寒」的風險，還是實驗一下。呵，一進去，11月19日當天收盤時，我就跌了1%。投資，果然有風險。當天，外資減碼富邦金14096張，我也成了被「割韭菜」的小小對象，哈哈。九月、十月、十一月外資賣超十九萬張多。

11月23日續跌至74.3元，再買幾張富邦金。11月29日跌，再進五張73.4元。也進五張國泰金59.6元。12月1日富邦金從相對低點73.1元漲至74.1元。玉山金從相對低點26.9元漲至27.55元，我在27.2、27.4各進十張。另10.45元逢相對低點進遠東銀二十張。12月7日富邦收盤75.3元，把這三周跌的二元餘漲回來了，我先出五張完全彌補了少量損失並收回一點點現金；這一天玉山金也來到28元、國泰金漲到60.7元。so far，so good，但12月7日大盤漲到17796點，風險日增，有高處不勝寒的感覺，這一日發現臺化股價在比較「低價位」區，進了八張試試。12月23日74.8元出五張富邦金，大盤已過17900點，居高思危，減少持股。我人心惟危，道心惟微，我尚不能達「唯精唯一」的境界，只能盡力「允執厥中」。12月29日富邦金收盤76.6元，國泰金63元，1月12日富邦金來到80元、國泰金64.7元。2022年2月24日爆發烏克蘭戰爭，3月8日富邦金跌至71元，國泰金58元。4月6日、7日，金融股因升息而漲不少，玉山金超過34元、中信、合庫過30

元，臺企銀到13.5元，過淨值，但富邦金沒什麼漲，只在75-77元徘徊。2022年9月大跌，至9月27日富邦跌至52，國泰除息後跌至41，玉山金26.2，因「處理」尚宜，僅小損。

江瑞塘：

創業艱難，守成不易

第二代能守住通常就很不錯了，若能發揚光大，那就更是鳳毛鱗爪。

個人觀察：富邦的大董、二董昆仲，正是臺灣中大型企業中極少數成功的案例。

特別是在下面前三個戰役都非常成功

1）合併臺北銀行

2）收編臺哥大

3）介入媒體與物聯網

4）跨入高科技

附錄：

臺積電、鴻海、聯發科市值占前三名

中央社記者張建中2022年4月8日新竹報導：

「聯發科今年來股價大跌355元，跌幅近3成，市值縮水5660億元，滑落至1.33兆元，居臺股第3。鴻海今天股價維持平盤103元震盪，市值約1.42兆元，居臺股第2，臺積電今天股價維持平盤566元震盪，市值14.67兆元，穩居臺股之冠。」

4、經濟學案

（1）呂律師讀施建生教授著《亞當・斯密》／兼經濟學、民法、法理學的亞當・斯密

　　近日翻讀施建生教授（1917-2020）著《亞當・斯密》一書（天下文化2010年出版）。斯密真是多才，除了經濟學之外，還在晚年更為主修法律的學生增加一系列關於民法的講述（P.11），並授邏輯學、道德哲學、倫理學、法理學與經濟學。他善於演講。於1762年被格拉斯哥大學授予法學博士。除了出版著名的《國富論》、《道德情操編》外，他的法理學在身後的1896年，也由牛津大學的Edwin Cannon教授編成《法理學講稿》（Lectures on Jurisprudence）。兼通經濟學、法學。

　　我在臺大法律系就讀二年級時，經濟學是必選。由林大侯教授主授，而用施建生教授的名著教科書《經濟學原理》，我非常認真地熟讀了數十遍，很喜歡施先生的文字。兩個學期都獲得了九十分的高分。1992年至1995，我曾任職於行政院公平交易委員會首屆委員，接觸到產業經濟學、自由競爭政策與產業政策、自由與政府干涉，很有趣。五十五歲始讀《史記・貨殖列傳》，論列國、個人追求財富的原理、影響及案例，十分驚賞，稱之為「東方的國富論」，惜乎其文未受到國人應有的重視，這或許是受儒家如董仲舒所言「正其誼不謀其利」等等「寡利」思想的影響吧？然孔子在衛國亦曾言「庶矣哉」、「富之」、「教之」之

序（《論語‧子路》），求國富、民富，亦屬重要矣。時辛丑年四月末。

《史記‧貨殖列傳》：國家及個人富裕的原理、影響及案例

施建生教授是非常成功的當代經濟學家，也當過臺大法學院院長，桃李滿天下，影響深遠，他並有103歲的高壽，除了影響深遠以外，又有福氣，他在高齡九十之際，猶能勤於著作，以晚年十年之功為亞當‧斯密、熊彼得、凱恩斯、海耶克、費利曼等巨人分別作傳，十年有成，總結了一生的經濟學源流，勤於介紹經濟思想予中文圈子，實在了不起，足為民國典範，樂為之記。

王澤鑑：

我讀了幾本施老師的經濟學家傳紀。1976年，施老師到蘇格蘭參加亞當‧斯密《國富論》百年紀念會，路經劍橋，在我家住了幾天，深受教益，其人其事，令人感念。我在我所寫的《債法原理》一書中，也引用了亞當‧斯密《國富論》一書中所述，「我們得到飲食，並非提供者的恩惠，而是訴諸他們的利己心」。

王澤鑑著《債法原理》p.59

劉森賢：

我在1992年在美國威斯康辛州立大學研究所時，曾遇到過施建生教授他本人，他是一個好讀書的學者，我和太太與他夫人去逛Mall時，他拿本書找一個地方看書，等我們和他夫人逛完Mall時，他才再跟我們合體，他夫人還送了一些東西給我太太，令人難忘的一對神仙夫婦。

杜震華：

我在臺大法學院教員休息室遇到他，聊得非常愉快！他還送了我他新版的《經濟學原理》，是一位和藹可親的長者！在他

101歲時，我還在校本部國發所前面遇到他，也聊的很愉快，當時他還到中華經濟研究院的辦公室上班！真是好學且認真！

許文彬律師：

亞當‧斯密經濟學

鵝湖學案讚不絕

（2）產業政策與自由競爭政策／讀經濟學者朱敬一《牧羊人讀書筆記》

端午節在臺灣鵝湖書院，讀經濟學者、中央研究院院士、前中華經濟研究院董事長、前科技部部長、前駐WTO代表朱敬一博士（密西根大學）所著《牧羊人讀書筆記》一書。因為，以前對朱博士感到好奇、對經濟學者看事物感到好奇，趁空讀其書，多了解一下。以下摘記一下我看到的要點：

1、做學問有「一門深入」及「遍地開花」二種形態，余英時院士從上古史、思想史、紅樓夢、宋史、新儒家，什麼都讀，幾乎是遍地開花，丘成桐院士「一門深入」於幾何學。我（朱敬一）就比較長於遍地開花，一門學問、一種運動、一項技巧，我可以非常非常快速地從零分學習到八十分或八十五分，其速度可能比百分之九十九點九九的都快（注：聰明、自信的人），但是如果要求達到九十五分，則我的優勢就未必存在，真在那個領域有天分的人，會比我早達九十五分。例如學蝶式非常快，經濟、法律、政治、財稅、哲學、社會、生物、音樂、運動、統計、數學，每個領域都「懂一點」。遍地開花的好處是可以在極短的時間了解環境變化及因應。

2、朱敬一在書中一篇談「功夫」、「氣」、「格鬥」及另一篇〈米其林於我何有哉？〉談美食，令人感覺是「相當行家」！非常有自信。因呂律師沒有這方面的素養，完全佩服其「功力」。

3、在〈「學界大咖」與「大學者」差別在那裡〉一文中，朱教授論哈佛大學法哲學教授桑思坦（Cass Sunstein）所描述的「司法極簡主義」，是一種「學術極簡主義」，是科學方法論影響下的病態產物。哈氏也說：「法學教育缺少貫穿的事例，丟下法學史、比較法、法理學的貫穿思考，只研讀律師考試要考的科目。桑思坦的司法極簡主義就是這種『不向外延伸』的代表。例如，法律學者談『動物權』，卻不了解動物、不了解狗和人一百萬年來的關係，就只能寫出『極簡』的論文。」呂律師對此有深刻的體會！延伸至史學、經濟、儒學與現代法治的融會、融用、互補。

4、在「大歷史」方面，朱教授言及發現新大陸的偶然，擴大了「工業革命」的成果，有「練兵」而更厚實了西方的實力。但西方的大歷史學者不提「帝國主義」，分析當然不完整。

5、在〈解析臺灣不同階層的所得來源〉一文中，朱教授指出「有錢人靠土地賺錢」、「前十分之一的有錢人持有百分之八十點九五的股票」。

6、產業政策（大政府）？自由競爭政策（小政府）：朱教授主張國家必須有產業政策（氣宗），不能只是天天喊自由化、國際化（劍宗）。工業局、技術處主持產業政策（氣宗），但近十年來完全失敗、喪氣，獨剩下國貿局在談自由化、國際化（例如自由經濟示範區），這是主事者長年成長過程中受到「學術界芝加哥鸚鵡」的狷狹影響有關。只談自由化，不算產業政策，這

是不懂氣宗的鸚鵡學派最大的盲點，也是傅利曼學說的盲點。

這一段呂律師認同，呂律師曾在1992年至1995年任首屆行政院公平交易委員會委員，主管公平競爭政策，對此有深刻的體會。

7、有關兩岸關係及大陸的情況，朱教授除了認同大陸這二十年來的持續高成長、國力大增以外，對大陸完全不看好。「俄羅斯和中國的前景我都看衰，因為集體主義就是對彼岸不清楚」，呂律師認為「摸著石頭過河」會比較好一些吧！另外，對比前一段「產業政策」（氣宗）（大政府）與「自由競爭政策」（劍宗）（小政府）的對比，產業政策（氣宗）（大政府）也有可取、重要之處，則一味的看衰大陸的大政府、氣宗、不自由，也許有前後矛盾之處吧？

8、在政論方面，朱教授以他曾任科技部長和吳音寧交手的經驗，肯定吳音寧曾經無私的為溪州農民「留下水」、反對二林科技園區過度搶走農民的水！說「小故事中呈現人品」。

（3）仁商、儒商／聽統一集團前總裁林蒼生講仁商

2020年6月7日上午，呂律師在儒商協會、兩岸朱子文化交流協會的活動中，聆聽統一集團前總裁林蒼生演講，受益匪淺，摘要如下：

1、文化是臺灣最有競爭力（注：鵝湖書院有價值）。

2、仁商（內在）、儒商（外在）

3、腦波7.83與地球波共振（睡醒未動時）

4、腦波2.7（幼兒）

5、睡前祝自己明天會更好

6、華嚴世界

7、文王演卦處有能量

8、清富

9、不生氣、阿發波

10、淺潛意識、深潛意識

11、包容（注：與鵝湖會宗旨同）

12、這樣時代宇宙能量高，變化大，人人靜思對的走向；

13、除了IQ、EQ外、要有CQ（文化）

14、善良心（文殊菩薩）

15、與自己和解、與他人和解、與天和解（慈悲心）

16、像新冠肺炎這樣的疫情需要來三次，人類才會真的改變（例如地球乾淨了），否則，只一次，當疫情沒了，人類又會回到過去的樣子。我問他：Sars 算一次嗎？林總裁說：不算。

17、午餐時間我坐林總裁旁，我問林總裁：「名蒼生，名字會不會影響你的行事？」他回答：「這名八字要很重。」

18、看到我的名片，林總裁問我：「和江西鵝湖書院什麼淵源？」我回答「2019年7月，江西鵝湖書院來訪問臺灣鵝湖書院。」他真的很有文化深度及廣度，竟然知道江西鵝湖書院。很多人不知道，我在五十五歲以前亦不知。

（4）醫學專業、房地產／臺灣醫師林元清在美國從政、做愛心公益

愛心醫學跨國界；民國學之寬闊／讀建中校友林元清醫師自傳

1、6月30日看建中校友林元清醫師自傳《白雲度山》。林學長讀集集國小、建中六年、北醫，後赴美行醫，2003年當選美國聖馬利諾市市長三任。並蓋有自己的「信安醫療大樓」、「信安骨科外科醫院」。現任美國衛福部副助理部長。

2、很特別的，林醫師夫人何玉珠女士非常擅長投資美國不動產（旅館、老人公寓、商場、別墅），獲利頗豐，並把不動產事業交給子女經營（P.357-364），值得「專業人士」做「投資」時之參考。

3、林元清醫師之父林志煉醫師（1909年生），曾在廈門執業，1949年8月24日乘最後一班飛機帶一家人含林元清撤離廈門，回到家鄉集集小鎮（P.24-28）！並移至臺北執業。在那個年代顯示「中華民族之花果飄零」，但有專業、知識、善心，終能成長，而如林元清也有絕對的國際競爭力。所謂民國「學案」（學術）必須跨越《宋元學案》、《明儒學案》的範圍。孫文也是醫師出身。

4、林元清醫師忙於醫療，經營南加州最有規模的骨外科醫院，此外，更有愛心，於921地震回集集救災，於汶川地震也前往救災。如儒家之仁、愛常於心中。

呂律師有幸與林元清醫師在臺北有一面之緣。

（5）商本的民主才是，不是農本的／黃俊傑分析比較徐復觀與澀澤榮一

徐復觀（1904-1982）論儒學有當代的意義，他抨擊歷史及當代的專制、不民主，並寄望從培育並壯大自耕農階級，而為二十一世紀的民主中國奠基（黃俊傑，《東亞儒學視域中的徐復觀及其思想》，P.107）！

黃俊傑教授引日本澀澤榮一（1840-1931）於1928年出版的《論語與算盤》一書，比較了澀澤榮一與徐復觀思想的「同」與「異」，「同」在尊「儒」（《論語》），「異」在「商本」（算盤；資本主義）與「農本」。

以臺灣的實踐而言，臺灣的民主是在工商業發展起來、中產階級形成以後，形成民主的，農業的經濟比例已經十分小，很肯定的，民主非「農本的」，頂多只能說是很早期的孕育期，依黃俊傑教授之言，自耕農也只是「原始而間接動力」，並非推動民主的「直接力量」、「如果忽略中產階級的歷史角色，則不免顯得較為粗糙」（P.119）。

呂律師觀及澀澤榮一之生年1840年及《論語與算盤》著作出版於1928年，均早於徐復觀之生年1904年及大力著作年代1960年至1980年，大約早五十年，澀澤榮一已早體會「算盤」（商本的；資本主義）的重要性並與儒學結合，而晚五十年的徐復觀猶期待於「農本的」，可見中國問題之大，是遲緩變身的，思想的變化也是慢的。臺灣要等到1980年至2000年才工商業化、民主化；中國大陸要等到2000年至2030年才工商業化，民主呢？是個大工程，大國困難多，但是一旦成功，國力大。

（6）既饒爭時／經齊，不動產列傳

2020年7月2日，呂律師雜思不動產市場：1、2020年疫情中，美國無限量印鈔、利息降低，世界大量的資金是否會進入臺灣「房市」？「房事」？而造成一波大漲？還是臺灣的房市是否已經被「合一稅」卡死了？

人的一生只有三到五次的機會碰到房價大漲，……在價格高漲時該不該賣。但和賣股票一樣，賣了可能就買不回來了，當年買時一坪二十五萬，當時賣的人可能也買不回來了……

2、去年我聽房地產業大老王○○說，超過十三萬他就不買了，我很驚訝。

我不能懷疑大老所說的眞假，但若這樣，那不是就沒有再賺到13-300／坪的波段？我眞的很驚訝。但話說回來，我也一樣沒有賺到25-300／坪的波段，也沒有賺到大坪數中38－200／坪或是70-200／坪的波段啊，也差不多是一樣啊！足見人們還眞是應該「與時俱進」！也是資金不夠多所致！

3、司馬遷說「無財作力，少有鬥智，既饒爭時」（史記・貨殖列傳），能夠賺到需長時間等的「時機財」，是有豐富資本的人（饒）才賺的到的，我都無力買一坪七十萬元以上的房子了，可想現代的年輕人更難吧？感覺資本主義已經到盡頭了……

4、以前聽某人講過「大家都窮，資本主義有什麼前途？」（好像鄧小平），用這話說服了美國支持中國讓一部分的人「富起來」。

現在臺灣年輕人窮的多，市場有什麼前途？但聽說有些年輕人很會賺錢……如Oscar、CC……也許我的悲觀是錯的。

也許年輕人及世界資本主義還有下列機會。上策：「去印度

發展」；中策：去中國中西部發展；下策：去臺灣中南部發展。

　　5、現有一個「異數」：臺北已經出現一坪七百萬元的房屋，富人還是有的。我很佩服那老闆精心旺盛、樂在工作，經常從6：30工作、開會到23：30，下面的人可能受不了了。可見成功不是偶然的。一坪七百萬如能完銷，也是創新人生紀錄了！也是臺灣之光，傲立於資本主義的世界中。

　　6、今天中午還有一位大地主（以前我的客戶）和兩位美女，請我在伊通街三十九號吃飯！席間蘇董說，四年前他在恆春買了四甲多土地。可見有資本的人喜歡買土地，而買在恆春很特別。也為我自己在滿州的土地提供了鼓勵。

　　因緣，為王董、蘇董、沈董還有自己作「不動產列傳」。

（7）《史記・貨殖列傳》／東方《國富論》／述尹仲容／李國鼎序

　　《史記・貨殖列傳》：「居之一歲，種之以穀；十歲，種之以木；百歲，來之以德。德者，人物之謂也……今有無秩祿之奉、爵邑之人，樂與以比者，命曰『素封』，封者食租稅，歲率戶二百，千戶之君則二十萬……庶民農工商賈，率亦歲萬息二千，百萬之家則二十萬……安邑千樹棗……千畝桑麻……此其人皆與千戶侯等。然是富給之資也，不窺市井，不行異邑，坐而待收……」（司馬遷，《史記・貨殖列傳》；編入呂榮海、王玉青合編《法律古文今用》P.58、59）

　　現代方法與目標例示：

　　1、稿費版稅年收兩百萬元

2、股息年收兩百萬元，或

3、租金年收兩百萬，或是

4、太陽能發電年收兩百萬元的目標

5、……

6、……

余年六十始注意到《史記‧貨殖列傳》，爲時已晚，是有點來不及了。如果我年輕時看到也看懂這段文字，可能會好一些。

《史記‧貨殖列傳》當爲東方《國富論》，述列國及個人之經濟原理及案例，爲東亞重要之文獻及經驗，可惜長期以來被忽視了。余特別爲記。希望我的子女及年輕人有緣能懂，讀讀《史記‧貨殖列傳》。行有餘力則讀《平準書》，以思考、了解「國家經濟財政政策法令、戰爭與和平政策與人民幸福之關係」。

2021年8月19日凌晨看《李國鼎傳記》的視頻，看到許多我這一代看到的「臺灣財經大咖」（產官學）等。李國鼎的後輩稱讚李先生，李先生善於爲國家「超前佈署」，先後爲國家籌設了加工出口區、科學園區、貿協、工研院、資策會，張忠謀在片中受訪也言及李國鼎對臺積電的設立，扮演重要的角色。李國鼎（1910-2001）生於南京，曾是尹仲容的副手。

（8）十二千金股感言／社會瀑差價值4.／農業社會、傳統工商業社會、科技社會的差距／貧富差距／價值？價格？

今天是2021年11月18日，工商時報整理、刊出「十二千金股」，十二種股票價格每一股登上新臺幣一千元以上的高「價

格」股票，也就是說一張（一千股）的股票價格為一百萬元以上。這讓我想起三十多年前，股市指數曾高達一萬兩千點時，當時傳統產業的銀行股「國泰」也曾一股一千九百多元。隨著大局「崩盤」之後，國泰的股價經常在四十至五十元之間。2021年，國泰金控表現不俗，十月底前已經賺九百八十多億元，股價突破六十元關卡、提高到六十三元（2021年11月18日），隔年七月又跌至四十五元。但和「科技類股」（尤其是半導體）的「十二千金股」相較，真不可同日而語。

　　我想恭喜在2020、2021年間「發大財」的人們，內心也想要著「體恤」疫情期間失去工作、減少收入的人們。

　　作為努力成為二十一世紀的「思想家」的我，也關心「貧富差距」的擴大，並借此著作我的「社會瀑差價值原理」。

　　首先，我必須澄清一下，我承認有時「價值」與「價格」是不一致的，我先不想陷入二者之間差異的辯論。

　　我想說的重點是：1. 我們生活的這個世紀，尤其是東亞，短短在一百年內，經歷過三種形態的社會：農業社會、傳統工商業社會、高科技社會。2. 同一年（例如2021年）可能同時存在著以上三種形態的社會之人。3. 不同的社會像不同高低的水位，兩個社會之間的流動像「瀑布」一樣，形成巨大的「社會瀑差價值（或是價格）」；4.「社會瀑差價值」乃貧富差距擴大的主因。5. 價值（或是價格）的載體或是媒介，常見的有不動產、股票、債券，例如張大千、吳冠中的畫或是其他藝術品。6. 政策、稅收教育、學習与階級流動的可能性。這是很大很複雜的課題，再慢慢討論（待續）吧。今年大陸說要推「共同富裕」，有可能嗎？希望不要變成「共同貧窮」。7. 希望「千金股」能長久。我怕「高處不勝寒」，今年雖有很少量接近二支千金股，但已先在

一千的前、後離場了。是耶？非耶？聽說最近紅於「元宇宙」的宏達電，就曾經從一千多跌下來。在2022年美國大幅升息致「趨勢向下期」，至9月27日，十二千金股只剩大立光、加隼、信驊、力旺4家。

（9）社會瀑差價值／上海2001─2010

Michael Fan：
回想2001至2005在上海的日子，只有一個「爽」字可以形容。可惜，現在只能追憶了。

蕭新永：
何以爽之？願聞其詳？

呂律師：
或許是容易賺錢的黃金年代。

Michael Fan：
1. 上海城市建設初期，徐家匯高檔房五千至一萬一平米。訂房只要兩千人民幣。要訂購幾間就幾間。

2. 社會風氣保守又好奇，各地的平民百姓都好愛聽外面世界的故事！尤其蔣、張…

3. 感覺中國快成民主、資本主義國家。

4. 請阿姨好便宜六百人民幣一位。我請兩個（打掃、煮飯）還有司機。

5. 夜夜笙歌、便宜又大碗。

6. 生意好作，利潤不錯。

……，好多

好懷念！

呂律師：

那是高「社會瀑差價值」的黃金時間。

那時買房很容易貸款七成、八成，雖然利率高，年利率六趴多，但租金也不錯，足以付貸款，還剩下零用錢。房價也大漲。那時沒有聽過賠錢的。

Michael Fan：

是啊，一去不復返了！

蕭新永：

我比較注意的是第五點，山珍海味（我的臺商朋友在駐節上海十年期間，吃過完全上海最著名的前一百大餐廳）之享受外，人與人的連結，造成夜夜笙歌的景象，會讓人流連忘返，樂不思蜀。爽乎？但前提要有錢，而且往來無白丁，才能互相禮尚往來，這也表示當時的賺錢環境太好了。

我在東莞擔任臺商企業顧問期間，有一現象，即每週下午三點時刻，客戶與其臺商朋友之間的電話就響了，內容是今宵何處去？然後開始聯絡，呼朋引友，第一攤結束後，有人有事先離開，但有新的朋友加入，相邀第二攤，第二攤結束後，又有人離開，再有新友加入，相約第三攤，可能有第四攤等等，每一攤的朋友之間，用餐或娛樂場所的癖好、食材的種類、服務人員的種類及價格，都不一樣。但有人從第一攤到第四攤打死不走的，才是真的鐵打兄弟，哥兒們。從飲食的連結，喝酒（不同類的酒）連結，到人的連結，說是夜夜笙歌亦不為過。

可看臺商隻身在外，只是生活與工作而已，白天在職場大聲吆喝，指東指西，一副君臨天下的模樣，一到夕陽西下，工廠員工下班，真正的寂寞蒞臨。這時候的攤攤夜生活才是消除白天工

作的壓力，如此日復一日，年復一年。可說大陸的經濟繁榮，富甲一方的現象，想一想，臺商白天及晚上都有貢獻呀！

話說回來，早期的中國大陸，法制不健全，是人治的社會，整個經濟建設，從無到有，給外商太多賺錢的機會了。有需求就有供給，夜間市場應運而起，又欠缺正式的規範，許多人沉溺其中而無法自拔（少部份臺商及臺幹淪落為流浪漢），直到2008年美國金融海嘯影響全球，臺商才感受到經營壓力，因大陸法律逐漸規範化，以後的臺商就轉而注意到遵守法律與正規經營，而減少一些不必要的開支。也因為大陸本地企業的掘起，因競爭促成臺商經營利潤降低，才會有成本概念，不敢亂花錢於風花雪月上面。再加上2000年以後去的臺商，都是大型高科技的企業較多，臺商臺幹水平較高，生活也較節制。最後習近平的戒貪等等行為，也促成許多人不敢隨便受邀受禮。總之，一攤到四攤的行為就減少了。

今天早上11點10分打第二劑莫德納，感覺尚無傳說中的腰痠背痛，手腳無力狀況，精神還好。范兄的上海爽故事，引起我的回應。

《寥落古行宮，宮花寂寞紅。白頭宮女在，閑坐說玄宗》，當年花容月貌、嬌姿艷質的宮女，如今紅顏憔悴，寂寞幽怨，閒坐無聊，白頭宮女話當年也。我好像也是。

呂律師：

何謂「社會瀑差價值」？為什麼那時（1988—2010）是高社會瀑差的年代？

從「農業社會」順利進入「工商業社會」，再進入「資訊科技社會」，在從「農業社會」developing進入「工商業社會」的「過渡期」（約二十至四十年），擁有較高的「社會瀑差價

值」，每年的經濟成長率可達百分之十。在該時期，從「工商業社會」來的人（如美商、臺商、日商）已先擁有資金、技術、經驗，適時投入正在開始發展的「農業社會」，即可能享有「高社會瀑差價值」，具體例子如房地產可能達十倍的增值、企業的高成長（例如鴻海），房地產、股票、字畫成為負載「價值」的媒介品。相對的，「農業社會」正在發展成工商業社會則享受就業、快速加薪的價值，眼尖的人也奮力在已有第一桶金的前提下買房、買股票、創業，適時加入共享「高社會瀑差價值」的行列，並且，由於中國及中國人的「容量相當龐大」以及直接進入資訊科技社會，中國及中國人累積的財富、能量、國力十分可觀！到了2017年起引起美國的猜忌而爆發中美衝突。

在此過程中，為了積累「第一桶金」，少數女子進入「特種行業」市場。也有不少人主觀的或是客觀困難的沒有跟上，於是貧富差距越來越巨幅擴大，形成不安的世界、政治的憂慮。

不同進程的「社會」，其落差有如「瀑布」之落差甚大，不似一條河上下游之緩差，故名之為「社會瀑差價值」。

可惜，我年輕時沒有人告訴我「社會瀑差價值原理」，只能自己摸索、沾到一小小部分。並且，再由「傳統工商業社會」再進入「資訊科技社會」時，我還是輕視它的變化，誤以為只是工商業社會的一部分而已。如今臺積電、聯發科的股價可以說明我的失誤。但我明白了「社會瀑差原理」並得以告訴年輕人，卻已值得！

（10）臺大16宿舍205室出了兩位大銀行董事長

　　呂律師在臺大法學院16宿舍205室的室友利明獻（中信銀董事長）今天（2021.6.28）上聯合報了。他認爲：疫情是百年來最大的衝擊，抗疫得不斷學習。疫情使貧富差距擴大，航空、旅遊、服務、餐廳都很慘，高科技業每人卻賺飽飽，疫情加速數位轉變，不需要用到這麼多人力，基層服務業或勞動業將被淘汰的更快。個人須提升數位能力，「不斷學習、不斷適應，才是因應疫情衝擊之道」（2021、6、28聯合報A6版）

　　利董是屏東縣內埔鄉人，他說他內埔老家還有四分地，一個「農業社會」時代的少年，在五十年之後成爲工商業社會中大銀行的中信銀行的董事長，他呼籲大家再「不斷學習」，眞是社會瀑差價值、階級流動的好例子。利董臺大經濟系畢業，和詹宏智同班，晚呂律師一屆，205室同寢室。另一位205室友（室長）陳鴻森，也是臺大經齊系畢業（高利董一屆），其夫人邱月琴女士也是做到一銀董事長、臺銀總經理。兩位一步一步高升，爲臺灣「輝煌年代」的表率，憑藉所學，從庶民升到大銀行董事長，爲有能力就能出頭的年代與例子。民國學案特述之。

（11）經濟學家馬凱說：〈永別了，輝煌的年代〉

　　2022年4月12日，媒體報導美國的通貨膨脹率高達百分之八以上，爲三十年來最高，臺灣的物價包括建築材料也漲二、三成，俄烏戰爭仍在繼續，新冠肺炎此時又在上海、臺灣再次大加

燃燒，許多在崑山的臺商被迫停工。

4月12日，聯合報恰巧刊出經濟學家馬凱的短文〈永別了，輝煌的年代〉一文，大意指出：三十六年來的世界經濟無比輝煌的時代永別了。過去三十餘年之所以「無比輝煌」是因為：1. 被迫遷出臺灣的「世界工廠」移往中國大陸及東南亞四處開花，引領世界開啟了超級全球化；2. 以中國大陸的超級世界工廠為火車頭，全球經濟成長，與廉價出品所造成的平穩物價，一時併至，有如洪水猛獸的通貨膨脹消失無踪，被喻為「經濟奇蹟」；3. 然而，「福兮，禍之所伏」，這人間的「至福」本身就埋藏著衰敗種籽，如今種籽竄出苗芽。4. 後進國家無窮廉價勞動力，與先進國家過多的資金及人力資本結合，為全球源源供給廉價的民生日用品，但也擴大貧富差距及窮國富國差距而激發出民粹主義；5. 中國藉其為超級世界工廠急速累積財富，「超英趕美」，對獨霸的美國形成威脅（感），促成川普及之後的中美貿易衝突，斬斷超級全球化；6. 中國暴富之後也志得意滿，鄙視加工出口，一心要升級，不出幾年就關閉了世界工廠，斬斷了超級全球化的主力；7. 疫情阻害人流、物流，進一步破壞供應鏈；8. 俄烏戰爭火上加油，再度凌遲全球市場。9. 一個輝煌的時代走入歷史！10. 在全球物價超級平穩的期間，各國政府對通貨膨脹無忌憚，乃放手印鈔，尤以美國為然，但如今美好的時代已經過去，通膨已經死灰復燃，全球數以兆計的資金會造成什麼禍害？

馬凱是優秀的經濟學家，呂律師一向喜歡看他的短文及視頻而受益，他已告示這三十多年的輝煌時代已經「永別了」、「已成歷史」，呂律師親眼看過及參與這三十餘年的榮景及兩岸榮景，如今在晚年也注意到了優秀的馬凱教授關於「永別輝煌年代」的宣告，並繼續看著後來的發展，特為之記！並思索、實踐

去都市化的鄉鎮里山主義、參與綠能……等等方式，思索如何在「後輝煌時代」過日子，並期盼世有善人、能人出世，改善混亂、多衝突的時代。

5、和平民主法治學案

（1）懷念「兩岸和平小天使創辦人」翁林澄、「民主戰艦」朱高正

辛丑年，天際墜落兩顆兩岸交流的巨星，皆是呂律師熟識的好朋友，令人惋惜。

其一，翁林澄先生，自1990年開始主辦「兩岸和平小天使」活動，帶領臺灣小朋友（國小為主），訪問、交流大陸小朋友，也接待大陸小朋友來臺灣交流、訪問，希望「和平」的觀念從「民族幼苗」開始，長期培養。歷經三十年的努力，當年的「兒童」陸續已經長大成年。翁林澄兄對「兩岸和平」的願望、實踐，令人感動佩服。惜乎英年早逝，才六十出頭，卻因病而逝在這個「兩岸和平」於三十年來最為嚴峻的時候。天乎？老天把氣氛帶到這樣的格局，翁林澄兄於此時歸天，我個人感覺有不祥的預感。

其二，我臺大法律系的同班同學朱高正，病逝於2021年10月下旬。高正兄走過臺灣的「民權主義時代」及「民族主義時代」。前者，高正兄以「民主戰艦」的姿態，為打破國民黨的一黨獨大，為中華世界的民主、多黨制貢獻甚大功勞；然在「民權成功」之後，民進黨走向「民族主義」的胡同，和高正兄的民族主義不同，高正兄逐漸離開他曾參與創建的黨，悠遊於兩岸中華文化界，精於周易、儒學——尤其是朱子學、太極拳等中華文

化，又創出一片天地。讓我想起他創立中華社會民主黨時所鼓吹的「文化國」，在他後半生勤於實踐，在兩岸文化界取得很多共鳴。我個人也受他影響，於2009年參加第二屆朱子之路，而首度接觸鵝湖書院，就像他第一次去大陸的因緣，也包含看到我已先他先去大陸數次的因緣。我們的個性有很多不同，卻是因緣深厚啊

這兩位兩岸交流的傑出人物貢獻很大，然而因為兩岸關係太過於「複雜」，似乎無數傑出英雄的努力，儘管他們心中充滿著和平、交流的善意、期望、努力，但至2021辛丑年，兩岸關係卻走到了三十年來最嚴峻的時刻。大陸的政經情勢也令海峽此岸的臺灣，弄不清楚大陸是否在進行「去鄧小平改革開放的路線」，而令人不安。不知道這種大氣氛是否影響他們的三十年來努力的心情，而弄壞了身體？但我個人就有這樣的感嘆。回想我「交流了五百次」，但能力有限，除了擔任2005年連戰第一次訪問大陸的隨團法律顧問、參與研究如何設海基會（中介團體），協助建置兩岸的溝通制度以外，最後寂寞無功，只能轉換心情在老年將到之時，活的快樂。反觀「專心」於島內政務的「臺大法律人」例如陳水扁、馬英九、蔡英文、蘇貞昌、顧立雄、王美花者則一一得意於官場。但官雖大，如果離開翁林澄倡導實踐的「和平」夢，以及朱高正實踐的「中華文化交流」以及我參與研究的「兩會交流架構」，萬一兵烽四起，生靈塗炭，則官大又有何益呢？嗚呼！期望他們能建立兩岸和平的不世之功！可期待乎？

（2）期望和平：中美關係在「睽」之「歸妹」日「睽孤」

中美關係是世界的大事，從川普到拜登時代，二國關係令人擔憂，期望世界能夠和平。

在「睽」之「歸妹」曰「睽孤」：「見豕負塗，載鬼一車。先張之弧，後說之弧。匪寇，婚媾。往遇雨，則吉」，其「象」曰：「遇雨之吉，群疑亡也。幽、明實相表裏。幽鄰於明，明鄰於幽，初未嘗孤立也，是爻居『睽』之終，孑然孤立，睽明而爲兩塗。睽生疑，疑生怪。故負塗之豕（豬），載車之鬼，陰丑詭幻，無所不至，然至理之本同然者，終不可睽，疑則射，解則止；疑則寇（匪），解則婚。向之疑以爲怪者，特未能合幽明而爲一耳。猶陽之發見，陰之伏匿，陽明陰幽，常若不通，及二氣和而爲雨，則陽中有陰，陰中有陽，孰見其異哉！陰陽和而爲雨，則群物潤；幽明合而爲一，則群疑亡。融通灌注，和同無間，平日所疑，蕩滌而不復存矣！」（呂祖謙，《東萊博議》，中華呂祖謙學術研究會出版，呂理胡律師主持編輯）

在庚子年，中美關係可以說走到「冰點」，處處見到的滿是「污泥」及「車上的鬼」，看起來張弓欲射，眞是到了「睽孤」的狀態！但弓舉久了不射，終須放下弓，「和平、發展是硬道理，是至理」之本相同，終不可睽！疑則射，解即止，辛丑年初川普Trump下，拜登Biden上，「心」略有不同，終要由「睽」卦走向「歸妹」卦，和平、共享，追求經濟繁榮是至理。至辛丑年年終，在拜習視訊會後中美關係稍稍緩和，渡過尚是和平的庚子年、辛丑年。（2021、12、30補記）

兩岸關係也如此吧？

（3）丘逢甲書生的理想與行動力

讀邱榮舉先生主編《乙禾1895》一書P.215-257「乙未到辛亥 —— 丘逢甲的憲政思想與建國事功」（曾建元、楊明勳著），摘記幾個要點：

1、丘逢甲（1864-1912）參與唐景崧、陳季同等人於1895年建立「臺灣民主國」，頒布「三權分立」的憲法（可惜，未留下文本），堪稱「亞洲第一個民主共和國」，只維持數個月。

2、當時對列強例如法國、英國的期待「過高」，並未得到支援，很快的輸掉了「獨立戰爭」。

3、丘逢甲引用「割地紳民不服之國際公法原則」（人民自決原則），擬突破「領土變更」條約。

4、失敗後，丘逢甲接受「臺雖亡，能強祖國，則可復土雪恥，不如內渡也」之議，經泉州、廈門、汕頭，回到祖居地廣東鎮平縣文基鄉。可惜丘逢甲在實際戰鬥中的表現，遠不如其倡議獨立與抗戰時的慷慨激昂（P.247）！

5、在廣東，歷任潮州韓山書院、潮陽東山書院、澄海景陽書院教席，1899年自辦潮州東文學堂，1901年改名嶺東同文學堂，遷汕頭，以日本語教學和日本學術之引介爲特點，並未因曾與日本交戰而排斥借日本而吸收「新知」，稱孔子爲「聖之時者」（P，231、247、248）。

6、丘逢甲於1909年當選廣東省諮議局議員、副議長，漸有影響力（例如，陳炯明爲其學生），在廣東政壇有舉足輕重、縱橫捭闔的地位（P.249）！1911年辛亥革命，丘逢甲遊說張鳴歧支持革命，張不就、逃走，乃改立胡漢民爲廣東都督、門人陳炯明爲副都督，丘逢甲任廣東省軍政府教育部長，並與王寵惠、鄧

憲甫任廣東代表，抵南京出席臨時大總統選舉預備會，並爲臨時政府向廣東士紳募款，選任孫中山爲臨時大總統，中華民國開國。江瑔記丘逢甲言：「吾欲行民主於臺灣，不幸而不成，今倘行於中國，余能及身見也，九死無恨也。」至明孝陵詩曰：「如君早解共和義，五百年來國尚存。」丘逢甲在開國事務中積勞成疾，於1912年1月下旬南歸，途中受任臨時參議院參議員，未就，又受推廣東省都督，亦予婉謝，2月初抵廣東鎮平縣老家休養。時廣東北伐軍林震師團擊敗江蘇巡撫兼兩江總督張勳所部清軍，鞏固了南京政權，2月12日清帝退位，孫中山依承諾讓位於袁世凱。2月25日丘逢甲病逝鎮平家中（P.250-251）！！一位實際參與二次建國的臺灣人兼中國人，可惜太早去逝了，還來不及多看看更多的的中華民國事務。

　　7、丘逢甲本姓丘，於雍正年間奉命避孔子諱「丘」，改姓邱，之後民國成立，其回復姓「丘」（P.220）！

（4）中國大陸頒布民法典

1、10月25日這一天，古寧頭戰役打起

　　我們四個人於2020年10月25日在臺灣鵝湖書院集結，踏上七天步行南臺灣的「壯行」。這一天，各群組不斷傳著「臺灣光復節」的圖片和歌曲，雖然執政當局因意識形態的轉變，已經不再慶祝「光復」，但仍然有許多人記得「臺灣光復」。

　　這一天，我僅從一個小群看到一件傳來的圖片「古寧頭戰役簡介」，我細看它的小字說明，才知是10月25日打響古寧頭戰役。我十分吃驚！是這一天10月25日？發生了這麼重要的事！不

只是臺灣光復節而已！

今年10月25日，大陸好像也要開十九屆五中全會，依照以前的慣例要決定下一屆領導人，至截稿時不知這一屆會如何？

啊！10月25日眞是一個重要的日子啊！臺灣人民是否和我一樣，忘了金門古寧頭戰役在這一天打起？也忘了金門的重要性？該慚愧啊……我很吃驚。

2、期望和平

經過了數十年的和平時期，到了2020年的庚子年，感覺是三十年來中美之間、兩岸之間最容易爆發戰事的危險時期……

按理，戰爭是農業時代的把戲，工商時代國際利益連動，打別人也深深打到第三者，甚至打到自己的經濟，因此對大家都有「壓力」而不易引起戰爭。

但相對的2020年年初到11月，是最容易打起來的時候，理由：

1. 全世界工商國家都封城鎖國了，猶如農業時代沒有什麼往來，連動減少，傷害自己少，發動戰爭壓力小；2. 有一度，美國航母在亞太的大都染疫、無戰力了；3. 反正，中國大陸今年可能低成長了甚至負成長，可以比較不在乎發動戰爭對世界及對自己經濟的傷害；4. 川普忙著救疫、選總統。

因此，此時是世界和平及臺灣三十年來比較危險的時期，政治家還是小心為上！宜低調一點，渡過危險時期，等待國際經濟恢復連動……至截稿時，也不知川普（特朗普）是否會在11月初落選？他是一個「狂人」？「美國第一」不利於世界的和諧。

世界、兩岸、臺灣藍綠需要「鵝湖會精神」，異中求同、兼容並包。

3、2020年中國大陸公布「民法典」

政治人物常要「功業」、「歷史定位」。其實，在2020年庚子年，大陸的政治人物要功業、歷史定位，不在戰爭，而在民法！拿破崙說：我的功業隨滑鐵盧而失，但在法國民法（成爲大陸法系的典範）。中國大陸於2020年5月公布「民法典」，訂於2021年1月1日施行，同時廢止1986年民法通則及其後的合同法、侵權行爲法、擔保法、婚姻法、繼承法等多項「單行法」，摸著石頭過河，融合了市場經濟與「社會主義公有制」、歷經三十四年終於整合出了完整的「民法典」，比1804年法國民法典晚了兩百年、比十九世紀末的德國、日本民法晚了一百年，比1929年的中華民國民法晚了七十年。遲沒有關係、只要方向對，仍然可以趕上。終於在2020年完成公佈了中國「民法典」，保護自由交易、私有財産（物權）及財産權及人格權等不容被侵權，堪是一件大事、功業，足以作爲「歷史定位」，不必倚靠戰爭或武統。滕文公問政，孟子曰：「民事不可緩也，詩云：『晝爾于茅，宵爾索綯；亟其乘屋，其始播百穀。』民之爲道也，有恆產者有恆心，無恆產者無恆心，苟無恆心，放辟邪侈，無不爲已，及陷乎罪，然後從而刑之，是罔民也，焉有仁人在位，罔民而可爲也？……」（《孟子‧滕文公》；呂榮海編《法律古文今用》P.14）。中國「民法典」的公佈、施行是一件大事，足堪作爲歷史定位！可惜兩岸對它不夠重視！加油！

4、臺灣公布反滲透法

臺灣在2020年年初公佈了「反滲透法」，要點如下： 一、反滲透法是爲了「維護中華民國主權」及「自由民主憲政秩序」（第一條） 二、犯法可能的三段要件： 1. 主體方面：受「敵對

勢力、滲透來源」之指示有關；2. 行為「上半段」：受「滲透來源」之「指示、委託、資助」；3. 行為「下半段」：受上面「上半段」影響而繼續有下列「下半段」行為，可能涉及反滲透法：捐贈政治獻金、捐贈公投費用、介入總統及公職人員選舉、妨害投票、集會遊行、煽惑他人犯罪或違背法令（這一點有些廣泛）；三、解析：1. 因此，政治人物、助選人員、參加集會遊行……涉及選舉、妨害投票、公投、名嘴、演說……有風險。反滲透法對政治人物、選舉活動、投票行為、集會遊行、演講、公投產生某程度的「恐怖」環境。四、為了避免觸及反滲透法的風險，人們可能被迫二選一：1. 不接觸大陸，不賺（拿）大陸錢；或2. 不從事上述各項政治活動活動（參政權、表現的自由權……）五、有人說這樣侵害人權……影響憲法的參政權、自由權；但是否違憲是大法官在解釋，不是人民自己說。六、以上最概括的危險是涉及「煽惑他人犯罪或違背法令」，因為「不確定」！例如在Line 或臉書上傳一些「敏感」資料——尤其是來自大陸的資料，可能就得小心了。

這都顯示臺灣的「收縮」心態與不安全感。臺灣要想在人權法治水準方面再進步，需要靠獨立思考、有保護人權理念的法官，免除「不確定條文」危害善良的人士。

（5）以民為本／儒學與法治的融會／中國民法典完成立法

2020年世界忙著疫情，中國悄悄的完成了民法典的立法，這是中國在二十一世紀的大事。習近平也可以自豪在他任內完成

「民法典」了……民法關係人民的財產權、合同、侵權、人格權保護、婚姻、繼承，與百姓生活息息相關。以民爲本，應訂定此民法！民法爲儒學文化的增新元素。中國歷史上以公法（尤其刑法）爲主，較欠缺穩定的民法，經西化學習、左右翻轉一百多年後，中國大陸訂了「民法典」，又走向1929年的中華民國民法的方向。經此近一百年的轉折，中國已比1804年的法國民法晚了兩百年。比1898年的德國民法晚了一百多年。

當然，「徒法不足以自行」！有了「民法典」，也許中國人仍須經歷一個三十年（一代）或兩個三十年才能更熟悉民法（其實，從1986年的民法通則施行已有三十多年的經驗）；另外，更必須培訓公正優質的執法人員，才能提升「法治」的程度，也更需如儒家所云增加「內聖」的心，才不至走入法的弊端！畢竟，外來的民法制度仍須人們及法官「內心的趨動力」或「內心的自制力」作爲平衡！

王澤鑑教授云：

「拿破崙說：我一生功業在滑鐵盧一戰，煙消雲散。留下的是法國民法典。把我埋葬在賽納河畔，我愛法國人的心中。法國無名軍人紀念堂內有拿破崙陵墓，以法民法典爲最大的功業。我每次到巴黎都會去瞻仰！」

陳熙煬：

很感動，三年前和王澤鑑老師、呂榮海、魏憶龍二位律師參與了大陸民法序的研討會，見証這個世紀重大事件發生的序曲！

（6）應沒刑訊逼供的民國／從刑訊逼供看清代該亡／尋找正義

2020年8月下旬，呂律師所辦三個民事判決了，二勝一負。其中一件由最高法院發回更審，感謝最高法院，我所承辦案件的發回高院更審的比例有五、六成以上。我的年紀不再年輕，承辦少量案子。下午買了三本書，其中二本和法律有關的書，一本和民國學案有關：1、尋找正義（一個紐約檢察官Preet Bharara揭2010-2020的美國司法實務，他說「能伸正義的是人、不是法律」；2、「清代驚世奇案－從疑案的煉成，看清代從盛世走向末路的更迭起伏」。3、「民國文人檔案，重建中」，可作為編《鵝湖民國學案》的參考。晚上略看清代驚世奇案：1. 湖北「麻縣冤案」一案，刑訊後被告塗如松認罪，其後「被殺」的楊婦又被找到，形成地方官互相攻擊，不斷重審，「能吏」高仁傑用酷刑，縣官湯應求也被冤，湖廣總督邁柱（鄂爾泰的岳父）、巡撫吳應棻各自有權上報到乾隆皇帝那邊，顯示清代地方官的刑案審理，充滿刑訊及可怕的「能吏」顛倒是非。以及演變成政爭。

名詩人袁枚的文章還敘及此案。然亦有文獻說袁枚與吳應棻熟識，為吳說話。

這樣把刑訊逼供作為合法的清朝真該滅亡啊……到了民國，主權在民，必須禁止刑訊逼供。哪怕拖到二十一世紀，事實上可能仍存在著刑訊逼供，但至少那已是不合法了。尤其是在臺灣的民國，到了1990年或2000年以後，就絕少有刑訊逼供了。法律不只禁止刑訊逼供，凡是「非法方式取得的証據」，無証據能力。某君被警察逼「你若不認罪，我們會把錄得你有小三的事，告訴你太太」，某君認罪，一審判三年。上訴後委託呂律師辯

護，法官查得確有上述逼說小三的事，二審改判某君無罪，因「自白」是「非法取得的證據」。這是1990年以後的民國。

（7）憲法學案／大憲章與《呂氏春秋》的相權與君權

2020年6月鵝湖月刊第540期刊出李瑞全教授文〈國家憲法高於任何政黨與統治者：大憲章的遺產〉云：「在歷史上（英國）由保護貴族以至個人財產爲起點……議會……內閣制……英王只是一虛位無任何實權的元首……」，不過歷史也沒有那麼簡樸，此後像亨利八世也是很強勢，至少仍須經1640年代克倫威爾的革命、某英王上斷頭臺，又復辟再經1688的光榮革命……歷經幾百年才底定，中國在公元前220年左右，也曾出現過「虛君實臣制」的內閣主張及實踐，可惜被秦始皇打敗了。以下述：

1、「天下非一人之天下，乃天下之天下也……」（《呂氏春秋·孟春·貴公》）

2、「夫君也者，處虛素服而無智，故能使眾智也，智反無能，故能使眾能也；能執無爲，故能使眾爲也。」（《呂氏春秋·似順論·分職》）

3、「古之善爲君者，勞於論人，而佚於官事，得其經也。」（《仲春紀·當染》）

4、「因者，君術也；爲者，臣道也；爲則擾矣，因則靜矣」（《審分覽·任數》）

5、「有道之主，因而不爲，責而不詔，去想去意，靜虛以待，不伐之言，不奪之事……」（《審分覽·知度》）

6、「大抵爲國，當識大體，總統一代謂之政，隨時維持謂之事……」（《麗澤論說集錄・卷六》）

上段文提及「總統」一詞及意義。當代中華民國憲法究竟是總統制？還是內閣制？混合制？四不像？還在一般混亂中。但私有財產的保障、生存權、基本人權的憲法保障已經確立。民國學案當爲憲法作傳。

（8）多位立委涉賄，被法院收押／移風易俗，減少訴訟案是司法改革之本

經西化後，傳統融入了法治的元素，多數人希望法治進步，然而，法院人滿爲患，許多人又企盼司法改革，我們認爲「移風易俗、疏減訟件」才是司法改革之本

1、如何疏減訴訟？儒學及宗教移風易俗？才是司法改革之本……8月3日爲了客戶涉刪除電腦資訊罪出調解庭。你看，光臺北地檢署就有三十六個以上的偵查庭在進行！

只有移風易俗，疏減訟件、推動鵝湖會和解精神，大量疏減訟案，要求法官對「少很多」的案子精辦，才是司法改革的要道。不如此，案多難精，一切改革多是捨本逐末，成效不彰……

如何移風易俗？宗教勸善、儒學思想禮義廉恥的教育，可以使人安身平安、疏減訟源。

2、多名立委涉賄，被法院收押

8月4日下午，多名立委涉收兩百萬至兩千萬元不等，欲修改公司法第九條、對經濟部官員施壓，被法院裁定收押。此案從7月31日（周五）檢察官二十七人率調查局大隊人員，兵分多路

「收網」搜索、拘人、檢察官複訊、向法院聲請拘押、法院閱卷、法院開庭，經周六、日、一、二，連續完成，法官、檢察官、律師很是辛苦。結果於8月4日（周二）下午「放榜」：只有一名八十萬交保，其他多名立委及關係人都被收押。

另外，前已有一位八十五歲的前立委，稍早亦以一百萬元交保。

這只是開始，以後的攻防、裁定、抗告、判決、上訴，恐怕十年才能結束。要用到不少「司法資源」！

此只是一例。所以，移風易俗、禮義廉恥、儒學修身、自行規範不逾矩而求自安身平安，少涉犯法，疏減訴源，節約司法資源，才能精辦，也是司法改革之本。

3、都和Sogo有關

2006年也是因爲查Sogo 禮券案，延伸查出總統國務機要費案而使總統坐牢……也是風氣出了問題。沒有想到到了2020年，也是Sogo案繼續使多位「立委大人」進去收押坐牢……眞是不祥。Sogo 案耗了臺灣龐大的司法資源。

十年官司兩茫茫，二十載世事皆Sogo起，一代世人看不破貪、嗔、痴。

（9）綜合心學、理學的司法實務

1、7月7日上午去臺北地方法院開庭，呂律師早到了，坐在法庭內吹冷氣，兼聽一下前面的案子。臺北市政府委託律師告一位老先生無權占市府土地及不當得利賠償。

老先生：我拿不出錢，付健保都有困難。我看國家快倒了，我

們附近有人欠健保費一、二萬元，政府還去告！我實在拿不出錢，小孩也失業，我還要替他交健保費，交不出也沒有辦法了⋯⋯

貌美女法官：你講偏了⋯⋯

老先生：我只是講實況。

臺北市政府律師：我只能說，交不出，可以去向市政府申請分期。

老先生：我有去，他們要我找保証人，說怕我死了要不到錢，他們怎麼這樣？怎能說這種話？窮人根本找不到保證人。

⋯⋯

（結束後，老先生離開法庭時，還向市政府律師彎腰行禮。仍是禮義之邦？）

2、輪到我的案子

此案從107年10月至今，一年半終於辯論終結，定7月底宣判。

我有解脫之感，一起去的老太太知我辛苦、盡力了，也向我行禮。此案涉數十件動產（牙醫設備）所有權的證明及動產之損害多少（理學），十分繁雜。如果當事人失「本心」（心學），黑白不分，司法也難斷。案子多、人民失德，黑白不分，紛爭一一往法院走、法官因為這麼多案子而辛苦，也就難於「明斷」而不易期待高度的司法品質了。

所以，司法改革重在人心的提升吧⋯⋯倘人人能自知己是己非（本心），也就不必那麼多案件倚靠司法「格物致知」、「窮理」了，案件少，司法品質才容易提高。

（10）查競傳律師悼念高鳳仙同學

查競傳

痛哀鳳仙離開，祝鳳仙在天國永享天福。

在大學時跟鳳仙只有個位數次數與她交流過，就感覺她非常的穩健，話不多但是言之有本，而且對她說的每一句都話特別認眞。後來得知她做了法官，爲她感到高興！雖然我人在國外多年，我仍然每天讀臺灣的報紙，有一天看到她對於弱勢婦女的關注及保護，家暴預防及處置等挺身而出影響了立法，之後及又被提名擔任監察委員，深深佩服她的投入對於社會的貢獻，也深深感到國家得人。又有一天我在報紙上看到她彈劾了一個法官（判案不公的受害人是我認識的熟人，所以略知案情），返臺時特別打電話到監察院求見，雖然畢業後幾十年就沒有見過，她很快就安排了。我感謝她爲民除害、端正司法風氣，她很謙虛的說那是她的職責，讓我回憶起她大學時代的穩健和認眞。下一次見面又隔了很多年，連順告訴我鳳仙要退休開事務所，想問我一些開事務所的經驗，是否願意。我當

然欣然同意並且與連順一起去監察院。她說她計畫開業做律師，繼續推廣弱勢者保護的立法，又擔心事務所的業務費用很高。我做了一些提醒、分析及建議。最後她邀請我加入，因為我有國際及兩岸經驗。我說讓我考慮幾天，因為我已經很久沒有做律師了。我想了很久，一方面我擔心做不出貢獻讓她失望，另一方面是我以前管理事務所時霸道慣了，我的個性常常得罪合夥人及其他律師，讓人很討厭。

隔了一陣子，鳳仙來電說不為難我，就做個顧問吧！我同意了！其實我心裡想，我可能發揮的是幫助她繼續努力完成保護弱勢的立法工作，因為我在大陸時期有不少協助立法及做公益的經驗或許可以套用到臺灣。

大約四五個月前，鳳仙來電說有一個上海的律師事務所來電郵，說想要與高理合作，問我的意見。我說沒有聽過那個事務所，讓我調查一下再回覆。我了解之後告訴她幾個原因建議她拒絕，她說已經決定拒絕了！然後我提出去事務所跟她及其他律師，分享我的事務所經營利弊得失經驗，她說最近身體不太好，先修養一陣子再約。沒想到那是我們最後的一個對話 。

作為一位法官，鳳仙在審理案件中，發現我們對弱勢婦女的保護不足，沒有消極鄉愿，反而挺身而出建設性積極的推動立法，是個豪杰。她的行為呼籲了社會的支持，也讓無數的弱勢婦女受到保護，壞人得到制裁，整個社會獲益！是位公益先鋒。

鳳仙擔任監察委員恪盡職責，揮舞著御史大夫的倚天劍彈劾不法的公務員，不懼壓力、不理關說，是現代難見的風骨 。

她在其中一次跟我的交談中，說她已經促成兩個保護弱勢的立法，還有一個尚未完成。我相信後繼有人會繼續推動，如果需

要人手，我願意擔任志工完成她的心願。

查競傳 泣2021.06.26

（11）「國民法官法」的運作疑慮

許文彬律師

臺灣臺北地方法院於4月14日、15日舉行「國民法官模擬法庭」，廣邀民間社團人士出席旁聽。筆者以人權團體代表之身份，觀察其中有關「備選國民法官選任程序」；身爲已從事半世紀歲月的檢辯實務第一線工作者，看到如此煩冗瑣碎的刑事新法制之運作過程，對於司法改革的殷切期望，反而滋生疑慮！爰將所感、所盼，列出下列建言，希能喚起主事當局和社會各方的共同關注，爲實現司法公平正義之理想目標而禱祝。

職業法官本身難道就不是國民嗎？所以「國民法官法」這樣的法律名稱是否妥適，應可再加斟酌。

刑事法制既採「罪刑法定原則」，因此「路人甲」豈有能力得以正確認定被告行爲是否成立犯罪？又如何量刑？

「起訴狀一本制」於現行刑事訴訟法立法之初，就已經考量過不適合我國國情，因而不採；如今難道立法要倒退嗎？況且卻再另立「對被告爲證據之開示」程序，豈非反而又化簡爲繁？

若檢方起訴書中有「數罪併罰」或「相對共犯」罪名之案件，如何割裂適用或不適用「國民法官法」進行審判？

參與審判個案之「備選國民法官」，其選定程序竟然如此繁複，豈非此新制運作的又一缺失？

現行刑事訴訟法制，就檢察官的角色功能，已規定「應於被

告有利及不利之情形一律注意」，只要能加以落實，即可實現司法正義。如今竟還改成要貶低檢察官的角色地位，豈是妥適？

刑事程序法制本是採「職權進行主義」，而今又要回到「當事人進行主義」；那麼是否應賦予被告得以拒絕適用「國民法官法」程序之權利？

一個法庭有九個法官，其中三人是「職業法官」，六人是「國民法官」，從「人數」觀察，殊屬詭異；運作上如何準確裁判？況且法庭的硬體設備又需花費甚鉅，而所適用案件比例卻不多，豈非又要浪費國家司法資源？

加強執法者的「專業學識」及「人文素養」，獎優懲劣；並落實「合議制」、「審級制」，且改善目前冗長無益的法庭審理程序，當可實現「毋枉毋縱、速審速結」之司法改革理想目標。

「國民法官法」預定於112年1月1日施行，距今尚有一年八個多月時間。期盼主事當局能再深入考量是否還有迴旋之餘地？

作者：許文彬為律師、中華人權協會名譽理事長

（12）和解、和為貴／建議呂律師集結成冊

吳正牧

很多大小民刑事案件，本會呂榮海大律師總以「和為貴」之中心思想，力促兩造和解而各得其平，甚至　家也許變成親家。此不獨節省司法資源，免除兩造興訟之苦及訴訟勝敗導致裂痕加劇。呂律處理法律案件之心態及成效，實為促進社會和諧之善舉。

　　建議呂律榮海兄將類此大小實際案件，彙整成冊，或可名曰《和解》大作一書，以供世人參酌並有所警惕！小至一室一家一人；大至機關團體、一都一邑，甚而促成至今仍陷於分歧之兩岸，得以避免兵戎相向，危及自由民主和平生活，庇佑子孫，則更有所期待！

呂榮海：

@吳正牧

　　吳校長：謹遵校長「創意」及「指教」，努力往此方向著手。

（13）兩岸知名民法教授王澤鑑師友遊臺東、旭海

　　臺東行、旭海、墾丁、草嶺古道遊

2020年新冠肺炎流行全球，又是「庚子年」，時值美國與中國「衝突」時期，亂世紛紛，戰爭之氣氛濃厚，至少是三十年來所未有。此時，我決心練好身體。

1、臺東遊：疫情年多健走

2020年11月13日至17日，我和王澤鑑老師夫婦、洪美華社長及其公司同仁佩弦、中興大學林耀東教授及夫人一行人前往臺東、旭海一遊。由美華義務安排行程，感謝。

此行聽到胡德夫的自彈自唱，贊。還有三位未記其名的歌手。在地賴坤成律師、吳漢成律師、蔡敬文律師一起同樂。

臺東真的美，所拍的照片有許多人贊賞。二晚住鹿野綺麗渡假酒店，享受溫泉。

　　15日遊至富里已是花蓮，由騰莫言導遊，他「文武雙全」，導遊許多「密境」，他又會創作詞曲，自彈自唱及家庭樂團。

2、16日午後入住旭海牡丹灣Villa

　　16日從臺東往屏東縣旭海，途經太麻里、壽卡、東源村。這

是第二次入住牡丹灣。2020年已經是第四次來到旭海,另二次住民宿。在旭海泡湯。17日午後離開旭海,快速繞滿州、風飛沙景點、懇丁海岸。

3、草嶺古道健行

11月22日我去健行草嶺古道,從福隆越山走到更靠近宜蘭的大里火車站。約爬了七百級石階……遊客甚多,火車站人滿為患。

健行後感覺肚子小了一些。不久之前臺東行吃太多了……

歌手騰莫言(左)、王澤鑑(右)

第三部分
布衣列傳

1、父親林標的二三事　　林三元

民國55年的父親
一看就是漂撇的
炭坑少年兄
背景是南港新坡仔
舊稻舊寮仔工寮

　　我父親當了一輩子的礦工，卻不是屬於高所得的那一種，因為這個行業在民國73年，連續三個煤礦大災變之後（海山一坑、煤山與海山二坑罹難的礦工總數高達268人），政府才驚覺這是一個高風險又經濟價值不高的產業，而正式吹下熄燈號走進歷史；那時代的人，都認為礦工是高所得的工作，一如現在的社會大眾總認為從事資訊業就是所謂的科技新貴一般。不曾是礦工子女的人，大概不太明瞭礦工的收入高低還是相差極大的！

　　所謂高所得的礦工（非管理階層）主要是「做石ㄟ」（掘進工）與「做炭ㄟ」，前者負責身先士卒用大型鐵鑿子（臺語稱

「磅支」）鑽一小洞，讓後頭專業工人負責安放炸藥，接著大夥躲到安全距離之外引爆後，再立即前往清理坍塌下的廢石與土方，這時候一定是滿坑的煙塵，一不小心，被炸過後的岩盤與坑道隨時都會再坍塌下來！然後要一直挖一直挖……直到深達數百甚至數千公尺深的煤層後，才輪到「做炭ㄟ」用機具、但多半時候是以手中的十字鎬，把相對較軟的煤層挖刨下來。

如果是「直炭」（煤層順著造山運動，被岩層順勢抬起一端成上下走向，做炭ㄟ就可以比較輕鬆的方式把煤炭挖下來，否則就得用躺著的姿勢，忍受背後布滿尖銳石塊的坑道所造成的疼痛，冒險挖下煤炭！這兩樣工作都是以臺車次計算工資，挖越多越深，工資越高，想當然爾那可是因爲極度危險的工作啊！所以礦村有這麼一句非常辛酸的俗諺：入坑你就要準備死，不入坑全家都餓死！

父親基本上是個出生在不對家庭的「書生」，我經常向朋友如此開場來描述他，瘦小的身軀做不了粗重的工作，雖然只讀到日本時代的小學四年級，據長輩說原本那日本老師已經推薦他到日本學習技藝，我祖母知道後天天以淚洗臉，深怕這個么兒一去不知禍福生死，於是每天祈求神明祖先，千萬別讓他離鄉背井。

說也奇妙，就在臨登船的前幾天，竟突然染了一場大病高燒不退，日本老師大概怕他得到天狗熱（登革熱）吧！就這麼的他只能目送其他的同學去了日本學藝，幾年前陪他參加平溪國小九十年校慶，遇到一位昔日去日本留學的同窗，很明顯的他同學並沒有像他一樣，成爲賺辛苦賣命錢的礦工，而我當時也提不起勇氣問父親：「你會怨嘆麼？」

不過，有件事倒是很肯定的，那就是如果當時父親去了日本，往後他的人生將大大的不同，我常常想，他還會認命地與我

的母親——當時他的童養媳「送作堆」嗎？如果不會的話，那麼我們兄妹又會在哪裡？因為他說不定就留在日本，認識個日本女人結婚生子也未可說啊！而父親就這麼著，接受了祖父母的安排，在我母親十四歲的時候圓房，從此以後，開始從事做起不是他拿手的工作，也無法賺得足夠的薪資來養活失明的祖母，與陸陸續續來到人世報到的四個小孩。

還好的是我的舅公們家境還不錯，因為祖母這個大姐的關係，愛屋及烏下也特別照顧他們的外甥——也就是我的父親，尤其是擔任礦長的小舅公，當他知道父親因為在雙溪牡丹村的「定福仔」煤礦收坑沒有頭路時，適時地伸出援手，讓他到位於南港凌雲五村對面，三清宮山下的「新坡煤礦」，依然擔任水電工與捲揚機操作員，雖然有一份工作，但是依然是賺錢遠低於做炭ㄟ和做石ㄟ的正港礦工，古人說：塞翁失馬，焉知非福。

正因為父親做的是錢賺得少的「坑外事」，所以並沒有像吳念眞先生的多桑、我的二姑丈以及成千上萬的老礦工一樣，到了中老年後長期被矽肺病所折磨（因為長年吸了太多的灰塵與煤粉，導致肺臟纖維化，隨著歲月增長逐漸呼吸困難，最後衰竭而亡！那是很折磨老人家的職業病）。同時也因為我們童年家境的困苦，看著父母的辛勞與曾經遭受的委屈，這些點點滴滴都成為我們兄妹們成長的養份。

請看看我父親這張笑得很燦爛的老照片，三塊仔的樂天就是怎麼來的是不是很清楚了！親愛的父親，謝謝你給我們的一切，我們都好愛你好想你！相信你在你所選定的停駐處所，還是會把歡笑帶給那裡的厝邊吧，我有自信，你是不會輸給寶島歌王的！你的象棋、圍棋那麼高桿，還會吹口琴、拉二胡，說隋唐史、三國史與大東亞太平洋戰史；光憑著你玩壞五臺iPAD的紀錄，應

該也是陽壽八十歲以上這一級的Pro吧！冥界也有數位落差喔！
那就麻煩您老人家順道幫忙我們基金會去縮短一下吧！

2、旌旗露未乾／陳衛曾的書法

陳祖媛

　　十年磨一劍，瞧陳老的字何只十年功，行雲流水，行草隸篆都難不了他。臨老，得到中日書法大賽冠軍，好不風光，從此投入傳承書法的工作，樂此不疲。

　　上帝關了扇門，會幫你開扇窗，陳老的故事從這兒開始。當年任軍職，考績優良，無奈昇遷的機會跳過了他，只會做事不會做人，沒得怨，但心裏悶。正巧工作單位開了個書法班，為了轉移注意力，他開始練字，說得更確切是看淡人事紛爭的爾虞我

詐。

收到退伍令的那年，陳老五十八歲，決定不延役，即使轉任工作相當不錯，他也不為所動。立了目標，退休下來好好練字，那處女座個性在這件事上可是淋漓盡致。到點開工，到點吃飯，到點休息，每日習字至少超過八小時，極致的自律。

寫了幾年，陳老的老師鼓勵他開始參加書法比賽，積累深厚的書法技巧，勢如破竹，所向披靡，幾乎贏得了國內的大小比賽，拿到了國際賽的門票。

那天早上陳老起了個大早，泡壺茶，展開宣紙，壓好鎮尺，順好筆… 小孫子起床了，搬了張小椅子，挨在爺爺大桌旁說，「爺爺，我不亂動，乖乖看你寫字」。陳老愛孫，心想這比賽的作品改日再好好寫，今兒個就當是練習，且有個小觀眾。

對於所寫的詩詞爛熟於心，以輕鬆的心情提筆點墨，一氣呵成，寫完了最後一個字，小孫子還拍了拍手，祖孫倆相視而笑。當陳老將字高掛在牆上，滿意極了。這字是為孫子而寫，不是為比賽寫，摻和了循循善誘的筆觸，少了戰戰兢兢的功利。

就是這幅字得到中日大賽冠軍，整幅字不急不徐，頗有筆走龍蛇之姿，筆酣墨飽之勢。國際碑林山東濰坊，安徽聖泉，河北邯鄲等地都邀陳老（陳衛曾）的字刻碑永存。幾年後，中正紀念堂摘匾，陳老受邀現場揮毫，寫下了「大中至正」……

蔣方智怡：別中匾計

【記者詹三源／台北報導】中正紀念堂大中至正匾區走入歷史，中華民國退伍軍人協會的天』好舉辦慶祝文化復興節活動，特地邀請書法家書寫「大中至正」，療傷止痛。協會名譽理事長蔣方智怡表示，她知道大家的心情不好過，但千萬不要被激怒挾操，最重要是要得立委、總統選舉。

退伍軍人協會的天在台北市議會大禮堂舉辦慶祝文化復興節活動，包括蔣方智怡、國民黨主席吳伯雄夫人戴美玉、國民黨總統參選人馬英九的二姐馬乃西、市議員厲耿桂芳都應邀參加。

協會特別請來書法家陳維新曾當場揮毫書寫「大中至正」，以譴責教育部拆除中正紀念堂及大中至正牌匾的作法，是破壞民主、破壞中華文化遺產的粗暴手法。蔣方智怡表示，生氣不如爭氣，千萬不要被民進黨對中正紀念堂的違法更名、拆匾手段，還有南蔣移靈的事激怒、分化，不要中計隨著起舞，要冷靜的透過選票，贏得明年的立委、總統選舉，才能追求祥和的社會及中華民國的繼續存在。

對堂的法珍毫中至正的書家陳曾當揮書寫「大中至正」四字，並贈送給索取民眾。

記者王宏光／攝影

馬表達紀念事件的不滿，書法家陳維新當場書寫「大中至正」四字，並贈送給索取民眾。

3、我的媽媽林綉英是通靈人

陳蕙娟

　　「子不語怪力亂神」，而我要說的恰恰是怪力亂神的事，我媽媽林綉英，在世的時候是個通靈人，功力很高階，特殊的機緣，她能知陰陽、通天地，幫人排除疑難雜症，到她往生有二十幾年的時間。

　　通靈人有他的道德、法界規範（天條）必須遵守，有些話不能隨意出口，更不能利用這種能力做違背良心的事，若有違背會依情節輕重程度受到懲罰。我媽媽幫人解災消厄的方式多樣，她能看人的過去、未來，看世界各個地方，看三界（天地人）之事，就像現在的互聯網、視訊，好似利用搜尋引擎搜尋想要找的資料，是有畫面的，然後告訴來求助的人，究竟什麼事造成他們的病痛或家庭失和，教他們如何解決；不過有些情況我媽媽會「看不到」資料畫面，像網路當機一樣，一片霧茫茫，她會告訴對方是「機緣」、「業報」，愛莫能助！當然偶爾會有不準的情況，機率低，代表事情一定得發生。

　　單純問事情，像是感情婚姻，一對情侶是否能修成正果？當事人想知道能否走入婚姻、家長想知道對方是否為佳偶，我好奇有時候幫朋友問，都很準確，有種情況我媽媽不答（私下會說給我聽），論及婚嫁且有夫妻緣份，但婚姻有瑕疵，她只會以現實的人生智慧，教當事人婚姻相處之道，請他們多行善布施，或許能改變既定命運。有種情況是有婚姻緣分卻遲遲不能走入禮堂，

可能是卡到「靈異的氣場」，那就得處理，通常事情處理好很快就結婚了。

「燒紙錢」被環保人士批評為罪大惡極，空氣汙染的罪人，真的嗎？一年全臺灣宮廟燒的紙錢，也不到五萬輛汽車的排氣量，總是柿子挑軟的吃，不燒紙錢不會怎樣，不開車哪成啊！那是這些環保人士沒碰到棘手「卡到陰」、命在旦夕或家庭鬧得支離破碎，真遇到了，通靈人告訴他們得燒一卡車紙錢，恐怕他們半夜也會衝去燒紙錢。我媽媽教人處理疑難雜症，大多得用到紙錢，但不多！紙錢種類大概會用到十種，四十元臺幣一份，通常三天份一百二十元臺幣就能解決，我媽媽請問事的人自己去金香行買，她不介入，她也告訴熟識的金香行準備相關紙錢，也別賣貴，遇到困難的人都很苦，算是做善事、積善緣。

燒紙錢也得和卡到的「陰界的人」溝通，有解決事情的誠意，我媽媽會教他們怎麼說，心要誠敬無雜念，只講教他們說的，其他別亂說，也別出現不敬的念頭，「陰界的人」能感應得到人的念頭。曾經有人來問，燒紙錢的時候抱怨讓她孩子不順，結果無效，再來問，我媽媽說你是不是亂說話？承認是抱怨了幾句，當然再燒一次紙錢尋求「陰界的人」的和解。

想賣土地卻怎麼也賣不出去，怎麼辦？有人要賣臺中中港路的土地來找我媽媽問，原來該地有更早的「前人」住著，他干擾地主的賣地行為，我媽媽教他先燒紙錢和「前人」溝通，若土地能順利賣出，會感謝且分享「利潤」多燒紙錢給他，很快地順利高價賣出，地主在那塊地上燒了一卡車的紙錢給「前人」表示感謝！

※我的媽媽是通靈人2.

寫個例子分享，印象很深刻的是，有位先生他的妻子瘋了近二十年，束手無策，整個家庭愁雲慘霧，不知怎麼曉得我媽媽，從頗遠的地方來彰化小鎮拜託我媽媽幫忙，興許是運勢將轉變，我媽媽看過之後，教他買紙錢燒給陰界的靈，臺幣一百二十元事情解決了，他太太恢復正常，他很快再來我家謝謝我媽媽，包了個大紅包，我媽媽拒絕，要他回去買補品給太太吃，畢竟二十年的折磨，人太虛弱；上界是允許通靈人靠這個能力賺點錢，只要不違反道德天理，收不收錢視各個通靈人而定，我媽媽不收費用，她說：「我先生養我足夠了！」

來問事求助需要什麼資料？親自來或透過朋友來問皆可，姓名、生肖年次和住址；當然我媽媽身體狀況好、特別是心情很好時，對方不開口，她會主動搜尋相關訊息資料就告訴對方；有時候想求助的人還沒來，相關陰界的冤親債主，就已經來找我媽媽拜託她幫忙了，求助的人一來，我媽媽立刻告訴對方，對方有時候會嚇到，「還沒開口，你怎知道我要問什麼！」

她看見本人或知道姓名，就能了解這是個怎樣的人，甚至他家的擺設；曾經 一位餐飲界女士經友人介紹美國華僑當對象，恰巧當天我媽媽朋友請吃飯，該友人和那位女士相熟，就代為詢問那位美國華僑好不好，猜怎麼著？我媽媽要該女士先別告知對方，直接飛美國去那男士家，應該會是一位年輕白人女子來開門，由大門往客廳看進去，有一隻很大的填充玩具熊；該女士真的飛美國，事實真的就像我媽媽說的，當然不能嫁啊！

我媽媽並不懂外語，可是你用什麼語言講給她聽都沒問題，媽媽有個做貿易的朋友，生意曾經嚴重虧損，後來不熟悉的新客

戶他都會詢問，「這個生意是否可以接？」，他的客戶不少馬來西亞人，他都直接念馬來文的姓名、住址。英文也沒問題，不需轉譯；是否那個系統會自動轉譯？念了一長串，我媽媽真記得？還是念的當下搜尋引擎已跟著啟動？

知道我媽媽透過姓名、生肖就可明瞭這是個什麼樣的人，有時候好玩（真實是想了解自己對人的判斷力），會拿自己認識的人的資料問她，好像我的判斷力不太差！很多號稱通靈的人，我都教人「對方能否看到你家的擺設佈置」，如果答案是肯定的，大致就是真的能通靈，如果那個人講前世今生，那就存疑吧！？前世今生難以證實，我在我媽媽身邊看了二十幾年，真想利用這些經驗騙人，應該很難被抓包！

靈異經驗每個人不一樣，陰陽眼應該是最辛苦的，看得到之外無能為力，尤其如果他只能看到陰界；有人是感應得到氣味或聽到聲音（不是幻聽），通靈人就看他們的功力高低，每個通靈人的能力不同，幫人排解的處理方式也不一樣！我媽媽也幫人收驚，會畫符咒，傳統收驚是當事人在現場焚香唸咒語，或不在現場就拿一碗米，拿受驚嚇人的衣服包住米、將米壓平，拿香對著衣服唸姓名生肖、咒語就可以了，她會教我看收驚後米變成什麼樣子；後來，我媽媽與時俱進「隔空收驚」，透過電話就成，實在是我家放了太多委託我媽媽收驚的人的衣服；即使你遠在美國也能收驚，或是出國住飯店鬼壓床，往臺灣方向喊我媽媽名字求助也行（好像只有我先生在美國出差時用過，當然這個只有家人我媽媽才會講）。

※我的媽媽是通靈人3.

　　畫符咒除了收驚還能治病，不可思議？是真的！尤其是帶狀皰疹（俗稱飛蛇的病毒感染），比醫院醫生治療還快，三至五天就好了，我女兒兩歲多時，兩隻腳的腳趾頭黴菌感染，腳趾頭皮膚有點潰爛，我媽媽幫她用符咒畫兩天就完全好了，她說：「別人找我幫忙說謝謝！我得拜託小孫女讓我幫她畫符咒，還得給她十塊錢她才肯呢！」唉！誰叫她是外婆啊！有些人病得很嚴重，藥石罔效，死馬當活馬醫，會來問我媽媽有機會轉好嗎？

　　我媽媽常說「醫生醫假病，真病無藥醫」，確實「神仙難救無命人」，若患者真的壽元該盡，她會看是否還有事情得處理，有需要，她會告訴家屬最好是處理，讓患者好走不必痛苦拖延；若命不該絕，會看是哪地方出問題？是冤親債主前來討債？是家族有夭折的孩子來求助（超渡、立牌位、需要銀錢衣物……），這些事情圓滿處理好，普通患者的病就好了；不過！我媽媽常講「要神也要人」，「人」指的就是醫生，她說有病要先看醫生，當所有科學方法用盡仍無能為力，再來找她，曾經有個癌末病人，醫生說只剩一個月生命，我媽媽教他處理之後，癌細胞完全消失，把醫生嚇一大跳！病雖然好了，她會要患者好好調養，畢竟身體折磨元氣耗弱啊！

　　我媽媽也能安神位，看風水，包括陰陽宅，不需要到現場，只要給她地址就成；陽宅風水派別很多，她主要看宅向、地形、地勢，或這陽宅的地「乾不乾淨」，就是有沒有「陰界的人」住裡頭，別以為早前是農地或空地就是乾淨的地，沒那麼簡單！？如果真買或住到了呢？原則上大部分人感受不到，只有特殊機緣才可能看到陰界的人，若雙方無累世恩怨，多是相安無事。曾經

我媽媽的一位朋友租到有「陰界的人」住的房子，也看見了！她很勇敢的告訴「他」說：「你先來、我後到，我有飯吃，節日我就請你吃飯，也會燒點紙錢讓你花用。」我媽媽那個朋友住得平安也賺不少錢，很快就買了房子搬走了。人（要）心存善念做好事，不管是對陽界、陰界。

你們相信房子或車子有「靈」嗎？我是相信的，當然靈異事件是經驗法則，遇過的人就會信，如果你沒遇過，可以不信，但請別說「不敬的話」，萬一「他們」找你逗你，這可不好玩，如果你又沒有認識能消災解厄的人，有的苦頭吃；有的房子就是能讓人賺大錢，裡頭是大象的靈，不過這種房子很少，一般我們能找到住起來平安的房子就很好了，會找到什麼樣的房子，和個人的運勢也有相當關係。車子更是出廠時，該車子的特性就確定了！有的車子會照顧主人、有的是帶財的車；有的車子個性剽悍；有的容易出事；所以我家買車一定看車子的「引擎號碼」，我媽媽不在了，只好拜託菩薩幫忙了！車行老闆很無奈，有時候給了十輛車也沒一輛可以，他們也相信，因為聽過一些客戶的故事。

※我的媽媽是通靈人4.

我是機車族，曾經買過一輛機車忘了問我媽媽，你們可以說我迷信，機車才買不久，騎著去上班，轉彎摔車，長袖衣服長褲都磨破了，手腳嚴重挫傷，二十幾天才好；1996年中秋節前夕，停紅燈要過馬路看對面沒車，哪知到了路中間竟然一輛汽車出來，機車和汽車對撞，各自閃人，我的機車龍頭斷了，肩膀嚴重內傷瘀青；不到一個月，我到一家咖啡店準備離開，確定路的左

右兩邊沒車，騎得很慢過到對街，「碰」一聲，被開車門的車子撞到路中間，躺在地上（幸好我穿長褲，要不一定很糗），看了一個多月醫生，所有假（病假事假）請光光，那年考績乙等，加上復健快三個月，還有一點點後遺症，這時候才想起那機車有沒有問題？問我媽媽，趕緊把機車賣了！買輛新的，當然，請我媽媽看了機車引擎號碼！

四、五年級生們，記得當年臺視「玫瑰之夜」的「鬼話連篇」嗎？節目分享靈異照片，能想像靈異照片有時候會有「靈異之氣」？靈異照片中多出來的「人」，他的氣有時候會附在照片上，而且會找到能幫忙他的人（所以人別太好奇）；我不過就是去買烤鴨，買完準備離開，老闆竟叫住我，說讓我看張靈異照片（3x5尺寸），二、三十人的大合照，多出一個陌生人（這種合照應該很難造假），猜怎麼著？我人不舒服，頭痛得幾乎炸了！打電話問我媽，燒紙錢給「那個人」；我媽媽說「陰界的人」不會無緣無故的「跟」著陽世的人，都是累世有因有緣，所以才來找「有緣」的陽世之人，他們只是需要幫忙。

家人失蹤了，找不到，急得像熱鍋上螞蟻，來家裡拜託我媽媽，失蹤有時候就是單純不見了，指點對方去哪個地方就可找著；若是永久「失蹤」與世間說再見，就難以說出口，早先我媽媽直接講出事實，求助的人從我家一路哭出去；我爸爸說這樣不行，之後，我媽媽只叫他們去該去的地方找就能找到人。人在外頭往生，一般得到往生的地方招魂，不過！常常招魂並不成功，往生者的魂魄仍留在該處，我媽媽會教家屬如何正確引領亡者的魂魄回家；曾經失蹤者是死在深山山谷，下到山谷找「人」很難，招魂也不易，她很清楚描述路如何走，山谷的地勢、林相，成功教家屬找到「人」引領魂魄回家（我媽媽是不到現場的）。

　　八字重比較不會看見「鬼」？不盡然，八字輕重和命好不好不那麼絕對，也和出生在什麼樣的宅子有關，小房子、樓房、豪宅結果會不一樣！當年有個刑警，常到我伯父家喝茶聊天，他告訴我，「你知道我八字幾兩重嗎？六兩二」，哈哈！他值班老遇到刑事案件得到命案現場，陪檢察官驗屍；我說就是八字重，你才比較不會「卡到陰」，雖這麼說，有時後他也是會「卡到陰」，得燒紙錢啊！殯葬業之類適合八字重的人。

　　我媽媽也會「擇日」和到廟裡請神明擇日較像，不同一般命理師擇日，若你看「農民曆」或「通書」（擇日的書），會以為日子好像不怎樣啊！選定的時間彈性較小，譬如「辰時」，一個時辰兩小時，會講精確的時間例：九點鐘，以不超過該時辰的第一刻鐘為原則。最近朋友同學的孩子陸陸續續有人結婚，我媽媽說提親、訂婚偶數日（陰曆）就可以了！結婚日子才需要看，最關鍵要考慮的就是新郎新娘和雙方父母的八字。以前法律規定「儀式婚」擇日看的是結婚宴客當天，現在改為「登記婚」，看的就是去戶政事務所登記的日子了，宴客日子只要能諸事順利就好。

※我的媽媽是通靈人5.

　　講點風水吧！房子一般採光、通風良好、空氣流通就不錯！想知道屋子裡頭是否住著其他「隱形的人」就難了，多半的人不認識通靈人，我媽媽教過一個方法：看房子的時候帶著個一兩歲的小孩，如果小孩啼哭吵鬧不止，這房子就別買了吧！除非你篤定你是「福地福人居」。還有個方法，找紫微斗數老師（要真的研習精熟）看你的命盤，紫微斗數可以看風水方位，某種命理格

局的人容易買到有「隱形的人」的房子，毋需害怕，不做壞事心存善念做好事，「他」不會「驚嚇」善良的人。

現在的人往生多採行火化儀式，將骨灰放進納骨塔，比較沒有風水問題；有人在其家屬一往生，就會來問「安葬的地點、所造墳墓可能出現什麼狀況」，造墳應該對稱平衡，墳土要平均飽滿，這樣對各房子孫都好；你們能想像嗎？亡者生平偏愛哪個孩子，很不可思議，影響那個孩子的風水位置就會造得高且飽滿，我媽媽墳墓還沒造就能看出來，會請風水師注意別有高低落差；風水對子孫的影響，有快有慢，可能是健康、事業、錢財、子女，當然也和各房的運勢有關，走強運的人較不受影響。題外話，所以，家族想撿骨修風水，常常有的急、有的不願意，鬧得很不愉快。

風水最怕「脹土」、「脹水」（脹土即棺木裡頭塞滿泥沙草根，脹水即棺木裡積滿水），這對子孫是很不好的；墳墓造在山坡頂上可能「脹水」嗎？曾經有人家事不順，來問祖墳風水，他家祖墳在山坡頂上，我媽媽說棺木裡積滿水，請他家整修風水時，帶十加崙的儲水桶去裝「水」，真的！一開棺裡頭滿滿的水，恰恰兩桶十加崙的桶子裝滿，為什麼要裝那些「水」？那水有很棒的功用，我沒問，想了就心裡毛毛的，治病是其一。

有個例子，幾個兒子為父親撿骨重葬，各自找了地理師，二兒子吧！？來問我媽媽，我媽媽說：「你父親屍骨未腐爛，棺木積水，開棺後，潑灑些米酒在上頭，蓋上棺蓋，不多久就會腐爛，到時候再撿骨擇日安葬，千萬別急著處理重葬，用刀刮你父親的肉……」，別的兒子請的地理師說：「沒到現場、尚未開棺，敢這麼說，挖墳開棺當天定要拆她招牌！」結果就像我媽媽說的一模一樣！那個地理師只說了一句話：「她是鬼，不是人！」……我媽媽

擋了他的財路！那幾個兄弟急著要處理好風水的事，要求撿骨師用刀刮除屍肉，當晚他的兒子們夢到父親，他們的爹罵道：「你們這些夭壽死囝！用刀刮我，痛死我了！」

臺灣南部閩南人有個習俗，年初二上墳祭祖，結婚第一年的年初二，我這新媳婦跟了去；當天下午才回娘家，跟我媽媽說感覺婆家祖父的墳風水不好，我媽媽看了（這沒住址、地號，是哪個公墓我根本不知道），她說：「墓碑發黑有裂痕，墳前地勢陡降是山溝，棺木裡積了沙子和草根，確實是不好。」但她說娘家人不該介入女兒夫家事太多（何況人家信嗎？），不到兩年，先生的祖母往生，我是孕婦不送上墳頭，結果，幫忙喪禮的出家師父看了墳地，這麼說：「旁邊這塊地風水好，怎麼不選？你們選的墳地犯『水箭』……」，我先生當下質問那個風水師，他答「葬了就好了」，根本是欺騙不懂的人，我又問我媽媽，她說：「那風水不好，恐怕屍身不易腐爛啊！」我媽媽往生多年以後，先生家族終於達成協議，將他的祖父母撿骨重葬，挖墳開棺，證實了當年我媽媽說的。

有少數的風水師是不太有道德的，以賺錢為上，有時候他們和私人墓園的地主合作，幫忙賣掉所有的墓地，包括風水不好的位置，拿了喪家看風水的錢，又得到墓園地主私下給的好處；慶幸時代改變，多數人選擇火化進納骨塔，或植葬、樹葬、海葬，這種事情比較不會發生了。未來和世間告別，我選擇「植葬」，讓一切回歸大地，「塵歸塵，土歸土」。

※我的媽媽是通靈人6.

說個婆媳故事，「前世因，今世業」，她是西門町的知名美

髮師，高挑漂亮，有位婦人常常讓她做頭髮，互動頻繁，這婦人覺得她可以娶來當媳婦，叫兒子努力追求，她倆真成了婆媳，從此幸福快樂？媳婦可憐了！日子苦呢！進門後婆婆對她不好，百般挑剔，婆家大水果批發商，生意得幫忙，照顧孩子，一堆家事，累得喘不過氣來，可小嬸呢？輕鬆著不需幫什麼忙，是你！你平衡嗎？來問我媽媽，我媽媽說：「你前世和你婆婆有嚴重過節，結下惡緣，這輩子得還……」

奇怪不！？不是婦人看上這美髮師的嗎？沒錯！結成婆媳才能「酬業」，欠人的得還，可日子真的很難熬，我媽媽教她燒紙錢，怎麼說我忘了，另外寫了「文疏」燒化掉，「文疏」有點類似訴狀，向天求助處理之類，終於，婆媳關係好轉。佛家有這麼一句話：「欲知前世因，今生受者是；欲知來世果，今生做者是。」

有點嚴肅，來個八卦！夫妻「閨房記趣」，男人最怕雄風不振，這時候最大的受災戶是他老婆，男人此時多是疑神疑鬼、緊迫盯人，動不動就發脾氣，做老婆的苦不堪言，這種事很難向外人道；這位太太和我媽媽很熟，實在受不了，苦著臉告訴我媽媽，我媽媽教她處理辦法（她沒告訴我怎麼做，應該要問），很快地，夫妻和樂融融。我媽媽說男人很花心、到處拈花惹草，也是有辦法「修理」，當年我應該更好奇問她，辦法一定很有「笑」果！

我媽媽幫人看疑難雜症，有個時辰不看，就是「午時」，一來她身體不好，中午需要休息，二者「午時」是一天中「陰氣」最重的時候，不過若是非常嚴重緊急，她仍是會幫忙。疑難雜症處理的不是只有陰界的人，還包括動物，像烏龜、貓、狗、蛇等的。說個和狗有關的故事，我媽媽朋友拿了一捲錄音帶來播放給

她聽，錄音帶的言詞：「他很過分！他用布袋蓋住我，把我敲死，他很殘忍的用刀殺我，他用棍子活活把我打死……」

錄音帶講話的這個人，每天下午兩三點就重複講如何殺死一、二十條生命的情節，他是瘋了！？家人錄下了整段話；這個人殺死過二、三十隻狗，而且手段殘忍，這些狗不甘心，到了閻王面前告狀，得到了允許可以來「報仇」，我媽媽朋友問有沒有辦法解決？是有辦法，不是很容易，燒紙錢經過多次溝通，了解牠們想要什麼，這些狗的「亡靈」終於同意，做了一些儀式，也寫了一篇很長的「文疏」懺悔文，上告天庭（燒化），燒了不少紙錢，事情才得以解決。

最後，想寫的是「無緣的孩子」，夫妻結合有了孩子，但有些胚胎可能因母親體質較弱流產了，有些是父母有不得已的苦衷拿掉了；有些雖然出生可是緣份極短，小小年紀就和父母說再見；有部分略過，只寫我最想讓大家知道的，「無緣的孩子」和他的父母只有非常非常淡的緣份，我稱他們「有緣的無緣孩子」，他們不一定能立刻投胎轉世，也許在陰間很長一段時間，他的魂靈可能過得不錯等投胎，也可能過得不好而有怨念；如果你或你認識的人有這樣的經歷，可以這麼做：佛、道教信徒或無宗教信仰的人，寺廟每年法會的時候去，幫這個「無緣的孩子」超渡，讓他有好機緣往南天（天庭）或西方淨土，天主或基督徒的方式是怎樣我不知道，應該可以為他們祈禱吧！要做多久時間？當年，我媽媽說做到有一天你忘記了！想做多久就依自己的心吧！為「無緣的孩子」祈福也讓自己寬心。

好人、壞人、對她好的人、對她不好的人，請求幫忙概不拒絕，她對所做的事情是這麼想的，「小人情三分鐘，大人情五分鐘」。做過的事忘記，然後船過水無痕，這就是我的母親。

謹以〈我的媽媽是通靈人〉，懷念我的母親，一個慈悲的人。

4、一雙雙羨慕讀書的眼神！

靳知勤

　　靠著想像，我們可以天馬行空，讓任意門就在念頭，自由地轉動！非僅迎向未來，它也回應過去，重演曾發生的事；在腦中再起風暴、組構更深的意義！

　　在自己成長時，曾經看過一雙雙羨慕讀書的眼神！那個年代，經濟條件仍然匱乏。對一些家庭來說，讀書是奢侈的事。更何況大學錄取率僅三成，有些人考上私立大學，也會選擇放棄。記得在臺北讀高中時，租屋處正有水電工人前來修繕，他先凝視案前K書的我，而後向我問起讀書的滋味。他說國中畢業後考上板中，但因家貧就學技藝去了。這是四十多年前的事，如今想起，我仍可感受他眼中散發的光芒，以及他言談中的雅致。這些是他未能所及的事，但似乎已成無形推手，促使我思索要擔負為更多人讀書的責任。及至今日，自己有了子女，也會想到如果他有子女，真盼望他們都能受到好的教育。我相信會如此的，因為他們的父親在年輕時，眼中有不一樣的光！這個光來自心燈，是不會熄滅的！

　　為什麼人失學時，會有一雙渴望求知的眼？

　　在今年2月手術後，聽從醫囑要安坐在椅子上，不能任意行動。但藉著看YouTube視頻，了解天下萬象時，偶然看到大陸尋親節目「等著我」。其中有許多從小被拐賣的孩子，在長大的過程中，就知道要好好讀書識字。他們說唯有這樣，在成年自立後

才有能力找到親生父母！看到這些孩子述說自己的遭遇，眼中流露出盼望，臉上對於回歸原生家庭的迫切，讓我動容，久久不能自已！這些言表都透亮著光，來自一顆純粹的心！

　　人確實很不同，不光是滿足衣食所需就了事！人的心靈需要餵養，比吃喝還更重要。於是，每當看到那些在困中有知、力爭上游的人，反而是我更受激勵！然而這些點燃心靈的熱火，來自他們殘缺不足的人生；至於接下來的任務，就是受他們鼓舞的我，要把享有的機會化做責任，去引領我教的學生活得更有尊嚴！

　　先前在另文中提到一位敏學不懈的機校教官，也有這麼一雙發亮的眼。他是我所見這些匱乏人中，終能如願讀書、走出康莊的例子。但對這般渴慕向學的心，光從一雙眸子窺知，其實是始自我在高一暑假返鄉時巧遇一位湯姓小學同學。一次，他路過我家門前聊起近況。在交談中，他談到國中畢業後就去工作，沒能升學，心中十分羨慕能去讀書的人。他一直問我如何從生活困境中，找到可以讀書求學的道路；並告訴我想去報考士官學校，因為那裡讀書不用錢。這件事一直讓我記到如今！

　　其實我曾想過，他為何不考師專？但當我年長一些，才知很可能是師專太難考，但也許是師專只有讀書不用錢，反觀讀士校就有薪餉，而且對家裡會有許多補助。據我所知，這位同學的家中十分貧窮。我對談話的光景及他發亮的眼神，記到如今不能忘懷！那位水電工人問及讀書滋味的意義，就在和這位小學同學巧遇之後，獲得昇華。原來讀書的機會不是均等，需要有錢有閒。兵聖克勞塞維茲說的「生活條件和戰鬥條件一致者，強！」果不其然，連生活都顧不及了，怎能安心讀書呢？可是這又是高階的需求，那些生活困乏的人，心中仍然有著求知的渴望。

　　至於我的父親靳啓文，也是在中學階段，因抗戰救國、投身軍旅而失學。但軍隊爲他們這些年輕人開設隨營補習教育，父親乃在一邊抗戰、一邊學習中，完成了高中同等學歷。這使他能在日後持續勵學、力求上進。一個機會被生活或時局沒收的人，對於求知乃更顯意氣相投。這好比草木於久旱後喜逢甘霖！所以，人在福中怎可不知把握幸福。

　　有一次到滿州鄉的九鵬國小，在這有如海角天涯的鄉下，碰到一個潘姓小六學生。他以爲我是軍中長官，特來學校告訴他錄取士校的好消息。原來他是排灣族人，小學畢業就想讀軍校。這時我才知道在國中階段也有軍校學生，他這個小六生還只是個孩子，但卻十分渴望進入軍中。這個機會對他而言，是重要的！我不是他期待的人，自己都爲他感到抱歉。但短暫的邂逅讓我了解這是他們人生中的關鍵！如果我能提供他們機會該有多好！

　　在機校受預官訓時，校內同時還有專科部（二專）及常備士官班（相當於高中）。畢業後，前者任少尉軍官，後者是士官。由於軍校採學長制，在士官班的高一學生有高年級學長給予管教，少不了體罰。每每看到走廊上半蹲或是做蛙跳的幾個學生，都想如有機會去和他們聊聊該有多好。但我們畢竟是過客，三個月後就下部隊任少尉補給官去了。但眞有一位說他從小就讀放牛班、甚晚開竅的預官同學，要求校方安排他爲士官班小弟弟們，做個生涯輔導專題演講。這位江姓同梯高中讀後段私校，大學及碩士讀中字輩農學院。他確實有心、劍及履及，將自己從谷底翻身的經驗，勉勵那些常士班的軍校小弟。在多年後，這位江姓同梯獲得中研院院士的殊榮。

　　至於我的湯姓小學同學是否如願進入士校，一償讀書的夙願？不得而知。然而在今年小學畢業五十年籌備同學會，清點同

窗近況時，卻傳來他已去逝的消息。讓人心中甚感遺憾！不時憶起多年前，我們只是高中的年紀時，他口中吐露對讀書求學的殷切之情。盼望他過去已然如願！往者已矣，唯思及來者可追，還是要持續不怠、努力進前。因為這些曾經領受的熱切眼神，都來自於心靈的真光。我們有機會享有時運的人，也當為這總體的任務承擔。同時，面對當前年輕的學棣們，人人有機會就學，但臺下少見這般明亮如燈的眼睛。在眸子昏沈中，我們也要不失盼望、依然秉持渴求光明的心來激勵彼等，不畏懼冷漠譏諷，為讓生命不被浪費，持續發光！

　　《箴言四章‧25節》：你的眼目要向前正看，你的眼睛當向前直觀。

　　《箴言二十章‧13節》：不要貪睡，免得你貧窮；睜開眼睛，你才有飽餐。

5、山西飯店、王氏家族的「太原堂」及「太原幼稚園」：此太原，與彼太原

靳知勤

　　當人一有感動，就寫吧！不要猶豫，也別等待。因為在這第一時間所萌生的感覺，絕對沒有矯飾，乃本乎真情。今天有從四宇中的呼喚來自高原上的太原。是他做為原中之最，人稱為太。此時，寫下對太原的感覺，是在莫名間從小時聽到他，長大過程讀到他，再在個人馳騁心靈曠野時，不斷從內湧出以呼應自外界所澆灌的信息。這許許多多就像是排山倒海的巨流一般，讓你不得不口中承認、心底相信，和他之間必有一段深長厚重的不解之緣。若一定要問什麼道理，一則答以既有人事關乎此，再則亦以血液因子澎湃之！

　　太原位在山西高原中部，是一座具兩千五百年歷史的古城。為什麼對他有所嚮往，且在年少時就憧憬他的獨特？不只因他是三晉大地的龍頭，有天下莫強、無可禦之大國氣勢；也有唐興地旺、不可一世的統合，將中國的歷史推向舉世之巔，就起始於這高原名城。

　　然而自古，無論是在三代、先秦、兩漢、魏晉，以至於隋唐、宋元，這裡一直是民族的熔爐。那些消逝的民族，雖在歷史找不到相應的後代，但凡匈奴、鮮卑、突厥、契丹，一個個都流

入楚漢的循環，利用混血成就強大的民族生命力量與兼容並蓄的文化融合。

在幼年中對這城的好奇瞻望，脫不去源自內在血液的澎湃洶湧。那時對這個拔地而起、居高臨下的城市，總覺他位在高原之上、睥睨天下，自屬不凡。再加上祖傳告示家人的大槐樹移民故事，有五百年前是一家的口諭，雖身在海隅，但仍存有鮭魚般的天性，在空氣中嗅得出每一個歷史情境轉移交接的氛圍。於是在天命之年溯流返祖一探根源，以回應血脈對此原始驅力的呼喚。

隨著飛抵太原，屈身親觸土地，與他的厚實相連。繼而走在太原市街上，處處顯出他自為省都所具的輝穎格局。他有最早的銀行、鐵路、警政、高校，雖在高原頂上，卻獨而不孤，讓天下諸方體驗他的秩序井然。也使各地都有晉商往來，匯通全國、經濟暢旺、造福鄉民。

在歷朝歷代，他以高人一等的優勢，在表裡山河中孕育一代又一代的帝王。桐葉封弟、代國劉恆、唐王李淵、大周武曌，氣度恢宏乃自由其山川壯麗，令人馳越河套南北、山脈內外，展拓國度、無所設限！

在臺灣最早的山西記憶是太原五百完人！雖然這在當代已被天然臺所淡化，漠然擱置，但這類可歌可泣的完美形象，在那個敵我對峙的年代，依然扮演著激勵士氣的積極效益。就如同我們今日所奉為神明的關公、媽祖原不也是凡人。所以，就社會學的意義而言，它不也是成為聖賢的過程，只是時代變動的太快，這些完人在歷史的放大鏡下現出其中脫鉤之一二。以事實的否證下，它乃回歸於凡俗；有了批評，對許多立場各異的人來說，所稱之完人就停止了攀登崇高的進程。

但雖它止了步，至少對我則使認得太原從清末革命迄至共軍

攻城間的系列發展。我知道太原在獨自治理的過程中，他對山西發揮了輝煌燦爛的貢獻。比起其他省市，他的獨特值得一個遠在海隅的少年，投予關注。他是如何走入現代？有哪些人參與其中？如何連通這表裡山河與五洲七海？又是如何通曉古往、展望未來？這裡較之當時的臺灣，往前更先跨越一步！

倘若意想另尋個人成長中與這個北方城市的關連，所幸還可藉著生活中僅有的傳奇點滴。如在中山堂旁的山西飯店，也曾是父親和同學好友敘舊之處，少有的跟隨伴吃經驗，是第一次和羊羔的邂逅。原來北方高原上的人民是如此這般的和羊親近！但臺灣畢竟不盛產羊，以羊肉為食在那年代並不尋常。反而是山西麵食做為經典，小小的麵糰竟有創意巧思，在股掌之間經過削剔揉搓，變化出各式各樣、多姿多采，彷彿藝術天成一般的組件，變幻萬千。所以，這也是山西太原迷人之處！

至今，一直存在於臺北後火車站的太原路，一度成為工業轉型下的臺灣，由中、南部北上來此尋找工作、徐圖人生未來的中繼站。那些下了火車的年輕人，在太原路上的職業介紹所中，落實他們都市工作的第一個夢想，從此過著和南部家中不同的生活；這好比晉商，當決定離開了土地，投向人類的關係與資本，他們就改變了生活的型式，靠著勤奮地跑腿、做著買賣，累積更多資財，一套安土重遷的傳統不再，轉而耕耘出許多的機會與帳戶。在晉商留給高原子民的票號中，一以體現這些系統範圍之中的籌算與管理；這在太原市街上的銀行舊址中，依然如昨地高舉屹立。

而年到如今，在一個臺灣中部城市待了四分之一世紀。一條名叫太原的道路，從原本市區邊陲中的幹道起了個頭，慢慢地隨著人們向外發展的都市居家，在中段有了新穎人性化的林蔭。直

到進入二十一世紀，這條太原路又從四線成了六線大道，直通大坑後花園，有了更新的面貌、年輕的活力。有趣的是這條路一如在華北的區位，它始自臺中北區，橫貫北屯。

這莫非要在內在隱藏著他本是和北這字脫不了關係，況且與當年三晉人民遠走西口一般，乃以這個屯字標幟著一路遠拓的毅力與雄心。如果未知如此，不妨可從臺灣大道的太原路口駕車一路向東，駛向那城市邊緣的山陵。在過程中，行駛的心將如遍歷表裡山河間，時而遠看群山、時而川行盆地般，氣象多元而萬千。這就是近年的太原一路所形之意象，在這原本無涉之海隅一城。有此關連，是否另類、可也屬乎奇哉異哉！

若再將焦點回歸臺北市中的另一個太原。竟然發現一群王氏後代組成的宗親會，除了以會集合親情之外，另還開辦一所幼稚園，名字叫做「太原幼稚園」。這個隱喻頗有意思！古以堂號為氏族記，而王家做為北方大族，號稱「太原堂」名享天下。這些宗親後人雖居海隅歷經多代，仍以先祖來自太原為榮且以為記！此莫非如我等中人一般，有生命血緣、聲音氣息皆由基因所發，雖未過去太原，但畢竟這數千年間七十餘代，總歸在遺傳組型上一脈相傳，下意識地呼喊覺知，信其必有！

如果說寫這篇歌頌太原的文章，有人覺得無厘，但對地方的依附總脫不去情感與好奇，那些參加和平使命團的志工以及海外宣教的人士，不也在此前心中產生對一地一民的特殊憧憬。至於若有人認為向前瞻就不必回顧審度，但能創新不也基於對傳統脈絡的省察與理解，讓它在新的條件下賦予連通後所得的新穎意義與價值。當前文化創意中，怎能僅憑空泛的腦子做些無本的推理，沒有依附的根就盡是漂浮，不在關連中產生意義，是建立在沙灘的城堡。

　　所以，感謝既往的一磚一瓦、一草一木，點點滴滴、片片段段，經過跨越整合後產生許多想像，至少這個願景或多或少可以復刻，在生命中做為襲產，未來將是如何，盡都掌握在一巨大的流動中，順著心流暢意前行，會是對不壓抑任何可能感動的一種回應吧！

6、何事長向別時圓？張立義及無數人的兩岸婚姻故事

靳知勤

　　三個夫妻緣的故事，一段是電影，兩段是眞實。其中僅一段離了又白頭，另兩段則留長思！都是時代作弄人！

　　公元2000年，福斯出品一部「浩劫重生」（Cast Away）的電影，由影帝湯姆‧漢克主演。片中他飾演的查克，和凱利是對恩愛的夫妻。一日，查克搭公司貨機出勤，出門前告訴凱莉他會馬上回來。然而飛機在太平洋上遇到暴風雨，從此下落不明。對於凱莉而言，查克失蹤，不知去向。但事實上，查克在墜機中生還，全機只有他一人倖存，游上孤島。凱莉在丈夫下落不明的情況下，後來選擇改嫁他人；她認爲查克應是不在人世了。

　　然而查克在島上過著現代「魯賓遜」的生活，身旁沒有忠犬、也無土人福來第。平日，收集雨水或晨露飲用，餓了就到海中捕捉魚蝦當做食物。後來還學會鑽木取火，從此有熟食可吃。但在沒有同伴的日子裡，一開始他只能向自己說話；後來找到一顆飛機上的足球，他在球上畫出人面，取名叫做「威爾森」，賦予人格化。從此，他將「這人」看做同伴，和他講話。

　　查克在困居小島四年後獲救，重返家鄉。當他的妻子得知消息，驚駭莫名。相見時，兩人互訴衷腸，表達仍愛彼此，但卻哭歎人事全非。最後，凱莉無法拋棄重組的家庭，查克只能選擇黯

然離去！

戲裡的最後一幕，查克站在田間的十字路口，襯映金黃燦爛的陽光，查克的臉上綻出淺淺微笑。這臉上的笑容表示他已走出過去，將要選擇一條新的道路。但此時的殿樂沈遠悠揚，雖想撫慰傷痛，但一個又一個音符串起，就如查克困在島時，晝夜不絕的海潮陣陣；一分一秒，無時無刻不在拍打孤寂的心；同時觀眾翻攪心底悲情，一波波湧出，流向天地。

想一想，這部「浩劫重生」（Cast Away）的劇情，是否在我們周圍也確有其事？是的，在1965年黑貓中隊飛行員張立義出任務，在大陸包頭上空被共軍砲火擊落。他的妻子不知丈夫是否存活，只得在九年後帶著三個子女改嫁他人。

1982年，張立義獲釋；然未准入境，乃先行赴美，後於1990年方才回臺與妻團聚。他的夫人當年就與改嫁的先生約定，若張歸來將返張的懷抱。在花甲之後，一對夫妻終能再度比翼雙飛、共浴愛河，過著美眷般的生活。這個發生在東西冷戰對峙中的不幸，雖是個別的事件，但卻絕非單一個案。張立義和愛妻最終為愛情留下堅貞的見證，彌補悵然於一二，也令人感懷！

但事實上，在海峽分治四十年間，有更多夫妻分隔兩地。有的是兩人均未嫁娶，有的是男再娶、女未嫁，也有男未娶、女再嫁，或有男女各自嫁娶。試問這四種狀況，何者最屬不幸？哪個的衝擊相對最小呢？

就我身邊就有一例，在夫妻結縭三月之後，丈夫這方就由北方南下滬江入學，不料時局驟變，平津戰役導致北平解放，淮海失利又失長江以北。學校奉命遷臺，妻子雖知丈夫去了臺灣，但十年……二十年……三十年過去了……。臺灣這方知道反攻無望，娶了妻室，但心中卻一直惦記著留在北方的妻兒。原來，在

分別後八月，他倆的孩子誕生了。但在撤退的路線只有向南，只有更遠。知道有這孩子，但從未謀面。

直到1988年，兩岸開放探親，丈夫這方中轉香港疾赴老家。其實早知妻已改嫁，但到了大陸，才知這孩子早已在1950年代的北方饑荒中夭折，沒了性命。這位父親懷著失落的心回到臺灣，從此鬱鬱寡歡，無人知心。唯只慶幸兩方各在兩岸自組家庭，而後尚有子女承歡膝下，但正如這位妻子在信中寫的：「我們又不是不相愛，又不是哪方犯了過，只不過是擋不住時局的驟變，讓我們不能相守。這個造化也太作弄人。」

從老人深沈的長嘆中，可以聽見他肚腹中的掛記。但在大陸時僅有的一次相聚，就讓兩人如返少時純潔光景，口中互訴兩人的未來可能，但終不能跨越別後四十載中所搭起的重重攔阻。他們兩人已不能放開後來的擁有，只能在短暫傾訴後，回到延續現在的未來；至於過去，在我見到的是不再提起，不致忘記，卻永遠與遺憾深埋！

這末了的例子，比張立義好或差呢？還是比查克好呢？至少他還有個家，查克沒有！但與初識之人不能白頭，卻是無可拋開的遺憾，徒增悵然！而在二十年前，就看過「浩劫重生」這部電影，那時還太年輕、不成熟，不能體會查克的心，該給他什麼建議，也從未想過如何安慰這人！

但今日再看重播，查克讓我想到那位已逝的老人。隨之，又聯想到黑貓隊員張立義一生的傳奇與愛情，方才恍然驚覺：我們是忽略了老人的心情。這半世紀的時局對他來說，相當無情，也很無奈！但他都在安靜中思念、不再作聲。至於我們在這方面也未特別給予關照；直至離世帶走他所有的歡喜哀愁。感到愧疚之中，也祈求上帝寵愛賜他安息、懷抱撫慰，永享福樂！

7、阿龍、孫家榮爺爺和我父親靳啟文的兩代袍澤三世情

靳知勤

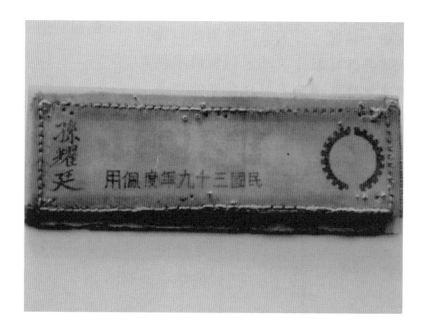

　　小人物的故事值得書寫嗎？如果這個故事符合人民的苦難史，它就有讓我們著墨的價值。

　　就如「傳記文學」一樣，寫的是有名有姓的人，不同的是這些小人物卻只是滄海中的一粟，不致影響大局，但卻難脫時代流動所左右。他們沒有顯赫的事功，有的是常人一般的性情，只因

套入洪流，讓人從細微中窺見勢不可擋，但也在夾縫嵌入個性，
活出自己的天地。

比方諾貝爾文學獎得主賽珍珠所寫的《大地》、《兒子們》

及《分家》三部曲；書中勾勒中國傳統農村社會的宿命。文中主角叫做「阿龍」，但也可以用任何其他的名字代之。這就是小人物文本的特性！而在我們周圍有許許多多小人物，值得書寫的意義，是因他們足以反映時代中的一些特殊與通性。有時是這時代共同記憶中的一部分，就像是燒紅洗煉過的人生一般，將那段歷史烙印在記事的刻版中。

老榮民在臺灣就具有這樣的特質，人人都有一段屬於自己的脈絡，從原鄉出走、在大江南北隨著砲火移動，最後跨過一道海峽來到臺島一隅，在這裡赤手空拳，有的建立家庭，有的孤老一生。有一生發展的共同主軸，但人人都有不同的境遇。他們是國府遷臺後移入的特別一群，在二十一世紀時，終將步入歷史。於是許多相關的回憶，各以影像、文字做記錄。讓人想到一、二個例子，都可從故事中體會那時的光景，讓他們不致離世而永遠抹除。

我從小有許多長輩常來家中走動，乃因父親的性格溫和包容且富俠情。故舊同袍都願與他連絡，我在小時也就沐浴在這樣豪爽的氛圍。看這些長輩，在那時五〇年代，不過是四十上下，有的年紀較長。其中半數不到成家，另有一半則是隻身在臺。在這個年紀成不成家，成了他們漂泊一生的轉捩點。成家的生兒育女，至於單身的就一人終老，但靠的是同袍們的情義。

但對袍澤有孩子出生，也像是家人有喜一般。當然，我的誕生也是他們共同的喜悅，說這是愛屋及烏，毫不為過。還記得我只是幼兒、初小階段，由於生日是國定假日，常有長輩搭車從遠地來到桃園鄉下，為的是帶給我一個蛋糕或是一只玩具。其實他們遠道而來，名為兄弟之子慶生，但是想來和父親一敘。他們大多落籍桃竹一帶，但也有從臺南而來。直至我長成之後，才更能

體會，以那時的交通、車輛輾轉間，這些長輩所付出的代價，絕對是對朋友、袍澤的情義。

與我家淵源最深的一位長輩，還與我的叔祖同袍，民國二十年間，還一同隨軍前往福建綏靖閩變。後來，在日軍侵華之初，他們的部隊馳援淞滬戰場，在上海戰役中國軍傷亡慘重，從此叔祖失去了消息，而這位孫爺爺死裡逃生，殘餘部隊後撤鄭州整補時，遇到了從老家出來找尋叔祖下落的父親。那時，父親才十六歲，虛報年紀為雙十，加入陣營，又與這位孫爺爺一續兩代情緣。

於是，整整抗戰八年，又同屬一師，歷經敵人砲火直至勝利。全師在武漢搭美運輸機空運北平接收，此時改隸傅作義集團軍。由於北平乃文化古都、人文薈萃，各大學紛紛返京復校，學生自由學風盛行；此時父身受學術氛圍薰陶乃立志帶職進修。雖考上北京師大及國防醫，但因軍職身分，乃准前往上海入學。

駐在北平期間，東北戰事吃緊，部隊亦曾派赴錦州增援，但卻不抵滾滾紅潮，後撤入關。直至父親搭船南下上海入學時之碼頭光景，已是人心惶惶。林彪的四野大軍入關，平津戰役已是蓄勢待發。不意，於父南下後兩個月，北平已在傅作義手中與共方達成和平解放協議。從此，叔祖、孫爺爺及父親視作第二家庭的56師走入歷史。至於父親亦隨學校遷來臺灣，心想過去的許多袍澤已盡成俘虜。

然在民國三十九年的某日，在校的父親接到會客通知。原來是孫爺爺到學校找他！他竟也來到臺灣，還來了個聰明的尋人行動！孫爺爺目不識丁，是個文盲。但他卻有超人的記憶，炯炯有神的眼光透露出他無時不在觀察，是另類的閱讀。他之所以能脫離北平紅區，也是因當時北方先行解放，控管相對寬鬆，官長問

道：哪些人不願留下或想返鄉的，可發路費。於是孫爺爺就是其中一人，離開北平後，又輾轉找尋國軍部隊，一直跟著來到臺灣。

這個師雖經和平解放後再行整編，但又跑出來到臺灣的，有一百多人。從我出生之前到民國九十年間，他們這群袍澤年年聚會，延續56師的香火，歷經半個多世紀！這種袍澤之情非吾等所可領會。而正是孫爺爺記得父親南下上海入學的校名，不靠文字卻記得牢，乃在寶島彷彿再有最親之人。

孫爺爺的祖籍在安徽渦陽，是在淮水上游的一個小的縣份，和河南省周口地區接壤。他的家鄉皖北其實和豫中都是連成一氣，我們在地理上熟知的黃淮平原，指的主要是這個區域。大家在史上讀到三國的魏武帝曹操，家鄉亳州也在這裡，看這一代梟雄南征北討都在中州境內，就可知這裡真是唇齒相依。這樣的風土造就出中原、淮北共享人文。

也正如此，56師實源自北洋淮軍之後，在民國之後，編為國民革命軍，不管是北伐統一、南靖閩變，以至於對日抗戰中之淞滬首役，傷損之後的整補都到河南鄭州。這也是河南及安徽子弟共建的部隊，也令叔祖及孫爺爺在年輕時成為戰友。

我後來在大學任教時，曾有機會和皖籍同行籌備皖臺論壇，歷經數屆，在皖辦理的地點都在皖中合肥，或是皖南的徽州及安慶地區。我試圖探詢皖北阜陽等地的狀況，但也許是經濟條件不如南方，乃未成為主辦地區。這也讓巡訪渦、漯、淮水的黃土大地，未能實現。其實，我想一探這個屬於孫爺爺水土給養的貧瘠地塊，究竟如何孕育出這麼一位堅毅的老人。

孫爺爺在我讀小二時，特別帶了一本中國分省地圖送我。孫爺爺雖不識字，應也看不懂地圖上的文字，但他卻知道地圖對我

的重要，就僅是將地圖攤開，就像是掌握乾坤，那個空間的指揮官是父親，但將圖買來送我的，是孫爺爺。我謝謝他！

當父親在臺還是光棍一支，單身一人時，孫爺爺也默默爲他物色終身伴侶。有一次，在我讀小學四年級時，孫爺爺到臺北來，帶著我要到永和看一位臺大醫學系畢業的外科醫師。原來，當年這位醫師在讀臺中一中時，和孫爺爺在籃球場上認識，一個中年人對高中生鼓勵有加，甚至後來也認識了他的姊姊，要介紹給父親。孫爺爺對爸爸的關懷如同子弟，後來雖因工作區域南北遠隔而未成就，但呵護之情盡都流露。

別以爲孫爺爺隨軍來臺，就一直留在本島。在民國四十年間那個風雨飄搖的年代，孫爺爺所屬的部隊也在八二三砲戰前移防金門前線。那時的司令官是胡璉將軍，來自大陸撤臺的老兵加上臺籍的充員兵，一同面對這個火光四射的初秋。對於在大陸曾打過各種不同敵手的部隊，這次比起從前更是一次殊死的戰役。但老兵活了下來，年紀卻也過了半百。雖然他的目光依然如炬，只不過退輔機構也爲他做了安排。

民國五〇年代後，孫爺爺即受轉介至臺中某私立中學擔任工友。這個學校是從前的裝甲兵子弟學校，有了他長駐學校，不分早晚，校內安全獲得保障。這就是他一生在軍中成長，部隊就是他的家，而到了學校也以一樣的精神，愛校如家！

直到有一天，他老了、不能跑動，是到榮家就養的時候了。父親常去看他，並交代有任何問題一定要說。人老了，仍有志氣，但乏了力氣。不幸的是有榮家幹部苛扣孫爺爺的個人財物，父親知道後，一狀告到輔導會他的同學處，這位幹部方才乖乖的繳回。

遺憾的是孫爺爺在開放大陸探親前，就離開了人世。但我未

曾聽他說過家人！試想以一個不到民國二十年就參加軍旅的人，隨後的五十年，他是從沒回過皖北老家的。也許真有一些人是以軍為家，在那個時代離開家加入一個團體才有生存的機會。而孫爺爺正是其中之一！

有道是：「老兵不死，只是凋零。」他們在一生中，或因不同緣故，離鄉背井，部隊就是他們的家；原生的家或已破亡，跟著軍旅一路爭戰，或勝或敗；有過整體國族同享的榮光，但也從沒有少過各方的輕蔑與羞辱。不僅承受共同的撻伐，許多個人也被鄙夷。但基於時代流轉中帶著他們隨波逐流，若沒有一點堅定的意志，可會一切平安舒順？

基於人道主義，給予安養乃是當然；另又因大江大海、漂流靠泊，有一群具大歷史元素的耆老，和我們同在一艘船上，是否也該珍惜這等資材？然而故事遠去，能和他們有過交集的我輩，也邁入花甲。只愧孫爺爺從中年步入老年時，我還太小、不夠懂事，沒有多和他說些心底的話。

但相信父親自民國26年以至七十餘年，半世紀間和他親如家人，談過許多心事，也庶幾安慰孤身在臺的孫家榮爺爺。他能看到戰友的侄子在56師成長，歷經抗戰八年、內戰四年，在寶島建立家業，見到下一代的我們時，每每說道我的弟弟長的神韻就像叔祖——他的同袍。

這些或可為一位榮民生時卑微的滿足吧！一泣！而父親已於兩年前逝世，今年滿九九之年。兩代半世紀，喔！不，兩代要加上叔祖共一甲子的同袍情，實永為記！老人家歷經一生的時代傳奇與苦難，祈願他們安息，永享福樂無疆！

8、軍旅風雲（序曲）官校入伍

潘俊隆

提著個人行李，走出鳳山車站，我的心情是複雜的。

此刻起，我將放下一切，走入全新的生活。嚴肅、紀律、規律及體能訓練，將使我從一個浪漫不拘，沉迷文學、音樂及國樂的青年，被打造成為一個鐵血軍人。雖無法得知未來會否後悔，卻是自己思考許久後鐵了心的決定。在學業方面，我雖曾是橫掃所有聯考（高中職、五專、預校）的勝利者，但卻也是個逃避、甚至厭惡聯考的叛逆憤青。

早在國中畢業，就執意進入中正預校，成為未來的軍人，因為家人的反對而進入高中職就讀。原本對音樂及文學喜愛的我，在進入高中職就讀後，開始積極參與社團活動。我除了加入國樂社學習笛子的吹奏，還參與校刊的寫作與編輯。我以幾近狂熱的學習態度，得以在非常短的時間內，將笛子吹奏的技巧練至純熟的境界，並數次參加了比賽。在文學方面，除了在校刊的文章發表外，還以鄉土題材的小說投稿了校外刊物，並破例被連載，為此還意外獲得當初審稿的作家特地來見，並給我肯定及讚賞。高三時期，更代表學校參加了文藝營為期一週的研習。

三年的時光是短暫的。社團成員通常在高三就逐漸淡出，以準備聯考。畢竟我們學校是縣裡一所國立（當時是省立）的職業學校，學生素質高，升學必定是未來的出路。對於即將面臨的畢業升學與否，我開始惶惶不安於自己又將再度面臨厭惡的聯考。

最後，終究還是放過了自己，繼續沉迷於我的文學及音樂的世界，直到畢業前幾月，一則官校招生廣告吸引了我。在高明駿〈年輕的喝采〉高亢激昂的歌聲下，喚起了曾經成為傲然挺立軍官（其實是著官校制服的軍校生……）的夢想，於是，進入官校就讀，又在我未來之路的選項中逐漸浮出了……

鳳山車站前方廣場，早已停了幾臺軍卡等著我們這些三軍八校的入伍生。一旁的軍樂隊開始奏起了激昂的行版軍樂。車行來到陸官門口，望著校門的對聯：「貪生怕死莫入此門，升官發財請走他路」，我清楚知道，此刻起，我已將自己置身於充滿挑戰的環境，一個沒有個人自由的境地，頗有「置之死地而後生」的壯烈情懷。

我不斷告訴自己，儘管未來命運未卜，也是自己的選擇。

入伍前，我是個不愛運動的人。我只喜歡閱讀及聽音樂。曾經在一次學校的一千五百公尺跑步測驗，我是個撐到終點而暈倒的學生，可見我的體力在那時是完全靠意志力撐住的。但是經過官校入伍每日循序漸進的累加訓練，在入伍第一個月的五千公尺測驗，我已經是入伍生連一百六十個入伍生中，五千公尺的第一名。我驚訝於自己平埔族血液中潛藏的無窮潛力，在官校得以被開發出來，甚至還想進一步探索自己的極限究竟到哪之際，卻在五百公尺障礙的高牆騰越項目中，屢屢撞牆（俗稱貼郵票）了。彼刻沮喪的認為，那或許是我永遠無法跨越的心理障礙，無關體力，也或許在潛意識裡有個不能通過的坎，限制了我的身體。直到一次大膽嘗試後的頭破血流，讓我徹底頓悟，並得以克服心魔……

後來下部隊的突擊訓，在特種訓練一千障礙的板牆項目中，我可輕易以輕鬆俐落的姿態躍起，接著靠手部的支撐，讓身體瞬

間三百六十度騰空翻越（類似蛙人操搶背的動作）板牆而完美落地，證明了我不但克服了心魔，還戰勝了自己。

　　哥哥得知我偷偷跑去念了軍校，相當不能諒解。當時還寫了幾封信不斷要我退訓重考大學，我則是不置可否的沒有回應他的期盼，直到入伍結訓，正式成為官校生，仍舊堅持不退訓。而這也是種下我們兩兄弟二十幾年來形同陌路的起因，直到我退伍出社會，關係才得以冰釋。

　　二個月的入伍，我的身體紮紮實實的蛻變了，如今為文為武，已然成為我人生的經歷之一。而在我黝黑、粗獷的外表下，其實內心仍舊保有感性浪漫的遺傳因子的，並時刻提醒我不能忘記自己最初的那顆心。

　　而內心裡那塊柔軟的部分，才是最真的我。

軍旅風雲（序曲二）

榮譽徽

　　「晉級典禮，開始！」

　　典禮司儀宏亮的口令聲，聽來令人膽寒。

　　隨著口令的落下，三年級學長著草綠服，頭頂大盤帽，戴白手套，腰繫閱兵腰帶，穿著正步鞋（其實是皮鞋底扣上鐵片），以分列式的大方陣，從司令臺右側整齊劃一的開始走了過來。規律而有節奏的鐵蹄聲，隨著方陣隊伍的逐漸逼近而愈加震懾人。未知的恐懼襲來……

　　接受晉級的學生以三個人為一個單位，前後左右間隔兩步的距離，共同接受一個學長的晉級儀式洗禮。

　　我與另外兩位同學三人，位於整個隊伍的正中間偏右的位

置。儘管無法轉頭看著他們臉上的表情，但似乎隱約聽到身旁兩位同學因爲緊張而急促的呼吸聲，並清楚知道，他們彼刻是驚懼多於期待的。而我，則只有嚴肅的表情，但不懼怕。心想，或許咬緊牙就撐過去了，畢竟各種挑戰都經歷了，沒什麼大不了。而只要過了今天，我們將化蛹成蝶，解鎖官校生涯的重要關卡之一。

隊伍在行進至我們方隊之前，就已經開始聽到學長們此起彼落的罵聲，甚至有學長跑出隊伍，利用跆拳社學來的迴旋踢，往一個站在隊伍邊緣，兩手未貼緊的學生踢去。儘管學長隊伍還未就位，災情卻紛紛陸續傳出：有人倒地，旋又迅速站起、有人鋼盔滾的老遠……

我面前的學長，看起來應該是個性還不錯的人。只不過，每個參加晉級的學長都被迫必須戴上兇狠的面具（我自己當年幫學弟晉級也是一樣的），而把和善的面具留到典禮最後。見過我的人都知道，我一臉嚴肅的表情，是會讓人畏懼三分的。因此，我全程眼睛瞪大，企圖以眼神壓過學長的氣焰。而從學長不敢直視我眼神的態勢看來，我當時是站了上風的。只不過，這位聰明的學長使了一個厲害招數：只要我們其中一個被挑到毛病，卻是三個人一起處罰。這讓我對陸官正期生的腦袋，以及未來保家衛國的能耐，還是充滿信心的。

「我在跟你講話，你眼睛在看哪裡？！」學長的臉幾乎貼著我右邊的同學說著。

「全部聽好，臥倒！」學長說。瞬間，我們三人迅速臥倒。但因我左邊同學動作慢了半拍，立即被處罰：「你，著裝卸裝動作開始！」學長指著左邊同學吼著。

只見那位同學，依照著裝卸裝動作要領，將自己脫到只剩下

內褲，脫下來的鋼盔、衣服、軍靴都整齊排列著。正要重新著裝時，學長喊停：「停！看到前方我手指的那棵樹沒有？」學長說。

「報告學長，有！」同學立即回答。

「繞著樹左三圈右三圈，開始！」學長面紅脖粗的吼。

只見同學穿著內褲向前跑了約二百公尺，然後手伏著樹，繞著那棵樹左右繞圈子。

「你們兩個在發什麼呆？一起給我跑！」學長看著我們說。

於是，我們兩個立即爬起來，也跑向那棵樹，並左右繞圈。

回到定位後，學長憤怒吼著：「誰叫你們手扶著樹，官校的樹就是被你們這些人搞死的。全部都有，給我過去，跪在樹下跟樹說一百聲對不起，去！」

還喘不過氣的我們，再度隨著學長口令奔向那顆樹，接著跪下，對著樹，念了一百聲對不起，而那位穿內褲的同學依然還是穿著內褲，但我們卻都笑不出來⋯⋯

出名的黃埔十道菜，在這次的晉級典禮中，用各種方式被徹底實踐了。只見司令臺前廣場的同學們，有人蹲的蹲、吐的吐。使得這二十分鐘的晉級典禮，猶如二十年般的漫長，全場學長的吼罵聲加上學弟的回答聲，充斥整個偌大的官校校園。當司令臺司儀上喊出「晉級典禮結束」之時，情勢猶如失控而無法停止，直到校長出面罵人⋯⋯

陸軍官校的晉級典禮，是傳承下來的傳統儀式。新生經過一年的官校各項磨練後，在升上二年級時，將獲得一個「榮譽徽」，而這「榮譽徽」的取得，並非如此容易，必須經過一個晉級儀式做為總驗收才可。儀式結束後，晉級的學長將為學弟別上象徵認同的「榮譽徽」以及二年級臂章。

「吸氣，挺胸！」

學長從口袋取出「榮譽徽」，釘上我的左胸後，隨即右手握拳重重的捶入。我感受到一股爽快的刺痛感。接著，學長撕開了我右臂上的一年級臂章。可是由於學長猛力的撕扯，把我的長袖草綠服的袖子給撕破了。學長在抱歉聲中，繼續幫我用別針別上二年級臂章，象徵晉級典禮最後一個動作的完成。從此以後，我們這群官校生將擺脫菜鳥的身份，走向新的里程碑。

「學弟，恭喜你們！」學長一反開始時的嚴厲，和善的握著我們三人的手。

「謝謝學長！」三人異口同聲。

黃埔軍校傳統的晉級儀式，在1988年，改為晉級茶會。杜絕了令人詬病的打罵、體罰，改為一種更為人性化的儀式。不久後的1990年代，為了名為去威權化的呼籲，而更進一步取消了正步。於是乎，我們印象中的軍校傳統，逐漸在流失、淡化。

我個人認為，不論是社會進步與否，或去威權也罷，一個軍官的養成，除了服從、紀律，應該還要有聰明的頭腦，以及堅定意志力的養成。聰明的頭腦，靠的是學生素質的提升；意志力的鍛鍊，則必須仰賴平時體能及心智的鍛鍊來達成。而「是、不是、沒有理由」、「不合理的訓練是磨練」，正是陸官學生在部隊有別於一般預官，得以帶領部隊作戰，所該具備的本職學能。不能偏廢。

9、官校魔鬼學生連的一天

潘俊隆

恐怖的黃埔大地震

　　起床鐘聲響起前，通常是讓人焦慮的時刻。有人已經毫無睡意的提早醒來，只想搶這一刻短暫的整理時間。

　　官校學生的一天，是從起床鐘聲響起折棉被那一刻開始的。短短十五分鐘的時間必須精準分配給折棉被、刷牙、洗臉以及整理內務等。內務整理成績的加、扣點，關係到週末每個學生是否榮譽假或禁足的賞罰，輕忽不得。如果你因為捨不得攤開那被辛苦折成如豆腐乾般的棉被來蓋的話，排長肯定是會命令你把棉被完全攤開的。

　　每隔一段時間，連隊不定期會有一次的黃埔大地震（內務大整肅），完全看連隊長官當天的心情，抑或連隊紀律逐步鬆弛，必須找一天加以整頓而定（有時也完全沒理則，想來就來……）

　　那天，連隊用完早餐後，排長隨即將連隊從聯合大餐廳帶回了連集合場，而不是平常集合的樓下馬路。當部隊站定，值星排長隨即開始嚴厲訓話了二十分鐘之久。而通常這個時間正是用餐後到早上第一節課的自由活動時間，但今天，同學們卻都紛紛感受到一股不尋常的氛圍，內心也早心裡有數地預料，將會有一場不知是何種程度的黃埔大地震即將來到……

　　當另一位排長前來與值星排長一陣耳語後，排長隨即將連隊帶往學生寢室。只見連長早已兩手抱胸，一臉嚴肅且帶著一股令人不寒而慄的淫威，昂首立於學生寢室。而矗立大家眼前的，是被棉被、衣物、鞋子、牙膏牙刷及臉盆堆積成一座兩米高如山的雜物堆，那是掏盡所有人床上、床下及內務櫃，所堆積起來的一座大山，而有些內務櫃則是被硬生生推倒在地，甚至連上下舖雙人床也都東倒西歪。整個學生寢室，猶如剛經歷過一場翻箱倒櫃的搜查，更像是一場浩劫後的慘況。

　　同學們看著眼前的景象，不只擔心接下來要如何在這一堆已然散置的雜物中，辨識出自己的衣物及個人物品，還擔心是否有更難以處理的問題等著自己。果然，在那一堆雜物內，大家看到了令人見了心涼的慘狀：有人的小皮鞋被用美工刀刻意的毀壞，有軍便服被以剪刀剪成破布……

　　在還未被告知可以整理復原前，則先是連長的一陣罵，接著是排長命令所有人以蛙跳繞寢室數圈的處罰。

　　原來是有所謂的「連隊老鼠屎」，凌亂的內務連累了大家。而這位「老鼠屎」，在夜間就寢後的一小時，被某幾位同學

「請」到天臺好好「曉以大義」了……

夜間訓話

官校魔鬼連的一天，除了精實的體能及紀律的要求外，就連晚點名後到就寢前的時間，也要進行一場煎熬的聽訓考驗。而這場長達一個小時的聽訓，不是立正站好，也不是稍息聆聽，而是蹲姿聽訓！

蹲姿聽訓有幾項嚴格的要求：上身必須挺直，兩眼直視前方，膝蓋不得碰地，姿勢必須統一，沒有口令不得擅自換腿等。若是擅自換腿被發現，則是聽訓結束後繼續罰蹲，或是接受其他體罰。

而因為長期的蹲姿，腿部血液循環不良，會導致了腿部的酸痛及麻痺。當一場難熬的夜間訓話結束，連長喊起一聲「起立」時，有大部分同學（包含我在內）都因為腳麻而無法及時站立的左右跟蹌一番，甚至還會撞到身旁的同學，而引來連長及排長的一陣痛罵。

　　我不知道訓練蹲姿對於腿部力量是否有所幫助，我只知道因為要忍受腿部的痛，腦袋裏對於訓話內容根本完全聽不進去，只希望這天最後一個煎熬趕緊過去，讓我好好睡個覺，好迎接一天又一天持續的煎熬。

　　不過，這樣的魔鬼聽訓，還真能訓練出可以適應狀況的奇才：有同學不僅能忽略痛苦，還能邊聽邊打瞌睡而不被發現，可謂功力超凡；還有人因此練就出下半身自由換腿，上半身卻也不會露出任何高低起伏的破綻。

　　一場夜間聽訓，臺上口沫橫飛的講述人生大道理；臺下則是演繹一場如何與腿部痛處和平共處的內心小劇場。

10、突擊兵山難事件及省思

潘俊隆

一、出發

1988年，谷關突擊訓基地。

突擊訓結訓前的山地叢林戰，是訓練過程的總驗收。為期一週在山上的日子，學員全副武裝，全身負重至少三十公斤以上。每人身上除了軍人的武器裝備及通過各項地形障礙的器材、登山繩、求生刀以及開山刀的重量外，其餘負重的差異，取決於個人攜帶上山食物的量；有人為了在山上不讓自己餓肚子，特別多準備了罐頭及鋁箔食物包。而一旦攜帶的食物少帶或是提早吃光了，就得乞求他人的施捨——沒有人會因為你只想輕鬆上山而憐憫你，或用上訓練時的野外求生（採食野菜及獵捕野生動物）技巧了。

這是一場相當現實、卻又公平的生存與人性考驗。

在酷寒的十二月，突擊兵們背著一個人的重量來到三千多公尺的高山上。身後背包下方的軍用兩用雨衣，在搭營時，即成了好用的帳篷。鋪上睡墊，鑽入特級羽絨睡袋，即使外面是零下低溫或正下著雪，也能讓人半夜睡出一身汗。清晨，帳篷被重重的積雪壓的下垂，幾乎貼著睡袋。而這些積雪剛好可以提供我們一天的飲用及三餐用水。

突擊兵們踩著前夜未退的冰霜，行走在中北部三千公尺以上的高山稜線上。高山特有的低矮劍竹林，被冰霜覆蓋著，合著眼下的雲海，白皚皚一片，令人宛如置身仙境。畢竟不是登山客，儘管美景在前，可惜沒有時間欣賞。我們分成幾個小組，透過指北針及地圖的判讀，必須在指定的時間到不同的指定地點會合，接著進行突擊、滲透演練。

在多日的高山上，下午四五點即會開始起霧，我們必須在起霧前完成任務，接著開始就地紮營。因為高山起霧的能見度幾乎是零，可說是伸手不見五指。這時若是繼續前進，是相當危險的，或許一個失足將會墜入深谷。而這也是臺灣諸多輕忽起霧的登山客，經常容易發生山難的主要原因之一。

結束在高山上一週的體力及智力的考驗後，在下山時，一位通訊少校因為腳受傷，行動緩慢。於是隊長同意讓同隊的一位神龍小組的中尉隊員，一起在隊伍後方一路護送。只因隊伍下山速度過快，導致傷兵與主隊伍越拉越遠，以致錯過了重要分叉路口。直到主隊伍回到谷關營區，苦等數個小時後，才發現他們沒跟上……

於是，谷關突擊兵有史以來的一次山難事件，發生了。

二、山難的搜救

　　隊長透過營區最高指揮官向國防部通報。國防部數次派遣了
救難直升機在上空搜尋兩天未果，於是指揮官要求隊上組成一個
救難小組攜帶裝備前往搜尋。這五人的救難小組，可謂隊上菁英
中的菁英。有擅長水陸兩棲的蛙人上尉，有官校體操選手，外號
阿諾的阿美族中尉，加上對山上路徑熟悉、經驗豐富的助教等一
行人，懷著眾人的期待以及突擊兵的榮辱等壓力上山了。

　　經過沿路的判斷，小組終於找到走失的分叉路口，顯示他們
朝德基水庫上游的溪流而下行走。而這正是山訓教官在課程中提
到的：一旦發現自己發生山難，必須沉著冷靜，先找到水源及溪
流，並沿著溪流往下，必定能回到平地，而且水源正是讓自己可
以維持活下去的主要因素。小組沿著山上溪流溯溪而下，沿路盡
是瀑布斷崖，必須靠著山訓學到的各種繩索下降技巧一一通過，
過程驚險萬分。終於，在距離德基水庫上游約兩公里的一處段差
約三十公尺的瀑布下，發現兩位走失的隊員。他們刻意搭起帳
篷，並利用瀑布周圍石頭拼出明顯的大H字母。

　　由於那位腳受傷的少校在垂降的過程中，摔下了瀑布的深
潭，因而沒有繼續前進。而他身上配備的AK-47步槍，則隨著他
掉入深潭而被捲入潭底。由於潭底至少有五米深，加上下沖的瀑
布水所產生的紊流及浪花，讓深潭能見度降低，也增加了搜尋的
難度及危險性。這時，小組的蛙人上尉立即褪下衣褲，換起泳
褲，戴上蛙鏡，身上綁著安全繩，毅然縱身躍入深潭。二分鐘後
上岸，做了手勢、確認了槍支方位後，再次潛入深潭，只是這次
潛入的時間更久。安全繩被下沖的水柱數次的猛力拉扯，數度讓
人誤以為是蛙人上尉的求救訊號，但在他浮上水面示意自己是安

全的之後，又潛入深潭深處，繼續與深潭的紊流搏鬥著。

經過數分鐘焦急、難熬的等待，小組其他成員，數度想將他拉上岸。但還是願意相信這位有著古銅色肌膚、六塊腹肌，帥氣的蛙人上尉的專業。終於，他浮上來露出頭了，在踩著水的同時，右手擎起了AK-47。那一刻，眾人鼓掌歡呼。

小組立即透過無線電向隊上回報訊息。電話那頭的隊長終於放下心中的石頭，興奮的向指揮官回報。

結訓當天集合場上的訓話，變成了隊長一次聲淚俱下的感性告白，並表明自己將自行處分，並卸下隊長職務。但我們這批善戰的突擊隊員一致認為，沒有一次紮實的實際經歷，無法展現並證明突擊訓的價值所在。而這兩位隊員，在這三天裡，則實際應用了山訓時通過各種障礙地形以及野外求生的技巧，完全展現了上課過程中所學到的各種技巧應用，而這正是我們可遇而不可求的機會，也是令我們極為羨慕的。

突擊兵的主要任務，是負責在兩軍作戰前空降於敵後實施滲透、破壞。而任務是靠著自身的隱匿性及等待時機來完成，過程中的求生及脫逃技巧，也要完全依賴冷靜的思路以及智慧來促成。

因此，沒有這次突擊兵的山難事件，我們無法得知平時的訓練，究竟對我們實用性有多少。而訓練，不正是為了在必要時得以應用上嗎？！

11、軍官與流氓

潘俊隆

大哥大

　　大哥大，這個名稱相信大家都很熟悉。但早在三十年前就已經有人拿來用過，而且是用來稱呼我。意思是：大哥的大哥。

　　民國81年，農曆春節過後。我從馬祖北竿輪調回臺，來到位於嘉義大林、中坑的營區，那是一個新訓單位。那年也是我待退的一年，年底我將正式離開軍旅生涯。

　　我所分配的營，是我從軍生涯中最輕鬆的單位。畢竟我是一

位待退軍官，只要安份守己過日，沒有人會跟我過意不去——早上睡過頭，沒有人會在意，只要吃飯時間出現就好。我像是營區不存在人物似的蟄伏於各個角落，蟑螂一樣的存在。於是，我開始每天晨起跑步，從營區跑往梅山來回，沿路欣賞美景。回到營區後，照例會走向伙房看看我那些兄弟們，是否都有安份守己的準備好營區的伙食，以及維護好伙房的整齊乾淨。而這也是旅長唯一交代給我這個待退米蟲軍官的「特別任務」……。

　　這個特別任務，其實也是個艱難的任務。因為這個伙房成員集中了全師回役兵（軍中監獄出獄後，回營補役期的士兵）及若干頑劣份子，加上挑選過當兵前的廚師所組成。名義上是我在管理，而裡面實際上則是由一位年紀最大的嘉南地區角頭所帶領的所謂「地下司令」——廖桑。

　　「你的任務很簡單，只要讓他可以在剩下的役期安然退伍，就算成功。」旅長一派輕鬆的，「已經三次來回了，兵都當不完，希望這個惡夢趕緊結束，在我這任終結！」

　　「那我該怎麼做才是最好的方式？」我提出疑問。

　　「首先，莒光日他必須在，師部會來點名；其他時間不必管他在哪裡，固定時間他會翻牆出去，因為他外面的事業做很大……」旅長繼續說，「你自己去跟他約法三章：不准在外鬧事、不准在營區耍老大、欺負士兵，這樣就好」。

　　旅長交代的這個任務，還真是「簡單」到讓我頭痛萬分。心想，我該如何完成這個艱難的「簡單任務」呢？

五星級伙房

　　廖桑的年紀與我相當，個子比我矮了些，由於平時香菸檳榔

不忌，使得牙齒呈現一片由黃泛黑的牙垢，身上所帶的濃重菸味，也讓人感到不舒服；在言行方面更是透著濃濃的臺味，外表看起來相當的粗獷（身上的刺青更不用說了），那是種萬一他開車不小心擦撞到你，你卻不敢對他大小聲的狠角色。

廖桑幾度因為營外滋事及逃兵而進出軍監數次，送回部隊後又必須補完役期，於是他成了各部隊相當頭痛的人物。我與廖桑的相處模式，完全與我的個性有關：我是個奉行人性本善理念的人，先設想所有人的本性都是善良的，再從善良的出發點應對人。所以我首先從與廖桑懇談、交心著手，聽他說自己的豐功偉業，並相信他的領導能力，鼓勵他盡量出頭表現自己，藉此得到眾人良性的肯定，洗刷外界對黑道的刻板印象。衝著我的這些話，廖桑願意把他所有的行蹤向我交代，也承諾將盡全力在剩下的幾個月內順利退伍。

伙房在廖桑的帶領之下，裡裡外外乾乾淨淨、井井有條，伙委、採買的數量與品質，不存在人謀不臧的問題，也未敢有人在他面前偷斤減兩，這使得我們單位的伙食辦的令大家相當滿意。只不過，我卻從未見過廖桑在部隊或伙房吃過飯，向來行蹤來無影、去無蹤的他，總是能在需要他時適時的出現。

某次，師部辦了伙房檢查評比。在事前我也只是輕描淡寫的向廖桑提起這件事，畢竟平時他已經管理的很不錯，不想給他添麻煩，只是沒想到他竟是認真看待此事。而因為這件事，意外成就了我與他堅實的交情。

評比前一天，廖桑特地做了仔細分工，分配伙房每一個人的工作，並且必須隨時維護自己所分配工作的整潔。廚具及鍋碗瓢盆在他的分工及監督下，刷洗如新，牆壁不僅無殘存油垢、污漬，地板更是仔細刷洗到可以讓人躺在地上的潔淨程度，從外面

一眼望去，儼然是五星級餐廳廚房的等級。檢查當天，更是讓師部評審看得目瞪口呆、讚聲連連，甚至認為這裡不曾煮過飯菜，也不需要如此乾淨。

奪得伙房評比最優之後，數次的突襲檢查也都安然過關，證明了勞力分工及常態管理的功能，在這裡如常運作著，並非只是做做表面功夫而已。廖桑和我都感到很有面子。

除了莒光日，廖桑依然每天晚上翻牆外出、清晨回來。有天在我好奇的跟蹤下，發現他在翻牆出去後，在側門的一個小商店換好裝，隨即鑽入停於附近的賓士車內開走了。這個名為「小嘟嘟」的小商店，在營區相當有名，因為裡面有位面貌清秀、開朗的女孩（姑且叫她小嘟嘟），她是營區眾多阿兵哥競相追逐的對象，也是大家喜愛流連、眷戀不捨的因素。正因為如此，這裡也留下眾多的八卦傳聞，除了各種風流韻事外，另一個讓我特別感興趣的傳聞，就是這位美麗迷人的女孩，聽說是廖桑特別安排在營區附近，專門用美色來賺取阿兵哥錢的暗樁。而我，曾於放假時，在小商店內暗自欣賞「小嘟嘟」的一顰一笑，更曾因傾倒於她的美貌及巧笑倩兮，而與眾多阿兵哥一樣的陷入那不可救藥的美色陷阱……。

那天，我向廖桑提起了「小嘟嘟」，只見他一陣狂笑，連同在旁的其他伙房兵也都忍不住噗哧捧腹而笑，只是沒有人敢答腔。

「大哥，如果你喜歡她，我可以幫你處理……」廖桑掩不住竊笑的臉說著，而那時的我，已如一隻急著找洞鑽的地鼠。

得知「小嘟嘟」與廖桑曖昧的關係之後，她在我內心裡的形象隨之幻滅。但讓我更想一探究竟的，是廖桑的地盤及影響力，究竟可以到達何種程度。

垂楊路的不夜城

八、九○年代的嘉義市垂楊路，兩旁是個不夜城，周圍的高級理容院、俱樂部、酒店等特種行業林立，而且幾乎是由黑道所經營。而廖桑的勢力，在垂楊路則是擁有呼風喚雨、喊水會結凍的實力。

廖桑曾經向我提過：如果他順利退伍，一定要擺桌慶祝，並邀請我成為貴賓。而他終於退伍的那天，為了避免不必要的麻煩，營區刻意低調處理，所以當天只有我陪他走到營區門口搭車。退伍，對一般阿兵哥來說，是期待已久的自由，咬牙硬撐就過了。但對於廖桑來說，卻是比我這個志願役軍官服務期還久的惡夢。如今他的退伍，對於他及部隊，都是惡夢的結束，確實是該好好慶祝的。

原以為廖桑會搭上營區大門口旁排班等待的計程車，沒想到卻是大陣仗一排三輛豪華進口車已經停妥，準備高調迎接他。這讓我更加好奇：究竟廖桑處在甚麼樣的世界。

「大哥，放假那天記得要過來參加我的退伍慶祝會，那天我會派車來接你……」他拉著我的手，繼續說：「沒有你，我搞不好還是撐不到退伍，多謝你了。」

但是到了假日那一天，我膽怯了，於是向部隊告假三天回屏東老家休息（躲避）。回到部隊，伙房弟兄向我告知了廖桑對我的失望，並希望我再給他一次機會。於是特別交代伙房弟兄假日跟在我身邊盯著，等我換完便服，更護送（比較像押著）我到營區門口，而廖桑已經親自在營區門口等候，此舉還一度造成門口警衛排的一陣緊張。而那時，我也已經沒有拒絕的機會及藉口……。

　　車行至嘉義垂楊路，來到一家富麗堂皇、非常氣派的俱樂部。一進入挑高大廳，兩旁早已站滿穿著筆挺黑色西裝的男士以及著白色長裙公主裝的女孩，他們臉上都堆著奇怪的笑容，鼓掌目迎。這時，一位漂亮高挑，穿著寶藍絨布旗袍的女生走向我們。

　　「大哥，一切都已經準備好……」穿著旗袍的女公關接著說：「您身旁這位要如何稱呼？」

　　「他是我尊敬的大哥！」廖桑隨興的說，但這位漂亮女公關卻是一臉為難。

　　「大哥的大哥……嗯……」她靈機一動：「大哥大！」

　　「來，大哥大這邊請！」女公關恭敬地彎腰，左手輕輕握拳置於腰前，右手做出「請」的手勢。隨即，兩位公主領我走入一個大包廂。包廂內有一個U型沙發椅，前方有一個大桌，桌前有一個投影幕，桌上早已放滿了洋酒及豐盛的大餐。

　　當我坐定後，公主們開始魚貫的進門來，在我左右兩旁也坐了下來，這是我從來未經歷過的場面，我尷尬的不知所措，內心只想著要如何逃離這個地方。不久，廖桑也走了進來，站在我的正前方。

　　「大哥，你們今天好好玩，這裡面如果有你喜歡的，就挑兩個帶走，我已經都安排好了……」廖桑一副指揮若定樣：「來，先敬你，感謝你給我機會！」

　　喝下第一杯酒，我趨前走向廖桑，把他拉到身邊，在他耳邊細聲跟他說：「廖桑，如果你尊敬我，就請你讓我離開這裡，這不是我喜歡的方式及排場。不是你招待不周，我真的沒有辦法，而且，我現在還具有軍人身份……」

　　廖桑隨後立即交代在場人員痛快享受大餐，同時一臉為難的

帶我離開包廂，自己充當司機送我到火車站搭車回老家。

　　燈紅酒綠，對我而言是不同世界，也不具吸引力。但對於廖桑而言，這應是他最有誠意，也最展現義氣的招待。我感激他沒有進一步為難我，而這也是他可以為我做的最讓我感到安慰的一次進步——一個角頭大哥所展現出對人的體諒及同理心。

　　註：
　　1. 這是眞實故事。
　　2. 爲了增加可看性，文內人名及部分情節稍有虛構，請不必太糾結於事實。

12、軍旅風雲（終篇）〔值得紀念的榮耀〕

潘俊隆

一、退伍前的職訓

1991年，當時的第一位文人國防部長陳履安，頒布了一項政策：「屆退軍士官職業訓練實施辦法」。明訂：即將於一年後退伍的軍士官，可以報名國內職訓中心，以銜接軍士官退伍後進入職場所應具備的技能。如獲得職訓中心錄取，可向部隊報告，即可帶職訓練，沒有後顧之憂。因為有了這項德政，當時造福了數千、數萬的屆退軍士官。當然，也包含我在內。

1992年6月（退伍前半年），我進入了位於桃園內壢的省政府勞工處北區職訓中心的電腦輔助繪圖班，這在當時是相當先進與熱門的一項課程。

由於我一路走的都是機械科系，以往在設計方面接觸的也都是手工繪圖。而在職訓中心這裡，我首次面臨以電腦繪圖取代繪圖桌，著實有恍如隔世之感，也感嘆幾年的軍旅生涯，竟讓自己落後時代如此之多。從此以後丁字尺、針筆或鴨嘴筆、圓規、三角板等繁雜的繪圖工具，不再出現在我面前，也不會讓我感到煩躁。另外，由於當時的DOS作業系統課程，是一位面貌清秀、聲音迷人的女老師，遂讓我對於每日的上課產生了期待。也因為如

此，讓我的電腦知識在極短的時間內，得以突飛猛進，甚至還進一步對程式語言的撰寫產生了興趣。

為了補足軍中服務期間與同齡人士的落差，我除了白天的電腦繪圖職訓外，還陸續報名了夜間的青輔會職訓中心CAD／CAM電腦輔助製造的基礎及進階課程訓練，加強了設計外的製造實務能力。也同時在青輔會職訓中心研習了Novell區域網路，進一步踏入了區域網路系統建置及維護的領域。

我讓自己不間斷的投入學習，主要是為了不辜負軍中所給的恩惠，也不想浪費一點點可貴的時間。

二、意外的插曲

省北訓電腦繪圖班是個二十人的小班。班上除了一位四十幾歲的中校大哥外，我的年紀是第二大，其餘學員悉數是義務役剛退伍或是高職剛畢業，等待就業的年輕人。

為了每年年底舉辦的全國職訓中心合唱比賽，這個讓省北訓上下無不感到頭痛厭煩的任務，往年都以幾個倒霉鬼湊數組隊參加比賽，自然每年都是以墊底成績收場。但是，今年卻不同。由於常年成績的墊底，總讓中心主任感覺很沒面子，於是今年興起了改變的想法：只要不再墊底，倒數第二也是不得了的成就。

為了達成這個目標，中心人員加緊進行了內部的代表隊選拔。於是各班組隊，選了歌曲後，在中心的室內運動中心舉辦了的合唱比賽。我被拱出來擔任班上合唱團指揮，理由只因為我是現役軍人，有領導經驗，加上我是班上最用功的一個。

可惜比賽結果由建築繪圖班奪得第一名。他們也將代表中心，參加那年11月的全國職訓中心合唱比賽。而我們班只獲得第

三名。

合唱團代表隊僅有短短一個月的訓練時間。於是北訓中心請來了育達商職的音樂老師來指導；鋼琴伴奏則找來模具班的一位長年於教會唱詩班擔任鋼琴伴奏的原住民青年擔任。但卻缺了一個指揮。由於我在班際比賽時，被認為是表現稱職的指揮，節奏感也不錯，於是中心央求我接下指揮這個重擔，同時也是他們的團長。只不過，這個往年全國合唱比賽成績敬陪末座的省北訓，今年的目標卻僅是卑微的：只要不是最後一名都可以。著實讓我哭笑不得。

由建築繪圖班學員組成的合唱團，成員比我們班複雜許多：裡頭有我官校同學、退役校級軍官，還有幾位坐輪椅、杜拐杖或小兒麻痺症的身障人士。而這個班，唯一共同之處，就是不信任我這個空降來的別班指揮。他們想看看我能有多大的能耐足以帶領他們，同時也暗自倒數我究竟可以撐多久時間而不放棄。我清楚知道這是本位主義產生的排外心態，但是我相信自己可以做到讓他們可以接納。事實上，我對於音準及節奏的敏感度很高，同時對於樂曲的詮釋及表現，也有自己的一套。

剛開始的練習時段，有人藉故請假不來，或是在練習當中不斷講話來擾亂我的情緒，還屢勸不聽。有時竟連我官校同學都不挺我，也不願意出面協助我。我難過、羞愧於自己的人緣竟是如此之差。

音樂老師選定「寄語白雲」（又名「離情」）這首填上中文歌詞的韓國歌曲，做為我們比賽的選歌。因為這是首有著清楚旋律，情緒起伏飽滿的歌曲；有離別的哀傷、有思念的愁緒，也有傾訴時的激昂，最重要的是好唱也好聽。歌曲若是詮釋的好，加上優美的合聲，無不讓聽者沉醉其間。我讓自己融入歌曲中的旋

律與歌詞的意境，並與音樂老師討論後，決定了詮釋的角度以及表現的形式。

三、贏的感覺

經過一段時間的溝通與練習，團內成員逐漸感受到我無私的立場與認真的態度，也終於願意接受我的指導。最重要的是，我對於音樂的知識、經歷與所展現出來本事，讓他們無法忽略我的存在。

比賽前一天，我們來到位於士林的北市職訓中心，這裡是全國比賽的場地。

經過這一個月來的練習，團員們已經可以熟練掌握歌曲意境的聲音表現形式。在聲音的處理方面，以每個人聲音的特性，以及音感的掌握，細分成高中低三種，再拆開成為二部合唱。我也向他們說了一段關於這首歌及歌詞的故事，讓團員都能感受、並被感動，而能在歌唱時能融入情境，掌握抑揚頓挫，進一步唱出自己內心的感受。這是一個驚人的改變，但卻只有我跟老師能深刻感受的到，而團員們因為無從比較，則是不自知的。

上臺前，由於每個團員已被前面十個團隊的精彩演出，挫了不少信心。而我，則是充滿信心的不斷告訴他們，只要維持平常心，就不會再拿墊底名次。於是他們再度清楚的認知：我們的標準竟是低到根本不需要緊張的名次。頓時大家心裡放鬆了許多，臉上也紛紛露出了笑容。

當司儀唱名我們入場時，第一個入場的是前排坐輪椅及下肢殘障者，陸續進場的，則是二三排不同年紀身高的成員。這個畫面讓觀眾及評審可以清楚了解：這是原班成員，而不若其他演出

單位是遴選一批愛唱歌或會唱歌的成員所組成，指揮也都是邀請音樂老師擔任。只有我們省北訓，除了原班人馬之外，就連指揮也是學員自己擔任。而令眾人好奇的是，這如此不同於各隊的組合，究竟能帶來何種令人眼睛一亮的成果呢？

一如我所希望的，每個團員都帶著笑容上臺。就連我也是轉身笑著臉與評審行鞠躬禮。演唱結束瞬間，我對著團員誇張的豎起大拇指的動作，引起全場熱烈的掌聲，當我轉身再度微笑對著首席評審張清郎教授鞠躬時，我看到張老師笑口開懷的同樣對我豎起大拇指。

成績的宣布是從第三名開始。團員們因為沒有期待，自然不會有患得患失的心態，於是大家忙著歡慶壓力的釋放。不久，工作人員把我叫了過去，在我耳邊悄聲告知：恭喜你們拿了第一名，請你準備一下，等候上臺領獎……

頓時，我腦筋一片空白，猶疑數秒後，盡可能讓表情保持冷靜，並悄悄的整理服裝……

當宣布第一名為省北訓的當下，我的周遭瞬間歡聲雷動，大家不可置信的從座位上跳起來歡呼，而我，則是理一理領結的快步上臺，接受當時的勞委會主委趙守博的頒獎。

我們贏了。我們不但不是最後一名，也不是倒數第二，而是第一名！

這個榮耀來的一點都不僥倖，卻是一個從不被信任到完全交心的微妙過程；也是一個從不起眼、不專業的團隊，直到能唱出優美合聲的團隊。這之間的轉變，竟是如此的戲劇化與激勵人心的一次因緣際會。

而這段經歷，無疑是我人生中非常值得紀念的一次榮耀。

四、退伍即就業

　　我在職訓中心與團員們一起創造的奇蹟，間接也使我有了耀眼的結訓成績。緊接著在退伍令還未到手之前，卻已經擁有了一份職訓中心轉介的產品設計工程師的工作。並以此為出發點，開展了我往後的職業生涯。

13、大師系列：游禮海

賴研

初心至簡

初心

　　光復初期，百廢待舉。

　　游禮海，十二歲半喪父，母以淚洗面，不知道有什麼辦法養活這一群孩子。母親對還不識字的禮海說，鄰莊有放牛的卑微機會，他二話不說就去了。

　　牛兩三頭，有公有母有犢，母牛吃草時依然眷顧著幼犢，大大的牛眼，盯著小牛，小牛吃一口草，母牛也吃一口草。間或小牛貪玩不吃，母牛就以哞哞的聲音提醒，這一切都進入了禮海的眼裏，記在了心裏。

　　兩三年後，禮海的母親希望他同過世的父親一樣進入礦坑，他跟母親說他只做一年，之後就要跟大哥一樣出門學藝。母親含含糊糊，想說小孩子心思不定，到時後再看事辦事。

　　一年後，禮海跟母親要求要依照當時的約束，母親打算打迷糊仗，他的心跟鏡子一樣敞亮，知道礦坑就是不歸路。母親一邊唸，他躲進被窩裏，尋思如何跟母親說個她能接受道理。

　　靈光一閃，他想起父親臨終前叮嚀，不要讓孩子進入礦坑，跟他染上所有礦工無一倖免的肺矽症頭，遂一躍而起找到母親，母親聽罷，無言以對。

　　禮海那時年已十六，知道再遲就沒有師父願意收他爲徒，即使隧道的那一頭的燈光隱隱約約，他也不願原地打轉般的等待。

　　母親終究不捨，帶著禮海到街上買一套卡其制服，讓他出外工作整齊體面些。熱心的店主問明禮海去處，建議無須捨近求遠，不如直接在本鎮阿全師學習木藝，並言阿全師與其交好，定然可行。

　　阿全師礙於店主爲其主顧，勉強接受，內心覺得禮海瘦弱，不數日必然如其他之前學藝的雛兒知難而退。刻意如前作法，將一鏽蝕魯鈍刨刀與一桀驚不材的木頭教予禮海，囑其平整處理。禮海心思細密，觀察刨刀之後即請教其他熟練之師傅，由於他誠摯懇切，得到指導後即知道如何磨刀與調整刀刃距離，完成後阿全師父亦驚奇小子應變之機巧。

　　不數日又將一堆長短粗細不一木料交禮海處理，他使盡全力

完成後手腳疲憊，腰酸腿疼，思忖若一逕倚靠蠻力必難長久，次日調整氣息與運力，人刀宛若一體，完成的每一段成品長短厚薄皆尺寸一致，阿全師方知禮海心細手巧，堪成大用。

少年禮海深感拜師學藝之艱辛坎坷，若要出人頭地必須識字解文，從《三字經》「人之初」開始，發憤苦讀，白天做工，冬天的夜晚，躲在被裏識字讀經，曾經把棉被都燒了，差點釀成大禍。

讀到《論語》裏有一段內容，描述振翅而飛的瞬間，陽光照射著羽毛反射出潔白的亮光，明白當時自己離家學藝確實就是一樣的心情。

六月後，禮海學成出師，銳氣勃發，已非昔日少年。

孺子可教

古之所謂豪傑之士者，必有過人之節。人情有所不能忍者，匹夫見辱，拔劍而起，挺身而鬥，此不足為勇也。天下有大勇者，卒然臨之而不驚，無故加之而不怒。此其所挾持者甚大，而其志甚遠也。

夫子房受書於圯上之老人也，其事甚怪；然亦安知其非秦之世，有隱君子者出而試之。觀其所以微見其意者，皆聖賢相與警戒之義；而世不察，以為鬼物，亦已過矣。且其意不在書。

千金之子，不死於盜賊，何者？其身之可愛，而盜賊之不足以死也。子房以蓋世之才，不為伊尹、太公之謀，而特出於荊軻、聶政之計，以僥倖於不死，此圯上老人所為深惜者也。是故倨傲鮮腆而深折之。彼其能有所忍也，然後可以就大事，故曰：「孺子可教也。」

——蘇軾《留侯論》節錄。

年輕人血氣方剛，常見爲彰顯個人而刺青招搖，卻不見沉潛志氣藏劍於胸中。心中無師法典型，亦不知道折躬請益善知識之重要，盲人騎瞎馬，夜半臨深池而不知。

陳子昂〈登幽州臺歌〉之「前不見古人，後不見來者」的悲涼，透過禮海師的「孺子可教」，捕捉圯上老人要求張良爲他穿上鞋子的那一瞬間，觀者當能體察創作者深沉的嘆息。

木雕作品樸拙的表白傳說的歷史一刻，漢成楚敗也在張良俯身屈就這一刻宿命般的決定，偶然與必然在此時交換了命運。禮海師認爲機會是無窮無盡的，只是世人通常痴呆的追逐著機會，智者則氣定神閒的不斷自我精進，機會來臨時一劍中的。

學習觀察時機是大師反覆強調的部份，不僅用於人生，也是用於創作。創作無論是凝重如木雕，或者是輕靈如水墨，本質都是「觀時待機」的呈現，因此可以感動觀者，與觀者心中難言未言的部份直接碰撞。

觀者因而有「深得我心」與「意在不言」的觸動，大師誠哉斯言也。

孺子可教

三國演義羅貫中

第五十回：諸葛亮智算華容，關雲長義釋曹操

言未畢。一聲砲響，兩邊五百校刀手擺開，為首大將關雲長，提青龍刀，跨赤兔馬，截住去路。操軍見了，亡魂喪膽，面面相覷。操曰：「既到此處，只得決一死戰！」眾將曰：「人縱然不怯，馬力已乏，安能復戰？」程昱曰：「某素知雲長傲上而不忍下，欺強而不凌弱；恩怨分明，信義素著。丞相昔日有恩於彼，今只親自告之，可脫此難。」

操從其說，即縱馬向前，欠身謂雲長曰：「將軍別來無

恙？」雲長亦欠身答曰：「關某奉軍師將令，等候丞相多時。」操曰：「曹操兵敗勢危，到此無路，望將軍以昔日之情為重。」雲長曰：「昔日關某雖蒙丞相厚恩，然已斬顏良，誅文丑，解白馬之圍，以奉報矣。今日之事，豈敢以私廢公？」操曰：「五關斬將之時，還能記否？大丈夫以信義為重。將軍深明春秋，豈不知庾公之斯追子濯孺子之事乎？」

雲長是個義重如山之人，想起當日曹操許多恩義，與後來五關斬將之事，如何不動心？又見曹軍惶惶皆欲垂淚，越發心中不忍。於是把馬頭勒回，謂眾軍曰：「四散擺開。」這個分明是放曹操的意思。操見雲長回馬，便和眾將一齊衝將過去。雲長回身時，曹操已與眾將過去了。雲長大喝一聲，眾軍皆下馬，哭拜於地。雲長愈加不忍。正猶豫間，張遼驟馬而至，雲長見了，又動故舊之情；長歎一聲，並皆放去，後人有詩曰：曹瞞兵敗走華容，正與關公狹路逢。只為當初恩義重，放開金鎖走蛟龍。

禮海師「華容道」，是依照羅貫中《三國演義》中描述的曹操兵敗赤壁，率殘兵敗將北歸，途經華容，遭關羽攔截去路的故事。細讀此回，諸葛亮早已觀察天象，知道曹操命不該絕，派關羽埋伏華容，實際也是成全關羽報曹操當年之義。

人間最難為「成全」二字，困難在成事又不顯痕跡，實為人與人之間完全理解世事艱難之後的溫柔體貼。不知道人間疾苦的旁觀者以為曹操僥倖，或以為關羽婦人之仁，人間至美在此時須得委屈以待識者體察。

書中將關羽安排在「華容道」華麗上場，面對曹操湯湯水水的一身狼狽，人性的高貴處在此時激起朵朵浪花，後人閱至此處皆掩卷暫息，凝想若是自己身處此境，該做什麼樣的選擇。我們

很樂意關羽在此時做了他一生中最符合人性的選擇，證明歷史迷人處在有血有肉，而不是成王敗寇這樣一筆勾銷。

　　禮海師真人性幽微處的掌燭者，讓我們在搖晃的燭火中，瞥見歷史美麗的瞬間。

道在華容

14、沉醉東風

賴研

白樸《沉醉東風》

> 黃蘆岸白蘋渡口，綠楊隄紅蓼灘頭，
> 雖無刎頸交，卻有忘機友。
> 點秋江白鷺沙鷗，傲殺人間萬戶侯，
> 不識字煙波釣叟。

四十年的日子，流水般的逝去，偶爾在工作或日常的柴米油鹽折磨中，會想起紅樓的日子。當時的人今在何方，當時的事已記憶模糊，有時甚至會懷疑自己的記憶是否真實，這些人這些事真的存在過嗎？

年紀有了，兒女有了，成功的經驗有了，失敗的體驗有了，時間完全可以把我們釀造成一個有韻味的人，只需要一點點酵母。

這些年來，常常喜歡觀察周遭的人，以前我對人其實是不怎麼感興趣的，人心難測是其一，自己慧眼不具是其二。拜網路之賜，許多老同學可以重聚，因而有了一個時間的長度可以體驗人的變化，二十年，三十年，甚至四十年的摧打折磨對自己和別人的痕跡。

那一點點酵母是什麼呢？

後來的發現是來自於父母或師長與同學，在成長的過程中有意或無意撒在心田的種子。那些種子在我們成長中，有些發芽得早，有些發芽的晚，但是遲早會用它獨特的方式，成為一堆蔓草或成為花朵，甚至成為參天大樹。於是更謹慎自己的言行舉止，希望不要留下一些荊棘在別人心中成為羈絆。

酒要一段時間的醞釀，友誼的香醇也需要時間的沉澱，老同學因此變成了新朋友，時間的魔術師總能夠留下真實，讓我們覺得不虛此行。

時光飛逝，當時的點滴滴依然刻劃在腦海中。這些當年的慘綠少年，有人成了教授，有人成了醫師，有人成了工程師，有人走到了生命的盡頭。有人白了髮，有人禿了頭，有人當了爺爺，有人還是一個人走。有人成為無話不說的知己，有人依然相見兩不相識。

我們這個專門出學霸與書呆子的學校，經常會出現幾個奇人，胖子無疑就是其中之一。

胖子小時候就叫胖子，估計也曾被叫做肉圓等具有特色的綽號，但是胖子這個綽號不僅他自己喜歡，同學朋友們也都喜歡。

胖子吸引我注意的第一次，是在高二的班際籃球比賽。胖子雖胖，卻有平常人亦少見的靈活，三步兩步就快攻上籃得手，把追的人拋在後頭。轉過身來還跟對手笑笑，那個意思是你下次要快一點。

那一天我們班慘敗，不過胖子倒是讓我記住了他。

再見到胖子已經是四十年後，我繼續保持著平凡，胖子繼續維持著他崢嶸的體態，嗓門沒變，瀟灑如昔。歲月可以摧折打擊

一些人，留下或淺或深的痕跡，對有些人似乎是莫可奈何。

胖子始終健談，他開始說話，其他人都可以閉嘴而毫無冷場。所到之處一直都是笑聲不斷，鬼話連篇。他會說他小時候打架的事，我們這群乖寶寶只有張嘴讚歎的份兒。

那年大學聯考作文，題目是「一本書的啟示」。他從申論題的觀點闡釋，說明為何是一本書，而不是兩本書，為何是這本書而不是另一本書，拿了四點五分，應該是那年本校作文的墊底，因為作文滿分是三十，我記得自己是二十五分左右。考英文時他三下兩下寫完，檢查了幾遍，看大家都還振筆疾書有點納悶，出了考場，大家都說英文今年簡單但是題目很多，很多？他才發現最後一張考卷還有背面的題目沒寫。

那年數學超難，我就不說自己幾分了，他老兄加權百分之二十計分後拿了快一百分。就這樣單靠著一科數學，他也進了交大控制系，至於要控制什麼應該完全不清楚。

四十年重聚意猶未盡，數月後臨時起意，在遼寧街夜市拉了個高中老同學聚會，他酒喝得不多，卻送上一個故事讓我們下酒。他的籍貫是湖南，父親在高一那年被警總帶走，毫無預警，一去多年。那時疑似匪諜的最低消費差不多就是十年。

上學時開始有便衣跟蹤，幾次下來他氣不過，走進一家麵店，便衣居然也跟了進來。麵來了，他端著麵一大步就坐在那個便衣的對面，嚇了對方一跳。吃完麵，便衣好心的告訴他幾句話，老弟啊如此如此這般這般。隔幾天，他就跟學校教官說要入黨了，當時這是一個明智的選擇。

他太胖，量了幾次，正好超標零點五公斤不用當兵，大學畢業帶著所有的積蓄就去了美國，積蓄有多少，他那天說了，我忘記了，大概就是可以活一個月那種。他選校的標準不是學校的好

壞，而是那個學校可以給他獎學金活下來。畢業，就業，在矽谷成功創業，忘不了這一塊他出生的土地。一個人回臺灣照顧九十幾歲的老母親，依然活力十足，在有限的資源下，繼續奔走奉獻這個人稱寶島的地方。

有些人喜歡大聲的說愛臺灣，做的卻不是那回事，有些人嘴上沒說，一直做著。心中有怨嗎？也許有一些，在沙漠裡有些仙人掌長得又粗又壯，他就是那種，只需要陽光與空氣。水一點就可以。這些人就像是駱駝轉世的。

如果你認識胖子，周圍或自己也有些類似的經歷，應該也可以感受到做爲那一代人共同的悲哀與微微酸楚的幸福。快馬江湖，任我逍遙，誰又在乎紅塵一路辛酸？

有一張高一的照片，自己在照片中還是慘綠少年的樣子。完全是一付「先天下之憂而憂，後天下之樂而樂」的模樣。照片裡的同學有的走了，有的失去聯絡。

今年春天，有位高中的老同學要到臺北資策會來開例會，他算是臺灣搜索引擎的先驅，在資訊界非常知名。約了傍晚到民生東路和光復北路口碰頭。雨出奇的大，我看到他在對街，身形瘦弱，撐著一把傘，猶似高中時的他。

他是我的高中三年同班，一直是我心中的偶像，沒看他拿過書本，更常見到的是他跟這個同學、那個同學在下象棋，多年後我看到阿城寫的《棋王》，心中立刻浮現的就是他瘦弱的手執棋的專注身影。

其實他並不瘦弱，高一時，國文老師在課堂上花了十分鐘，用極其浮誇的語氣，稱讚我們這群剛上高中的小毛頭時，他站起來質問老師，「妳說我們優秀，那妳說說我哪裡優秀？」當年這

種行為叫做「公然侮辱師長」，他因此被記了大過。

我經過訓導處走廊，看到他站在外面「候審」，神色自若。我問他需要我陪他嗎？他搖搖頭，我默然走開。

臺大資工畢業後，出國進修，回國之後他開始設計《搜尋引擎》，一頭栽進去，一做三十年，無怨無悔。我完全不意外，他從來就不需要掌聲來驅動自己內心的火焰，這群人都是這樣。

綠燈亮了，我們同時走向對方，雖非久別，內心還是有另一種激動。他說就街旁這家溫州餛飩吧，我說怎麼可以。執意在不熟的街道上尋找適合多聊幾句的地方。

最後在一家看起來還可以牛肉麵店坐下，點了能夠點的小菜，談的是他的夢想和我的現實。他有一兒一女，都走在往夢想的路上。我有三個女兒，都跟我一樣，選擇跟現實妥協。

前幾天下午，跟幾位高中同學討論未來合作的可能。聽著聽著，我突然發現這幾個同學都跟我一樣，病得不輕。在學理上也許沒有這個名稱，我姑且稱做「理想偏執狂」。

這種病的特徵是心中有一個磁軸，不管白天遇到什麼風吹雨打，晚上只要一覺醒來就打回原形，還是往自己的理想方向前進。

唐朝初年，有一位俗家姓陳的出家人也有這種病，從長安一路向西，在沒有導航系統的時代，竟然穿越戈壁沙漠，跨過帕米爾高原，抵達印度取經，成就「如人飲水，冷暖自知」的殊勝妙法，一部《心經》，將佛法以世間文字精妙闡釋。

呆子總是選擇安全的陸路，學霸總是選擇當海上的航行者。不同的走法，是否會在彼岸重逢？

紅樓有學霸，也有呆子。有人既是學霸也是呆子。呆子也都

有一個共同處，就是跟學霸混久了，漸漸忘了自己其實只是個呆子。從呆子的眼光看學霸，就好像站在山下看著山頭白雪皚皚。不過看的山多了，也會看到山的不為人知處。

學霸之所以為學霸，有一個基本前提就是舉一反三，過目不忘。高二時學三角函數，呆子們都為一堆長長短短的公式證明所苦，學霸不會。學霸只要算過就記得答案，呆子們算完一題，算錯了，看解答再算一次還是錯，我深有體會。

學霸讓人痛恨之處，連以前三民主義都能幾乎整本背下來。倒背如流是傳說，但是你問他在第幾頁他馬上翻給你看。我高中生物不太好，有一個同學每次都最高分，因為跟他很要好，問他是讀那一本參考書，他說他沒參考書只看課本。我不信，他就翻給我看，書上都有啊，他指給我。

有位同學英文極佳，問他英文怎麼讀，他說你只要看那個答案比較順就對了。當時我應該是翻白眼，後來發現他其實沒有騙我。

期末考前夕，晚餐後一起打橋牌，有三個學霸，一個呆子。學霸還是有分段數高低，九點退了一個，換打三人橋牌，十點再退一個，換打蜜月橋牌。呆子反正讀不完就不讀了，超級學霸拿著數學課本用翻的，跟看漫畫一樣。呆子最後睏了，超級學霸還說，你們都不玩了，那我玩算命吧。

呆子不會霸凌學霸，學霸也不會歧視呆子，各得其所，其樂融融。行走江湖，經常遇到一兩個自認聰明的人，都是笑笑。曾經滄海難為水，除卻巫山不是雲啊。

　　這些年老同學的聚會，拼的不是酒量，拼的是說笑話的天份。這方面我一向口拙，聽著一群六十歲的初老男人「練肖

話」，做著跟十六歲的男孩子一樣的快樂的傻事。

年輕固然很好，年紀大了，所有故事都有了另一層如餡餅般略帶焦黃的味道與色彩。約好了下一次的聚會，也許能來，也許不能，繼續老男人的抒情搖滾。

一程山路走來，各有襤褸辛酸，坎坷不苦皆因有君相伴。當時存在的，現今已慢慢不存在，如此決絕又如此多情。少時相濡以沫，老來相忘於江湖。人生一路丟了這個，撿了那個，最終都是一頭白髮，滿臉皺紋，當然有些人還多了些風霜雨雪，像行李箱上貼滿了各地的標籤，既訴說著精彩，又傳達著一種寂寞。誰真的記得旅行的意義？在乎的是一路同行。

人世間最溫潤的總是少年時的情誼。只是想起某些不記得你的人，而你卻依然念念不忘，也是某種微微酸楚的幸福。就當做一種修行，勉強爲自己的糊塗找一個下臺階也好，難得的糊塗需要年少的癡心才得以圓滿。生命如此多情，留給我們那美好的少年時光，如果不留下這段美好的記憶，我的存在又何從寄託？

看著老照片，可以叫得出每一個名字，怎能不是一種幸福？人生苦多，唯有當時苦還包裹在青春的糖衣裡，讓我誤以爲甜美是生命的本質。然而美麗的錯誤不是一句新詩，而是達達馬蹄後的數佰個晨昏。

15、風平浪靜

賴研

人物專訪 Q&A（賴幹）反共義士賴幹，廣東梅縣。

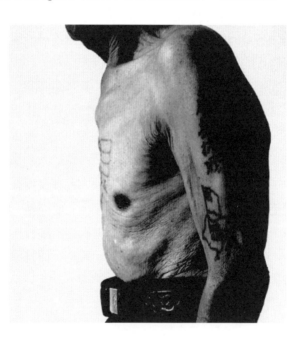

Q：叔叔，談談您怎麼到臺灣？

A：我還記得大哥離開家的那一天。當時一起走的有十幾個，都是年齡十六、七、八歲。我要大哥帶著我一起，以為是要去隔壁村子摘龍眼什麼的，他堅決的說不行。到了傍晚，都快吃晚飯了，大哥都還不見影子。我爹不說話，我媽流著眼淚也不說

話。我和弟弟妹妹沒敢問，大哥這一走就沒了音訊。一直到抗戰勝利了，附近村子有人回來了，還是沒有大哥的消息。媽媽整天哭，哭得爸爸煩了，兩人就吵起來。

我們那一個縣專門出兵，一方面是窮，一方面是能吃得了苦。謝晉元團長那一個團，一大半是客家老鄉，大哥也是奔著謝團長去的。共產黨來了，我已經十六歲，爸爸要我去臺灣，我媽捨不得要跟我爸拼命，我爸說，去臺灣還可能留一個種，共產黨不會放過我的。我媽拼死拼活不讓我走。

韓戰一打起來，我就被徵召入伍，算是給我一個戴罪立功的機會。整個部隊幾乎都是國民黨的殘兵敗將，擺明了就是當炮灰。衝鋒號一起，我就拼命往前衝，沒死就當了反共義士。你看看我的刺青。

Q：後不後悔？

A：每個人都刺啊！沒什麼好後悔的。

Q：我是說後不後悔來臺灣？

A：沒得選擇啊！何況不來臺灣，就不知道我大哥下落了。後來才知道大哥，上海淪陷後就被送去當苦力，死在一個我都不會唸的鬼地方。政府也沒虧待我，退伍後讓我在一個小學當了校工，一個人飽全家飽。

Q：沒想回老家嗎？

A：共產黨以為我在朝鮮死了，在家鄉我成了烈士。我弟弟因此算是翻身了，加入了共產黨，還當了地方幹部。我回去算什麼？何況我爸爸媽媽都不在了。老鄉探親回來跟我說，我媽媽以為我死在朝鮮，天天哭，哭到最後眼睛就不行了。端午節是她的忌日，我這兩年到端午節就想她，吃不下飯。不過我也差不多了，早晚可以見到她，跟她陪不是。我爸爸到死的時候，都不知

道我到了臺灣。一切都是天意啊！

Q：叔叔的本名就是賴幹嗎？

A：那是我哥哥的名字，算是個紀念吧！好像他還活著。

僅以此文紀念我那些已經走了的叔叔伯伯們。希望你們回到家鄉「穎川堂」的大榕樹下，保佑我們這些從異鄉流浪到異鄉的客家人。

這群已經不會說客家話的客家人。

16、記憶的味道

賴研

記憶的味道永遠跟著你到天涯海角。

大約七歲時，父親被調到一個偏遠的鄉下當派出所主管，那年冬天生日，媽媽傍晚的時候給了我一包糖果，跟我說今天是我的生日，特別給我的，不要讓姐姐妹妹們看見。整個晚上我都不太開口說話，含著最後一顆糖入睡。

小學六年級到了開始要補習的時候，老師教了幾個算術題型，出了練習題，就跑出去抽菸，誰先寫完誰就先放學，掛在教室的鐘滴滴答答，開始注意到還有分針和秒針，還有窗口飄進來難聞的長壽菸味。

初中開始要每天搭車從海邊的鄉鎮到城市，我開始是搭五點四十五分的客運，後來改搭六點十分的班車，為了要看某個清秀佳人。她的父親都會陪她走到客運車的小停靠站，幫她背書包，拿雨傘，上學這樣，放學也這樣。我曾經站在她的身邊一次，聞過她頭髮上洗髮精的味道，覺得無比的幸福。

高中就住在學校後門，與學校只隔著一條寧波西街。鐘響的時候，拿起書包衝出去還來得及在關門前進入學校。來不及還可以有五分鐘經過某個與福利社相連的小門趕上朝會，福利社裡還有許多大口吃著醬油麵的同學。我嚥著口水，捏著留下來吃晚餐的幾個銅板。

以前這所學校餐飲部就賣麵，最有特色的就是牛肉湯麵。它

的特別之處就是湯色暗濁，顯示出熬煮的火候非同小可，喝起來沒有牛肉的腥羶之氣，清爽可口，用心良苦。

妙的是只有牛肉湯麵和陽春麵，沒有賣牛肉麵，牛肉到哪裏去了？進了誰的肚子？

我因此養成一個以「小人之心，度君子之腹」的壞習慣。新的店家，喜歡先點牛肉湯麵，先試湯頭如何？尋找當年那種醬油的味道。

大學常常考試不會寫，覺得時間又變長了。不好意思提早交卷，明明大家都還在振筆疾書，自己只好假裝思考，其實是在塗鴉。通常一場考試大概可以寫五六首沒有對象、從未發表的情詩，那時特別餓，總是想起擔仔麵加滷蛋。住在學校的男生宿舍，設備極簡陋，拖鞋很容易遺失，有同學乾脆就在臉盆上寫上自己的名字，鋼杯當然也要，還經常牙膏會不見。有時不免是受害者，當然偶爾自己也是小偷。

府城東寧路當時剛剛鋪好路，路燈十分陰暗，冬天的晚上有小攤上的蔥油餅和紅豆湯，沒有便利商店的日子多麼開心啊！老街給我們的不只是記憶，還有各種各樣的味道，在異地再也無法重逢。前兩天到臺南出差，路過東寧路那個路口，景物全非，只剩下我對味道的記憶，懷念著似有若無的曾經。

第四部分
庶民庚子紀事

1、COVID -19疫情

洪文東

　　自今年2020年1月起，全球大流行嚴重特殊傳染性肺炎
（COVID-19）。2020年也是庚子年，從近代的歷史來看，在中
國每逢庚子年，就發生了很大的事件，1840年，在清朝發生中英
鴉片戰爭，英國船堅砲利，敲開滿清王朝大門，1900年，義和團
之亂引起八國聯軍進攻北京，滿清王朝戰敗簽定辛丑條約，1960
年，毛澤東在中國大陸發動文化大革命，導致連續三年在中國大
陸各地的大饑荒。

　　及至今年2020年，全球COVID-19大流行，根據網路
（https://ncov2019.live/data）資料顯示，截至12月20日，在全球
共有184個國家地區感染COVID-19，已約7716萬人確診感染病
例，其中約5357萬人解除隔離，約170萬人死亡。在臺灣根據衛
福部統計資料顯示，目前有766人感染病例，其中627人康復，7
人死亡。由資料顯示，從年初迄今年10月，國際疫情先由中國大
陸開始，逐步擴散至歐洲，先是義大利、西班牙，再傳播至法
國、英國等，接著美國疫情快速發展每況愈下，目前是國際間最
嚴重國家，然後又傳染至南美洲、中美洲各國，尤其以巴西最為
嚴重。

　　在亞洲先是中國大陸、再是韓國、日本、新加坡、菲律賓、
印尼、馬來西亞、印度等國家，其中更以印度後來居上，目前是
亞洲COVID-19疫情最嚴重國家。日本疫情也很嚴重，本來輪由

日本主辦2020年在東京舉行的國際奧林匹克運動會也因而延期。從統計資料顯示，國際間最嚴重三個國家，首名是美國、其次印度、第三位是巴西。尤其美國約1827萬人感染新冠肺炎，超過32萬人死亡。

COVID-19疫情也影響了美國的總統選舉。2020年美國總統選舉結果，主張全民共同防疫的民主黨總統候選人Joe Biden，當選第四十六任美國總統。他於11月7日宣布當選時，宣稱就任總統首要工作就是做好COVID-19防疫工作。我們中華民國在臺灣，根據WHO所報導，國際間相對安全三個國家是中國大陸、中華民國臺灣、紐西蘭。

在臺灣行政院於今年初即宣布超前布署，成立跨部會中央防疫指揮中心，在每天下午2：00左右，定期向全國民眾報導全臺疫情狀況與相關防疫措施及注意事項，農曆春節前染疫人數由個位數進入十位數，農曆春節後染疫人數節節上升，由十位數再進入百位數，今年3月疫情似有「社區感染」跡象，幸中央宣導防疫得宜，全國民眾全力配合中央疫情指揮中心指示，全面戴口罩，勤洗手，保持社交距離，疫情才不致產生社區感染泛濫，四月清明掃墓前後，民眾也配合中央提早或延後掃墓祭祖，疏解返鄉人潮。

從今年一月迄今，我仍是依往例，利用每週三上午由臺北搭高鐵南下至臺中烏日站，轉搭統聯客運回草屯老家探望家母，家父自民國103年仙逝迄今已屆六年，家母一人在草屯碧山路老家獨居，我們兄弟三人與妹妹一人，每週輪流回老家陪家母，週四下午再搭高鐵回臺北。我發覺從今年1月份起搭高鐵南來北往，乘客約八成左右，後隨疫情發展，高鐵乘客由八成逐步降至二、三成，由此可顯示看出全國疫情發展民眾所反應之狀況。

今年6、7月間疫情趨緩，搭高鐵乘客再逐步回升到平日的七、八成人數。今年9、10月間適逢中秋節連假、國慶日連假，搭高鐵乘客人數更是客滿。在臺灣，根據防疫中心每日定期報導，皆以境外移入居多，顯示臺灣目前疫情控制得宜，沒有如國外所發展出嚴重之社區感染現象。唯10月之後，天氣漸冷，恐第二波疫情再起，自10月中旬迄今，疾管局每日公佈的染疫人數，逐日成長，多以境外移入居多，唯每天在未有COVID-19有效疫苗注射前，全民要有憂患意識，大家未雨綢繆，配合防疫中心公佈之措施，更應防患於未然。

2、重遊馬祖

洪文東

　　2020年12月15日，參加南投縣公教人員退休聯誼會舉辦的馬祖三天兩夜旅遊。早上從臺北搭立榮班機前往馬祖，先搭中巴至「雲臺山」參觀「軍情館」，再至「鐵堡」參觀，中午在馬祖最熱鬧街市「山隴」午餐，品嚐馬祖黃魚、淡菜料理。下午參觀「馬祖民俗文物館」，然後至「南竿福澳港」碼頭，搭船前往「東莒猛澳港」碼頭，。再搭中巴參觀「福正聚落」、「東莒燈塔」、「大埔石刻」。

　　晚餐在「莒光船老大」民宿用餐，餐後再搭中巴至東莒燈塔觀星，夜宿「莒光船老大」民宿。次日上午九點抵達「南竿福澳港」碼頭，轉搭船班至北竿「白沙」碼頭，再搭中巴到橋仔村，參觀「坂里大宅」，再去遊客中心採購伴手禮，然後「黃魚加工廠」採購、接著到璧山觀景臺鳥瞰「大道機場」，機場跑道邊的「風山」，是以前在馬祖北竿服預備軍官役的營區，當時空軍高砲部隊共有八槍八砲，固守機場。

　　中午在北竿「塘岐」午餐，品嚐馬祖風味餐。下午先上璧山觀景臺，俯瞰北竿地景風貌，再至芹壁村「愛情海」咖啡店喝下午茶，然後再由白沙港碼頭搭船班回「南竿福澳港」碼頭，轉搭中巴至「北海坑道」。晚餐在南竿「蓮園餐廳」，夜宿蓮園民宿。第三天晨起，氣象報告馬祖溫度為攝氏零度，真是比臺北市寒冷。早上在蓮園餐廳用餐，餐後搭中巴出發，先至「馬祖港天

后宮」右側山上參觀「媽祖巨神像」，整座神像主體由三百六十五塊花崗岩主結構興建，象徵著一年三百六十五日，天天平安。再至神像下方，鑽媽祖神轎，由神轎入口走星光坑道至出口。然後再至「天后宮」敬拜媽祖祈福。

接著至南竿「牛角嶺」下的「八八坑道」參觀，該坑道原為馬祖村民躲避海盜之山洞，後軍方將其擴建為戰備坑道，落成時適逢先總統蔣公介石八十八歲華誕，而命名「八八坑道」。後因坑道內常年潮溼，不適合戰車之保養，遂轉為電信局電信中心，後再轉給「馬祖酒廠」作為儲酒之用。因坑道內溼度、溫度非常穩定，利於釀酒儲存。最後參觀「馬祖酒廠」，酒廠並以「八八坑道」品牌高粱酒聞名於國際。中午在南竿「醉仙樓」餐廳品嚐馬祖風味料理。下午再搭中巴至馬祖「南竿機場」搭立榮航空班機回臺北，結束三天兩夜馬祖旅遊行程。

民國64年5月部隊輪流換防，從馬祖港搭運輸艦回基隆港，再調回屏東機場服役，直至民國64年8月服預備軍官役期滿退伍。今2020年再度旅遊馬祖列島，時隔四十五年，當年在「大澳山」上的空軍高砲陣地駐守北竿「大道機場」，如今堡壘已不復見，大有昨是今非之感。當時駐守在碉堡內，沒有電燈，只點煤油燈，晚上在碉堡內睡覺濕氣很重，頭頂上還滴水，每每碰到好天氣就是拿棉被出去曬太陽，期能將溼棉被曬乾，晚上睡覺較乾爽舒服些。

記得在民國六○年代，北竿「塘岐」的對岸是「黃岐」，大陸那邊的高砲部隊仍然是「單打雙不打」、每逢單日傍晚時間，對面高射砲就會打宣傳彈過來，砲彈在高空爆炸，然後宣傳單從高空紛紛飄下來，當時部隊上的軍士官兵們，就會將撿來的空飄傳單，都交給我政戰官處理。記得在夏天時節有一日傍晚，在營

區吃完晚餐後，我覺得身體很悶熱，就想走到山下一個水池邊洗澡，我用水杓取水沖洗，右腳往前踏出一步取水，左腳跟上去的瞬間，有一發砲彈在空中爆炸後，脆裂的一片砲彈鋼片，剛好掉落在我左腳處，前後時間差一至兩秒，真是命大。

　　回想起此事件，如今重回馬祖旅遊觀光，那一幕驚險情境，迄今的印象深刻難忘。歲月如梭、彷彿如昨，四十五年後舊地重遊，馬祖南竿、北竿、東莒的地方建設進步許多，如今能參加旅行社所辦理的三天兩夜馬祖旅遊，四十五年後的重遊，回憶起當年軍中往事，真是令人難忘。

3、病毒與疫情

洪文東

從生物化學角度觀之，病毒（Viruses）本身是一種巨大的分子，它是蛋白質環繞在外，而內部包含一個DNA或RNA分子，它本身無法單獨存在，而且不具有生命型式。通常它被視為「寄生物」，因為病毒若無法寄生在動物或植物身上，藉由宿主細胞之協助，本身就無法進行代謝或繁殖。一旦病毒感染生物細胞後，病毒即控制了宿主細胞的代謝機制，並能促使細胞合成新的病毒所需之「核酸」與「蛋白質」。

再從有機化學的角度觀之，許多存在生物細胞內的分子皆是巨分子（Macromolecules）。上述病毒所需之「核酸」（Nucleic Acid），係由不同的「核苷酸」分子單體（Monomer）組合而形成的高分子聚合物（Polymer）。而所需的「蛋白質」（Proteins）也是由各種「胺基酸」分子單體連結組合形成的高分子聚合物。其他如多醣類（Polysaccharides）例如：纖維素、澱粉等，也都是由許多「葡萄糖」分子單體連結組合而成的高分子聚合物。

就醫學上傳染疾病的觀點而言，病毒不只引發地球上許多植物、動物產生各種疾病，同時更造成世界各國許多人類的傳染病。例如：公元1347年至1352年之間，在歐亞非大陸流行的「黑死病」（Black Death），根據「維基百科」資料所述，它為一種「鼠疫」病毒的感染，此種病毒經事後統計，造成全世界

約有七千萬至兩億人死於黑死病。中世紀的歐洲，估計約有30％~60％的人口死亡。公元2003年，在臺灣發生的SARS疫情，也造成674病例，84人死亡。

如今，自去年2020年庚子年初，迄今2021年辛丑年5月31日，根據https://ncove2019. live/data，網站統計資訊，COVID-19病毒造成全球新冠肺炎傳染，疫情在臺灣，已造成8511人感染新冠肺炎，124人死亡。而在國際上，各國總計共約超過一億七千一百萬人感染，並造成將近三百六十萬人死亡，其中尤以美國、印度、巴西三國，死亡人數最爲嚴重。

疫苗注射與聯想

2021年6月30日早上8：00，我先上臺北市衛生局網站預約施打莫德納（Moderna）疫苗注射時間，結果不到十分鐘，附近的幾家診所馬上額滿，只好退而求其次，找大安區附近大型醫院預約，還好有預約到國泰綜合醫院7月2日早上11：00~中午12：00的梯次。

7月2日早上10：30，我與內人一起搭22號公車，至大安森林公園前建國南路路口下車，再走至仁愛路三段路口左轉，約11：00準時至國泰綜合醫院設在臺北市仁愛路三段22號「幸安國小」活動中心注射站，施打莫德納疫苗。在入口處，醫院工作人員先檢查身分證件、健保卡，問明預約號碼，要求檢視手機顯示預約號碼，或請以手機顯示衛生局通知訊息，再測量額溫正常，然後依序排隊進入活動中心注射站。活動中心內國泰醫院醫護人員安排分流動線，設好幾個注射點。我們依序分派在注射點2號站，先由國泰醫院醫師問完有關疫苗相關問題：1、最近有否打過何

種疫苗？2、是否第一次打莫德納疫苗？3、以前打過那些疫苗？有過敏嗎？4、以前有打過流感疫苗嗎？是否會過敏？5、最近兩週內有沒有那些不舒服？同時國泰醫院護理師刷健保卡登記確認，接著護理師約於11：10注射疫苗，打完後給我們「COVID-19疫苗接種卡」，卡上面並註明預定7月30日施打第二劑，屆時市政府衛生局會再通知提醒注射疫苗時間。打完疫苗後，依工作人員指示，在活動中心內坐著休息，等候十五分鐘觀察，約11：26，離開活動中心注射站。

我與內人走在校園廣場上，回想起民國74年暑假，第一次進入幸安國小參觀校園，如今因疫苗注射再次回幸安國小，忽焉已過三十六年矣，真是歲月如梭。我們再從幸安國小側門出口走出去，整個動線流暢，很順利完成莫德納疫苗第一劑注射。臺北市衛生局宣佈此梯次施打莫德納疫苗，要七十二歲以上，我剛好符合資格。今天是7月2日，也適逢七十二，可說是巧合。

想起去年也是7月2日，我由草屯開車與家兄陪家母至臺中市霧峰區亞洲大學附設醫院，定期回診，不小心在搭電梯時跌倒，手腳皮破血流。當時還好有家兄在，只好由他陪家母在候診室候診。我則馬上至亞大醫院一樓急診室打破傷風針，並請醫師檢視手腳骨骼情況與傷處後，還好只是皮肉擦傷，隨即請護理師在手腳傷口處消毒敷藥包紮。如今已過一年矣，彷彿如昨。

昨天（7月1日）下午，小孫女在陽臺鐵窗旁邊發現有蜂窩，好幾隻蜜蜂集結在上面，擔心蜂窩會越來越大。今天（7月2日）早上起來，馬上將蜂窩打掉，事後仍發現有兩三隻蜜蜂仍會回來盤旋，為徹底趕走蜜蜂，再在蜂窩黏接處，以濕抹布沾小蘇打粉擦拭乾淨，以免蜜蜂再尋味道回來集結。

根據中央流行疫情指揮中心7月2日上午召開全國防疫會議，

下午2：00例行之會後記者會報告，7月2日爲止，臺灣共有14911人確診，676人死亡。回溯5月15日指揮中心宣佈全國進入三級警戒狀態，當時有1475人確診，12人死亡。不到兩個月時間，新冠肺炎感染人數成長了十倍，而死亡人數更增加五十多倍，足見COVID-19 病毒傳播感染的途徑非常迅速。各國政府因應疫情而實施各種防疫規範，不只改變了各國人民的生活作息，更危害了全世界人類的健康與生存。

觀看東京奧運轉播與感想

　　2021辛丑年7月底，由於COVID-19 疫情稍見疏緩，自7月27日至8月9日，全國由三級警戒降爲二級警戒，但雙北兩市新冠肺炎病毒傳染仍很嚴峻，餐廳仍禁止內用。今年父親節慶祝活動，家人均得遵守防疫規範，只能透過手機相約於8月7日中午，藉由視訊通話以線上聚餐方式爲之。回想去年父親節，大家相約在臺北市基隆路二段7號 Jack Brothers 牛排餐廳晚餐聚會，大家一起餐敍慶祝父親節快樂。

　　2020年東京奧運會因國際COVID-19疫情嚴峻，延期一年於2021年7月23日開幕，至8月8日閉幕。由於疫情規範，宅在家裡觀看東京奧運會各項競賽轉播。2021年7月25日，東京奧運會男女混雙桌球賽，中華臺北隊「黃金混雙」林昀儒、鄭怡靜擊敗對手韓國隊，進入四強賽，並在決賽中獲得銅牌。7月26日下午14：50，臺灣女子舉重國手郭婞淳在東京奧運會女子舉重競賽中，創下奧運會紀錄獲得我國首面金牌。同日下午15：40，中華男子射箭代表隊，於東京奧運會男子射箭團體賽獲得銀牌。同日晚上18：50，中華隊男子柔道國手楊勇緯，於東京奧運會柔道決

賽中獲得銀牌。

2021年7月30日，看2020年東京奧運羽球四強賽，我國戴資穎與泰國依瑟儂對決的現場轉播，這是一場技術和體能的高水準比賽，著實讓人佩服運動員拚命的精神，平日的苦練就在這一役，勝者就是王。最精彩拼鬥的一球，就是戴資穎撲倒在地，反擊一球安全界內落地。如果依瑟儂把載資穎的倒地回擊球，接打成功反擊，那真是神乎其技。但戴資穎技高一籌，如果是依瑟儂撲救成功，那戴資穎也只能甘拜下風！我國球后戴資穎碰到泰國天敵依瑟儂，一路被壓著打，雙方真是精彩絕倫，直到救了這一險球，整個球賽態勢瞬間轉向戴資穎這邊，居於領先優勢，終於逆轉勝，真是精彩！中華隊羽球國手戴資穎乘勝追擊，於7月31日四強賽，再度對上印度隊羽球好手辛度，再度以21：18，21：12連勝兩局，擊退印度隊辛度，晉級2020東京奧運女子羽球單打金牌賽。

8月1日晚上8：20，東京奧運會女子單打金銀牌決賽，中華隊羽球國手戴資穎，再度對上中國大陸「女單一姐」陳雨菲，兩人打得十分膠著，雙方呈現拉鋸戰，最後戴資穎以18：21，21：19，18：21落敗，最終得到女子單打銀牌。同時寫下臺灣女子羽球單打，在奧運會得銀牌獎的新歷史。同日下午，中華隊高爾夫國手潘政琮，在東京奧運會高爾夫球決賽中，獲得銅牌獎。中華隊女子拳擊國手黃筱雯，在東京奧運會蠅量級拳擊賽中，亦獲得銅牌獎。同日晚間，中華體操國手李智凱，在東京奧運會鞍馬競賽中，也獲得銀牌獎。前一天，7月31日晚上也是宅在家，臺灣羽球男子雙打史上最強組合王齊麟與李洋的「麟洋配」，在2020東京奧運會男子雙打金牌戰，要來迎戰大會第三種子中國大陸李俊慧、劉雨辰男子雙打組合，這是兩組人馬生涯在國際賽場上首

度交鋒。

雖然今年東京奧運種子排序第七種子臺灣「麟洋配」，落後第三種子中國大陸「慧辰配」組合，但實際上世界排名上，「麟洋配」高居世界第三，而對手則是世界排名第六。因此，賽前勝負難定，然而「麟洋配」不論金牌或銀牌，都是臺灣羽球奧運會歷史上首面獎牌，真讓人拭目以待。雙方人高馬大、節奏快速的「海峽兩岸」冠亞軍賽，第一局上半場，紅：白，11：9，中國大陸隊先馳得點。下半場雙方比快打、比回擊、比反應，「麟洋配」四度領先，終於臺灣隊的速度反應夠快，以21：18拿下第1局。第2局上半場，「麟洋配」11：5取得二直落的優勢，下半場速度夠快，冠軍金牌在望，中華臺北隊大幅領先中國大陸隊 以21：10贏得第兩局。2020東京奧運會上，羽球男子雙打賽金牌到手，真是太棒了，中華臺北隊獲得第二塊金牌。目睹奧運會現場頒獎的那一幕，真是感動！又可以再次在國際奧運會會場，聽見中華民國國旗歌，著實令人興奮。

8月1日起，各級學校民國110年新學年度又開始，教育部宣佈9月1日為全國中小學校開學日。奧運會比賽期間，國人都在為臺灣選手在奧運會的表現興奮不已。印證了英雄出少年，國手們運動精神可嘉，臨場反應敏捷更不簡單。在國際賽事上嶄露頭角，除了努力加上天份外，臨場的反應更需要智慧的判斷、超人的抗壓和源源不絕的體力加上老天爺的關愛。

2020年東京奧運會上，女子舉重金牌國手郭婞淳、桌球男女混雙銅牌國手林昀儒、鄭怡靜、中華男子射箭團體賽得銀牌、柔道銀牌國手楊勇緯、高爾夫銅牌國手潘政琮、女子拳擊銅牌國手黃筱雯、男子體操鞍馬銀牌國手李智凱、女子羽球單打銀牌國手戴資穎、男子羽球雙打金牌國手王齊麟、李洋…等這些人，在賽

後的受訪更是謙虛有禮，顯出大將風範。讓世界看見臺灣，讓國際肯定中華隊國手們的表現！

奧運會轉播期間，小孫女也跟著爺爺、奶奶看體育臺的現場轉播。小孫女平日愛看書、愛學習，她的爸爸、媽媽都是國立臺灣大學畢業校友，鼓勵她將來要做爸爸、媽媽的小學妹。學業重要，培養興趣也重要，運動健身更重要。看了東京奧運比賽轉播後，順便問過小孫女對什麼運動比較有興趣？舉重嗎？她說：好重喔，讓爸爸去舉吧！游泳嗎？她說：嗯，很好，那些女將們都很漂亮、身材好高大唷！射箭呢？她也說：嗯，很棒。小孫女平常沈得住氣、精神集中，也很合適。那射擊呢？她說：嗯，也很好。空氣槍射擊比賽，也是要沉著冷靜的人才能獲勝。像中國大陸清華大學的楊倩同學，就獲得兩個金牌唷！各項球賽，羽毛球？網球？籃球？又如何？她說：都想嚐試看看，才知道自己將來的興趣與能力所在。

今年東京奧運會女子舉重金牌得主，我國女子舉重國手郭婞淳說過：「相信所有的挫折，都是最好的安排。人生不只是贏得比賽，而是幫助別人一起完賽。」東京奧運會男子羽球雙打金牌得主，我國羽球國手李洋受訪時也說：「我們必需對每一個幫助過我們的人，心存感謝！」

4、畸零人／八〇年代臺灣人口販賣及雛妓問題

潘俊隆

八〇年代臺灣人口販賣及雛妓問題

　　八〇年代的臺灣正值經濟起飛，正朝亞洲四小龍之首的目標挺進。全民瘋股市，投機觀念盛行，那時民間流傳一句話：「臺灣錢淹腳目」。但另一面卻又存在了貧富及城鄉差距拉大的隱憂。偏鄉及山地部落逐漸受到主流社會的逐步推擠而邊緣化，成為了一群「畸零人」……

　　小玉的家是佃農，原先分到一畝田耕種，勉強支撐一家四口的生活。不料，地主收回了農地，改種經濟價值高又不必定時照

料的檳榔。

小玉的父母親於是開始過著打零工餬口的日子。一有鳳梨及蔗糖採收的季節，小玉的父母親各自分頭前往採收地點充當臨時工，每日收入全由父親一手掌控。

儘管小玉國小時期功課總是名列前幾名，又是個靈巧懂事的小孩，但由於家裡窮困，只要父母雙雙外出打零工之際，小玉總是必須放下功課，擔負起照顧年幼的弟弟的責任，直到弟弟也一起上了小學，才得以讓小玉專心一意放在喜愛的課業上。

五年級下學期的某日上課中，小玉感覺下體一陣暖流漫延，隨後如尿褲子般潮濕感瞬間擴滿底褲，小玉眉頭深鎖低頭望向張開的雙腿，只見若干暗紅的血已經垂流至百褶裙下的膝蓋。下課鐘一響，小玉於是匆匆忙忙的快步衝出教室，卻在前往廁所的途中，底褲竟從裙子內掉了下來，在一片驚惶失措中，有同學看到了底褲上的血跡，教室內男同學交頭接耳、議論紛紛，不時露出驚恐且怪異的表情；女同學們或是靜默或是細聲耳語，不時眼神望向小玉，臉露一絲詭異的笑。

小玉的初潮，來的一點心裡準備都沒有，望著胯下暗紅的經血汨汨流下，小玉驚恐的幾度欲昏厥過去，而保健室阿姨那不慌不忙又熟練的身手，適時緩解了小玉的不安。

記憶中，那段父母親有收入的日子，父親總是買了豐富的酒菜，好好犒賞自己的辛勞，小玉與弟弟也興奮的圍繞在父親身邊，除了有一頓好料分享之外，還可賺取幫父親跑腿買菸酒所剩下的零錢。而吃喝剩下的錢，則被父親拿去村外賭場碰碰運氣。除了幾次手氣特別好，賺了些許錢之外，悉數是輸光返家，有時甚至還欠了一筆賭債。小玉家的經濟狀況，就在如此有一餐沒一餐的狀態下艱苦度過。

　　八〇年代，臺灣經濟開始起飛，民間盛行簽賭大家樂及六合彩，導致不少家庭傾家蕩產，生活無以為繼。小玉父親不只沉迷其中，還欠了六合彩組頭數十萬的債務。

　　那天，組頭帶著兩名黑道大漢前來討債並談判。眼見黑道大漢疾言厲色的恐嚇，並作勢毆打父親之際，小玉以嬌小的身軀擋在父親與黑道大漢中間，兩手兩腳張開成大字形，面對著眼前的大漢怒目瞪視的吼著：「不准你們碰到我爸爸！」

　　話一落下，眼前身材魁梧，面露兇光的大漢，惡狠很的舉起右手把小玉往左邊推倒在地。小玉父親見女兒如此膽大，一時不知所措。小玉跟蹌跌倒後，大聲哭了起來，隨後被母親扶起後推入房間，關起了門。客廳內的組頭與兩名討債的大漢，將小玉父親硬生生的拖出客廳，在屋外狠狠地打了一頓。

　　回到客廳，組頭拿出一份文件，逼使小玉父親簽署。小玉父親焦急猶豫的與母親在屋外商量。不久，眼見屋外的小玉母親癱坐在地，失聲痛哭，並不斷的吶喊著：「你這個沒路用的人，有一天你會得到報應的……」

　　當晚，小玉在幾度無力反抗後，被那群人帶走了，說是要到北部工廠工作賺錢還債、養家。不料，這一切都只是個幌子。小玉被父親以十年一百萬的賣身契，賣給了北部的私娼寮，過著每天身心被凌辱、暗無天日的日子。

　　那年的小玉十二歲，國小六年級肄業。

　　小玉家有了這一筆還債後剩餘的錢後，將老家做了一番整建，還添購傢俱，屋內屋外整體煥然一新。此舉不僅讓鄰居們竊竊私語、議論紛紛，學校老師更因為小玉的突然缺課而登門拜訪，但都被小玉父母以幫忙家裡賺錢為由應付而過，學校老師也只有無奈的嘆息。

　　面對父母親遭遇的困境，身爲長女又乖巧懂事的小玉，一心一意只想著幫忙賺錢養家，即使只剩一個學期就將自國小畢業，也只能選擇放棄喜歡的課業。只不過，小玉不知道未來迎接她的，將會是影響她這一輩子的不堪際遇……。

　　抵達臺北之後，她發現繁華熱鬧的都市，只是一條暗無天日的黑街。小玉被人口販子輾轉賣到了臺北萬華一個私娼寮，她的房間就只有一坪大，木板床上鋪著一層棉被，床下放著臉盆、毛巾，還有一包鹽巴及若干藥水，說是給少女們清洗下體消毒用的。門外有保鏢看守，平日用餐透過一個狗洞大小的小門送餐。

　　某天，幾個保鏢帶著少女外出買衣服，讓小玉有機會認識了與自己類似遭遇的其中四位山地部落少女。有兩位是來自花蓮的姊妹花，分別是十六歲與十四歲，姊姊被人口販子以工作爲由拐騙而來，妹妹則是由姊姊介紹給人口販子；還有一位來自屏東瑪家鄉的十三歲山地少女，十一歲就被賣來這裡，目前是第三年。另外一位與小玉同齡，來自臺東的山地部落少女，初潮未至，就已經被注射荷爾蒙，強迫發育，並開始接客。

　　由於小玉發育的早，在來到這裡前已經開始有了幾次月事，女人各方面的生理徵象也逐漸明顯，於是免去了老闆爲她強行注射賀爾蒙的必要。

　　第一個月，小玉平時除了負責環境清潔及打掃，還要經常被強迫看色情影片，並見習少女與嫖客們的做愛。一個月後，在老闆的脅迫下開始接客。第一次，小玉不停的哭，客人沒辦法做，老闆只好退錢給客人。第二次，老鴇幫小玉找了一位年老的客人，一面恐嚇，一面哄說客人老，可能不會痛。於是，小玉從此失去了童眞。

　　由於小玉身材比例勻稱，五官輪廓銳利，逐漸出落成一位妙

齡少女，加上小玉的聰明靈巧，著實令眾人驚艷，因而受到客人的喜愛。仗著小玉的美貌及姿色，老闆安排小玉前往酒家及飯店接客。但由於她經常趁機逃跑及不斷的反抗，於是三番兩次遭到保鑣毆打及凌虐，並轉轉帶到軍營旁接客做爲警惕。在那裡，小玉每天接客時間從早上八點到晚上十二點，有時半夜也必須接客。每天接客次數大約五十次左右。遇生理期，則用棉花塞住，照常接客。爲了防治性病，每天吃消炎片，定時打針，還要用藥水沖洗。

那天，由人權及教會團體聯合舉辦的「抗議人口販賣——援救雛妓」的遊行，從龍山寺來到華西街。外頭擴音器的口號及呼喊聲，聲聲入耳，震懾小玉及其他少女的心，小玉偷偷記下了婦女團體以及婦職所的聯絡電話。趁一次保鑣將她送往飯店接客的機會，跑到附近警察局求救，同時要求連絡婦女團體前來接手安置。只因小玉清楚，警察在人口販賣集團裡面扮演的是包庇及分贓，更是整個人口販賣共犯結構裡的重要角色。

婦女團體帶來了律師陪同，同時，保鑣及私娼老闆也都來了。他們就站在警察背後，不停地使眼色，企圖威嚇小玉。但由於小玉沒有妹妹可以被他們抓交替，於是大膽地跟著婦女團體來到婦職所安置。幾年後，小玉在婦職所學到服裝設計及製作的技藝，正要靠著技藝外出謀職之際。不料一步出婦職所，立刻被人口販子給捉回。小玉在二十二歲，十年賣身契期滿之時，本想終於可以擁有自由身，好好靠著所學技藝重新再來之際，卻意外收到一個令她感到悲憤又絕望的訊息——父親再度與人口販子續簽了五年的賣身契！

小玉無奈又無助地再度回到暗黑的日子。

那天，小玉縱火燒了房間，火苗迅速蔓延，就在大家忙著逃

生及救火時，小玉帶領自願跟著自己逃出火坑的姊妹們直奔婦女團體總部，並交代不得把人交給警察，否則不惜上街頭抗爭，並以自焚明志。

小玉不僅自己逃了出來，還把私娼寮內十幾名被推入火坑的少女都一起救了出來，同時聯絡「救雛志工」安置這些可憐的少女。而自己為了躲避黑白兩道的報復，透過門路找到外島特約茶室侍應生的機會，決定自願前往外島前線，簽約進入軍中特約茶室成為侍應生。

註：本文基於真實歷史背景故事加以改編

5、也談播種的經驗與覺悟

蕭新永

　　小時候家裡有個苗圃菜畦，我會自己整田鬆土，然後將蔬菜的種子撒播在土裡（臺語叫「挼種」），再澆水施肥，同時觀察其發芽成長的過程，當種子努力地從土裡彎曲頂出地面，露出子葉和胚芽時，感覺是我促使種子孕育成奇妙的生命。其實只是人類提供環境條件，讓種子尋找自己生命的出口，人類在旁邊讚歎著生命的玄妙，唯有自己種自己欣賞，才有這種感覺。

　　長大後閱讀《易經》的屯卦（水雷屯），屯讀ㄓㄨㄣ，《序卦傳》說：「屯者，物之始生也。」代表生命開始，成長的艱

難。突然想到小時的播種經驗，屯是個象形文字，種子的胚根往下紮住泥土，以吸取水分，胚軸則彎彎曲曲往上頂出，露出地面，小小生命幸運地遇見貴人（生命三元素），即陽光、空氣與雨水，如果條件夠，就會茁長迅速，再加上人爲的施肥澆水，更加茁壯。但如果條件不夠或人爲及其他動物的破壞時，則生長緩慢，甚至夭折。

　　生命雖會自尋出口，但前途也可能坎坎坷坷，從《易經》的屯卦這個「屯」字，可以了解種子成長的艱難過程。

　　小時的播種經驗，竟然在長大後讀《易經》屯卦才得到啓示，可見人類對自己生命的覺悟也太晚了。

6、行到茶香處，坐飲佳茗時

蕭新永

窩居陋室，泡一壺茶

在臺灣，從小到大，就是喝烏龍茶。由於出生在農村，一開始，喝大壺煮沖的，俗稱「割稻茶」。大熱天下參與田間工作，那種解渴如命的感受，沒齒難忘。出了社會，業務交流，溝通談判，免不了邊喝邊聊，客戶大部份用宜興小茶壺泡茶，慢品細飲，成為時尚，更因此談出了生意。閒時居家，泡茶看書，成為固定模式；有時野外登山，行經林間樹蔭下，寂靜中聽到石上流泉，潺潺水聲，也會心靈悸動著，如能用此泉水泡一壺好茶，三五好友，品茶論劍，松韻鳥鳴，如孔子云：「浴乎沂，舞乎雩

風，詠而歸」，豈非人生樂事也。

朋友發來白居易的五言絕句〈山泉煎茶有懷〉一首：「坐酌泠泠水，看煎瑟瑟塵。無由持一碗，寄與愛茶人。」令人感受到作者的懷友情懷，宛如石上流泉，清淡若如源頭活水，若茶葉煎煮後的茶湯，卻有如濃的化不開的友情。一碗茶湯欲寄好友，其情如高山流水，其意若綿綿細雨。這碗茶多有意涵呀！煮茶的閩南話（臺語）叫煎茶（tsuann-tê），多麼古意盎然呀。

所謂松韻石泉，銀光瀉地，望月茶苞，一心兩葉，惟有三沸波濤鼓浪，煮茶待客，才敢與君言茶歡。

某次到福建永定一個偏遠山村做客，主人熱情好意用自採茶請客，這是從自種的茶樹上採摘下來的茶葉，製茶工序單純，泡了喝了澀了些，卻充滿了主人純真天然的誠意，因此小口小口地慢慢品嚐，就能喝出原始茶韻，從而體會出不是純喝茶，而是在品嚐天地絪縕、萬物化醇的大自然造化之妙，藉著茶會天地交心。那天正坐在土樓長廊的椅子上，享受著傳統文明的招待，出了土樓，抬頭一望，天空竟是那麼的藍。

有些茶，一喝上癮，擄獲我心，更加體會出，舌尖的感受不應局限於對故鄉茶的依賴，而是四海之內皆有好茶的期待，有緣者，就能品出在水一方的心靈佳茗，所以不論是臺灣烏龍茶，晉江安溪鐵觀音，西湖龍井茶，山東日照綠茶，陝西伏磚茶，雲南普洱茶，甚至福建福鼎白茶，都是我們舌尖上的好伙伴，人生好味道。

早在九〇年代，我去大陸福建廈門及福州等地擔任臺商企業管理顧問，品嚐了「重醱酵」的安溪鐵觀音，甚有喉韻，往往一碗在手，細細品聞。但近幾年，鐵觀音改走「輕醱酵」方式，而失去原來的韻味，且不耐泡，今不如古，頗覺惋惜。

　　在一次福建福鼎之旅後，我對當地的白茶，品嚐後又是別有一番感受。白茶的製作工序單純，沒有殺青及捻揉程序，只有自然萎凋與曬乾或文火烘乾。白茶白毫在自然曬乾後會顯露出來。因此，味道純樸，不似高山烏龍茶韻味香濃。

　　我一開始以為白茶是白色的，不然。有好幾品，最上等的白毫銀針泡出來的有接近白色。因為是單心無葉，而我泡的是一心兩葉，甚至全是葉的壽眉或貢眉這一級，所以有點接近紅湯。

　　我對白茶的感受，不是「人生得意須盡歡，莫使金樽空對月」的恣意酒性；也不是「人生在世不稱意，明朝散髮弄扁舟」的自我放逐；而是「疏香皓齒有餘味，更覺鶴心通杳冥」的淡雅清新，是再簡單不過的樸實生活的了。

大陸宗親送的茶壺，用了十幾年，仍然覺得質樸實用

7、迎立秋

蕭新永

滿山遍野的菅芒花

今天8月7日是二十四節氣中的立秋。看到立秋，就知道秋天的腳步漸近。所有秋的描述，例如楓葉、中秋、北雁南飛、秋詩篇篇、秋風蕭颯、賞月、菅芒花等等都會浮出腦海。秋天是詩人季節，也是收割的季節。

立秋季節，就十二辟月卦來講，處在農曆7月否卦（天地

否）裡，相對於一月的泰卦，《易經》的哲理，在7月時就勉勵大家要有否極泰來的積極觀，因為再過半年，歷經秋涼冬寒，就是春暖花開季節了，期待吧。

　　秋天在中國八卦裡，屬於兌卦，兌者愉悅也，五行屬金，金秋送爽也。描述的是豐收的金穗飄香的季節。所謂「稻花香裡說豐年」。再過一個多月就是稻子成熟，辛苦農民收穫割稻的季節了。

　　有一句話說，「早立秋涼颼颼，晚立秋熱死牛」，意思是如果立秋時間在上午，則天氣涼爽，如果在下午，則還要熱上一陣子。

　　「立秋」是節氣邁入秋涼的先聲，表示酷熱難熬的夏天即將過去，涼爽舒適的秋天就要來了。但由於臺灣屬於亞熱帶氣候，所以此時的實際氣候和節氣名稱會不太一致，天氣依然炎熱，約要再過兩個月，始能感受明顯的秋天氣氛。

　　今（2021）年由於新冠疫情復發，從5月的三級到現在的二級防疫，幾乎都待在家裡避疫，這幾天利用疫情減緩的機會，特地騎腳踏車去新莊大漢溪旁濕地公園運動，感覺蟬鳴聲明顯弱了一些，不像仲夏時那麼聒噪，反而覺得悅耳。

　　《詩經·秦風篇》云「蒹葭蒼蒼，白露為霜」，隨著秋風起，秋意漸濃，一望無際的芒花盛開，白浪翻騰，為秋之舞曲拉開序幕。芒草，臺灣稱之為菅芒花，山巔水湄都可見其蹤影。林建隆先生的臺語歌謠：「菅芒花，菅芒花，生佇山邊，開佇谷底。有葉無枝，袂曉靠勢，風若吹來頭累累……」。

　　中醫專家說，立秋以後天氣濕熱交替，合而為濕熱邪氣，以致脾胃內虛，肺氣燥熱，身體抵抗力易下降。此時應調養脾胃，預防胃腸疾病（2021年08月07日）。

8、返鄉、中元、疫情

蕭新永

老家祖廳書山堂

　　中元返鄉祭拜祖先，是每年的行事曆，宗親朝和兄說這叫做「敬宗尊祖」的美德，確是如此。

　　今（2021）年情形特殊，新冠疫情再爆，綁在斗室動彈不得的三級防疫剛解放，好不容易政府宣布降為二級防疫，有條件的彈性移動，卻又因染疫人數時高時低，或不時爆出家庭群聚，有人不幸感染；又有人縣市間移動感染；我家又有小朋友，兩位四

歲多的孫女，諸多考慮因素，若要長途移動，不無心中戚戚之感。

　　然中元祭祖，回老家祖廳祭拜祖先，一年一度家族大事已成習慣，固非必要之舉，然於疫情當前，向祖先秉報家族平安，求得心安理得，也是正面思維。

龍眼樹的龍眼高掛樹梢，有的已經伏臥在屋簷上

　　首先考慮的是交通問題，搭高鐵已是慣例，但家人認為不安全，商定由小兒開車，路途雖是遙遠，但密閉的自家車安全無虞，且除非必要，中途不下車，以減少臨店購物的感染機會。同時回到家鄉，除了拜拜避免不了一起祭拜族人外，今年特例不去宗親府上串門子，以減少互相感染的機率。所以我事先對幾位親友秉告，疫情之故，不便拜訪，求得諒解。因我住疫情重災區的新北市，恐怕中南部朋友對北部災情心生恐懼，若能暫時不會面，也是件不得已的好事，尤其是印度Delta變種，大家聞疫色變，每個人的防衛心理都一樣，人同此心，心同此理，少見面，少感染的機率，或許你不來找我，正合我意。正如以前的保密防諜口號「匪諜就在你身邊」一樣，所以臺灣俗話說「細貳不蝕本」，病毒不長眼睛，好人、壞人、善人、惡人都是它的敵人。

　　許久未回的三合院老家，環境依舊，只是四季循環，時令進入處暑，二期稻作，秧苗已長，八卦山西麓，盡是綠油油的田園。可以想像一個月後，將是稻子吐穗大肚及弄花的季節，為了趕走貪吃的麻雀鳥，農民製作的土地公拐，將插滿阡陌之間，屆時蔚為農村一道奇觀，成為田頭田尾的人文景緻，如果看到「土地公拐」，8月15中秋節已然在望也。

　　老家的龍眼早已成熟，只是今年顆粒稍小，但是甜美滋味不輸去年。今年北部龍眼賣價動輒要價一斤六、七十元，品質好一點的或顆粒大一點的，甚至接近百元，顯然後市看好，然而我家幾棵龍眼樹的龍眼仍然高掛樹梢，有的已經伏臥在屋簷上，好像在拜託大家趕快來採摘，原因仍是疫情之故，大家固守牆隅，較少移動，按國家防疫中心的說法是少了人與人的連結，果實雖然纍纍，尚在樹梢望穿秋水，等待有緣人。

八卦山腳下的綠油油稻田

　　臺灣八卦山山坡以及山腳下田園盛產龍眼，果實纍纍而下墜，外形圓滾如彈丸，黃褐色的外殼，果肉剔透晶瑩偏漿白，味

道極美，內包紅黑色果核，極似眼珠，故以「龍眼」名之，又名桂圓或福圓。

近代臺灣詩人楊爾材的龍眼詩：「摘來擘殼露瓊膚，錯落晶盤似皎珠。入口香甘同玉液，嶺南丹荔味難逾。」他描繪龍眼，入木三分也。

總之，今年的返鄉祭祖活動，來去匆匆，爲了防疫，祭完祖先，提早吃中餐，就北上回到他鄉的家。

望著初秋的碧雲天，烈日仍然當空，雲朵依舊燦爛，我雖然眷戀著三合院，也只能揮一揮衣袖，不帶走家鄉的一片雲彩（2021年08月22日，農曆7月15日中元節）。

9、從于盼盼的導遊執照談到七夕感懷

蕭新永

　　盼盼老兄有壯心，耄耋考取導遊照。

　　若非新冠亂前途，此刻鬥牛場邊笑。

　　（仄起首句不押韻，照、笑押嘯韻）

　　拙詩一首，先祝大家七夕平安，晚上臥看牛郎織女星。

　　鵝湖民國學案line群老朋友于盼盼老兄於耄耋銀髮，孔子的「七十而隨心所欲」之年，老驥伏櫪，志在千里，考上鬥牛王國——西班牙語導遊。正準備秣馬厲兵、磨拳擦掌，一展身手時，先遇旅遊同業怕出紕漏，不敢貿然聘用新手且是大齡（耆老）導遊，于老徒歎空有證書，又有何用？後又再逢百年不遇的新冠肺炎疫情，從庚子年延燒到辛丑年，迄今已經八月，猶無滅絕跡象。

　　于老的導遊執照有效期三年，因新冠疫情業務關門，觀光局善意延長有效期至六年，然就對于老個人來講，考選部所頒發的證書，畢竟是肯定了他勤勉的積極人生，足為後輩典範，而證書的紀念價值更能聊慰一絡華髮的辛苦了。

　　今逢辛丑年的七夕（8月14日），天上銀河兩岸的牛郎織女星，將在由喜鵲飛越銀河搭成的鵲橋，一年一次的相會，天階夜色涼如水，一期一會的現實遭遇，讓紅塵的有情人憑添幾許落莫

之感。

就群裡的朋友來講，離開不識愁滋味的輕狂年代已遠，離開兩情繾綣的夢幻年代已渺。老人家獨上西樓，只為了看月如鉤的天景。然後沏一壺茶，坐看牽牛織女星。雖然孤寂一人，有流星相伴；雖然夜涼如水，有熱茶暖身。宇宙如我心，我心如宇宙。太極無窮，此生無憾。

七夕有牛郎這個角色，西班牙有著名的鬥牛習俗，于老考取西班牙語導遊執照，如無阻礙，他將帶領臺灣的觀光團去西班牙觀光，買門票看鬥牛比賽，鬥牛士的一個詼諧動作，可能引起包括于老在內的觀眾哈哈大笑。

新冠疫情讓許多人的計畫與夢想落了空。兩年的口罩生活，何時結束，尚是未定之天。逝者如斯，江水幽幽，浪淘盡所有的英雄人物與事跡，只剩白髮漁樵在江渚上，慣看秋月春風。

在這落莫的七夕，牛郎與織女能夠鵲橋喜相逢，也算是疫情中令人興奮與祝福的事。

群裡的朋友耄耋不少，壯年有之，但都是青山依舊在，餘霞尚滿天。

哪天小隱隱於郊野，群聚在呂律師的鵝湖農場，映照著濁水溪左岸的夕陽餘暉，不管藍綠，更無順逆，眾家群友一壺濁酒喜相逢，縱談古今多少事，笑談中酣觴入睡，酒盡燈殘，不知天之將魚肚白也。

10、緬懷原鄉

蕭新永

江西宗親回書洋謁祖記
萬水入長川，千祠歸一祖。
豈能有二蕭，贛閩同天祐。

激動的神情，祖靈的呼喚

　　2021年3月31日，南靖的東欽宗長很興奮的在微信上向我提到，江西吉安市萬安縣宗親們，將於4月1日啓程前來書洋祖籍地尋根謁祖。就記憶所及，這是三百六十年前書山奮公派下遷徙江西永豐及萬安宗親們，近幾年以來第三次回原鄉尋親謁祖，當年他們的先祖們不明原因離開書洋，而今後代裔孫歷經千辛萬苦，爬涉千山萬水，才找到自己宗族的原鄉。

　　2021年4月1日，辛丑仲春，天朗氣清，惠風和暢。萬安縣奮公派下四世祖團光公派下裔孫厚福宗長、忠明宗長，四世祖團清公派下裔孫忠仁宗長、忠誠宗長一行，策馬東行，趨車近七百公里，來到祖籍地。並由東欽、順標、水波、漢胄等宗長安排祭祖儀式以及歡聚活動。兩地宗親歡聚飲福，觥籌交錯，共敘宗情，相互追述著祖宗們的懿德偉業。

書山祠前祭天

　　同時由順標宗長帶領宗親們到潭谷樓參訪與緬懷，這座順標宗長曾經住過的、有著七百年歷史的土樓，或許也是他們的祖先們曾經住過的舊居，博大精深的土樓建築文化令人歎爲觀止。

　　順標宗長對遠道而來的宗親們，親切地述說這座古老土樓裡承載著多少童年美好的記憶。他信手拈來，兒時的生活小浪花一朵朵浮現在眼前……，也激起江西宗親的讚嘆與孺慕之情。

　　除了萬安縣書山裔孫這次回來謁祖尋親外，2016年10月，永豐縣三坊鄉書山二房四世祖團環公派下裔孫隆昌、忠洪等二位宗長，首次回書洋訪親祭祖；2018年10月，永豐縣三坊鄉書石村隆喜、隆昌、顯輝、顯平、達彬等宗長以及龍家坪村宗親，隆全、隆軍、忠海、忠學、忠洪等宗長，匡韶村的隆興、顯洪、顯偉、達群、際光等宗長，一行十數名，浩浩蕩蕩，開車六百多公里回書洋尋根謁祖。

　　在明末清初的順治年代，東山滿泰公及書山奮公派下裔孫二、三十名，離鄉背井，千里迢迢，不畏山高水險，遷徙到江西省泰和、萬安、永豐等地定居，到底什麼原因，促成祖先們離鄉背井，不得而知。

　　三百六十年後，這些書洋先祖的後昆不忘祖源，經過一番尋尋覓覓後，才發現原鄉竟然是在七、八百公里遠的福建南靖書洋。

　　我看到微信傳來的照片，有江西宗親跪在祖墳前，激動地拿著香向祖先祭拜的神情。我爲江西宗親們感到高興，你們不再是無根的草，無源的水。如同當年，我第一次跨越臺灣海峽，來到我的十一世祖輝振公的祖籍地書洋，祭拜在書山祠、深坑祠眾祖宗的靈前，心裡頭有萬般的喜悅。千江有水千江月，月印萬川，總有源頭的。

為有源頭活水來，回到原鄉，找到源頭，緬懷祖宗，宗族才能延續至永遠，人的生命才有意義。

江西萬安與書洋宗長合影

11、關西牛欄河即景

蕭新永

塵間滾滾牛欄河，溪底魚兒戲碧波；
但嘆牛欄不復見，蓊然堤岸紅花多。
閒雲落日古橋影，遊客尋芳相應歌；
且看青山聞鳥囀，渾然忘返欲如何？

12月4日，遊關西牛欄河親水公園。得悉河名之由來，乃因清代先人於河旁設置柵欄牧牛而名之。時代變遷，今牛群已杳無蹤影，柵欄也蕩然無存。只有在石階步道旁的牛群塑像，供後人憑弔。

　　牛欄河的河水清澈透底，河底的魚兒嬉戲其間，一副悠然自得貌，河中到處可見攔水壩旁設有魚梯，關西客家「物我平等」的「齊物觀」，令人肅然起敬。

　　這種維護溪流的自然生態，是天人合一的思維。建設人工魚梯（魚道），可供魚兒逆游而上，爲水族生物設計生存空間，可以繁衍下一代，是善良慈悲的心。

　　東安古橋是日據時代1927年啓建的古橋，目前新舊橋併列，是一座糯米橋，也是牛欄河親水公園的主要景點，五孔拱形石橋造形，古意盎然，流線優美，橋身堅固耐用，隨著時光流逝，益增舊顏新色。歷經近百載，人來車往，依然完好如昔。

　　牛欄河親水公園河堤步道，流水淙淙，草色萋萋，兩岸盡是紅花綠葉，凸顯出河邊景緻，又有臺灣欒樹樹蔭日光掩映其間。這裡應是當地人晨昏漫步，家人閒聊，培養感情的一條休閒步道。

　　牛欄河因有古橋橫跨其上，構建了立體空間的形象，而橋、河、水、魚、花、樹、牛，則構成牛欄河親水公園的主要繪畫元素，加上遠山、浮雲、晴雨為四季循環的不同背景，相信春夏秋冬四季會有無窮變化的景觀特色了。

　　註：客家話的「牛欄」，就是圍柵欄養牛隻之地，等於閩南話的「牛牢」。

　　閩南話有「牛牢內觸牛母，Gû-tiâu lī i tak gû-bó」，客家話也有「牛欄肚鬥牛洴，ngiu11lan11du31deu55ngiu11ma11」（以四縣腔為例），同樣的意思。

蕭新永　寫於12月7日

12、關西范家的十子十登科傳奇

蕭新永

　　3月16日，鵝湖民國學案團隊一行十八人，參訪關西范姓客家人文景觀，首先來到哲學教授范光棣大師的拇指園，並聆聽范教授的人生哲理，以及老子《道德經》的經典智慧傳授，他講「天道無親，而能下人」，而非「天道無親，常與善人」（老子第79章），意指傳世本有誤。范教授這個觀點，令我印象深刻，後來查他的《用英語讀老子道德經》第79章，確實是改成「天道無親，而能下人」，范教授說他是根據《孔子家語·觀周第十一章》而調整的。

與哲學家范光棣教授合影

接著拜謁范家宗祠慶餘室（范氏公廳），堂名取自「積善之家，必有餘慶」，語出《易‧坤卦‧文言》。此古厝於1850年（道光30年）由其先祖范汝舟建成，現為著名的觀光景點，許多人慕名而來，打卡拍照，絡繹不絕；最後拜訪1928年建成的高平堂古厝，乃范家古厝餘慶室分支出去的一棟日據時代的建築物，但當前的外觀是改良中式，成四合院式。我們在拜訪、拜謁之餘，同時攬物觀景，范氏家族，世代居此平陵，田園花圃、古厝祠堂、現代別墅，無不掩映在茂林修竹之中，游目騁懷，極盡視聽之娛。

慶餘堂前與范光棣教授等人合影

　　范家古厝高平堂後面的二樓是正廳，高案八仙桌，供奉著范家先祖范仲淹神位及畫像，正面牆壁上書「文正家聲」四字，應為范家堂聯，文正為范仲淹的諡號。范仲淹是北宋政治家、文學家、軍事家、教育家。他的〈岳陽樓記〉，流傳千古，我高一讀過，從此愛不釋手。當中智慧名句，甚愛「不以物喜，不以己悲」八字，不論萬物如何造化，得之不喜，失之不悲，泰然處之，天之道也。三樓是「公明廳」，正中立著范朝燈先生半身塑像，在入廳堂左邊牆壁，看到一幅〈岳陽樓記〉的書法，以及「范文正公家訓」，右邊牆壁懸掛范朝燈先生的十二子女的大幅相片，著名的十子十登科，是范仲淹的第三十代裔孫，胄裔如此傑出，不辱先祖。《詩經‧大雅‧烝民》云：「民之秉彝，好是懿德。」實乃懿德流芳，理學傳家矣。

高平堂後棟三樓遠眺前方山脈

范朝燈先生十二子女

後後棟三樓廳堂供奉范仲淹神位及畫像

　　敬佩范朝燈老先生的「重視子孫賢，勝過千萬金」的教育理念，他雖只有私塾學歷，卻參透經典智慧，用心栽培後代，抵押田產，貸款供學。十二子女，十子十登科，以老五范光銘爲界，有如兩個世代；其前四個哥哥，除了老三外，三個留日，後面四個弟弟都留美。有醫學、法學、農學、哲學等等背景，三個哲學博士、二位醫學博士、五位高考，輝煌學歷，臺灣應無人出其右。

　　總之，十子續傳先祖遺風，允爲後世效法。

鵝湖民國檔案團隊合影

13、老麵店

賴研

意外的與這家「老麵店」相遇。

聽口音像一對外省的姐妹或母女，掌廚的總是背都彎得像蝦米的那位，跑堂收拾算帳的則是俐落的另一位。

味道是外省眷村口味，小菜也沒有臺式的甜味，老老實實。從第一次去吃，幾乎天天去吃，有時是中午，有時是中午和晚上。久了兩位老闆娘都認識我，招呼特別親切。笑稱我可以在那麵館包飯了。

跟我一樣，閩南語也說得很好，但是一說國語，我們就知道彼此的背景。身世飄零，我們現在已經在身份證上沒有籍貫了，天天喊愛臺灣的中國人，就像一種詛咒，墓碑上該怎麼寫才能對

老爸交代呢？

　　窮此一生，無非就是想活出一個姿態，做一個有識別度的人。人云亦云，少了我一個不少，精衛填海，多了我一個也許大事可成而不敢妄自菲薄。然而畢竟紅塵是非，江湖險惡，多半時候也是在道德底線載沉載浮。終有一日，累了倦了，風格尚有幾分，找棵樹把自己的骨灰埋了，像莊子所嘲諷的「獨厚螻蟻」吧。

第五部分
移民滄桑史

1、草屯洪姓故事

洪文東

　　南投縣草屯鎮居民主要是洪、李、林、簡四大姓，約佔全鎮人口七成，可說是先民不顧清朝禁令，從福建省漳州市搭船乘風破浪，冒死橫越「黑水溝」，抵達寶島臺灣，以血緣關係集結人手，發展建立的典型血緣聚落「草屯」，舊名「草鞋墩」。

　　草屯洪姓，是從福建省閩南沿海「漳州市」的「漳浦縣」之「車田」、「下營」一帶，前後分四梯次渡過海峽，洪氏入閩遷徙圖如照片（攝自草屯地區開發史資料集，第16頁，許錫專編，民國87年）。先民在臺灣登陸後，第一批最早入墾在彰化、南投一帶，找到落腳開墾之地，蓽路藍縷，接著第二批等後後續移民，陸續前來投靠，結合成一體，大家共同開墾土地、耕種農田。由於大多是同宗的堂兄弟族親關係，自然而然的興建起同村同宗的「血緣聚落」。經過世代交替、生息傳衍，洪姓遂成為草屯望族第一大姓。

　　依據洪氏族譜所述，洪姓最早祖先是黃帝的治水官「共工氏」，世居河內「共伯城」。世代傳衍至東漢末年，朝廷宦官專橫為禍，朝綱紊亂、黨錮為虐，先祖懼被誅連九族，遂舉家避禍，遷徙至漢中「益水」定居，並易姓為洪。三國時代魏、蜀兩國角逐爭戰於漢中，於是再舉家遷徙至沙州之「燉煌」。從此屯田耕地，將荒地開墾成綠洲，灌溉農田阡陌縱橫，洪氏家族世代繁衍得以望出，座落於草屯鎮新庄里的臺灣洪氏家廟堂號

洪氏入閩遷徙圖

「燉煌堂」，其緣由即在於此。

　　北宋眞宗祥符9年，先祖「仁璲」公，高科欽策進士，入汴京授從政部汴京左衛錄事參軍，轉承事郎大理寺評事，宋眞宗乾興元年臨漳州「長泰縣」任縣令，此乃洪氏家族入閩之肇基。臺灣洪氏族譜世次，以先祖「仁璲」爲第一世，自第二世「文

憲」公遷居「龍溪」，迄第十五世「汝賢」、「汝清」、「汝德」期間，均世居「龍海縣」之「龍溪」、「海澄」二邑。至第十六世「尾發」公率領洪氏家族遷居「漳浦縣」之「車田」、「下營」一帶，第十六世「君志」公另率族遷居「漳浦縣」之「杜潯」，此為洪氏家族入「漳浦縣」之開端。第十八世「永謙」、「旋山」、「和蒼」、「存政」等衍派裔眾，自清朝雍正至嘉慶年間，先後分數梯次舉族渡海遷居臺灣。

　　草屯洪姓家族於先祖抵臺後，蓽路藍縷，墾荒於草屯「茄荖」地方，開創長安久居之地。為緬懷祖先德澤，清朝道光4年「勤朴」公首創洪氏宗祠「燉倫堂」於「頂茄荖」，嗣於道光26年創建洪氏宗祠大宗「燉煌堂」於「新庄」，迨光緒2年「和蒼」公衍派再建洪氏宗祠二宗「燉成堂」於「番仔田」，日治期間大正13年（民國13年）「性植」公衍派，又建「崇星堂」於「下茄荖」。在臺灣洪氏家族後代子孫，每年皆會在各個洪氏宗祠舉行春、秋二祭，慎終追遠，緬懷祖德。

　　參考資料：

　　許錫專編（民國87年）：《草屯地區開發史資料集·洪姓故事篇》，臺灣洪氏家廟，財團法人洪氏子女獎學基金會發行。

2、「草鞋墩」之由來

洪文東

　　我出生於南投縣草屯鎮，小時候常聽長輩說草屯鎮舊地名稱「草鞋墩」，根據許錫專先生所編《草屯地區開發史資料集》，有文字記錄的當屬清朝乾隆23年之文獻：《清代臺灣大租調查書》第三冊內一張杜賣古契中，有記載著出售土地地點為「土名草鞋墩」。

　　草鞋墩的地名，草屯地方人士有人說是明末鄭成功退守臺灣後，其子鄭經繼續經營治理臺灣，有一次率兵直搗「斗尾龍番」（今國姓鄉之泰雅族），帶領三千官兵路過此地，將穿破的草鞋丟棄堆積成墩，此地因而得名「草鞋墩」。因其時間較早於上述有文獻記錄的清朝乾隆23年，此說在時間邏輯推算上較有可能。然因在文獻上無確切史料可資證明，仍是地方父老們茶餘飯後之話題而已。

　　地方上也有人說，是清代林爽文抗清時，征討之清兵路過此地，丟棄舊鞋堆疊成墩而得名。另也有人說，是引用民間之口頭語「鹿港擔埔社」來印證，昔日往返鹿港、埔里之挑夫，商旅至此地當中途站停留休息，並洗腳換穿新草鞋，而將舊草鞋丟棄堆放成墩而得名。這兩種說法，從時間上推算都應在清乾隆23年之後，其說法有待商榷。

　　草屯鎮草溪路慧音巷附近有一純土墩，也有地方人士將之指稱為「草鞋墩」，然此說似乎較難成立。「純土墩」土歸土，

「草鞋墩」草歸草，若是將此「純土墩」當作草屯之地標，或許顯得更有意義。

　　草屯鎮舊地名「草鞋墩」，此一名稱自清朝以來一直沿用至日治時代大正9年（民國9年，公元1920年），日治期間因調整地方行政區域，廢支廳「北投堡」，當時支廳因北投街毀於日軍兵火，而移至「草鞋墩」，並將「草鞋墩」地名簡化改稱「草屯庄」，及至民國27年再升格為「草屯街」，臺灣光復後改名為「草屯鎮」。

　　註：本文主要內容參考自民國87年洪錫專先生所編《草屯地區開發史資料》，發行單位：臺灣洪氏祖廟，財團法人洪氏子女獎學基金會。

3、臺灣五大族群

洪文東

　　中華民國在臺灣，目前主要有五大族群，閩南人族群、客家人族群、外省人族群、原住民族群、新住民族群。根據維基百科統計資料，指出臺灣以漢族居多數，約佔臺灣人口總數的97％，漢族中閩南人佔73％，客家人佔12％，外省人佔13％，其餘3％為原住民與新住民。若依社會學的一般定義，少數族群即弱勢族群，則臺灣的原住民族群屬於弱勢族群。但廣義而言，弱勢應依族群的社會地位而定，而非依人口多寡。

　　臺灣除原住民外，都是「移民」，都有其「移民滄桑史」，只是因移民來臺灣的時間先後，而產生族群關係認同、意識型態、政治立場不同等問題。解嚴之前，臺灣的閩南人、客家人、外省人都有其次文化的差異，但基本上都屬於漢文化。解嚴之後，由於族群間的通婚、語言的學習普遍，閩南人族群、客家人族群、外省人族群等，這些漢人族群間的族群界限已漸趨模糊。因此，在臺灣往往只將原住民族群，稱之為弱勢族群。最近行政院政務委員唐鳳接受德國媒體訪問，有指出臺灣地區與大陸地區，兩岸分隔、分治的現實。

　　臺灣在解除戒嚴令之前，閩南人族群在外省人族群控制壟斷的政治體系下，居於弱勢族群。解嚴後，由於臺灣民主憲政的重新起步，外省人族群已在政治上逐漸淪為弱勢族群。臺灣目前主要是由五大族群所組成的移民社會。過去將原住民族群分為阿美

族、排灣族、泰雅族、布農族、魯凱族、卑南族、鄒族、賽夏族、達悟族等九族。根據維基百科資料，2001年至2014年間，再加上邵族、噶瑪蘭族、太魯閣族、撒奇萊雅族、賽德克族、拉阿魯哇族、卡那卡那富族等共十六族，原住民人口約57萬多人，佔臺灣人口總數的2.44％。臺灣在海島地理環境下，蘊育著多元文化特質，發展出多元族群社會。由於族群間彼此尊重，相互學習，平等包容，多元溝通，達成理解。目前臺灣社會已無過往的歧視原住民或少數族群現象，尊重各族群之文化特質，經由族群之間的文化交流，形成多元族群融合社會。

綜觀國際現勢，今日世界各地的政治衝突，主要並非馬克斯當年所預測的階級鬥爭，而是來自族群衝突。族群衝突主要原因在種族不同而產生，其他還有因宗教信仰、地域爭執、政治、經濟地位不同，而滋生族群衝突。例如：中東地區的以色列，與回教國家、巴勒斯坦的歷代衝突，它不只是宗教族群衝突，也是種族族群的衝突。我認為解決族群衝突，最好的辦法就是持續的溝通，和善的互動協商，以增加彼此的瞭解，期能和平共存。

4、思憶父親，陪父親陳其中返廈門祭祖

陳蕙娟

　　小時候，大伯父常教導我許多事情和待人處世的道理，他要我有機會一定要回祖籍地看看，大伯父說故鄉在「泉州同安後安」。兩岸開放探親、旅遊之後，去了大陸多次，不曾到原鄉福建，直到2015秋末兩岸宗親五年的互訪與祭祖，八十歲的爸爸（陳其中）問我和妹妹要不要同行到廈門祭祖，爸爸老了，身體也不太行，搭飛機出門得有人陪，我和妹妹了解爸爸的心思，這許是他唯一的一次到祖祠祭拜先祖，一定得陪爸爸去，圓滿他的心願。

　　何以說尋根而不說找親戚？我是來臺第六代子孫，真正近的親人在臺灣，家族在臺開枝散葉，有許多宗親見都沒見過，何況福建故鄉的親族；到了桃園機場同族親戚碰面，第一次見，按資排輩，爸爸來臺第五代是輩分最高的（不是年紀最大），還有第七代宗親，年紀大我和妹妹十歲左右，親切地叫我倆「姑姑」，真的不好意思，他們說「論輩份不論歲數」，也欣然接受；和這些宗親的緣份或許也就這幾天。

　　家族清末移居臺灣，仍和故鄉親族密切聯繫，兩岸親人的婚喪喜慶會派代表參加，1949本來臺灣親人要回福建故鄉參加娶親喜事，禮品金飾也準備好了，國共戰爭阻止了這件事，過不去

了！直到兩岸開放探親，有些臺灣族親回故鄉探訪，宗祠破舊毀損，臺灣宗親出錢修復宗祠，開啓了後來兩岸親人共同祭祖、五年互訪事宜。2015是臺灣族親回到宗祠祭祖。

11月26日，爲本家族由河南移居閩南第一世祖「太源公」的忌日，家族四大房十三個支系一起祭祀，包括臺灣的我們。一早，陳氏宗親即來飯店帶領我們過去總祠，總祖祠位在巷弄裡，在大馬路邊下車步行，路口已有花鼓隊迎接我們，鞭炮霹靂啪啦響不停，這陣仗讓人不知所措！臺灣一行人有五位女士，三個是娶進門的媳婦，只有我和妹妹是女兒返鄉祭祖；我們帶了一面繡有起源堂號支系的錦旗，所以呢？就由我和妹妹負責一左一右拿著走在隊伍最前頭，有點尷尬有點窘，硬著頭皮往前走呢！

到了總祠門口，地上鋪著紅地毯，很愼重地歡迎我們這群臺灣宗親，總祠裡頭已經不少宗親聚集等著祭祖。儀式遵循古禮，上香、獻祀牲禮、水果等的祭品，由宗親會長主祭，之後四房子孫輪流祭拜，儀式莊嚴隆重，祭祀典禮過後，親族在總祠聚餐。這頓飯太熟悉，就像臺灣的「辦桌」流水席，以海鮮爲主，外燴師傅手藝好，東西非常好吃，總共十四道菜，完全無法克制，吃得好撐！飲食習慣和臺灣閩南人極其相近，這回不用普通話，全程閩南語、臺語（雖有些落差雙方都聽得懂），因爲有些老宗親不會普通話。

有幾道菜燒得特好，必須介紹，蔥燒鱈魚芋頭，味道很搭；龍蝦蒸素麵，麵條是魚漿做的，清爽有彈性，加上滲入的龍蝦汁，美味極了！鱸鰻燉豬蹄，搭配薑絲、酒提味，鮮甜清爽，沒有一點點腥味！紅蟳蒸粉絲，這道菜最棒！紅蟳肥蟹黃飽滿，紅蟳切開平鋪於冬粉上頭，清蒸讓紅蟳的肉汁滲入冬粉，冬粉Q彈又有海鮮的滋味，忍不住猛吃。第十三道菜——大蝦，新鮮有

嚼勁,臺灣宗親把蝦吃個乾淨,大陸宗親幾乎每桌蝦都剩超過一半,怎麼會這樣!?問明白,天哪!不是活跳跳下鍋,不夠鮮美,難以舉箸!最後一道上甜湯,有趣!上來易開罐花生湯,自己打開倒碗裡頭,哈哈!

5、另一種鄉愁／北竿的歲月

潘俊隆

這裡曾經是我連上的據點。

照片上的露天咖啡休閒桌，原是沙包堆起的50機槍堡，掐住前方龜島與港口間射角範圍內的重要咽喉……

記憶中，那裡的空氣總是是帶點鹹味的，從港口外吹來的是海洋特有的潮濕且帶有少許海腥味的風，遠處一公里外，偶爾可以看到航行的軍艦，那是載運士官兵往返於馬祖與臺灣兩地的運兵艦。對於半年或一年才返臺一個航次的官兵來說，是艘載著滿心希望與歸心愉悅的希望之船；而對於返馬的官兵而言，卻是艘載滿濃濃的鄉愁與思念愁緒的船。

馬祖北竿的芹壁港，早期是個繁忙的漁村，沿岸是典型的閩北建築。

這是一個很特別的村落，沿岸一排排錯落有致的建築倚山而建，面對著前方的芹壁港及龜島。最特別的是，在蜿蜒的石板道

　　兩旁，區隔出一幢幢由花崗岩疊起來的房子，顯得異常堅固，一排石屋中間還有一間廟叫「天后宮」。每個房子的石牆上都有黑框白底寫著黑色字的愛國反共標語。那是兩岸緊張對峙時期的產物，也是烙印在牆上的烽火記憶。

　　這裡閩北特色的花崗石建築，原來都是有住人的，因為村裡的年輕人悉數到臺灣念書後結婚生子定居了，而老一輩人幾乎都被接回了臺灣，但也有家人願意守著祖先的屋宇，選擇在這裡老死。

　　當地有一個說法，據說早期這裡住的都是海盜，所以又叫海盜村。海盜攔截過往船隻，奪取財物與漁獲，所以個個家財萬貫，蓋起了這些花崗岩住宅，形成了一個聚落，而在當時，這可算是豪宅規格呢。

　　「很多人說這裡是以前的海盜村，其實是謠傳。」北竿僅有的幾臺計程車之一的陳姓司機，他同時也是北竿稱職的導遊兼地陪，說：「早期馬祖地區確實出了幾個海盜，但不是整個芹壁人都是海盜。而北竿的海盜只有一個，是橋子人。因為當海盜賺了

大錢，所以在芹壁蓋了一棟最高的石屋，屋頂放了一個石獅子鎮邪。」陳姓司機手指著其中最高大氣派的石屋說。

　　如今，蕞爾小島的北竿，面貌已然改變，周遭少了前線戰地的氛圍，卻多了四處林立的商店、民宿以及紀念品店。昔日官兵假日喜愛流連的卡拉OK及撞球店也已消失，取而代之的是便利商店及風味小吃。白底紅色凸字的「還我河山」四個大字，依然矗立在塘岐街道一幢舊屋的牆壁上，蒼勁有力的神韻已不在，卻見歲月摧殘下斑駁風化的痕跡，在逐漸商業化的街景中顯得非常的突兀。

　　連接塘岐及后沃那條將海水分隔兩邊的塘沃道，美景依舊，只是兩旁增建了漂亮的水泥墩；塘沃道的左邊則是繁忙的北竿機場出入境大廳以及周圍的跑道。

　　1994年戰地政務解除後的馬祖，如今穿梭攬勝的遊客如織，

雖少了戰地氛圍，卻反成了許多曾經駐守此地的士官兵們另類的
鄉愁之地。

6、種族認同／平埔的血源

潘俊隆

　　國中時期，由於念的學校裡客家及閩南人分別佔了六成及四成，而由於萬巒是客家六堆中的先鋒堆，屬於較強悍的一支客家族群。因此，小時候經常聽聞關於閩客械鬥以及村民力抗客家移民可歌可泣的戰鬥事蹟。而我們隔壁正是一個客家村，兩村直到我小時候還存在著若干世仇。

　　小時候最常做的冒險，就是一群小孩跑到隔壁村罵著客語粗話叫囂、丟石頭，緊接著就是對方一群人也同樣回敬三字經及石頭，雙方甚至還相互越界挑釁，玩起你追我打的遊戲。跑慢的，可能就得面臨被逮後的一場圍毆了。

　　在唸書時期，我們即一直被嘲笑是番仔，因為在多數客家及閩南兩種族群中，還有一種像我們長得像原住民，但嘴裡說的卻是閩南話的少數族群，看似被歸類為閩南人，但卻又與其他閩南人長相不同。我們這群人聚集在沿山公路旁，是與泰武、來義鄉原住民部落毗鄰的兩個村，以萬金天主教堂為界一分為二，兩村人幾乎都姓潘，是平埔族後代。至於「潘」姓則聽說是清朝時期皇帝的賜姓，只因為我們過去是與原住民一樣，是沒有姓氏的，但我們卻又是一群被漢化很深的所謂「熟番」。

　　從小，認同問題一直是我們每個人內心裡的障礙。當我們詢問家中老一輩人說：「我們是不是原住民？為什麼外面的人總是喜歡稱呼我們是番仔、傀儡仔或山地人？」

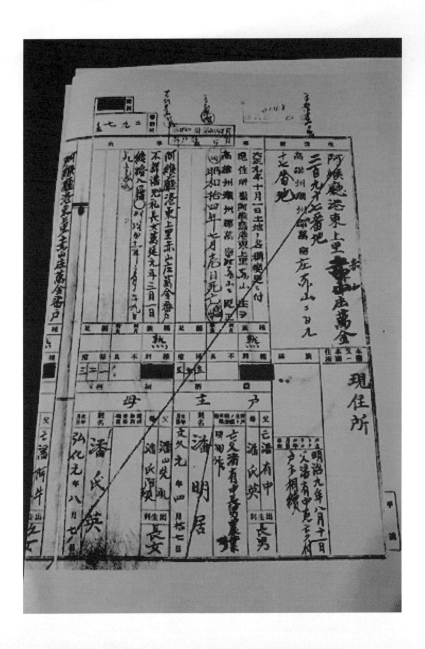

　　而家中長輩也總是厲聲駁斥的說：「你那麼喜歡做番仔嗎？做番仔甘有對你比較有利，為什麼要這麼問？我們是福佬人！」

　　但是，我們很清楚，我們是長得像原住民的福佬人。

　　直到有一天，我在調閱早期的戶籍資料打算尋根時，終於在祖父母的資料上，看到種族欄位被寫上「熟」字，進而確認了自己平埔族的身份，後來更進一步了解我們是平埔馬卡道族的後代，如今也終能坦然接受這個事實。長大後進入社會求學工作，經常會遇到很多原住民朋友，熱情的用母語向我打招呼，問我是排灣抑是魯凱族，而我也能坦蕩的說自己是失去母語的平埔族，更能以身為原住民而感到光榮。

　　我是純種的平埔族人，因為我還留有平埔人該有的銳利五官、黝黑的皮膚，以及在身體內流淌的平埔族人血液，所以我可以驕傲的說，自己是珍貴的活化石。因為，從我的下一代開始，已經與其他種族融合了，未來在我死後，你將再也看不到真正平埔族人的長相，而只能在博物館內憑弔、緬懷了……。

7、人生三大問題，族譜幫你解決

蕭新永

　　人生哲學上有三個問題尚待釐清，就是「你是誰？」、「你從哪裡來？」、「你要去哪裡？」如果每個家庭都有「族譜」的話，則上面這三個問題都幫你解決了。

　　你的姓氏，你族譜上記載的一世祖（甚至更前面的祖先，如果能尋到根的話），以及你被登錄在族譜上的排輩字號，都顯示出在歷史的長河中曾經有你的先人，以及以後會有你流過的痕跡。各家族譜年代或長或短，長者如孔氏族譜，其歷史長河縱貫兩千五百年，短者如分譜或支譜也有幾百年，就怕斷譜或遭兵燹。只要有心整理，族譜永流傳是指日可待的。

　　我們每個人都有原鄉，甚至有原鄉的原鄉，可能是可考的，可能是模糊的，但不礙我們慎終追遠的祖德教訓。

　　當我們的先祖來到臺灣後，落腳之地就成了新原鄉，甚至是子孫因為遷徙，就有了新新原鄉，無論如何，「他鄉變故鄉」是改變不了的人生現實，除非是至死不渝，終身守護那片牆瓦故土。但有一個事實，就是來臺祖是唯一不變的，後裔能夠找到來臺祖，應當謝天謝地，感激祖靈保佑。

　　離開原鄉的人，「離鄉不離井」，有可能葉落歸根，或解甲歸田，回歸自己的田園，當然大部份是遷徙再遷徙，然後埋身他

鄉。所謂「埋骨何須桑梓地，人生無處不青山」。

　　無論如何，新來舊到都是故鄉，也是他鄉。了解自己及家族的源流，「問渠哪得清如洗，唯有源頭活水來」。才能找到心靈上的原鄉，釐清人生上的三大問題。

8、書洋原鄉的晨景

蕭新永

蕭家人住的土樓

　　2015年11月17日，初冬的南靖書洋，一個灰濛濛的早晨，山上氣溫尚低。由於下榻的土樓賓館就在大馬路邊，一大早就被馬路上的鼎沸人聲，夾雜著來來往往的車輛聲吵醒了，原來這裡是書洋的市場，山區居民趕集之地。

　　於是盥洗穿衣後，出得賓館小門，走向對面街道，沿著往書山祠方向的街路走去，不時遇到熟識的當地宗親，互道早安（閩南話「敖早」），寒暄幾句後，各自分道揚鑣。過橋後轉向左邊往東山祠方向的道路，邊走邊欣賞這個蕭氏原鄉的晨景。

書洋山坡上的茶園

　　不一會兒看到路的右邊盡是遍佈茶園的山坡地，不知山名，且叫做書洋山吧！且說這座書洋山的山腳下，到處是蕭氏人家以及蕭家宗祠。六百年前，老祖宗原住高港，與曾家對換宗祠後搬來此地，此地就是書洋的內坑及外坑，從此祖先定居下來，瓜瓞綿綿至今。

　　在魚肚翻白前，整座茶山全被山嵐霧氣籠罩著，霧鎖茶山，頗有朦朧之美。深深呼吸，空氣異常清新，沁人心脾，令人心曠神怡。

　　爬上泥濘不堪的山路，上得茶園旁邊小道，隨手拍幾張茶山晨景後下山，再順著往東山祠方向的路前進，左邊的清澈溪流，是九龍江的上游西溪，多富文學味道的溪名。我越過水泥小橋，來到對岸一大遍竹林叢裡，原來裡面藏著一座蕭氏家族居著的圍樓，稱為鵝冠樓。是歷代東山祠裔孫們居住之處。

　　惟一大早越過小溪穿過夾道竹林，直接進入大門敞開的圍樓內，不聞雞鳴狗吠之聲，顯然是人去樓空。圍樓內巷靜幽幽，不

見人影，只見一位上班族匆忙閃身，外出上班。宗親或許尚在睡夢中。本想找一位認識的宗長喝早茶，探門內望，亦無蹤影，不得已悻悻然離去，不無遺憾。

西溪對岸的竹林裡隱藏著一座土樓

土樓內的巷弄

　　出了鵝冠樓，走向市集方向，準備回賓館。鵝冠樓旁邊也是
土樓，當地宗親說，是簡姓人家。蕭簡在書洋是大姓，回臺灣後
聽宗親講蕭簡故事，兩姓祖先在當初從唐山渡海來臺灣開墾時，
不是結伴而行，就是先來後到，所以在臺灣有些地方，有蕭姓的
地方就有簡姓人家，原來在書洋本是比鄰而居呀。

9、深山裡的蕭家宗親與水梯田

蕭新永

翻拍自《戀戀水梯田》影片，水梯田與自然環境透露出里山主義
的精神

　　由於江河宗長的極力推薦，他說新北市貢寮的山上有一支湧
山派後裔宗親，來臺約兩百年之久，靠近桃源谷（原名大牛
埔）。桃源谷是一片綿延將近三公里的遼闊草原，古早以來是當
地農家放牛吃草的大草埔，也是草嶺古道必經之路。但我從沒想
到，竟然有蕭姓宗親幾百年以來在那裡耕作水梯田，而且是用傳
統的牛耕方式耕田及手工播田、挲草、機器桶收割作業。

　　今年年初，從朋友那裡傳來國家地理雜誌拍攝的影片《戀戀

水梯田》，介紹的就是貢寮山上的水梯田和生態動植環境，其中的主角是一位蕭姓宗親，名叫春益，這引起我極大的興趣，我向來喜歡「採菊東籬下，悠然見南山」的田野生活，小隱隱於野成為夢想。因此探訪宗親加上草原巡禮成為此次拜訪主軸，希望乘興而去，盡興而歸，沒想到此次探訪，收穫頗豐。

5月8日九點，一行人（燦宗宗長夫婦、江河宗長、本人夫妻），約好在木柵動物園捷運站集合，由燦宗宗長開車，經過深坑、石碇、平溪、雙溪，然後在貢寮火車站接前來會合的崎楨宗長，我們順著吉林產業道路，貼著內寮溪，一路蜿蜒逶迤而上，沿途茂林修竹，滿山綠色，盡收眼簾。從貢寮火車站到目的地的蕭家祖廳石頭厝，十多公里距離，二十分鐘車程，甚是方便，不禁懷疑，這哪是深山。

石頭厝是一座三合院，一落（正身）三護龍，正身房子外牆以整齊的石頭砌成；在以前屋頂以好幾層茅草舖成，現在改以仿瓦波浪一板，外形樸素古雅，厝內的隔間塗以石灰，裡面包著桂竹（他們稱為蜂仔竹）但小部分已經裸露，可見蜂仔竹的形狀。

公廳內擺飾簡單，如同一般有大廳的人家，裡面牆壁是神明

漆仔（觀音漆仔），神架桌上右邊是神明雕像，左邊是公媽牌。

三合院外是大埕，曬穀場，大埕最外面原來有座半月形池塘，後因改建爲停車場，只在右側留一小塊池塘，象徵古制造形。

三合院的左邊有一條產業道路，私家車可直通蕭家墓場以及桃源谷；護龍右邊有一條步道，往上走就是桃源谷草原，攻頂時間約三十分鐘，這是一條最方便的登山步道。

訪客與當地宗親合照

我們與出面接待的三位宗長，蕭春益（在《戀戀水梯田》出現的主要蕭家人物）、蕭三全、蕭一龍等三位堂兄弟，在贈送完禮物後，一邊喝著他們自栽自焙的茶葉，一邊聊起這一支宗親的來龍去脈，原來他們的來臺祖（吉林開基祖）是湧山孟容公派下

第十一世的世錞公,大約兩百年前,從南靖的金山上湧祖籍地越過臺灣海峽,經淡水上岸,最後選擇貢寮吉林的山上定居下來,而此石頭厝已經有接近兩百年歷史了。根據墓誌記載,世錞公於1825年渡臺。

宗親們告訴我們,先祖來到吉林時,先勘查土地是否適合耕作,如果適合,就再尋覓宜居地,重點是要找到水源處,祖先保佑,很幸運的在山上大樹下找到一處自然湧泉處,然後以水管接至家裡,這處湧泉迄今未斷。這難怪他們所泡的茶非常甘美,有自然的喉韻,雖然自製茶過程單純有草味,第一口入喉卻不輸精製茶。

宗親們告訴訪客,他們家的牛群很自由自在,一大早就從牛棚(臺語稱為牛牢)自動走到山上的牛埔地吃草,接近黃昏時,自動回牛棚休息,如遇雨就會在中途站的牛棚避雨,等雨停後再回家,日復一日,年復一年,終其生都讓主人視為家人。在沒有耕田的時候,不繫牛繩,有耕田時才繫牛繩,以方便主人操作。我邊聽邊好奇,小時候我也是牽牛童,牛繩是控制牛行動的工具,沒有牛繩,如何牽牛吃草。這裡的牛群太幸福了,無拘無束地出入牛牢,一派悠然自得的樣子,主人也不怕走失。可見牛也相當聰明,以前總認為牛憨憨的,這個觀念落伍了。

宗親們說,這裡的稻作一年一作,不像其他地方一年兩作,因此每年農曆年過後就開始田間作業,忙著春耕、培育秧苗、插秧、播田、挲草、驅蟲等等田間作業,到六、七月收成,以後就有半年的休耕期,只能在其他地方種些番薯或其他農作物,他說在大牛埔(桃源谷)有一塊塊長長類似水耕田的田地就是番薯地,有時也翻山過嶺在其他山頭尋找土地種蕃薯,重重的蕃薯用

扁擔擔回家要走上一兩個小時，可見山上人家的生活是相當艱苦的。

　　宗親們又說，很久以前，搶劫風氣很盛，他們為了自保，集資在另一個山頭搭建瞭望臺，派人看守，守望人如有看到火把紅光，就用力吹海螺，除了嚇嚇壞人不敢上山外，也有緊急通知村民準備應付的意涵。

網友相片分享的梯田春耕圖

　　宗親們說，來臺祖媽戴氏，活了九十九歲，她歷經乾隆、嘉慶、道光、同治、光緒等五位皇帝。

　　後來我查了祖譜，確實如此，祖媽生於乾隆戊戌年（1778），先居祖籍地，後被世錞公接來臺後居住山上，卒於光緒丙子年（1876），活了九十九歲，長壽。

　　宗親們說，太多山上軼聞，限於時間，改天有空再上山閒聊。

10、臺灣蕭氏宗親總會第八屆新舊任總會長交接典禮報導記實

蕭新永

　　2017年1月8日上午，萬里無雲萬里天，微風飄盪微風情，蒼穹晴朗，是一個風和日麗的暖冬時節。臺灣蕭氏宗親總會在俗稱「社頭蕭一半」——蕭氏宗親聚集地的彰化縣社頭鄉，借國立彰化特殊學校的禮堂舉辦「第八屆第一次會員代表大會暨新任·卸任總會長交接典禮」，成功地完成了交接傳承儀式，象徵著綿

延不斷的蘭陵宗情，如同清如許的活水，瓜瓞綿綿地往下奔流在蕭家的歷史源流裡面。

在大會主席、第七屆總會長蕭國光的率領下，包括蕭前副總統等約六百位宗親及貴賓們全體肅立，合唱蕭氏族歌——「蘭陵頌」，肅穆莊嚴的嘹亮歌聲，迴盪在空曠的會堂裡，冥冥之中感受到祖德流芳的薰陶，接著舉行祭拜蕭何的點香儀式，宗親們手捧著裊裊上升的香煙，感應到何公的殷殷垂詢。

卸任總會長國光致詞，感謝全體宗親在他任內期間，完成了多項宗親事務活動，值得提出來的是參加第九屆及第十屆全球蕭氏宗親懇親大會、創立蕭萬長印記館、策劃及陪同蕭萬長返鄉（南靖四美堂）祭祖活動以及參加泉州閩臺大宗祠的贈匾儀式、拜謁陝西西安蕭何墓及蕭何廟的祭殿活動、參與「山東省海峽兩岸交流基地」在蘭陵蕭氏文化園舉行的授牌儀式等等。

　　大會邀請前副總統蕭萬長以貴賓及宗長身分致詞，他對卸任總會長蕭國光於兩年任內會同宗親們的努力與付出，爲國際、兩岸間的宗親交流做出許多貢獻，並於任內完成多項宗親事務活動任務，多所加勉，也對去年11月9、10日，宗親總會策劃及協助他回福建南靖四美堂祭祖，完成祭祖的歷史大事，表示感謝。

　　萬長宗長指出，國際獅子會是國際四大社團之一。未來，獅子會與宗親會的精神將聯繫在一起，力量將更爲擴大，此舉意義十分重大。新任總會長蕭文龍宗長，不僅事業有成，且在擔任獅子會總監期間，對社會公益不遺餘力，無私奉獻，相信在他的領導下，宗親總會一定會做的更好。他期勉蕭文龍宗長在前幾任總會長的既有基礎上，百尺竿頭更進一步，再接再勵，加強宗親聯誼活動、社會公益活動，多多與海外及大陸宗親們交流來往。

　　彰化縣縣長魏明谷接著講話，期勉蕭氏宗親能發揚愼終追遠、敦親睦族的優良傳統精神。看到蕭氏宗親都很團結，在各個領域都有傑出表現，特別是蕭前副總統，在政界有相當傑出的貢

獻。

魏縣長認為成立宗親會最主要的目的就是慎終追遠、光宗耀祖，還有提攜後輩，薪火相傳，蕭氏宗親會不但聯絡宗親的感情，也展現了宗親的力量，為社會做很多的事。

緊接著重頭戲，萬長宗長主持監交儀式，由卸任總會長蕭國光將印信交接給新任的文龍總會長，並替文龍宗長披上綵帶。

新任總會長蕭文龍在接受印信與披上綵帶後表示，第八屆第一次會員大會，承蒙來自海內外、中國大陸的蕭氏宗親們共同參與，展現宗誼，也對各界政商貴賓前來祝賀，致上最高的謝意。

蕭文龍總會長是彰化縣富偉科技集團總裁，事業版圖橫跨海峽兩岸。長年熱心、積極投入社會服務工作。他甫卸任國際獅子會300C3區總監職務，馬上在蕭氏宗親們的推舉下，擔任第八屆總會長職務，無縫接軌投身社會服務，照顧關懷蕭氏宗親們。

他說，身為蕭氏子弟，在有能力之餘，當挺身為宗親們服務。同時將擴及服務他姓宗親，其中，從蕭氏族譜裡查證發現，鍾姓與葉姓皆與蕭氏為同宗，祖出同源，讓蕭氏宗親「追根」的涵蓋面更加清晰、廣闊。他又說，這是我擔任總會長最重要的使命，希望能達成此任務，同時希望聚集所有蕭氏宗親的力量來貢獻社會。

蕭文龍總會長表示，全臺的蕭氏宗親人數大約有二十萬人，共有十五個縣市級蕭氏宗親會。2017－2018年推動的年度主題訂為「宗親聯誼，誠懇服務」八個字。除了預計規畫舉辦全臺蕭氏宗親會員大會外，並將定期透過各縣市宗親會的參與，舉辦捐血、慰問、健康、急難救助等社會服務活動及宗親聯誼會，希望藉由所舉辦的各項聚會與社會服務活動，來拉近宗親們的距離，凝聚、團結宗親的力量，讓血脈相連的宗親們彼此互相照顧、扶

持、勉勵、關心，一起為需要幫助的宗親們提供更好的協助與服務，同時發揮「崇揚尋根，發揚孝道」精神。

在社會服務方面，將持續頒發給宗親子弟獎學金、敬老金及表揚敬老楷模，並提供宗親們必要的急難救助，協助度過難關。也將針對宗親們所經營的各項工商企業，彼此相互合作支持，團結宗親力量，提升競爭力，並優先提供蕭氏宗親子弟就業機會。

總會長蕭文龍說，日後將會透過個人企業資源，來擴大發展「臺灣蕭氏宗親總會」成為國際社團的願景，包括建立網站及透過臉書、LINE、微信等社群管道，來聯繫全世界各地的蕭氏宗親們，建立彼此關係，拉近距離。另外要制定會務相關管理制度與系統，讓宗親會擁有國際社團組織條件與內涵，期望未來能躍上國際社團舞臺。

臺灣蕭氏宗親總會於於1984年9月9日成立，初期名稱為「臺灣省蕭氏宗親會」，後於2005年12月10日改稱「臺灣蕭氏宗親總會」，另外全臺各地已有十五個宗親會組織（含金門）。總會在歷任總會長卓越領導，以及宗親們的出錢出力下，秉持「敬宗尊祖、敦親睦族、發奮圖強、顯宗耀祖」的宗旨，會務日新又新，積極參與海內外宗親活動。新任的蕭文龍總會長，事業有成，對於宗親事務活動相當積極參與，相信在所有宗親們的支持下，能夠發揚光大並落實宗親會的會務。

本次參與盛會人員，除了臺灣各縣市宗親們外，來自大陸的宗親們，也千里迢迢越過海峽前來共襄盛舉，隆情厚誼，永誌難忘。包括代表中華蕭氏宗親聯誼會的蕭乾金執行會長、蕭蘭常務理事；代表福建宗親的平潭宗親會會長蕭德義等五人、福建南靖書洋書山祠蕭東欽主委、東山祠蕭水波主委；代表廣東宗親的蕭文新秘書長及夫人等宗親們。

　　特別感謝參與的各界貴賓，有前副總統蕭萬長、彰化縣長魏明谷、彰化縣議員蕭淑芬、彰化縣議員蕭如意、雲林縣議員蕭澤梧、社頭鄉長劉錦昌、彰化特殊學校校長陳素雲、國際獅子會300C3區的各級領導，以及地方仕紳等人，可說是冠蓋雲集，高朋滿座，盛況空前。

　　第八屆臺灣蕭氏宗親總會的人事，計有總會長蕭文龍、第一副總會長蕭崇湖、第二副總會長蕭豐裕、第三副總會長蕭明仁、秘書長蕭汝漢、財務長蕭宏仁、諮議長蕭耀卿、國際主委蕭茂榮、文史館館長蕭新永、蕭萬長印記館館長蕭燈耀、蘭陵季刊總編輯蕭翰琦等。

11、蕭氏原鄉與家族徙臺史

蕭新永

文創土樓田中賦土樓群，標名為潭角樓（潭谷樓）就是我先祖住過的土樓，有七百年歷史（具體時間無從考證）

一、臺灣與唐山（原鄉）之關係

　　從唐山渡海到臺灣，長久以來，我的祖先一代叮嚀一代，祖居地是在一衣帶水的漳州府南靖縣。著名的客家人作家鍾理和先生於1959年創作的短篇小說《原鄉人》裡面，提到對「原鄉」或「原鄉人」的定義。他是高雄美濃鎮的當地客家人，認為祖籍地

（廣東梅縣）就是「原鄉」。在日據時代，如有人從大陸廣東來臺灣做生意或居住的，都稱他們為「原鄉人」。當然大部分的臺灣人較習慣稱「原鄉」為「唐山」，「原鄉人」為「唐山客」。「唐山」在臺灣人的意識中，並不是一個專屬的固定地名，而是泛指地勢多山的福建和廣東。

臺灣的閩南語（又稱為臺語），源自兩千年前中國大陸的秦漢時期，這是專家研究出來的一個觀點，「客家話」亦然。諸如臺灣人用閩南話吟詠唐詩，有押韻、抑揚頓挫，比用北京話讀唐詩更有古韻味。近年來有專家細心研究，相互印證，已經證明無訛。

臺灣民間的風俗習慣、慎終追遠的祭祖活動、民間宗教儀式，都能在閩、粵地區找到源流。往來兩岸，只要稍微細心觀察、與人對談，就會隨時隨地發現其中相似奧妙之處。

在臺灣的蕭姓後裔，要尋找自己的「原鄉」，可拿家裡的族譜、原鄉的舊族譜、徙臺開基祖的上下線、兩地堂號、郡望，以及地名、方言、風俗習慣等入手，互相對照，應是最具體、最可靠的線索。

二、蕭氏入閩粵

根據廈門蕭錫鴻宗長所參與編纂的《福建姓氏誌第二卷》記載，蕭氏入閩、粵時間甚早。南北朝梁敬帝時，命其弟蕭方哲留鎮福州，娶河南提點女為妻，遂定居福州西河。而後從唐朝到明朝，依據入閩紀錄時間，前後約一千年期間，陸續有蕭氏祖先從江西、河南、江蘇等地，先後因致仕調動、後裔襲職、避難避隱、隨軍從軍、舉家遷徙等等原因，相繼入閩。定居後，其後裔

因種種因素再次或再再次遷徙全閩各地，也有的先祖後裔遷至廣東梅州、大埔、潮汕等地。

　　茲將比較具有代表性的入閩先祖羅列如下：

　　1.唐總章二年（669年），蕭潤爾隨陳政、陳元光父子率府兵入閩平亂，定居漳州；

　　2.唐中和元年（881年），蕭曦由江南入閩，定居長樂縣前清里大鱉坑（一作「大鼇坑」）；

　　3.五代後晉天福六年（941年），蕭崇興挈家由汴梁（今河南省開封）入閩，居仙遊縣石壁潭（今大濟鎮溪口下蕭村）；

　　4.北宋雍熙二年（985年），蕭崇由江西入閩，定居邵武蕭家坊鎮崇際坊黃家礁村（時屬邵武三十四都）；

　　5.南宋紹興二年（1132年），蕭守益由虢州（今河南省靈寶市）入閩，定居福州城內朱紫坊。翌年，其父蕭泰攜次子蕭守常及諸孫入閩，定居福州城內西峰里；

　　6.南宋景炎二年（1277年），蕭燧因避戰亂，由江西新喻縣入閩，定居汀州歸化縣龍湖大帳山（今瀚仙鎮龍湖村）；

　　7.南宋祥興二年（1279年），蕭梅軒因避戰亂，由江西泰和入閩，定居寧化石壁葛藤凹，後遷廣東梅縣松源，五世蕭伯成遷居上杭太拔彩霞村，其弟蕭得全遷永定洪山，再遷峰市桃泉村；

　　8.元至正二十二年（1362年），蕭顯聞由江西入閩，避隱武平縣豐田，後定居黎佘杉樹塘；

　　9.明初，蕭茂襲父蕭勝之職，由鳳陽府滎城入閩。後裔在莆田相繼襲職，以軍籍定居莆田；明宣德年間（約1430年），蕭志四由江西會昌入閩，定居武平縣東留鄉龍溪村。

三、原鄉書洋介紹

祖先曾經住過的方型土樓

　　根據族譜記載，我的原鄉在福建漳州市南靖縣書洋鎮（元明清三代，書洋鎮屬永豐里施洋總），位於群山之中，是當前世界文化遺產——福建土樓群的所在地，也是觀光旅遊重鎮。這裡是中原先民南遷後的重要聚居地，經過千百年的演化、變遷，有了屬於自己的語言（閩南話及客家話）、習俗以及別具特色的土樓建築，共有土樓六百多座，其中有不少座是蕭氏家園。在兩岸頻繁往來的這幾年當中，我常利用公餘時間，撥空深入書洋，主要目的在於尋根謁祖。我屬於蕭奮公派下第十九世孫，輔字輩。來臺祖是第十一世輝振公（延創公長房），現在傳到我的孫女是二十一世的奕字輩。昭穆是「奮永伯團　文士元德　祿廷輝志　正大光昌　興家輔國　奕世聯芳」，一共二十四世，兩地共用，可見臺灣後昆承襲著大陸祖先所制定的傳統，以示不忘祖德源

流。「書山祠」是尊奉蕭奮公爲一世祖的宗祠，奮公約生於1400年左右（明惠帝、明成祖年間）。

　　多年前去書洋，遇到一位支系較近的宗親，他是十八世的仰書宗長，祖居書洋鎮田中村，當時他負責芳遠堂宗務事宜，芳遠堂是供奉書洋開基祖子玉公的祠堂，奮公就是子玉公的二房。他的第九世先祖是祿優公（德仁公長房），我的第九世祖先是祿巍公（德仁公三房）。共同的先祖是第八世的德仁公（仕鼎公長房）。所以我們走很親，每次去書洋一定找他，他就住在田中村的方形土樓，名稱爲潭谷樓，依山傍水，景緻幽美。有一門聯曰：「潭清思育德，穀熟悟求仁」；另一門聯曰：「潭湧銘盤水，穀盈比櫛倉」。潭谷樓正前面是一條美麗的溪流，九龍江支流「西溪」的上游，清徹如洗的西溪水從村中蜿蜒迤邐轉彎而過，中間有一支叉流名曰「白露溪」，在村中交匯成Y字形婉轉向北流去，流經書洋、梅林、奎洋，再拐個彎南轉，往船場方向，流向南坑、山城（南靖縣縣城）、靖城，流入漳州九龍江。

　　田中村四面青山環繞，綠油油的山坡，遍植茶葉，許多宗祠背靠的後山就是茶園。在過去，河流兩岸良田阡陌相連，蕭氏家族就在兩岸散居在圓形或四方形的土樓裡，全村宛若一條綠色的絲帶，一幅自然村的原野景緻，盡收眼簾，美不勝收。

　　根據同支宗親順標宗長描述，潭谷樓是由鄧姓人家大約建於宋末元初，距今約七百多年（具體時間無從考證），土樓居民全姓蕭。由於年久失修，有一半倒塌，二十世紀五〇年代末六〇年代初重建的，其間因人力、財力不到位，中途又倒牆幾次，然還有人住在裡面。我的來臺祖十一世的輝振公等人，在來臺之前應當是住在此土樓裡面。目前此樓連同其他附近土樓，已經商業文

創化，整個樓群被賦於新的名稱叫做「田中賦土樓群」，倚靠獅尾山，傍臨潭角河（西溪），群山環抱，山清水秀，由潭角樓、船樓、竹林樓、順興樓、光輝樓等七棟古色古香的土樓構成的土樓群，與自然環境融為一體，被公認為藝術家眼中的土樓，堪稱世外桃源，換言之，我的祖居地在交通不發達的古早時候，是居住在群山環繞的深林裡面。隔著小河望去，給人一種安靜祥和的感受。現在這些土樓群連同山林、溪流，共同構成一個文創景區，目的在吸引遊客參觀。

四、蕭氏渡臺及分布

蕭氏各支入臺途徑不一，時間不同，難有一致的說法。例如新北市三芝鄉的蕭氏家族世代相傳，他們的祖先，是於鄭成功平定臺灣以後，就已經移居於大屯山麓（今北投），後由於山豬為害，才遷居於平地。我祖先大批入墾臺灣，應當是康熙末年以後的事，三百年來蕭氏先人在臺灣生活，逐漸繁衍，口齒日增，目前為臺灣的第二十九個大姓，到處都可遇到蕭姓本家，特別是彰化縣、臺北市、新北市、嘉義縣市、高雄市、桃園縣、宜蘭縣等地，其中蕭姓分布較多的鄉鎮為彰化的社頭鄉及田中鎮、嘉義的布袋鎮等地。

五、臺灣新原鄉（社頭、田中）

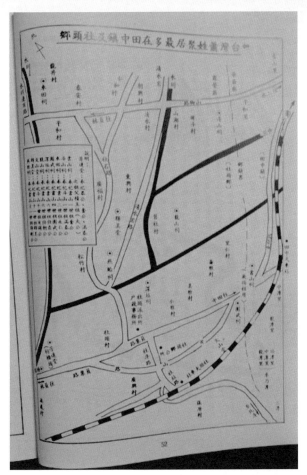

社頭田中蕭氏宗祠分佈圖（取材自林添福編著《書山蕭氏族譜》民國79年）

　　奮公傳至清雍乾年間，包含我這一支十一世輝振公在內的八、十、十一、十二世裔孫約116人先後來臺，在社頭、田中一

帶披霜露、斬荊棘、戮力黽勉，事業遂有所成。爲感念先人、慎終追遠、敬宗尊祖，裔孫集資於彰化田中鎮的崁頂（今田中鎮頂潭里），建立「書山祠」，用以奉祀蕭氏歷代祖先，據可考資料所載，該祠應有兩百餘年歷。目前建築物係民國19年改築完工，所有龍柱石材皆由大陸運來，並請大陸工匠到現地雕鑿興建，格局與南靖書洋鄉山下村外坑「書山祠」相似。然因年久風吹雨打，屋頂漏雨，遂於民國86年整修屋頂並重建兩邊護龍。幸因管理委員會盡責保護，雖經921大地震而無損毫髮，得以保存此無價之歷史建物。除了書山祠外，尚有供奉第六世仕鼎公的「深圻祠」、仕朝公的「龍山祠」，截止目前爲止，都有舉辦宗親祭祖活動，尤其是農曆正月的春祭大典，吸引全臺各地宗親匯集，凝聚宗情，共敘家常，熱鬧有餘。社頭、田中堪稱爲臺灣蕭氏宗族的新原鄉。

六、我的家族渡臺分析

我這一支家族原鄉，當然是漳州市南靖縣的書洋鎮，從書洋開基祖是子玉公開始，其二房是蕭奮公，爲書山祠第一世，歷經永富公（二房）、伯海公（長房）、團欽公（二房）、文毅公、仕鼎公（長房）、元副公、德仁公（長房）、祿巍公（三房）、廷創公（五房），到第十一世輝振公是來臺祖，約於雍乾年間來臺入墾大武郡社（社頭、田中）（註）。瓜瓞綿綿，番薯落土爛，枝葉代代淼，歷經十二世的志外公（二房）、十三世的正揚公、十四世的大化公、十五世的光德公、十六世的昌龍公（三房）、十七世的興乾公、十八世的榮宋公，族譜歷歷在目，令人肅然起敬，緬懷祖德。

七、輝振公等人徙臺路線及天數預估

　　至於先祖輝振公等人如何從書洋到臺灣呢？由於家族未留文獻史料，無從考據，但是根據一些族譜資料、大陸官方的記載，以及和原鄉宗親討論的結果，大致可規劃出一條路線出來。由於書洋對外交通幾乎以陸路為主，先祖們應當是從書洋鎮田中村所居住的土樓出發，經由船場、南坑、南靖縣城、靖城、天寶，再到漳洲府城，進入龍溪縣（龍海市）、海澄縣的月港，搭渡船到廈門港，再搭帆船橫渡澎湖黑水溝，再從臺南鹿耳門上路，往北走約一百五十公里（幾乎是臺一線）的路程到彰化的大武郡社（社頭、田中），從此在八卦山腳下平洋落地為安，篳路藍縷以啟山林，繁延至今。根據《彰化蕭氏祭祀公業源流與史料匯編》書內的描述，這段從書洋到漳州月港的陸路、渡內海到廈門、再渡海峽到澎湖，經險惡的黑水溝後安全上岸，再由陸路北上到社頭、田中，如果順利的話，且中途只稍事休息，沒有逗留較長時間，大約十天左右就從原鄉到臺灣了。

八、渡臺悲歌

　　由於臺灣海峽的海象顯惡，尤其是黑水溝這一段更是惡劣，因此移民渡臺，不但險象叢生，且當時臺灣生活不易，瘟疫繞身，可說唐山人渡海來臺十分艱險，謂之「十去六死三留一回頭」淒慘情況，罄竹難書。

　　清朝臺灣一位無名詩人，以其熟習的客家語作了一首長詩（後被命名為〈渡臺悲歌〉），勸告大陸親友千萬不要走上渡臺之路：「勸君切莫過臺灣，臺灣恰似鬼門關，千個人去無人轉，

知生知死誰都難……」就可了解其慘狀。而康熙末年的藍鼎元曾有〈偷渡詩〉，更可了解其中辛酸。

我的族人有無順利渡臺，有無返回原鄉，有無葬身魚腹，因無記錄，目前不可考。當初來臺生活的艱難竭蹶的程度，雖不致於哀鴻遍野，但挨餓受凍、衣食單薄的窘境，必定是存在的事實。

九、清朝的移民政策

清朝於康熙二十三年（1684年）派遣施琅擊敗鄭氏政權並將臺灣納入版圖後，公佈「臺灣編查流寓則例」的移民政策，即「不許偷渡來臺、不許攜眷來臺、不許粵民來臺」。大約兩百年當中，前述禁令之執行雖時寬時嚴，時禁時放，又禁又放，卻始終沒有取消。直到同治十三年（1874年），清政府依福建巡撫沈葆楨之議，渡臺禁令才廢止。

十、見龍在田

〈渡臺悲歌〉描述著一段各姓先民當初渡臺及開墾荒地的所謂「苦其心志，勞其筋骨，餓其體膚，空乏其身」的歷程。因而以其顯懿之德，承蒙上蒼體恤，克服艱難，成就了積累之業。

縱貫社頭田中的八卦山山脈（大武郡山、橫山），山坡滿布果園，山腳下盡是高等則的良田，先祖蕭家人在現代化腳步來臨之前，都是過著「日出而作，日沒而息」的規律生活，這包含我的青少年時期，幾百年不變，即使在二十一世紀，進入工業化、網路化時代，純樸的農村，除了農用、家用工具現代化以外，依

舊「稻花香裡說豐年，聽取蛙聲一片」。

八卦山山腳下佇立著蕭家好幾座宗祠，當前有公開祭祖活動的只有四座香火遞傳了幾百年而不墜，這四座宗祠分爲兩個系統，即東山祠系統與書山祠系統（書山祠、深坵祠、龍山祠），開基祖具有兄弟關係，後裔當然有伯叔關係。

如前所述，書洋開基祖是子玉公，生長房伯英公、二房仲奮公。長房伯英公立爲東山祠一世，徙臺的東山祠後裔，改名稱爲斗山祠，位於社頭坵斗村。二房仲奮公立爲書山祠一世，徙臺子孫同樣建立書山祠、深坵祠（六世）、龍山祠（六世）。這四個宗祠都位於八卦山脈的山腳下，只是距離遠近而已。皆是座東向西，面向臺灣海峽，其象徵之意，不言而喻。

八卦山是彰化的象徵，盛產山產水果，阡陌縱橫的平洋田園則以稻米爲大宗，從清朝以來，藉由八堡圳溪的開鑿，引濁水溪灌漑之便，盛產粒粒飽滿，吃營養黑水的稻米，素有彰化米倉之美名。

誠如龍山祠所懸掛的一塊扁額「見龍在田」之蘊涵，過去先民胼手胝足，默默耕耘，終於突破困境，猶如種子出土，陽光在望一樣，好像祥龍出現在田地，這是吉祥之兆，未來總會有飛龍在天的一天。

以上是一段我這支家族的蕭姓源流與徙臺史，用在不忘先民渡臺的艱苦卓絕之行，非平常人所難能也。

（註）：臺灣在清朝時期，社頭屬諸羅縣管轄，當時雖有漢人入墾本地，但這裡主要是平埔族的阿里昆族居住之地，稱爲「大武郡社」，而漢人居住之地，稱爲「大武郡保（堡）」。西元1723年，雍正元年，彰化設縣，縣治設於半線城（今之彰化市）。社頭改隸彰化縣管轄。雍正12年，大武郡保（堡）分爲東

西兩保（堡），社頭鄉屬大武郡東保（堡）（後簡稱爲武東
〔堡〕

12、大陸蘇皖祭祖之旅

蕭新永

壹、前言：

　　2018年4月19日起至23日，正值暮春時節，三月煙雲，草長鶯飛，無限風光在江南。臺灣蕭氏宗親總會（以下簡稱本會）舉辦大陸「蘇皖宗親聯誼、誠懇服務之旅」，策畫重點是尋根謁祖，緬懷蕭家先祖德澤。參加宗親很踴躍，一共八十八位。

　　此次尋根祭祖及宗親聯誼活動的整個行程，穿越了中、上古歷史時空約一千三百年間（上自公元前682年叔大心封於蕭，下迄梁朝末年，西元557年），在五位最顯著的歷代先祖中，除了山東蘭陵蕭望之外，一共拜謁了四位先祖（叔大心、蕭何、齊高帝蕭道成、梁武帝蕭衍）的遺蹟、遺址。讓參與盛事的宗親們有如進入迷濛的歷史隧道，許多人還是第一次知道安徽蕭縣是得姓始祖叔大心的歷史聖地，春秋時代名為蕭國，距今兩千七百年的悠久歷史；第一次獲悉蕭何出生地在江蘇豐縣，埋骨的在陝西西安，距今兩千兩百年的歷史長河；第一次得悉，蕭氏的郡望除了山東蘭陵外，還有齊梁故里南蘭陵，距今有一千五百年歷史。這對兩岸宗親的交流，可說掀開了新的歷史一頁，是歷次對大陸宗親交流活動中的一次指標意義的行程。（註）

貳、祖地謁祖活動剪影

一、丹陽祭祖活動

　　4月20日上午，本會宗親一行來到江蘇的丹陽市，這裡是齊梁故里。在丹陽蕭氏宗親聯誼會蕭國強會長、蕭金濤副會長、蕭鎮龍副秘書長的迎接及引領下，從住宿的新世紀國際大酒店出發，來到丹陽市政府大樓前合影留念。接著前往城東荊林鄉三城巷，參謁南朝齊明帝蕭鸞興安陵、梁文帝蕭順之建陵、梁武帝蕭衍修陵、梁簡文帝蕭綱莊陵等，中華蕭氏報總編蕭華宗長很熱心地在現場講解皇陵石刻的歷史背景。臺灣宗親們面對著一千五百年仍然屹立不搖的先祖帝陵石刻，讚嘆之聲不絕於耳，真實地感受到齊梁故里的歷史文化氛圍。興奮地說，以前只能在電視或資料上才能看到的石刻影象，突然呈現在眼簾，現實與歷史的場景，合而為一，先祖與裔孫的時空交會，一時之間，流露出身為皇家後裔的深刻榮耀。我們分別在梁文帝蕭順之建陵、梁武帝蕭衍修陵前舉行簡樸莊重的祭祖儀式，一千五百年後的子孫已經虔誠地祭拜在陵前，流露出緬懷祖德的瞻仰心情。

　　據統計，丹陽的蕭家皇家陵墓，擁有南朝陵墓石刻，蕭齊八處、蕭梁十三處，分布在南京、丹陽、句容等地，以丹陽最多，共十二處。

　　10點30分，我們馬不停蹄地來到訪仙鎮的蕭氏宗祠，首先，本會向宗祠致贈「木本水源」匾額。這座聞名遐邇的皇家宗祠建於元朝，迄今已有七百多年悠久歷史，歷經明、清多次修繕，最近一次的修繕工程，丹陽市政府於2011年大力修繕，次年竣工。修繕後的蕭氏宗祠，更加突出齊梁歷史文化和宗族文化的特色，

在宗祠內、外部裝飾上，廣泛運用南朝傳統的雕刻、繪畫、書法等建築雕飾手法，祠內並陳列、展示豐富多彩的姓氏文化和蕭氏歷代名人事蹟、典故。

我們穿廊走堂，在供奉歷代先祖神像牌位（主供南蘭陵始祖蕭整）的永思堂敬拜上香，由本會秘書長蕭汝漢恭讀祝文，總會長蕭文龍帶領宗親齊向列祖列宗虔誠祭拜，會後並敬贈禮金給宗祠，表達臺灣宗親的感激之情。

西晉末年發生八王之亂，先祖蕭整時任淮陰侯，於公元318年為避難率族人南渡長江，從常州孟河登陸，後來蕭整被尊稱為南蘭陵始祖。自此以後，族人生息繁衍，日益昌盛，由常州孟河往西至丹陽一帶定居生活，從此齊梁兩朝蕭氏先祖從昔日的丹陽走上歷史的舞臺，闖出叱吒風雲，後代子孫引以為傲的帝王江山，以及唐朝十位宰相的光榮歷史記錄。丹陽從此有了「蕭氏龍飛地，兩朝帝王鄉」的歷史佳譽。

齊梁兩朝時間距今一千五百年（齊梁二朝始於西元479年，終於557年），共出十五位皇帝。後人尊稱常州孟河至鎮江丹陽一帶為齊梁故里（南蘭陵）。

二、蕭縣緬懷古蹟及座談會活動

23日上午一大早，我們一路從淮安北上蕭國故地「蕭縣」，這裡是蕭氏祖先立國得姓聖地，是一趟彌足珍貴的祭祖行程。蕭縣更是著名的中國翰墨之鄉，漢畫畫石之鄉。

在暮春微冷的東風中，蕭縣縣委常委，蕭民副縣長率領著文化廣播新聞出版及旅遊局的蕭新光宗長、蕭軍（女）宗長，以及蕭縣博物館前館長，漢畫畫石和書畫專家蘇兆平先生，佇立在蕭

縣高速公路出口處，等候來自海峽對岸的臺灣宗親，由於路上耽擱，我們深感抱歉。更有來自湖南的本家前輩蕭風宗長、山東的蕭衛生會長、蕭衛豪宗長、湖北的蕭俊宗長等，這趟祭祖之旅，蒙獲大陸各地宗親的重視，可見一斑。

首先，主人領著臺灣宗親們參觀蕭縣博物館，用以了解在祖先足跡踩過的這塊聖地上，有著許多令人思懷的歷史事件，仍然烙印在後人的心中。該館的前身是創建於南宋紹熙四年（1094年）「蕭城八景」之一的孔廟，1978年，蕭縣博物館成立，館址設在蕭縣孔廟院內。是國家三級博物館。

我們在門口「蕭國」的石碑前流連忘返，凝視再三，彷彿回到了兩千七百與三千七百年前兩次建立蕭國的時光之中。

緊接著，一行人前往怡程酒店大會議室，參加由蕭縣政府主辦，蕭新光宗長主持的「臺灣蕭氏同胞來蕭縣文化交流座談會」。蕭縣蕭民副縣長、本會總會長蕭文龍宗長等主客，各自發表了歡迎與感謝的講話，並聽取了蘇兆平前館長對於蕭國和蕭姓來歷的生動介紹。接著，由文龍總會長宣讀賀電，熱烈慶賀蕭縣「撤縣升級為蕭國市」，期盼兩地宗親熱絡往來、互通訊息。文龍總會長並代表臺灣宗親，向蕭縣黨政機構致贈「繩其祖武」匾額一副，期待將來蕭縣「蕭氏宗祠」成立時，懸掛於內，永誌緬懷之意。

本會蕭義明前總會長在會中提及，蕭縣應優先成立「蕭氏宗親聯誼會」組織.，我則以文史館館長身分，提出加快建立「蕭氏宗祠」的呼籲建言。

過午，受主人邀請，享受了蕭縣特色的午宴，席間我們相互以水酒致意，賓主盡歡，自不在話下。

餐後由蕭明副縣長、蕭新火宗長帶領我們以不下車方式，透

過車窗遠眺古蕭國遺址，此刻在地下的蕭國祖先英靈，如能目睹後代子孫瓜瓞綿綿、枝葉碩茂，當垂眉含笑，福蔭永在也。

在兩省省道交接路口，我們與蕭明、蕭新光宗長話別，感謝他們接送。短短三、四小時聚會，來去匆匆，卻已留下不可抹滅的「故國今猶在、今蕭昔已存」的歷史印象。

蕭縣在兩千七百年前叫做蕭國，2017年9月，蕭縣常委會通過將蕭縣升級為「蕭國市」，並申請上級審批中，我們舉雙手贊成。

三千年前，周武王滅商，錫賜商朝遺民皇族微子啓，國號稱宋。他是商紂王的庶兄，子姓，也是我們的祖先源頭，蕭縣是宋國的附庸國，蕭叔大心是宋國的公子，是後代裔孫公認的創姓始祖。這裡有著與蕭姓有關的古蹟，值得臺灣宗親緬懷親炙，例如：蕭縣博物館、古蕭國遺址、蕭龍氏故居、皇藏裕風景區。

三、豐縣蕭何宅揭牌及祭祖儀式

23日下午四時半左右，尋訪祖先的腳步，最後一站來到江蘇豐縣，大漢開國丞相蕭何的故里。我們在蕭運懷宗長率領的三十五位本地宗親，以及四川的蕭蘭、蕭乾金、蕭時斌，湖南的蕭風等宗長的陪同下，一起走向座落於中陽一號的「蕭何宅」，這是個歷史時刻，臺灣宗親們第一次親臨聖地，雖然春雨綿綿，卻不減子孫瞻思情懷。

首先在牌樓前進行「蕭何宅」的揭牌儀式，由總會長等臺灣宗親及大陸宗親一起拉下紅布繩，由前副總統蕭萬長書寫的墨寶「蕭何宅」三個大字，呈現在眾人眼前，兩岸宗親打從心底一致認定這裡就是何公的出生地，埋骨地在陝西西安。接著由文龍總

會長向蕭何紀念館致贈「貽謀燕翼」匾額，儀式完畢後，全體宗親熱情地簇擁在一起，進入蕭何紀念館，由蕭文龍總會長擔任主祭官，我們擔任陪祭官，進行對先祖蕭何及列祖列宗的祭拜儀式，完成了宣讀祭文、擺供上香、跪拜鞠躬等祭典程序，儀式雖然簡單，意義卻是非凡。接著觀看了蕭何的生平事蹟，同時移步參觀了豐縣文廟、劉邦廣場，並在劉邦雕像前合影留念。

豐縣縣委、縣政府高度重視本會來豐祭祖及觀光考察，在鳳城賓館舉辦歡迎晚宴，晚宴前，我們觀看了《魅力豐縣》宣傳片，豐縣政協主席徐國良致歡迎辭，中華蕭氏聯誼總會執行會長蕭乾金、本會總會長蕭文龍、豐縣蕭氏宗親會長蕭運懷致答謝辭，宴賓大廳呈現出「兩岸一家，血濃於水」的親情氣氛。

豐縣，是蕭何出生地，據《史記》記載，故里在豐縣東關護城河側中陽里，有碑為證，當地建有蕭何宅，由於受條件限制，至今尚無完善的裝修布置，期待臺灣宗親的親謁祖地，號召當地政府與宗親，早日恢復與建設「蕭何宅」的歷史原貌。

根據運懷宗長介紹，豐縣也是劉邦故里，雖何公古蹟不多，但劉邦的歷史遺蹟不少，例如：金劉寨劉邦之父劉清墓（漢皇廩）、漢城、古城河、永寧寺、文廟等。

何公賜給我們歷史機緣，得以親炙豐縣這座歷史名城，而劉邦與何公比鄰而處，二人的君臣關係一直傳為春秋佳話，迄今不墜。

參、總結

蕭家祖先的歷史遺址、遺蹟，在一連串的實訪過程中逐漸跳

出腦海當中，有時子夜夢迴，不時有清晰的鏡頭浮現來，祖地魂縈千百年，裔孫默禱錫鴻福。依歷史的先後總結如下：

一、安徽蕭縣：叔大心公，以國爲姓，距今有兩千七百年；如果再以子姓（商朝皇帝的姓）爲同一血源的話，至少三千年（宋國微子啓）。

二、江蘇豐縣：何公出生地，後代建有蕭何宅。是漢初三傑之一，因協助漢高祖劉邦建國有功，受封爲丞相，死後諡號「文終侯」，墓塚及廟均在西安，何公出生距今約兩千兩百年。

三、山東蘭陵：望之公墳墓，世稱蕭太傅，是漢朝著名的儒學大家，距今約兩千一百年（這次沒安排）。

四、江蘇丹陽：齊梁兩朝二十一位蕭家皇帝陵寢所在地，世稱齊梁故里，距今約一千五百年。

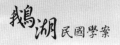
蕭縣是蕭姓受姓之地，原為春秋蕭國，是宋國的附庸國

（註）：本文主要以介紹大陸祭祖活動為主，另在五天的行程中，也有觀光遊覽與參訪活動，19日參謁南京鐘山的國父中山陵，以及在黃昏時刻，遊覽揚州瘦西湖；20日下午參觀丹陽延陵鎮九里村的季子廟；21日拜訪總會長位於淮安的富偉集團淮安廠區，同時參觀中國漕運博物館與蕭湖夜景，23日遊覽徐州雲龍山及徐州濱湖公園。

13、龍戰於野

賴研

坤卦上六：龍戰於野，其血玄黃。

伊索寓言裏有個馬和驢的故事，

驢主人養了一匹馬和一頭驢，他總是習慣把貨物放在驢身上，直到驢再也揹不動了，才把剩下的一點點貨物放在馬身上。

有一天，驢因為身體很不舒服，就對馬說：

「可以請你幫我揹一點貨物嗎？我覺得很不舒服，好像快要死掉了。如果你幫我揹一些貨物，或許我的身體會好一點。」

馬聽了，踢踢後腳，說：「少抱怨了，那是你的事情。」

驢聽完，默不作聲的繼續前進，不久之後，身體一搖晃，就倒在地上死掉了。

主人發現驢死掉了，便把驢身上所有的貨物全都搬到馬背上，順便還把死驢也搬了上去。馬呻吟的說：「天啊！我剛剛不肯幫驢，現在遭到報應了！」

馬族和驢族曾經是遠房親戚，一開始是驢不承認，後來是馬也不承認，現在是互相不承認了。馬族來到這個島上實屬情非得已，驢族其實也是。

這個美麗之島在馬與驢在此繁衍之前，到處都是梅花鹿。驢在演化成驢之前，憑藉著不怕苦、不怕難的龍馬精神，佔領了梅

花鹿的草原，梅花鹿因而越爬越高，躲進了崇山峻嶺，有些梅花鹿則學習了偉大的北方動物，突變成斑馬，隱藏在馬與驢的出沒之處。你說這不是指鹿爲馬嗎？成語的典故就是這樣來的啊！

　　至於我呢，不是馬也不是驢，我是頭騾子，脾氣如此，個性如此，行爲當然如此。馬和驢天天吵架，我既然無可奈何，就把它們的故事寫一寫，以後有人懂得也罷，無人懂得也罷，總算是盡了騾子該有的本份。是爲之記。

驢族的血淚長征

　　驢族的祖先來自北方，最近的考據說是來自非洲。驢族的特性是特別能吃苦，但是也特別對危險與機會有靈敏的嗅覺。對驢族而言，馬族是一種只會炫耀而不事生產的動物，馬的身上騎著另一種兩條腿的生物，叫做人。你光看這個字的寫法就知道此物之長相和淺薄。

　　驢族的祖先就是不願意屈就在人的胯下，一路向南。偏偏還有一個歇後語，騎驢看帳本，那是侮辱了驢族的尊嚴，也是高估了人類的平衡能力。驢族是很沒有安全感的動物，隨時準備往南邊跑，指南針就是驢發明的。

　　這幾千年來，驢族一路跑，一路留下了許多可歌可泣的故事。即使跑到了這個小島，死的時候還是望著北方，發出一陣陣嘶鳴，提醒大家它曾經也是一種不被馴服的野馬。

馬族的辛酸往事

　　馬族曾經擁有最大的一片土地，這片土地被幾條大河切割成

幾個區塊，馬在這些區塊之間馳騁，也經常互相搶奪草地和水源。馬族其實是高傲的，黑馬看不起白馬，白馬看不起黑馬，白馬非馬，幾千年前就有這種邏輯上的問題爭論至今。

馬族說它們的祖先是龍，一種誰也沒見過的動物，近代考古學說很久很久以前有一種恐龍，恐龍也者，恐怕是龍，人都搞不清楚何況是馬。馬族愛這麼說，也愛這麼催眠自己。

幾十年前，黑馬白馬又為了誰是真正的馬吵了起來，吵輸的一方心不甘情不願的來到這個小島，開始了這個故事。

馬族剛來的這個小島，其實非常不開心，馬和馬之間也互相猜忌，懷疑對方的毛色是否純正。有些馬因此被限制了活動範圍，有些馬被馬五馬分屍。馬對馬都不客氣，何況對驢？驢唇不對馬嘴，於是有了到今天都還在爭論不休的三八事件。有關三八事件，日後會有騾子的專業評論，在此暫時按下不表。

河洛之濱

驢族的老家在黃河洛水的旁邊，當時有胭脂馬、汗血馬、蒙古的短腿馬輪流雜沓，搶奪水草，驢族的祖先因此決定南遷。南遷是悲壯的，土地帶不走，能帶走的只有祖先留下的溝通方式，驢族因此保留了古代馬的咆哮與嘶鳴方式。這種方式對現在的馬族而言有相似之處，卻又有些距離。

驢族有一些典雅的表達，馬並不完全理解。近來有些不懂的驢，為了要跟馬完全切斷關係，用了一些類似於高麗棒子的發音方法，實在是有辱驢的祖先。

有些驢為了說明自己跟馬毫無關係，搬出一套馬鹿野狼的說法，騙騙自己也哄哄其他的驢。不過這套說法有一部份是對的，

跟所有的假酒一樣，只是兌了水。

驢族在一路南奔的過程中，荒山野嶺，拋妻棄子在所難免，當地的原生野馬自然成爲延續後代的必須選擇。有清楚的基因圖譜顯示，驢族這一路走來雖然沒有忘記河洛的朝陽與夕日，跟北方的馬開始逐漸有了不同。

泉州有條橋

泉州有條石橋叫做洛陽橋，洛陽橋下的河叫洛陽江。始於宋仁宗皇佑五年，西元1053年。

驢族最後到了南方的海邊，望著黑水溝，有些驢看到了機會，有些驢看到了不禁流下淚水。於是在千百年的時光中，北方草原的蒙古馬持續南侵，有些驢族選擇躲進了桃花源，這多半是陶先生的一廂情願，有些驢決然出海。

蓽路藍縷

渡過了黑水溝的驢來到了一片新天地，等待它們的並不是肥沃的土地，而是連驢話都不懂的南方原生馬群還有梅花鹿。這些原生馬群多數善良，間或也有喜歡驢肉燒烤的黑熊。由於北方的嚴酷環境，海邊的驢一批又一批的來到這個號稱爲福爾摩莎的島嶼。

一海之隔，有的驢僥倖平安過來，也有不幸的沒能上岸。共同的是這些年輕的驢多半還是單身的驢。這對驢們倒不是大問題，驢族的祖先已經累積了足夠經驗，比照辦理就是。

於是有些原生的馬群消失了，但是基因不會騙人，不會騙

馬，也不會騙驢。各位看官有興趣，可以自己做個大力水手的姿勢，如果上臂內測沒有一條不深不淺的線，那證明你跟筆者一樣，都不是純種。所以不要罵人雜種，代表自己沒有文化。

驢跟驢會不會吵架，肯定會的。早來的驢跟晚來的驢，必須吵。早來的跟晚來的驢還會跟最後到的驢就不只吵了，那是得咬個你死我活的。

咬歸咬，吵歸吵，活下來的驢族總算在新天地畫好了地盤，只是它們忘記了原來的主人是梅花鹿跟黑熊。

一直到櫻花種的馬鹿野狼來到美麗之島。驢們才發現代誌大條了。

白馬的悲鳴

七十年前，有高達數百萬的馬族倉惶逃到這個小島。不瞞各位，家父即是其中一員。這些馬剛剛抵達，就發現這是一個比較文明的地方，比如說喝水要排隊。

由於馬鹿野狼剛被趕走，馬們始則困惑，繼之則懷疑，最終則要求驢要能學馬一樣嘶鳴。這些馬有些是白馬，有些是黑馬，還有些又紅又黑的馬。白馬們開始不安，不安則開始躁鬱，躁鬱控制不好就開始咬其他毛色的馬，於是有了白色恐怖。

驢族冷眼看著白馬，數百年來的記憶與憤怒化做洪水，白馬還不自知，依然玩著白馬黑馬的遊戲。

白馬有一個特點，喜歡比誰比較白，誰的毛色純正？不是的就是黑馬。黑馬就是共同的撕咬對象，常常忘了旁邊有聰明的驢。

　　白馬還有另一個特點，錯以為驢族比較笨，其實它忘了驢族是跟自己有共同的祖先。走過千山萬水，驢哪裏是省油的燈？

馬族與驢族的共同命運

　　天知道。

　　馬和驢有一個基因上的問題，就是時日久了，各自演化的結果有了生殖隔離的現象。眾人皆知，馬與驢的後代叫做騾子，騾子非常不容易繁衍後代，非馬非驢，飄泊一生。

　　這種現象的具體呈現是無情的現實，生命在此必然會有自己的解決之道。我們稱之為突變。

　　我的女兒們手臂上有我前面敘述的印記，清楚的紀錄我的祖先一路走來多麼不易，也提醒著我這片土地還有梅花鹿和黑熊。

　　歷史血跡斑斑，沒有誰是清白的。

　　互相撕咬之前，是否需要多一些理解與寬容，您以為呢？

萬物皆為芻狗

　　據說蟬的幼蟲要在土中蟄伏十幾年的時間，一旦化為成蟲，離生命的終點也就是幾個月的時間。難怪牠要用盡力氣嘶吼，第一次出場演出也是落幕的演出。人又何嘗不是如此？我們如此感嘆著。佛卻不這麼看的，祂說生命是無限的。於是我們可以默默的累積，一點點沈澱，這一本生命的存摺會伴隨著我們直至成佛。這是生命的真象嗎？還是智者對凡夫如我的一種撫慰，以讓我們舒緩自在？答案也許是一個答不完的申論題，於是我們只能留下思考的痕跡，以待自己的來生。

　　無論在哪個時代，忠於自己的知識份子處境都很艱難。冬天始終不曾遠離，只能以龜息大法維持最低能量的生存，繼續冬眠。李敖死了，世間少了一個到處胡說八道的男人，淒涼不少。臺北陽光依然燦爛，天地不仁，以萬物為芻狗，此之謂也。

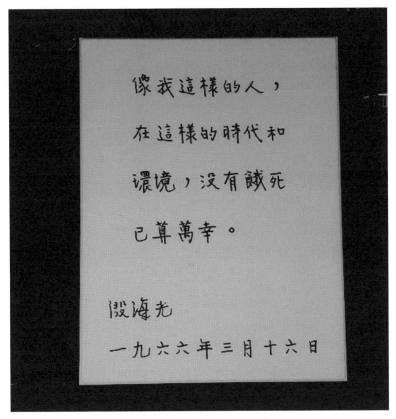

像我這樣的人，
在這樣的時代和
環境，沒有餓死
已算萬幸。

殷海光
一九六六年三月十六日

https://anchor.fm/minguo-jplai/episodes/ep-ep7evc

14、等著我

靳知勤

　　春節期間從視頻上，看央視製播的「等著我」欄目。每看一則尋親的故事，就深刻的感動一回。自有現代生物科技後，許多自幼離散或被拐賣的孩子，透過基因庫比對，找到自己的家人。在螢幕上聽到這一段又一段的悲歌，心底也與之感同哀戚。

　　中國那麼大，人口這麼多。在滾滾如江河的人海茫茫中，失去聯繫、不知所終是幾千年各代百姓流離失所的共同悲情。找不到家是怎樣的感覺呢？1989年，老家送來一本六百年的家譜。我們自明代開始就是個從山西移民至黃淮的家族，那時的祖先是受命遷徙。但從移民第一代起就開始記錄家譜，這是家中傳有書香方才做得完備的事。雖然盡力而為，但總在明、清、民國三代間，天災人禍戰亂此起彼落，族人中亦有只能記下一個名字，或再多加一個去向者。當然在那個安土重遷的年代，離家多是為奔赴遠方闖天下，也有高中進士派任他鄉，或在亂世從軍拜將者。但每每看到那些只有一個名字，外加一個去向，接下來的故事如何發展，也只有這個名下的後人可以再續了。但對於祖源，可能遠離的親人過了幾代在外，也就斷了音信。

　　於是我看到了父親的名字，下面寫著1949年去臺灣。就僅僅這個線索至少告訴祖根一脈，家中在臺灣留有後人。同樣的，我也在譜中，看到一位比父親長一輩的，名字下面寫著「去了關東」。這關東可不是日本，而是東北。不知這位族人在東北寒冬

中，是否墾出一片天地？他是否留有後人？是否在遙遠的北大荒中，平安的度過日俄兼併的日子？能否看到後來大慶油田開採的光景？

一旦枝葉長出，梗上結果後的種子飄散，要回到那棵樹上找尋熟悉的感覺，就越發困難了。這樣的我們在未來只能仰仗和平鴿啣著橄欖枝報訊，抑或是藉基因比對，來採認身上和某群人流著共通的血液。其他的，還得靠著有心人講故事、寫記錄、拍視頻、做見證。以後的枝繁葉茂讓大家感到在陌生中有些親切，在親切中沒有熟悉！

就如同在東北、在臺灣，或是過去的西土東來，以及五月花號的夢土新大陸。選擇要去想什麼，以及現實諸般的利益，讓我們失去了許多骨肉與親情。這既是一種選擇，但也是一種天性，兩相交織下反覆的循迴，從擁有到捨離，復由遠去再歸回，人是一種常想割去卻又難捨的動物。有時無情，卻常有情！

於是在「等著我」強烈情感的牽引下，於年後返回原生家庭相聚。和親人、手足談前所未言過的心情，話別後所長懷的想念。就在這年味淡薄、每日如常的流變中，恍然這骨肉親情是上帝所賜的恩典。即使是散居各地，我們除血脈相依之外，如今還有像似枝子連在葡萄樹上的關係。在從前，是連在父母的血源之內，但當我們各奔西東後，卻能重獲新生，同享恢復的榮光。當話說曾有過的羞辱與挫折時，我們從天父中獲得永生的盼望，勝過眼前的誇勝。

於是要奔前回家，支取力量的源頭；從最親的苦難中透露軟弱的心，也由眼下看為微小的，覺察起初的心仍愛不夠，何況磨練的耐性也要更多。

一本家譜看我們的親人，各走不同的苦路。至若一個名字，

沒有多做描述，其實隱約世間的責難。但無論是出走或返回，對過去會權衡以厚薄，以唾面後自乾。重要的是親人們緬懷今昔，要聯合團結，無論走過高峰或低谷，都要持續激勵肢體，攜手引領恆久忍耐與恩慈。從譜系中經歷人間沈浮，讓我們認識焚而不毀的眞諦，並仰望在世事變幻與天地動盪之間，我雖衰微、祂必興盛，唯倚靠祂乃重新得力的道理！

15、本土臺灣人中國史觀的省思

許文彬

　　目前臺灣的中學教育課程，在「歷史課綱」規劃，有「去中國化」之情形，引起社會各方關切與議論。執政當局本於政治意識型態，仗恃其公權力而如此做法，把維繫兩岸百姓情誼的精神紐帶，從教育領域予以切割；這樣對臺灣到底是禍、是福，值得深入省思！

　　海峽兩岸人民同屬中華民族，都是炎黃子孫；生活在寶島的臺灣人，其實也就是傳承五千年民族血脈和文明的中國人。而今若將「臺灣人」與「中國人」加以區隔、對立，煽動族群情緒，從事選舉操弄，恐將影響臺灣內部團結，也造成兩岸互動的負面效應。

　　如果刻意強調「你是中國人」、「我是臺灣人」，那麼，進一步的邏輯會是：「孔子、孟子、李白、杜甫都是你們中國人，不是我們臺灣人！」那對臺灣的文化評價又有什麼加分作用呢？

　　「中國」一辭，本來是指歷史上的華夏族、漢族地區。至於一般所稱的「本土臺灣人」，則是指閩南後裔，公元一六六一年跟隨鄭成功渡過黑水溝（臺灣海峽）移民臺灣；其先祖則是源於「河洛」，亦即黃河、洛水交會的中原地帶，於公元四世紀「五胡亂華」之時南遷。《詩經·小雅》：「小雅盡廢，則四夷交侵，中國微矣！」《禮記·中庸》：「…是以聲名洋溢乎中國，施及蠻貊。」由此可見「中國」名號原是與蠻夷區隔而來，亦即

跟「中原」、「中華」用辭涵義相同。

即便是在當今的臺灣社會，放眼教育界和企業界，「中國」之名亦俯拾即是。例如：中國文化大學、中國科技大學、中國醫藥大學，以及中國信託投資公司、中國鋼鐵公司、中國輸出入銀行……。至於所使用的語言、文字，也是閩南話（又稱「河洛話」）或國語（北京話）及倉頡所造之字。因此如果還硬要把「中國」這個名號奉送彼岸專用，豈不也與臺灣現實社會情境脫節？

公元2000年5月20日，臺灣首次政黨輪替，綠營總統陳水扁就任，宣示「四不‧一沒有」的兩岸政策，大陸官方正式發表聲明，指出：「一個中國原則，見之於臺灣當局多年來的有關規定和政策文件，不是我們單方面強加給臺灣的。」意指按照我方當前憲政法制所體現的「中國」之概念，北京是可以接受的；這也正是「九二共識‧一中各表」的彼此默契。

中華民國憲法增修條文「前言」宣示：「為因應國家統一前之需要」而增修本憲法條文。據此制定的「臺灣地區與大陸地區人民關係條例」暨施行細則，明定「大陸地區」之定義：「指臺灣地區以外之中華民國領土」，亦即「中共控制之地區」。由此可見，兩岸關係確實有其古今中外所無之特殊性。且在經貿交流方面，臺灣對大陸每年享有高達千億美元的貿易順差。從而堪稱兩岸乃「五緣」俱備：地緣、血緣、文緣、法緣、商緣。

綜上所述，「臺灣人也就是中國人」這樣的史觀，既對臺灣沒有減分，而對海峽兩岸的共存共榮、互利雙贏，則有相當的加分作用。那麼咱們本土臺灣人又有何反對的必要呢？

（作者許文彬為律師、中華人權協會名譽理事長）

許文彬律師

學歷：國立臺灣大學法律學系畢業（1970年）

司法官訓練所第十期結業（1972年）

考試：律師高等考試及格（1969年，大學三年級在學中）

法院書記官普通考試優等及格（1969年）

國立臺灣大學法律學研究所碩士班入學考試及格（1970年）

司法官特種考試（首屆）第一名及格（1970年）

經歷：

1.臺灣高雄地方檢察署檢察官

2.中央選舉委員會常任巡迴監察員

3.律師公會全聯會監事兼大陸事務委員會主委

4.海峽交流基金會「千島湖事件」專家團成員

5.衛生署全民健康保險爭議審議委員會委員

6.行政院大陸委員會諮詢委員

7.財團法人「九二一震災重建基金會」董事

8.法務部顧問

9.行政院政務顧問

10.總統府國策顧問

現任

1.執業律師四十五年

2.社團法人「中華人權協會」名譽理事長

3.中華民國護理師護士公會全聯會法律顧問

4.中華民國藥師公會全聯會法律顧問

5.中華民國中醫師公會全聯會法律顧問

16、傳芳理學／呂傳勝大律師／呂秀蓮／河東／河洛／金華／福建廣東／臺灣／鵝湖民國學案之移民史

呂榮海

2021年2月7日15：30，呂榮海法學博士前往臺灣桃園，參加宗長呂傳勝大律師的公祭儀式，送傳勝宗長最後一程。祭禮由呂傳勝律師胞妹、前副總統呂秀蓮主持及致詞，介紹呂傳勝宗長一生功績。桃園市長鄭文燦及數位立法委員、議員民意代表及呂氏宗親會各級代表均出席，備極哀榮。

我想特別從「文化」的角度說一下：呂傳勝宗長主導設立了「呂祖聖殿」，在桃園市鬧區甚有規模，約有三千坪吧？成為每年呂氏宗親會歡聚的重要場所，對呂氏宗親的影響至深。

呂氏宗親中有一首「金華發祥，繁衍潮漳，傳芳理學，紹美文章……」的排行詩句。在祭典活動中，呂傳勝算是「傳」字，還有成大教授呂傳盛也是「傳」字輩，我也遇見了宗長呂芳林是「芳」字輩，另外亞太電信公司董事長呂芳銘、畫家呂芳庭、呂芳青也是「芳」字輩。世界呂氏宗親會理事長呂學樟則為「學」字輩，呂學權也是「學」字輩。此外，另一位對呂祖謙文化深有研究、已在前年過世的前中華呂祖謙學術研究會創會會長呂理胡

則爲「理」字輩，傳、芳、理、學四字合起來爲「傳芳理學」。
呂理胡律師協同好創立了中華呂祖謙學術研究會，主編《東萊博
議今譯》，一生以研究、傳揚呂祖謙之「理學」爲職志，眞是
「傳芳理學」。

　　臺灣呂氏常言「來自河東」、再「河洛」、再金華、福建，
最後來到臺灣。
　　我則是出自淡水另一支呂氏，另一首詩：「爾甫希賢哲，于
茲毓俊良，子孫敦本實，伯仲炳文章」。呂良煥、呂良宗、呂良
遠、呂子昌、呂孫綾皆屬之。
　　《鵝湖民國學案》述之。

17、淡水呂氏源自同安的「理學」堂號燈籠,添丁賞一個理學燈籠

呂榮海

　　父親留給我一份老舊的「族譜」,記載著「淡水呂氏」八代以來的祖先(連我十代)及生卒庚子年月日(我在另一本書中已經把它翻譯成耶穌紀元),上面明白記載我們來自福建泉州府同安縣下埼堡,排序詩云:爾甫希賢哲,于茲毓俊良,子孫敦本實,伯仲炳文章。父母幾代都不識字,實在不做作,我相信是真的。兩岸交流後,我回到同安「探親」,才知同安呂氏是從金門遷回同安的。

　　同安呂氏宗親家中的神明桌,掛著「理學」的燈籠堂號,有生男丁者去拜宗祠,並請領書有「理學」堂號之燈籠,閩南語「添丁(燈)」、「添丁(燈)」。

　　哈,同安集「理學」之大成。也許天下研究宋明理學的學者,該來廈門同安區看看?我這個田野調查的發現,讓我有得到宋明理學的博士學位的感覺。當地人已都不知「理學」燈籠的「理學」,以及牆上「理學傳千秋」刻字的意義,僅知為堂號,我還作了「點化文明的傳道工作」。

　　當地高齡八十多歲、不識字的呂氏宗長,以閩南語唸出傳自長輩的輩份詩「爾甫希賢哲,于茲毓俊良」,竟與我老家淡水呂

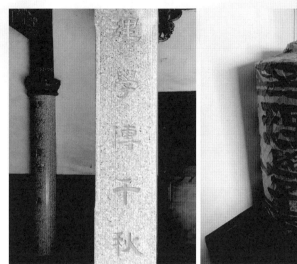

同安呂溫任呂惠京家中的理學堂號及燈籠

氏的輩份詩完全相同。前一天我住同安賓館325號房，隔天未計
劃的去后垵呂氏宗祠地址為后垵里325號，巧合的「325」，你說
奇怪不奇怪？是何道理？

奇異的325

爾甫希賢哲，于茲毓俊良；

子孫敦本實，伯仲炳文章。

我是「良」字輩，我弟弟叫呂良博。又如堂兄高爾夫名將
「呂良煥」、統聯客運呂良宗、臺大土木系教授呂良正、攝影家
呂良遠、呂良旺；子字輩如呂子昌、呂子得、呂子濟、呂子郎、
呂子愉、呂子從；孫字輩如呂孫綾、呂孫福。

但在報我之戶口時，可能戶政講國語、父親講臺語，
「良」，戶政聽成「榮」，還好沒有寫成「龍」。哈哈。

我父呂圳謀「俊」字輩，也可能是不識字報錯「圳」了。

也可能不是這樣，是另有思想，我大哥呂坤地，可能父親感覺需要「土地」比「良」重要吧……父親的父親覺得「圳」中有水比「俊」重要吧？

理學

難怪我在傳「理學」，律師事務所先後叫「為理」、「蔚理」，出版社叫「蔚理法律出版社」，四十年前我並不知道就做了，冥冥中基因啊……

後記：

呂子愉：

在阿公之前的，幾乎都沒有按照族譜取名，但是在之後就開始了，是為什麼呢？

呂榮海：

問的好，我猜：1、此詩是在「協和」生毓楓（他用到毓）之前才立詩的，首先用到詩中的「毓」字輩，大約1900年左右吧？2、和大陸同安用相同詩，那時族中有位「會做生意的人」和同安有交流往返，才會一樣。3、在那之前，有飯吃就不錯了、不識字，想不到、用不著「詩」，那之後有田了，經濟較好才開始「文雅」，用詩序排輩份。

第六部分
錦繡文章

Chapter 6

1、大陸臺商所見所聞所想

魏秋和

一、前言

　　臺灣企業在臺灣發展二、三十年，締造了亞洲四小龍的美譽，到大陸再發展二、三十年，迭創佳績，可以說老天對臺灣企業已經很厚道，當前臺灣企業還想再到東南亞投資經營，但年華老去，不復年輕活力，這種逃難式經營，不是上策。

　　此時此刻，臺商最好的謀略是轉型升級，隨著市場與資源不停的變化，與時俱進，同時調整投資策略，是為最佳決策。

　　國際大企業進行跨國投資，來勢洶洶，而臺灣的中小企業進行海外投資，資源不充足，相形之下，比較辛苦，失敗比率頗高。這與二、三百年前，原鄉人「唐山過臺灣」，十去六死三留一回頭，境遇相同。

　　以前的「來臺祖」變為現在的「來陸祖」，同樣的，六死三留一回頭，回顧周遭的親戚、朋友、鄰居，多少人投資成功？多少經營失敗？幾乎是「六死三留一回頭」，這不能怪天怪地，只能怪自己的能力不足，運氣不佳，總之臺商要有這樣的想法，才會自身檢討、改進。

二、1991年前後

　　大約1991年前，前往大陸的臺商規模不大，素質較低，資訊不足，不是去騙人，就是被騙，成功者較少，也經常要用人頭註冊公司，風險極大，但也是不得已的苦衷。

　　1991年以後去的，比較有規模及管理經驗的企業，成功率則很高，後來都有十至一百倍的成長，也賺很多錢，只可惜只會擴大規模，並沒有轉型升級的策略，以及思考轉型內銷與品牌建設。臺灣企業習慣於OEM代工，不重視及不習慣內銷，更不重視品牌，因此限制了企業的發展趨勢，加上大陸本土企業騰飛發展，臺灣企業在大陸及東南亞，幾乎敵不過大陸企業的競爭。

　　在大陸不能生存而移往東南亞的兩岸臺商，他們所面臨的競爭不是來自臺灣去的企業或東南亞本地的企業，而是大陸移往東南亞的本土企業。

　　有些臺商在大陸沿海本已缺乏競爭優勢，卻一味地往更內陸或東南亞地區發展，這並無不可，但自己年齡已趨老邁，自身企業規模又不大，也無第二代願意接棒，再加上沒有產業鏈，致使企業面臨著種種挑戰，其結果可想而知，事業經營雪上加霜，辛苦度日，這種類似逃難的經營方式遲早會被淘汰。

　　兩岸企業對管理輔導有認知上的差異，由於未來展望不好，臺商就不再關注管理，而大陸本地企業則充滿活力，對未來信心滿滿，因此更加重視管理，樂於聘請臺灣企管顧問公司，因而發展很快，到後來一些臺商反過來成了大陸企業的代工廠，真是情何以堪，埋下可悲可憐的下場。

三、未遵守法規，抱怨退場機制

遵守當地法規是海外投資正確的觀念，由於中小企業資源不足，很難完全遵守法規，一旦被當地政府追溯就很難補全，想要退場、撤資就更不容易，臺商不怪自己，反而怪天怪地。

四、第二代不願意承接

以前往海外、大陸投資的臺商，一般的資源條件都比較好，希望第二代接受更好的教育、更好的生活、更具國際觀。因爲臺灣市場不大，企業大部分從事外銷，當然希望子女有國際視野，但子女學成後更習慣在海外歐美當地工作、生活，不想回臺灣或繼承大陸家業，若家業沒有未來發展性，或是個人興趣志業不在此，子女不願承接，也別責怪他們。

五、忽略家庭幸福力的經營

雖然工作是生活的根本，但大陸的臺商都急於回收，拼命地工作，生活欠缺自律、包二奶、小三，忽略了健康及家庭生活，到了晚年兩者皆空，人爲什麼活著？

六、心態與資訊

有人自我迷戀、自我執著，到大陸投資經營當然辛苦。只要我與老闆、高管溝通五分鐘就見眞章。他們往往只會抱怨、牢騷，有這樣的經營理念的臺商，當然也不會進修、學習與謙虛。

這樣不但做不好又辛苦，更影響到健康。他們怎麼不思考本土化、當地化、轉型升級呢？海外投資本來就應該有這種理念呀！

　　臺商應對本行業的機會、威脅、優勢、劣勢與投資環境，要能夠自我評估。中小企業規模小、資源少，渾身是膽也沒有用，更無聘請專業顧問的理念與預算。像這樣，無評估能力，很多臺商死於無知卻不自知。

　　臺商只會（最會）做代工貼牌OEM，做ODM的臺商也不多，甚至連OEM如何打樣也都沒做好，源頭沒做好，大量生產水深火熱，三天兩夜通宵作業，然後勉強出貨，還沾沾自喜，認為有成就感，這樣太辛苦了，臺商應多思考智能製造，才能省力高效。

七、疫情的三階段思維

　　第一階段：2020年2、3月，員工的問題，原材料斷鏈，員工回不來，開工困難，無法交貨，如果資金不足就可能扒下，但以為疫情很快會過去。

　　第二階段：到了4、5月海外爆發更嚴重疫情，客戶取消訂單，雪上加霜，這時企業經營比氣長，如果資金不充足，就有可能死於路上。

　　第三階段：7月以後疫情管控，全世界幾乎成了常態。我因疫情之故，被迫待在臺灣一年，也等於是閉關思考，投資經營、工作、就學、生活、養老、家庭，就要做比較系統的思考規劃，思考去與不去，以及頻率周期，做個取捨及調整。

八、展望与建議

（一）未來思考方向

本土化、合伙制、轉型升級、不抱怨不自我執著、生活自律、關心健康、家庭，是成功臺商的未來思考方向。

不要抱怨、人生無常、企業無常、國家也無常....這些都是正常；時代造英雄，英雄也可創造時代；別抱怨國家環保、各項法令要求，人工成本高，企業難經營……，抱怨意味你跟不上時代環境的要求，將被淘汰，優質企業應該把環保做得更好，才是優勢的競爭力。

（二）多思考轉型升級

合伙制經營成果分享，是風範胸懷的表現，也有利於本土化及接班，利己利他，企業長青。

2、小旅行隨筆／美洲

陳祖媛

　　我也來了趟說走就走的小旅行，飛到一個土不親人親的地方，探望遠嫁的大女兒和念大學的小女兒。來到陌生的環境，感官像雷達一樣不自覺的張開，分外靈敏，接受著新的體驗，聯結著舊的認知，鋪陳了我的小旅行隨筆……

都市叢林

　　多倫多市中心高樓林立，一棟比一棟高，人行道上沒什麼綠樹，有的是匆忙的行人，就是座都市叢林。新建的摩天大樓多是玻璃圍幕，臨近安大略湖野鳥多，不少野鳥應該常撞到反射出藍天白雲的玻璃窗而受傷。我在道路中看見映在大樓的藍天是如此寬廣，抬頭只是一線天。

　　漫步街頭看見幾間年代久遠、有特色的古老建築物被保留下來，再細看是外牆的部分，作為大樓入口處，其後連著直聳雲霄的高樓。有種在森林中倒下的樹長出新樹的感覺，只是拔地而起的是鋼筋水泥。新舊建物共存沒有違和感，留下雅緻的雕樑畫棟，述說曾經的繁華，也是別有一番風味。

　　海

　　站在一望無際的岸邊，問身邊的孩子這是什麼海？孩子笑了，這是湖，安大略湖。

　　我也覺得自己好笑，之前早就從地圖上知道多倫多的地理位

置，沒有親身經歷過，很難和事實連結。頭一次看到這麼大的湖，不見對岸，遠遠處是海天一線，但這不是海。

學海無涯，和小女兒逛了多大校園，和女婿逛了醫院大道，從學校的古典建築看得出歷史的悠久，可惜因為疫情無法入內參觀，連圖書館也不行。進入這個學府似學海，只能看著你們的背影，努力游向我看不見的彼岸。

海天一線的安大略湖

逛動物園

　　這是個沒孩子在身旁，沒想到要踏入的地方，我的小旅行的意外景點。本想這景點了無新意，大女兒既然安排了，我也就不好言語什麼，配合著走走看看唄！

　　沒什麼人，動物似乎活動力特別強，都走了出來，和動物的距離近到只有一網之隔，清楚的看見野牛角上的花紋，是頂撞或打架時刮花的，有著不規則紋路的美，這美有種歷盡滄桑的感覺。牠的大眼珠子像只玻璃彈珠，瞳孔中映出了我的身型，眨也不眨只是反射著光，透著無助，步伐沉重慢慢的移動。這讓我想起幾年前在黃石公園自駕遊時看到的一群野牛，體型一樣碩大，高傲神氣的蹄步踢答，我們的車緩跟在後顯得渺小，遇到他們有種中獎的快慰。

　　今天在動物園的，雖然安逸的活著，關久了像是失了魂，看著牠的眼神，是我讀懂了還是我的自以為是。哪天籠門打開，飛不出衝不出，倦著不願離開的大概只有人類這種動物吧！

地標餐廳

　　三百六十度餐廳在多倫多地標CN高塔上，電梯以每小時二十公里的速度爬升，塔高五百公尺。在電梯玻璃窗前，看著街道上的車子在眼皮底下很快變小，小得像螞蟻，行駛的速度也像，才感受到電梯的快速。

　　完全感覺不出窗外的景緻移動，透過凝視著窗櫺，那只標竿慢慢遊移在窗外的畫布上，越過捲雲和高樓。緩下心來，才得以覺察出定靜中的轉動，也許是接近雲端，真善美的禪味油然而生。而味蕾也沒閒著，料理是意外的美味，和觀光區餐廳經營理念截然不同，物超所值。再次造訪，我還是會來。

　　進入餐廳，跨過壓在地毯上的兩條交會的銀邊鋁條，就跨入了旋轉的空間。藍色的地毯把天空請了進來，印著大大小小灰白的圓圈，有著騰雲駕霧的意思，小圓圈很明顯圓了又錯開，錯開了又有另一個半圓慢慢接近，低頭確定這個餐廳在移動之際，不禁想到這不就是我正在經驗的人生週期，和孩子的離多會少。餐廳人不多，得以靠窗而座，擁有

鳥的視角。極高的視覺享受,又讓我想起《天地一沙鷗》的那隻強納森,高飛的視野也許孤獨,(但)絕對值得。

多倫多CN塔的餐廳

說中文的老外

從三百六十度景觀餐廳出來到樓下室外觀景臺,一位工作人員向我們寒暄。得知我們說中文,竟然切換音頻(語言)以中文和我們聊起天。我有些驚訝,這位來自英國的老外,他的中文說得比許多華裔還好。

對於觀光客而言,在異國景點能聽到以母語介紹,有種賓至如歸的感覺。當然,最高興的還是那句字正腔圓的——「妳很漂亮!」

站在玻璃上往下看,一開始真的有些害怕,小寶貝趴在地上看,屋頂鑲著鏡子,對著鏡子留下的全貌。

玩自拍的女人

尼加拉瓜瀑布的大街上人來人往，多是來自八方的遊客。各色人種，國情各異。

狗狗的頭晃來晃去不肯配合，她操著異國的語言，嘰哩咕嚕的和狗狗說話，我猜大概是叫牠乖乖看鏡頭之類。聽她的連珠炮覺得好笑，女兒的狗狗不會雙語啊！

女兒牽著狗狗被波濤洶湧、氣勢滂沱的瀑布吸引著，駐足觀賞。
一位打扮入時的淑女，靠近狗狗直接和牠玩起自拍，不亦樂乎。

買醉

　　酒，是聚會少不了的伴，就像過年的爆竹味，那個聞著讓人愉快的味道。沒了它少了那份嗨，也許有了它也只是藉口，可以……可以達到目的。

Mom & daughter party！

　　考完試的小女兒可以好好陪陪我了，今晚去蹭她，擠她那張小床過夜。晚餐後挽著她在走回公寓的路上，繞道（去）賣酒的店家。小女兒看著我說她滿19歲了，可以自行買酒，不需要帶上媽咪。今晚來場老媽與女兒的派對！這個不經意的動念，她覺得好笑，母女一塊醉，其實是我刻意的策劃。

　　吃飽沒？冷不冷？累不累？好不好？這類制式的對話不是我想要的，因為答案我已經預知。小女兒長大了，初戀，正在進行式。當然是想分享她的喜悅，不免還是要再次叨叨念念，在愉快放鬆的氣氛下，把母親的耳提面命摻和進去，我也了解我這是說給自己心安的。

　　她選了喜歡的粉紅氣泡酒，意外發現有日本梅酒，我的最愛。回到小公寓，開酒，聽音樂，開電腦，瀏覽網頁，滑手機……進入了年輕人的情境。半杯之後話匣子漸開，說說身邊同學的好笑、瘋狂之事，再斟上些，自然將話題帶到我想的，兩人的讀書狀況，大致的家庭情形，之間的喜怒哀樂，甜蜜吵鬧的小花邊，好好八卦一下。

　　看著附近大樓通透的萬家燈火，漸漸一點一點熄滅，只有遠方的多倫多高塔頂燈有序的閃著。我們一直聊到半夜三點，這醉，買的值得。

從小公寓望出的夜景

看日初

清晨七點的鬧鐘，有些惱人，睡夢正酣。挨著我睡的小女兒推推我，叫我坐起來看日初啊！原來是她特意撥好的鬧鐘時間。

淡藍的天邊透著一條淺淺的粉，我的視野望去被林立的大樓阻斷，這粉帶在樓的後方延伸著像標點符號或長或短的點點點，從我的左邊到右邊。淡粉漸漸微亮，而橘紅而金黃，初初冒了圓圓的小弧頂，忽而躍出閃亮耀眼的全貌，只幾分鐘就萬丈光芒讓人不敢直視。金光映在湖大似海的粼粼波浪上，撒在大樓的玻璃外牆上，遠處開始傳來微弱的車水馬龍聲。朝陽，無聲卻有力的喚醒了沈睡的一晚。

Show time

　　坐在床上看日初的慵懶，也是沒有過的體驗。半夢半醒之間，撐著眼皮，捨不得錯過瞬息萬變的日初，須臾之間，我那不願睜開的雙眼就被征服了。戴上老花眼鏡，或拍照或文字紀錄此刻。美麗的不僅僅是日初，還有被女兒刻意叫醒的那份心意。

　　我的show time 沒有觀眾，只有四口跳動的爐火。沸騰的撲撲聲此起彼落，我可是忙了一上午，成就感十足。

　　女兒學校有課，我們各自忙碌。待在她的小公寓，開始了今天的大戲，煮她想吃的媽媽味，滷肉飯，炒米粉，蕃茄豆腐蛋花湯。再平凡不過的家常菜原來是她的思念，分裝了好幾盒凍起來慢慢吃。我倒杯梅酒，想著爾後她吃飽的模樣。

　　女兒開門回來的第一句話「好香喔！」，我癡癡地笑是酒精還是她的話，醉了。

玻璃刮刮樂

夜裏溫度驟降，清晨車窗上結了一層厚冰霜。女兒溫車，我坐進車裏，玻璃上一片霧茫茫，看著她用雪鏟刮玻璃，來來回回好幾次才慢慢露出她認真的神情，在車內的我用手機捕捉到這刻，我們倆相視而笑。內心有種玩刮刮樂的感覺，當刮出的數字對我笑時，我想是中大獎了。

天空飄著薄薄的雪花，我們還是去林間小徑遛狗，兩週前滿眼的金黃落葉很快變成深棕色，轉眼成泥，成就來年春天的好風光，也是美。

像刮刮樂吧！

機場的老人

老人講著電話，神情有些默然。

候機室裏沒什麼人，座椅已貼上標籤間隔著坐，人與人之間要保持距離，因為疫情，但講電話的聲音還是傳送得清晰。坐在我對面的老先生告訴另一頭登機手續都完成了，隨身行李因為放了罐友人送的楓糖，他忘記不可以隨身攜帶超過一百ml的液體，只好在海關站付費託運，因為是第二件行李，託運費更貴。我心中的算盤動了起來，這運費可以買二罐綽綽有餘。

玻璃上映出老人家的身影

　　難怪海關人員和電話那頭都建議他丟掉，他一直重複著，「不，不……不想丟掉！」。他何嘗不知得多花錢，看得出是位節儉的人。他的這罐楓糖多了疫情打不散的情義，和貨架上的不一樣。老人家的心情我懂，他要的只是支持，我是這樣想的。

　　兒啊！以後老媽做這種看似愚蠢的事，別勸我，支持就好，因爲我老了……

　　思緒還停留在機場的緊緊擁抱，離情依依。回到我的位置，守著空巢，遙望放飛的寶貝，期待下次團聚。滑落的淚水劃過我上揚的嘴角，那是甜在心頭的happy tears，嚐起來像帶鹽的巧克力。

3、不一般的餐廳

陳祖媛

什麼樣的餐廳讓人一走進去，就覺得自己所擁有的已經很幸福了？

昨日，我走進了這樣一間餐廳，座落在喧鬧的街道上。小小的招牌，隱沒在其他的霓虹燈下，暗沉而不明顯，但你的目光絕不會錯過那滿眼的綠。從屋頂垂下的整排藤蔓，生得奔騰又狂野，沒過了整排窗，隨著風而擺動輕撫著行人的肩頭。

進餐廳就得穿過這綠色瀑布，接待櫃檯立於其下。旁邊柱子上嵌著玻璃櫃，只釘上一張簡單的三道式餐牌——沙拉，主餐，甜點，能做選擇的只有主餐的肉類。所有客人必須在此完成點餐，接下來有專人領你進入餐廳。

帶著墨鏡的亞瑟是我們的服務員，片刻寒暄後打開厚重的大門，跟著進入小小的玄關。慢慢關上的大門將陽光隔絕在外，這黑暗的空間只透著門縫的亮。待適應黑暗的環境後，亞瑟領我們進入這伸手不見五指的餐廳。完全的漆黑讓人有著莫名的恐慌，亞瑟讓我搭他的肩，減少了內心的不安。他要我們一個挨著一個排成人龍，跟著他入位。縱使地上沒有階梯，大家還是踩著小碎步，蹣跚的步履掩飾不了在黑暗中的無助。

視而不見的無力感，使得其他的感官瞬間變得敏銳起來，入座後，沿著桌邊不自覺的搜尋起來。我驚訝於觸覺所傳遞的訊息，不僅感受到桌布的紋路，還有那被漿過整燙的折痕，第一次

清楚的感受到觸覺也能描述。

亞瑟介紹擺定位的餐具和餐盤上的一小盒奶油，旋即將熱麵包端上，聽聲辨位，準確地交到我們手上。刮些奶油，塗上麵包，送入口中，生活中再簡單不過的事，於此刻都是挑戰。

有趣的事發生了，入口的麵包沒有奶油，要不就是整塊的奶油碰到鼻尖。此起彼落的笑聲，或近或遠，漆黑中感覺自己的耳朵像隻雷達，不放過任何的聲音。隔壁桌的年輕人，嘻笑著說下次來要帶夜視鏡。更遠桌的客人叉子掉了，一位女客輕喚「親愛的」，好幾位男士頑皮的回應著。

在這個無法以貌取人的環境裡，人們似乎變得友善而調皮可愛。縱使看不見沙拉的新鮮，然舌尖上跳動的味蕾，確能精準的傳達食材的原貌及可口的烹調技術。閉上雙眼用心體驗美食，細嚼慢嚥下更貼近食物的原味。對廚師多了份感謝的心，對大自然更增添了幾許愛護之意。

亞瑟告訴我，所有的服務生均為視障。光是帶位、端水、上菜就花了很多工夫，因為無法拿導盲杖。重覆又重覆的練習每一個走位和記步數的細節，尤其他們更要求自己熟記客人的名字和餐點，以期許自己提供最好的服務。這群弱勢的身障者，很努力地在這個小舞臺打拚。我除了感動還有佩服，心底不由自主對殘障者多了分耐心及包容，更對於自己所習以為常的擁有感到無比的滿足。

推開厚實大門，走出餐廳，陽光正盛。滿眼的垂綠映入眼簾，薄薄的淚光湧上有著莫名的感動。除了舌尖上的幸福，那特別的經歷才是忘不了的滋味……

4、美麗的錯誤

陳祖媛

　　那天是要去看牙，我開著車轉錯路，駛入幽靜的小巷，離預約時間還早，索性將錯就錯的開著，遇見了美麗的錯誤……。

　　遠遠的看見路樹下深藍色的舊式浴缸，心想大概有人裝潢遺棄的。開近些，我忍不住停下車，走向這可愛的風景。躺在浴缸的假美人吹著手上的泡泡，浴缸內種滿大小白花，花氣襲人，錯落有致，如沐浴泡泡朵朵開在浴缸裏潔白夢幻。旁邊的落地燈垂著水晶的串珠，在陽光下閃爍，另一邊放了個小枱子、一本書、三兩個貝殼、一小杯酒，盎然春意不分四季駐足在這兒，因為主人的巧思。

　　美麗的錯誤是可遇不可求的，幾年前和小女兒共同經歷過。起因是報名小女兒的救生員訓練課程，櫃臺小姐錯誤輸入授課地點，我也粗心沒再次檢查，不願取消課程，所以每次上課要多開三十分鐘的車程。幸運的是女兒遇到了非常好的教練，訓練她當助教，還帶著女兒參加救生員競賽得到和教練一樣的金牌，小女兒破記錄成為最年輕參賽者。功勞歸於雙人組的教練，他是比賽的常勝軍。這樣的經驗使得女兒很順利的在高中時找到救生員的工作，開始的錯誤結局竟如此美好。

　　當錯誤發生，抱怨無濟於事，就換個正面的心情面對，讓自己逍遙些。自從那次開錯路之後，我就認定是對的路，四季更迭，遇見主人裝飾各異的靈感，對於這個錯誤有著期待。那天帶

女兒看牙正好是最熱的一天，攝氏三十九度，繞過去帶她看看特別的街景。這回遇見的是美人魚！在這清涼的樹蔭下，有種「假做眞時眞亦假」的氛圍，確定的是我們笑的眞眞切切。

5、謝幕

陳祖媛

　　她閉上眼，深深吸了口由店家飄出的香氣，輕聲地道了句
「牛肉麵眞香！」，引來四周不悅的眼神。在這個悲傷的場合，
似乎所有的感官都要是哀愁的，即使裝也得裝出來。

　　她坐在路邊臨時搭的野棚下，閨蜜的喪禮就著家附近辦了。
嗩吶的悲涼聲伴著請來孝女的哭泣聲，吵雜而零亂，鰥夫領著大
孩子們坐在一旁，眼神空洞不見眼底的哀傷，他們應該戴上太陽
眼鏡。司儀揚著哀嗓介紹往生者的生平，孝順的媳婦，本分的妻
子，盡職的母親。是的，全是她的閨蜜。唯有這句，「不忍失
去」，聽來無奈有些怨憤，也許只有她是這樣想的。

　　閨蜜很早就嫁了，因爲愛，信任他，因爲完全的信任，徹底
的傷害了自己。她伴著閨蜜一路走來，瞭若指掌，那眞的是嫁雞
隨雞。早年因爲先生酒駕，閨蜜的駕照拿去關了三個月，在這個
媽寶的家庭，似乎是理所當然，婆婆認爲兒子重要。閨蜜的先生
總是遊走在法律邊緣，苦口婆心改變不了什麼，膽大了，違反票
據法也就自然發生，閨蜜成了替罪羊。似乎婆家認爲大難臨頭總
要共同擔責任，去大牢裏關的還是她。出獄後發現他有了其他女
人，閨蜜病了無心醫治，對於曾經的付出感到心寒。

　　牛肉麵的香味依舊陣陣飄著，這間閨蜜家附近的牛肉麵店，
他們來過無數回。吃飽了，找間咖啡店，才有力氣倒垃圾，掉眼
淚，姊妹情深能做的只有這些。她想她不會再走入這間麵店，就

以這誘人的香味打包所有和閨蜜的回憶。

　　這最後的謝幕式，看似哀榮平和，所有冤屈如過往雲煙，往
生者經歷過的苦處，似乎被插滿鮮花的靈堂撫慰了。淒涼的香水
百合味，讓人錯以為是幸福的，還好解脫。這樣表面風光的儀
式，是場操辦者的救贖，她看著不禁打了個寒顫。閨蜜終究是閨
蜜，最終回還教了她一課，活著的時候對自己好些。她開始思索
自己要以什麼樣的方式離開，先活出自己喜歡的樣子吧！

6、金閣寺／日本

陳蕙娟

　　《金閣寺》因為三島由紀夫的同名小說而知曉，對《金閣》有一種「停格」的感覺，即未曾想像它究竟如何，三十幾年來也未曾想去見見「真實」的金閣寺，三月初的春天拜訪京都，去了金閣寺，參觀那天心情興奮也忐忑，金閣寺有種沈靜的美，可心頭卻覺得空空蕩蕩！

　　出發前拿出《金閣寺》這本書準備再次閱讀，看這小說因緣也奇特，屬於自己喜歡類型的書，二十歲左右吧！？第一次看

它，約莫看了二分之一，受不了書中呈現的氛圍而放棄；五年前吧！？再次拿來看，很順利的讀完，覺得還好，何以年輕時看不下去？這回第三次，真正靜下心來讀，已是京都旅遊回來半個月後了，閱讀的感覺又接近二十歲那時候。對三島由紀夫的喜歡來自於「悲劇性的美學」，一個藝術至上主義者、古典主義者，寄寓於作品裡的是一種破滅闇黑的思想，一種困境需要經由破壞、毀滅才能達於永恆。他的作息顛倒，夜才是他的白晝，美麗的世界，文學是生命之所寄，認識與覺醒的表白，一個痛苦、孤獨的求道者。

「年輕、悲壯而死是無尚的美」，這也是自己曾服膺的想法，二十五歲應該死亡，那是生命最美、最燦爛的時刻，生應該在這個時點戛然而止，美將永遠凝結。可自己沒那麼勇敢與悲壯，就一直活到現在，可是心思上仍是那般的想法，所以，對悲劇性的美學一直有奇特的感覺，它可以鞭策人心、也能成長吧！？

美的感知是起於認識，美如何才能永恆？所有實相的東西終究會滅失，金閣亦不例外。金閣立於鏡湖池畔，水中倒影的金閣更美，虛實之間，水中倒影更能讓人理解「水中月，鏡中花」，所有相的虛妄；書中寫道：「鶴川將石子投入鏡湖池裡金閣倒影正中，波紋擠著水面的萍藻，倏忽間，美麗精緻的建築物崩潰了！」虛實之間一個投石驚碎了，實相的美或物會消失，存在於想象與認識的美才可能永恆與真實。美由於認識、定義，思想成就一種真實，世間之物都會滅失，只有時間永恆，金閣的美也必定要是永恆，所以，金閣一定得被焚毀在火中幻化，當具體的金閣不存在，精神的、心象的金閣才會永恆。

金閣寺是心理自剖，負面的描繪，又有一種拒絕的情緒；書

中三位人物：溝口、柏木、鶴川不同類型，卻表達了一切。溝口是個「口吃」者，何以是口吃？嘴巴說話是與人溝通最重要的媒介，內心與外界之間的橋樑，口吃是種身體缺陷，也是溝通障礙，無法清楚表達？或是不想表達，可以被誤解；溝口也是自卑的，不表達，用一種踞傲的態度，呈現自己、保護自己，與其被嘲弄、被外界拒絕，我先拒絕你們，是不是就不會受傷了？這個口吃的安排，不善於溝通，是不能也不願，一種疏離；拒絕與被拒絕之間就是「主控權」的掌握！

　　柏木另一個重要角色，「內翻足的身體缺陷」，行動上不自然不容易，他對外界的態度迥異於溝口。行動不便，探索外界不是那麼俐落，可他選擇了主動，且是一種欺騙與嘲弄；對自身缺陷的認識與利用，若對方掉入陷阱同情他，就等著被糟蹋，柏木對美選擇了冒瀆與征服來解脫自己的缺陷，攫取所要的「勝利」不帶眞實的感情。鶴川出現的場景不多，描述上是溫暖柔和，看起來光明好相處，你就是你即使有缺陷。可最終是在現實感情受挫的情況下自殺，溝口、柏木的對照，內心也有黑暗面，「闇黑」似乎任何人都免不了？

　　書中以金閣寺爲主場景，描繪溝口對金閣的感情與認識，帶著悲劇性的美感的愛與想像。美是書中的主旋律，美是由認識而來，具象的金閣、心象的金閣不同，想像的物具體了，卻失望了有種落寞！想像與現實的落差；美可以委身於任何東西，也不屬於任何東西；美既是一種認識，那就是很主觀的思維，「口吃」、「內翻足」、「美女」、「貓」、「金閣」都是也不是，認識之後它就存在於「腦海」、「精神」永不滅失，所以美不該有眞實的存在，金閣應該被焚毀成就永恆的美──凝結在那個時點。最後，溝口燒了金閣，完成他的儀式與意義。

7、我的第一本故事書

陳蕙娟

　　小學二、三年級（民國57年或58年）吧？爸爸送了我一本小書（約10x16.5公分），幾十年過去，書本早已丟失，記憶裡，只記得書名、小鯨魚的名字「塞月羅」，月光下出生，小鯨魚在海洋成長的故事，這本書應該是臺灣的第一版，那時候我太小了，看過之後未曾再讀，故事就只是故事。110年3月25日，聯合報副刊刊載了徐國能的文章〈人生始於告別終於相逢〉，副題：被遺忘的一本書《愛的微笑》、《冰海小鯨》，一直保留的記憶被挑動，特別是爸爸已離開一年半的時候。

　　徐先生的文章也附上了書的新舊版本，很肯定的和我幼時讀的版本不一樣，我大了讀者一輪，我閱讀這本書的時候他還沒出生。因為徐先生的這篇文章，我決定再買來一讀，書本封面就是童書的感覺，不同的藍，淺藍的天，深藍的海，一大一小的鯨魚破浪前行；內文編排行距變寬、字大多了，早年書籍文字大概都是最小號的字，文字行距幾乎併排，生活條件不佳的年代，購買書籍是奢侈的，書的價格不能太高，那樣的書籍編排方式是必然。

　　邊讀著書，回憶也跟著浮現，不是那麼清楚，小鯨魚不是叫「塞月羅」嗎？怎麼書上寫「塞特羅」，記憶裡小鯨魚的名字是因為月亮而來，書裡描寫美好溫柔的月光灑在海面上，文字敘述非常優美；2014版的文字敘述非常簡單淺白，重溫五十多年前的

時光，和記憶深處的感覺很不一樣。講述小鯨魚成長；用擬人化的方式表現，讓閱讀本書的孩子們了解父親在自己生命的領航角色。

「少年鯨魚的成長，卻是年邁父親的終極旅程」，生命閱歷豐富的父親，將自己所知經由帶孩子海洋壯遊，親歷其境的教給孩子，面對危險困難如何的勇敢突圍，也包括了面對死亡。徐先生的文章引用了紀伯倫《先知》一書的話，「當你殺一隻野獸時，心中對他說，『殺戮了你的那個力量也必將殺戮我，同樣也將被消滅，把你交到我手中的自然律，將把我交在更有力者手中』」，想起了老子《道德經》裡的話「天地不親」，上天對待萬物一視同仁，是自然律，生態系食物鍊生生不息。

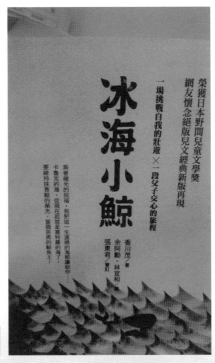

　　食物鏈上中下一層一層成為他者的食物，根據自然律「死得其所」是一種光榮，活著的時候捕食其他動物，死了成為其他動物的食物，西藏、蒙古人死後的天葬（方式不同，西藏人給禿鷹吃，蒙古人給野狼吃），鯨魚死在海洋，肉身布施後，沉入數千公尺深的鯨魚墳場，有尊嚴的死法。傳統農業時期的人們選擇土葬，屍身入土腐爛被螻蟻等昆蟲啃食，回歸塵土化為植物的養份。而今人類是否還尊敬自然、敬天畏地？

　　辛丑年再與《冰海小鯨》相遇，是不可思議的緣份，上一個辛丑年，我的父母親將我帶到這世上，這個辛丑年我已無父無母，他們養我、育我、疼我，身教言教都是我的榜樣。爸爸很愛看書，他認為讀書非常重要，能讀書學歷越高越好，男女都要上學；重視閱讀課外書，各種書籍都行，從小幫我們訂國語日報，大些就改訂讀者文摘，閱讀成為我的習慣與愛好，也是療癒挫折困惑的良方。《冰海小鯨》開啟我進入閱讀的門，閱讀豐富了我的生命。感謝父母給予我的一切，當他們的孩子很幸福。

8、婚姻那回事兒

陳蕙娟

　　國中英語老師說，「美國總統在他老婆眼中就是個臭襪子亂丟的男人」；高中護理老師說，「婚姻像只玻璃杯，要小心呵護才不會出現裂痕」；大四，張小燕應學校女聯會之邀到學校演講，這麼說：「婚姻是什麼？是柴米油鹽醬醋茶。」這三段話說出了婚姻的真實樣貌，婚姻就是過日子，平常的生活，不該對婚姻有錯誤期待。

　　朋友、同學間閒聊，我們就是照著社會一般模式：讀書、就業、結婚、生子的階段走，好像也沒有什麼不好！戀愛時或許還會抱點浪漫期待，結了婚就學著認清現實。你想過自己想要什麼樣的婚姻？因為父母或親友婚姻的好壞影響自己的選擇！？別人的婚姻幸福不幸福，都和你無關，他是他、你是你；你的婚姻是你和配偶的雙人舞蹈，每個人不一樣！夫妻也像「兩人三腳」遊戲裡的隊友，良好默契、步伐協調一致才能到達終點；否則摔得鼻青臉腫，互相埋怨，更糟的結局就是拆下腳上繩子，不玩了！

　　你的選擇與作法，才是決定婚姻幸福快樂的關鍵，婚姻是需要經營的，沒有天生的神仙眷屬，生活中有不滿、意見衝突，應該溝通讓對方了解，在差異中求同存異有所商量，不是靠一方的隱忍退讓（女人閒聊聽到這麼一句話，「最好的溝通就是不溝通」，因為只有「溝」沒有「通」）；明白自己在婚姻裡希望得到什麼！得付出什麼！能妥協的程度與底線！關鍵在選擇「適

合」的對象，婚姻有可能80％會成功。

我的紫微斗數命理老師，在講到「婚姻」專題時這麼說，在婚姻裡頭要「半盲、半聾、半啞」，就是有些事別太較眞，睜一隻眼、閉一隻眼的忽略過去；難聽話當耳邊風，不往心裡去；事有看不慣、話有聽不慣，忍著挑不傷人的話說；要求對方達到自己期待，也得反求諸己，自己又是否符合對方的要求；婚姻不是講道理、爭輸贏，理性認知那是需要用愛、感性澆灌的園地，婚姻需要夫妻共同經營，互相體諒與妥協。

有個熟識的人，婚姻並不美滿，她這麼說，「婚姻是好是壞，總得經歷，人生該有的過程都值得一試！人生才不會有缺憾！」。「選你所愛，愛你所選」，婚姻裡頭不免衝突不快，還得放棄一些自由，做點退讓，相對也有關愛、陪伴與扶持；面對承諾，我們就了解自己該怎麼做，努力了，也不保證婚姻一路順遂，無風無雨地從頭到尾。可能因為疾病、意外而成哀鳴孤雁；

婚姻不是兩個人的事，是兩個家族的事，因家族成員干擾，或感情生變，或生活習慣不適而勞燕分飛；永浴愛河是期望，白頭偕老是祝福，如果勞燕分飛，不能長長久久，謝謝曾經相伴一程，畢竟曾經愛過，相愛那時那刻是真的。

9、我的父親

潘俊隆

那天是父親撿骨的日子。

大哥傳來的照片上，看著工人在父親的墳上挖出將近一公尺深的坑，頓時我鼻頭一陣酸，眼眶也瞬間蓄滿了淚水。

回憶十年前父親出殯的那一天。當父親的棺木由四名工人各拉著一條布繩，徐徐地放入墓穴的那一刻起，一路上刻意壓抑著悲傷情緒的家人，終於也在那一刻徹底釋放了。從此，父親的軀體終究得歸為塵土。儘管不捨，家人們還是以三把黃土，送別了父親。

父親的一生，是一段由浪漫、悲苦、頹廢、奮起到驚奇，所串起的平凡人物，不平凡的人生。

1922年出生的父親，經歷了民國初年、日治時期，以及國民政府來臺時期的大時代，也是全球局勢動盪的年代。年輕時生性浪漫，不喜拘束的父親，除了白天的莊稼農活外，平日休閒時還彈得一手好月琴。由於父親的才情與浪漫的個性，引來當時迷戀父親的女友圍繞身旁，在那個依賴媒妁之言的年代，他們的交往引來不少的閒言閒語與側目。1941年秋，凌晨三點發生了芮氏規模七級的嘉南大地震。父親在暗夜中快奔女友的家，奮力在瓦礫堆中徒手挖出愛人的遺體，彼時壓抑的情緒終於潰堤。一場南臺灣的地震，將父親從浪漫才子，打成了悲苦、頹廢的青年。

失去摯愛的父親，在陷入長期低潮之際，嬌小的母親出現在

他的生命中，從此讓他脫離那段萎靡不振的日子，也終於有成熟男人的責任心。可是，就在父母親訂親不久，突然接獲日軍徵召為軍伕的役單，必須立即動身，前往遙遠的太平洋小島。

　　父親身為長子，又有繼承家業，照顧父母及撫養弟妹等多重責任在身，一旦出征將出現許多難以預料的變數。就在父親臨登船之際，祖父母極力透過各種管道請託，希望能夠讓父親不要前往前線，只因為父親身為長子，必須擔負起家中農活的工作。於是村裡臨時改換村內另名役男取代了父親的兵役，正當家裡慶幸父親不必前往命運未卜的前線時，這艘駛離臺灣海峽的運兵船卻意外在途中遭到了美軍轟炸機擊沉，船上無人生還。父親雖逃過死劫，卻是悲痛難抑，因為那位役男正是父親同村的兒時玩伴。

　　父母親兩人平日相處的模式非常有趣：由於母親總愛對著父親叨念或抱怨，而父親卻總是可以完全不動聲色的、擺出一副若無其事般的淡定表情。偶爾被念煩了或罵的太過了，父親會衝著

母親大聲喝斥，隨即母親會閉起嘴，靜默許久。在我們的印象中，儘管父母親兩人之間的小鬥嘴不斷，但卻從未吵過像樣的架。

兩人如此這般的一起度過了一輩子的夫妻歲月。

2004年冬，母親因病離世，父親在結縭一個甲子的老伴靈前，凝視母親的遺照，當著我們子女的面，娓娓道出他這輩子對我們說過最長的一段話。印象中，這是第一次父親正眼凝視母親，似乎正懺悔著自己過往內斂的情感，也從未輕易將愛說出口，如今卻是有來不及親口道出的悔恨。父親也在這段伴著老淚縱橫的告白後，久久不能自已。彼刻，他不再是那個對母親冷漠的父親，而是孤獨無助的老人。當父親起身回房，兄弟姊妹們望著父親佝僂的身軀緩步移動的背影，依舊習慣把臉側向牆壁的躺下，燈還澄澄亮的開著，因此我們無法看清楚他是否已經入睡，我猜想父親一定比我們還不捨，比我們還心酸。

我是家裡最小的男丁，排行老七。卻可能是家中唯一還會對父母親切擁抱的孩子，也是受到父母疼愛及兄姐照顧最多的一個。直到念了軍校，仍舊改不了習慣。每當回到家見到父母親，總是免不了一番熱情的擁抱及親臉頰動作。有時我還會雙手環抱父親的頸項，跳上父親的背，讓父親背著我走一段。直到父親第一次中風後的不良於行，才停止我這個幼稚的行為。

父親第二次的中風，幾乎要了他的命。儘管逃過劫難，但卻付出了從此臥床不起的代價，緊接著開始癡呆、失智，還經常認不出我。隔著窗戶，我瞧著父親躺在那沒有春夏秋冬、沒有悲歡哀樂的床上，偶爾醒時經常瞪大已然因瘦而凹陷凸出的眼睛，若有所思地盯著天花板，不禁讓人心疼落淚。我進入父親房內，摩挲著父親瘦骨嶙峋、筋脈分明的雙手，輕撫摸那一頭白髮，鼻頭

頓時一陣酸。我知道，父親正在離我們遠去，以緩慢、疲憊、困難地，沉沉睡去……。

2011年夏，平凡的父親終於在上帝的懷中安息，帶著失智的軀體離開了我們，結束他九十載不平凡的人生。

父親沒有留給我們任何屋宇田園，卻留下了世間物質所不能交易的、豐盛而不朽的那份精神產業。

10、冬至

賴研

這一切計劃已久。

人老了，帶著這麼多的行李肯定走不了太遠，他只帶著隨身碟和手機。所有孩子們的照片，從出生到幼稚園，從幼稚園到小學，從小學到中學，從中學到大學，從大學到進入社會，他把所有的照片，所有的視頻都存入隨身碟，還做了雲端備份。

裡面當然也有他又愛又恨的老婆從年輕到老的照片。他原以為自己是個老練的獵人，結果證明其實是個可笑的獵物。這一生為老闆打工，為老婆打工，其實都是一場空。

剪不斷理還亂，抽刀斷水肯定是治不了鏡花水月。他數了數目前的存款，應該可以讓老婆青菜豆腐的終老，至於那頭看似忠厚的老狗，和那隻絕對狡猾的貓，完全阻擋不了他的義無反顧。

知道自己得到這個病時，他有一種熟悉的感覺，回想了好一陣子才憶起讀大三時，因為生計問題，跟班上的同學白天就騎著破單車到安平工業區打工。期中考前才臨時抱佛腳的拼幾個通宵，結果當然十分慘烈。期末考時已經是二一保衛戰，只要不要被踢出學校就可以了。

果然寒假結束，就收到一張不意外的成績單，勉強可以有補考的機會。

自由一定是有代價的，他沒有參加補考，選擇了重修，其中有一科必修科目還三修才過。現在想想，山窮水盡疑無路，柳暗

花明又一村，竟是他生命的常態。

　　決絕的踏出家門，外面下著微雨，這一次他覺得可以走遠一點，跟自己的阿茲海默症開開玩笑，這個病來得正是時候，竟成爲他的救贖。

　　臨出門時竟還是有些猶豫，貪戀的回望了住了幾十年的老宅，有如全景相機般，他穩定的完成最後一瞥，穿上布鞋。

　　老天總是有奇妙的安排，讓美好的事物透過人間的悲歡離合留下來，如果說信仰，那就是他最後的信仰了。

　　「悠遊卡別忘了！」老婆在廚房裡提高嗓門說。

11、忘機

賴研

　　長效藥的藥效是三個小時，他在聚會快要結束時拿出藥盒子，倒出兩顆藥，轉開隨身的水瓶，喝了口水把藥吞下。我看著看著，不覺淚就湧上來了。

　　同學已經不是當年寡言的少年了，幾十年的小兒科執業生涯，已經把他淬煉成侃侃而談的醫師。然而帕金森氏症並不會因為你是不是醫師而閃躲，同學在描述他的病情時清楚冷靜，好像說的是他的病人。

　　他說：「怎麼樣都有比你不幸的人，這個病有三分之一的人失智，三分之一會得憂鬱症，我一個都沒有，算是幸運的。時間應該運用在把你還有的功能發揮到極致，而不是感嘆我本來可以怎麼樣。到最後你會發覺，你已經完成比正常人多好幾倍的事情。」

　　「我學鋼琴除了自己喜歡之外，也可以讓自己腦袋比較不容易癡呆，另外，期待一年之內可以跟神經醫學會去辦個小型音樂會，希望可以鼓勵有慢性疾病的人，尤其是行動不便的人。」

　　幾個老男人討論這個病症，好像在討論高中時那個我們叫他「大蕃薯」的討厭教官。數著已經離我們而去的同學，好像他們幾位只是請了病假沒有來上課。

　　必須承認現實生活總是打得你措手不及，毫無還手之力。這幾年陸陸續續有同學發生意外或病故，認識的不認識的都有。唏

噓之外，也更感到人生無常的迅猛。

　　最近幾個讓人難過的消息，都跟高中同學有關。四十年重聚時，有的老同學真的成爲了新朋友，但是也沒有機會認識那麼多老同學。有些同學來不及打招呼，只留下了名字，還有當時的沙漠仙人掌傳奇。

　　以前說的是江湖路險，各自珍重，現在更想說的是餘生未晚，且歌且行莫遲疑。有同學感嘆著如果倒下來的是自己不知道會如何？他說出了我們共同的恐懼和不想探究的答案。

　　約好了下一次要造訪同學在新竹的農莊，誰都不可以缺席，我們是這麼想的。至於老天怎麼安排，就像當年的數學高一期末考計分，據說最後是加一百分除以二，因此只要考二十分就會及格，隨他去吧！

　　我真的不記得有這回事，可見痛苦也會找到它該走的路。就這樣也很好。有一種戰爭註定要單槍匹馬上陣，即使是彈盡援絕，過去是，現在也是，未來還是。

12、路過人間

賴研

上海某夜某人

　　這個世界上有好人、有壞人、有時好時壞的人，大多數人都是。有的人酒量好，有的人酒量不好，有的人酒量不好但是酒膽很好，大多數人不承認自己酒量不好。

　　酒醉的人醉倒之前並不知道下一秒就要醉倒。酒品好的人有，酒品不好的人也有，我們喜歡勸別人多喝些，不曉得對方是不是快掛了。

　　醉酒的人會醒過來，有時不會。醉與不醉，有時只是最後那幾杯，就像善與惡的界線，只是幾步之遙。

　　如果瞭解些現今人類的演化，種族歧視這樣的偏見會少一些。如果知道酒量好壞與身體內的某些解酒酵素基因有關，也許喝酒誤事的行為可以被控制。人類對無法理解的暴力行為，婚姻中的外遇現象，善與惡的邊界是否也受到體內某些基因制約？道德的歧視其實也藏在我們的文化中，跟政治取向，性別認同一樣，人類還在演化的路上，黑洞依然巨大而遙遠。

　　人云亦云，少了我一個不少，

　　精衛填海，多了我一個，

　　也許大事可成而不敢妄自菲薄。

　　然而畢竟紅塵是非，江湖險惡，

　　多半時候，

　　也是在道德底線載沉載浮。

　　經常我們把人生比喻成戰場，無論自己在裡面是叱吒風雲的將軍或是拚命向前的過河卒子，總是以悲壯慷慨為主旋律撰寫一路征途。

　　每一個人物都各有心事，因而也就各有立場，各有打算，沒有誰是真正的正人君子，沒有誰是鬼魅小人，只是生如蜉蝣，甘心承認或不想承認而已。

　　我們經常是觀棋無語的偽君子，也難免是起手有回的假丈夫，無論如何，楚河漢界只是表面的藩籬，對車馬炮的你我而言，往往是午夜夢迴時的一身冷汗和與驚魂未定的僥倖是夢。人

生其實不需要等待誰給你一個交待，說法人人各異，與其指望萬事如意，不如求自己心安就好。

在人生中，我們多數人只是配角，甚至只是跑龍套當背景的角色。這些人的喜怒哀樂在戲劇裏都是過場，也許只有一兩句對白，沒有這些角色，整齣戲就會很突兀，很蒼白。

眾人皆慕君子，我則喜歡觀察小人，君子在論語裏就可以找到，小人則要匍匐在地才能略窺一二。值此亂世，這些年絮絮叨叨，多少想爲這些沒有臉孔的演員，還原他們有血有肉的靈魂，也許也是想還原自己的本來面目。

爲自己而活，爲自己的夢想而活，爲自己的夢想實現而活，我都經歷過。現在我則進入一種不爲自己而活，不爲自己的夢想而活的狀態。至於夢想實現這件事，我也學習著以不同角度理解。

甚至寫文章我也試著少用四個字的成語，成語很像泡麵的調味包，省時但是口味單一，我怎麼能把自己的文章寫成泡麵呢？

最近有兩個名詞在對岸很流行，一個是「內卷」，一個是「躺平」。都是比較負面的名詞。人的一生必定會在生命的某個階段，必須面對「內卷」的現實與「躺平」的無奈。但是「內卷」何嘗不是審視自我的一次機會，「躺平」也才有機會看看蔚藍的天空，就算是烏雲密佈的天空也好。

「在哪裡跌倒，就從哪裡站起來」。是句從小就知道的「雞湯」。我則以爲在哪裡跌倒，就在那裡趴下，甚至躺平一下，想想自己怎麼被打趴的，還是不小心絆倒的，只要別睡著了就可以。

人應該要有人的樣子，我始終這樣覺得。一場疫情下來，每個人都或多或少的失去了原來的樣子，有人甚至失去了親人，失

去了生命。

　　悲觀的我對人性有著本質上的懷疑，雖然不影響對快樂的幻覺，可是多少讓我在快樂時，經常忍不住煞風景的乾笑兩聲。

　　有些人會用特殊的方法告訴你，天堂就是人間，我以前不相信，現在慢慢被說服了，這樣也好。

　　人總是要相信些什麼才能走下去，或者相信有某一個人在癡心的等，或者相信有一盞為你留著的燈，你或許跟我一樣，那就結伴繼續走吧。

松山機場捷運站三號出口

　　如果人生可以用方程式描述，顯然不是簡單的二元一次方程式，也許用一個多元聯立方程組可以略為逼近。所以仔細想想，一個人和另一個相遇，就和宇宙裡的一顆流星遇到另一顆流星差不多，機會幾乎是零，或者說趨近於零。然而我們每天遇到這個人，那個人好像習以為常，代表的意義是什麼呢？

　　在這個捷運站的出口，我這兩年也出入了幾百次，從來沒有注意到這個鐘，當然鐘也不在乎我有沒有注意到它。

　　意義失去意義有什麼意義？

　　善知識說這是偽命題，因為它對成佛沒有幫助。

　　數學裡說加法的單位元素是零，所有的數與零做加法，它的值還是一樣。然後說一是乘法單位元素，所有的數與一做乘法運算，它的值也是不變。

　　在我們人生中，零與一時時提醒我們，遇到失敗就把它當做零，遇到成功就把它當做一，清歡何處不有？

　　失去了，於是你擁有了學會放棄的能力。

　　以前我並不完全懂得，還是本能的想要追逐幾步，現在慢慢可以體會來不及的必要。佛法裡有所謂求不得苦，有些不是你應該擁有，有些不是你生命的必須，放棄佔有一席之地的衝動，人生更為開闊自在。畢竟雙足只能站在尺寸之地，雙手能握住的也只是有限的可見之物。

　　剩下需要管理的是這顆貪得無饜的心，怨憎會，愛別離。

　　張愛玲在《紅玫瑰與白玫瑰》寫道：

也許每一個男子，
全都有過這樣的兩個女人，至少兩個。
娶了紅玫瑰，久而久之，

紅的變成了牆上的一抹蚊子血，

白的還是牀前明月光；

娶了白玫瑰，

白的便是衣服上的一粒飯粘子，

紅的卻是心口上的一顆硃砂痣。

有人前世就懂得，有人這輩子終於明白，執迷不悟的人也是有的。

失去是另一種形式的獲得，需要世間風雨才能慢慢理解，失去逝界因此可以學習真正擁有自我，則需要佛般的智慧。既為凡人，就在無始劫中一步步迤邐前行吧！

13、藕花深處

賴研

李清照《如夢令・常記溪亭日暮》

常記溪亭日暮，沉醉不知歸路。
興盡晚回舟，誤入藕花深處。
爭渡，爭渡，驚起一灘鷗鷺。

老天對他很特別，給了他三個女兒。大女兒星星是水瓶座，二女兒月亮是天蠍座。星星跟月亮有不同的母親，共同點是出生時他都不在醫院，一次是在飛機上，一次還在公司加夜班，這是兩個母親一致的判定，跟了一個不靠譜的男人。

小女兒太陽是射手座，有前車之鑑的他，守在醫院的產房，確定是女兒時，心中有被九局下再見全壘打的解脫感。

三個女生都如風般自由，火般熾熱，都說女兒是前世的戀人，他也這麼理解著，所以恒常處於失戀狀態。

水瓶座的星星

收到三姑姑通知的時候，正忙完一個心臟外科手術，疲憊不

堪的當下，星星對著很久沒有聽到的聲音說：「知道了，我會過去。」

「畢竟是妳爸爸，妳媽媽那邊就妳自己考慮一下要不要說吧！」

「我再想想。」

她掛了電話，隨便應付了午餐，直到晚上臨睡前才又想起這件事，有點厭煩的打開Line，找到之前跟父親的對話，一條條訊息都很類似，祝星星生日快樂，注意身體之類的。說是對話其實是一種獨白，這些年她已經不回訊息，他則是例行公事般的逢年過節問候著。

想想大概已經好幾年沒見面了，自從奶奶過世，她回海邊老家的最後一個理由也消失了。

聽說父親這些年一個人住在老家兩層的舊樓裏，寫他一直寫不完的推理小說，估計最後還是沒有完稿，這頗像他的人生，半途而廢是經常出現的結尾。

星星偶爾會關注他的臉書，看他不合時宜的文字，始終只是淡淡的看，拒絕點評也不按讚，注意到按讚的人越來越少，也許是他的朋友或同學也慢慢不見了吧！

在北部讀醫學院的那些年，應該是有修補他們疏離關係的機會，但是父親總是蜻蜓點水似的來來去去，每次說話又是欲言又止的樣子，久了她也就不在意了。

沒有他，她也長大了，有人人羨慕的工作，有經濟能力做自己想做的事，最重要的是可以照顧媽媽。

她猶豫了幾秒鐘，好像在手術室考慮切除癌症細胞的擴散範圍，冷靜沉著，撥通了電話，「媽媽，爸爸走了。」

「聽說了，我沒辦法過去。」

「那我自己處理好了。」

「好的。過年回南部嗎？」

「到時候看看醫院排班的情況吧！」

　　她現在還不想說，其實過年的假期已經排定了和另一個人去北海道。

　　她點開父親最後的一段訊息……

　　「我覺得妳並不瞭解我，就如同我不瞭解妳的爺爺。

　　我不瞭解他喜歡喝什麼樣的酒，鞋子穿幾號，到底會不會抽煙。他是不想說，還是沒有機會說？

　　我也差不多，我也不怎麼瞭解妳，如同他不怎麼瞭解我。

　　他不知道我其實很悶騷，遺傳了他的個性。他不知道我記得六歲時，他帶我去看的日本武士道電影，片名我都還記得，叫做「切腹」，是一個悲哀得很徹底的故事。他不知道我其實很想他牽著我的手，在那段曲折的山路。那天他也許是一時興起，帶我從山的這一邊要穿過好幾個茶園，不像是路又像是路的山徑從桃園這頭到臺北。他自己走在前面，也沒管我是不是跟得上，有一陣子很怕他是要把我遺棄在這片山野中。

　　爺爺走的時候，我沒有在他身邊，估計他也沒什麼想交代我的，要是有他早就說了，或許他知道說了也是無濟於事。

　　我有些話想跟妳說，說了也許也是無濟於事，妳懂的我不用說，妳不懂的再過些年自然妳也就懂了。

　　Just in case.

　　女兒啊，妳到底喜歡微糖還是半糖，是少冰還是正常？或者妳根本不喝咖啡？」

　　我只喝黑咖啡，不加糖。她在心裡想著。

天蠍座的月亮

　　月亮在整理父親老家的書房時發現一些寫了一半的文字，像信又沒有打算寄出去的樣子，老式的信封，信紙是筆記本裏撕開的某一頁，是寫給誰呢？

　　書房留下的書已經不多，她雖然是國文系出身，但是離開文學已經有一段時日，書有的已經幾十年，風塵僕僕的立在書架上，孤單的站了這麼長時間，總算可以休息了。

　　父親是一個矛盾的男人，人在一處，心卻在遠方。這幾年雖然是退休了，卻像是想找回什麼似的東忙西忙，直到躺下的前一天。

　　翻開一本她也讀過的書「一星如月」，陳之藩寫的，書裏也夾著一封沒署名的信，字跡是父親圓潤的姿態。父親在她國中時就買了一本「陳之藩散文集」要她好好讀，老實說她不是很感興趣。月亮喜歡邏輯理性的世界，對於貪嗔癡的有情天地，深具戒心。

　　她探險般的翻閱父親留下來的書，從東野圭吾寫的「信」裏找到一封信，而這封信毫無疑問是寫給她的。

　　「在小學畢業前，妳連過馬路都很猶豫，戰戰兢兢，因為我和媽媽都不敢放手讓妳自己越過馬路。在國中之前，妳幾乎沒有脫離過爸爸媽媽的視線。我們把妳保護得過份的好，也許是出於妳是我們第一個作品，也許是出於世間父母的痴心。妳如願的進

入了爸爸高中時想讀的院校和科系。

　　妳寫的新詩，讓我知道妳在文學上可能飛翔的高度超過我的想像，妳點過的中國古籍，有些我連書名都沒聽過。密密麻麻、深深淺淺的圈點，呈現妳與古人心神交會的痕跡，也漸漸不是我的生命經驗所企及。妳即將獨自登上生命的大山，靠著自己心中的羅盤，爸爸只能站在原地欣賞妳的跌跌撞撞，忍住扶妳拉妳的本能與衝動，相信妳並且給妳選擇腳下道路的自由。

　　女兒，妳即將脫離我的視線，感謝有妳，讓爸爸學習如何面對生命中「愛別離」的功課。但是我相信妳跌倒了自己會爬起來，繼續探索未知的人生。

　　這是爸爸看著妳漸行漸遠的身影時的無聲祝福。妳選擇了出家，爸爸心裡明白這是很不容易的決定，原諒我做為父親的不捨遠遠凝視著妳，妳猶如白色的月光般遙遠而清涼。

　　……

　　月亮一邊讀著父親給她的信，淚水緩緩流了下來，滴在她灰色的袈裟上。

射手座的太陽

　　比起兩個姐姐，太陽似乎平凡了許多，只有爸爸一直用他笨拙的方法催眠她。他也許已經從星星與月亮的身上，滿足了某些世俗的期待，跟太陽就是把她當成玩伴，從來不要求太陽在課業上表現，只要她天天快樂的活著。或許是完全沒有壓力，太陽可以完全按照自己的節奏長大。因為是老么，爸爸從小就喜歡逗她，小時候常常抱起她旋轉，這個瘋狂的把戲稱之為「抓狂」，

大概玩到她小學前變重了才停止。爸爸還會幫她洗澡，直到讀小
學的第一天，至今還常常想起讓她坐在膝蓋，幫她洗頭的甜蜜時
光。

　　接到姐姐的電話時，她正在北京跟美國的客戶開會，突然意
識到爸爸走了，從今以後沒有一個可以催眠太陽的男人。

　　從北京首都機場回臺北的路上，在候機室裏突然想起有很長
一段日子，大約在她高中時，爸爸幾乎有一半時間都在兩岸間飛
行，到上海，到深圳，到北京，這個候機室他一定也曾經來過，
也許也坐在這附近的位置，寫他那些長長短短的散文。

　　在飛行的過程中，她不想再沉浸在悲傷的情緒中，選擇了一
部曾經看過多次的日本電影又看了一遍。心情不好，再看一次
「海街日記」，據說是漫畫改編的呢！

　　故事非常簡單，沒有高潮起伏的劇情，平淡如水的敘述四個
姐妹間的感情，運鏡角度掌握人物與風景的協調性，看完會有人
生如此幸福的美好錯覺。

　　人生很難，人生很短，人生美好的事，都沒有那麼百折千
迴。需要思考太多的決定，往往都不是太好的決定，跟著感覺
走，不會是一路陽光，但是沒有了感覺，註定是風風雨雨。

　　爸爸也許只是到很遠的地方旅行，她這麼想著。淚不爭氣的
湧了上來，不知道是為了什麼。

　　爸爸走了，留給她的應該就是面對困難時瀟灑的態度吧！也
許還有一地落花？

淺藍色葬禮

沒有人問她是誰？

也許在這種場合，大家都刻意保持一種疏遠，用一種「我知道妳是誰」的眼光問候彼此，在安全的範圍。

她先看到穿著袈裟的白色月亮，其次是略顯哀傷的黑色太陽，最後到的是一身素淨的藍色星星。恰好是跟地球與三者的距離有相同的次序，可能就是一個巧合。

他的遺照可能是前兩年拍的，也許就在他們久別重逢之後。跟那天一起走那條登山步道時的樣子差不多，似笑非笑。

山路約莫不到兩公里，一路綠樹遮蔭，漸次盤旋而上，她走來輕鬆自在，他走來氣喘吁吁。中間休息了幾次，他握起她的手貼在心房，證明自己的確不是偷懶。

山頂有幾處供山客閒坐，他們喝著水，她擦拭著他背部的汗，風悠然的吹，松鼠偶爾從這棵樹跳到另一棵樹，完全對人沒有戒心。

聊的話題頗為瑣碎，既是日常也是煩惱，既非想對方提出建議，也不是找彼此訴苦。

內斂而自制是他們在其他人面前的表情。像兩顆互相環繞的星球，在寂寞的宇宙中旅行，需要距離保持安全，又需要轉動保持引力。

「路還很遠，沒有終點的壓力可以慢慢走，慢慢走。牽著手。」，他總是孩子氣的說著。

《維摩詰經》言：「從癡有愛，則我病生；以一切眾生病，是故我病；若一切眾生病滅，則我病滅。所以者何？菩薩為眾生故入生死，有生死則有病；若眾生得離病者，則菩薩無復病。」

......

　　誦經聲起，一切緣滅。「希望你一路好走，走好」，她心中
獨自呢喃，無意中看到他和她的女兒星星眼淚如珍珠般落下。

14、外交才子葉公超

于盼盼

　　葉公超（公元1904－1981年），78歲。廣東番禺人。中國學者暨外交家，新月派代表人物之一。曾任中華民國外交部長、駐美大使、總統府資政。

　　1912年至英國讀書，兩年後轉赴美國，一年後回到中國就讀天津南開中學。1920年再赴美國，先後就讀伊利諾州歐巴納學院及緬因州貝斯學院，最後於麻薩諸塞州安莫斯特學院攻讀，跟隨羅伯特・佛洛斯特研習詩詞，在其指導下出版一卷英文詩集。畢業後赴英，在劍橋大學取得文學碩士學位。曾任北京大學、清華大學外文系教授，上海國立暨南大學、西南聯大外文系主任。

　　公元1949年，國民政府在大陸兵敗如山倒，危急存亡之秋，蒙上帝憐憫，送了一位外交才子葉公超先生給中華民國，當國府自大陸撤退來臺的第一任外交部長，那時外交部大樓還沒蓋，連一間像樣的辦公室都沒有，在臺北市南京西路圓環附近弄了一個臨時辦公室，自己親書「外交部」三個大字，就打發工友去刻一塊木匾，並交代說：「我的名字不要上去，外交部長是經常要換的。」不像當今許多縣市長一上臺，就忙不迭的把公共建築物題上自己的名字，市長XXX敬題。掛上木匾，外交部就在幾間克難屋開始運作了，因為他的英文水平比許多英語系國家的政要還要好，這是胡適博士對他的禮讚，蔣公也非常賞識，所以從1949年做到1958年7月14日，歷經十個年頭，與許多歐美政要、學者

保持友好的關係，接任的是黃少谷。下來才一個多月，823炮戰打響。

1958年8月，葉公超接任駐美大使，到1961年11月被撤職禁足，這三年使蔣公原本對葉公超的器重轉爲憎恨，一般常用的說法，就是「理念不合」所造成。從1960年代開始，那在巴爾幹半島的阿爾巴尼亞，每年在聯合國大會都提出中國代表權問題，中華民國在聯合國的席位已經遭受到威脅，葉公超深謀遠慮，覺得中國太大，中華民國代表權早晚不保，就暗中配合列強兩個中國的概念，認爲臺灣這樣小能和中國平起平坐也不虧了，就往這條路上思考安排。偏偏這時外交部長換上了所謂夫人派的沈昌煥，當然夫人就代表蔣公的意思，也就是「漢賊不兩立」的中國傳統政治思想，堅持中華民國是「漢」，完全忽視列強的心態。

1961年，蘇聯集團支持非洲的茅利塔尼亞入聯合國，而非洲集團支持蒙古人民共和國成爲聯合國成員國。中華民國是聯合國安理會常任理事國擁有否決權，可以阻止蒙古入聯合國。美國政府擔心如此將導致茅利塔尼亞入聯合國受阻，激怒非洲國家，導致他們支持中華人民共和國入聯合國，於是施壓給中華民國政府，不得否決蒙古入聯合國。葉公超認爲這筆交易划算，因爲中華民國已於1946年發文承認蒙古公投過關，同意其獨立，中華民國政府無理由否決蒙古進入聯合國，而美國也不可以投同意票。約翰·甘迺迪公開聲明美國堅決支持中華民國政府；並使中華人民共和國入聯合國一案成爲「重要問題」案，即要三分之二多數同意才能通過；且甘迺迪承諾，如果任何時候美國的否決權能有效地防止中華人民共和國進入聯合國，美國將使用否決權，作爲回報。於是中華民國對蒙古進聯合國，放棄使用否決權。

那時葉公超和美國學者費正清常一起批評蔣公，被大使館內

一位姓曹的反應回外交部，上呈蔣公，蔣公大怒寫在日記裡，現在已經公開了。這一部份是葉公超的錯，無論如何不能和外國學者沆瀣一氣批評自己國家元首，只能緩頰。

葉被蔣的十二道金牌召回後，本以爲是返國述職，帶著輕便的行李就回臺了，沒想到在松山機場聽聞被撤職查辦，臉上表情震驚激憤。外交部奉指示派人至美國葉公超雙橡園的寓所代爲收拾家當。葉公超長年在臺北過著幽禁的歲月，這樣一位被美國務院尊爲世界級的外交家，落得如此下場。

1971年，葉公超所擔心的事終於發生了，甘迺迪已死，不能兌現承諾。聯合國大會第2758號決議案是1971年10月25日，在第二十六屆聯合國大會會議上表決通過的、關於「恢復中華人民共和國在聯合國組織中的合法權利問題」的決議。中華人民共和國政府依據此決議，取得原由中華民國政府在聯合國擁有的中國席位與代表權。當時中華民國政府將此決議案稱爲「排我納匪案」，現今中華民國政府則以「中華民國退出聯合國」代稱。該決議案對海峽兩岸政府國際地位、外交關係產生重大影響，中華民國發生斷交骨牌效應，邦交國紛紛承認中華人民共和國，也成爲今日中華人民共和國政府主張「一個中國」的重要依據。

很多臺灣民眾搞不清楚，中華民國爲何在表決前主動退出？主要是先表決的是否是「重要問題」案，已經表決中國代表權案是「非『重要問題』案」，也就是投票過半，即可通過中華人民共和國取代中華民國，因爲支持該案國家早已過半數，「重要問題」案沒過，也就確定保不住席位，不如主動退出，免遭羞辱。但筆者認爲這是列強默契的陰謀論，中國代表權案怎麼不是「重要問題」案呢？還有比這個更重要的案件嗎？幕後的藏鏡人呼之欲出。

　　葉公超詩詞書畫無所不通，離開仕途後寄情書畫，「怒而寫竹，喜而繪蘭，閒而狩獵，感而賦詩」，葉公超晚年曾說：我後悔沒有繼續從事文學事業。因為他恃才傲物，不但傷害到自己，遭到罷黜，無法達成他的理想，也使中華民國在國際上奮鬥了四十多年，再也未能站上他當年苦心安排的位置，想到曹操對楊修說：「我才不及卿，乃覺三十里。」我們外交人員應該說：「我才不及葉，乃差四十年。」聯合報專欄作家張作錦，曾寫過一篇紀念葉公超的文章，末尾一句：若人類能記取歷史的教訓，歷史就不動人了！

15、聯勤44兵工廠撤臺記

于盼盼

1. 名稱由來

　　民國25年，國民政府成立中央修械所於南京，抗日戰爭爆發遷至湖南衡陽，民國27年遷至貴州貴陽，民國29年擴充為中央機械廠，接收武漢廠之沅陵修砲廠，民國31年接收昆明53廠之部分設備，民國32年始更名為聯勤44兵工廠，簡稱44廠。民國34年抗戰勝利，將貴州貴陽廠所有設備分別遷移至山東濟南與青島。

2. 國共戰爭

　　抗戰勝利後，我們只是慘勝，經濟凋敝、百廢待舉。美國投了日本兩顆原子彈，日軍投降，害了中華民國，因東北、華北成為權力真空，共軍空巢自延安向東北全面接收土地、滿州部隊，包含日本關東軍的武器裝備。國軍開赴東北失去戰機，國共遼瀋及遼西會戰國軍大敗，平津線已全被共軍佔領，山東半島形同斷臂，半島上國軍被消滅是遲早的事。慌亂中國府下令聯勤44兵工廠濟南廠所有機具設備，全部乘膠濟鐵路火車遷移至青島。

3.青島聯勤44兵工廠遷臺

　　鑑於戰爭不利，父親另謀生路於民國37年考上聯勤44兵工廠，廠方說到臺灣員工均可分配宿舍，可見聯勤44兵工廠已有準備遷臺。祖父也由鄉下千辛萬苦趕到青島，和父親一起聽徐蚌會

戰的決戰消息。不幸，民國38年1月10日，徐蚌會戰國軍崩潰，祖父和爸爸說：兒啊！我們父子的緣分就到此為止了，你帶著你媳婦我的小孫兒（我大哥）一起去臺灣，不要擔心我，我老了不怕他們（指共產黨），第二天一早就回鄉下了。後話先說，祖父自從父親逃亡後，承受永無止境的批鬥（祖母已先亡），更不幸於民國47年823砲戰打響，所有親戚及鄰居不敢見面，更不敢送飯，祖父遂於家中餓死。聯勤44兵工廠奉中央命令遷臺，因山東半島非戰略要地，共軍主力是往南下追殺國軍，所以聯勤44兵工廠乘太安輪撤退相當從容，所有機械軍資沒有損失，但詳細啟程日及抵達基隆港日期已不可考，只知道是民國38年3月在海上過了農曆2月2龍抬頭。

4.插曲

　　太安輪（也許是泰安輪）沒有直接上臺灣，而是奉中央指示某任務先開往上海。船上生活很苦，有米麵但無菜也無肉可吃，員工只能吃醬油炒飯，或是把煮熟的米拌醬油包水餃煮來吃，這種水餃很有創意，但吃個幾次就難以下嚥了。

　　船停泊在上海，彼時上海還沒亂。父親一向是小頭頭，和員工們說：我們吃得太差，下船去打工賺點錢買點好菜吃如何？大家都說好耶！父親走到碼頭看到有一批貨要上船，父親問貨主，這批貨上船碼頭工人開價多少？貨主說四萬元，父親說我們三萬元搞定。於是大夥兒開始扛貨上船，不料，立刻來了一幫紅帽子的上海阿三，說你們不許動，我們碼頭是有工會的，工作是我們的，他們人多，父親率眾回船和衛兵說：你看我們想打工上海人也不讓幹。衛兵說：大家一起來，找幾個衛兵帶長槍一起去。一下船重新開始搬貨上船，一堆紅帽子又來阻擋，員工都是山東人

孔武有力，手長腳長，一拳撂倒一個，一腳踢翻一個，加上衛兵用槍托猛K碼頭工人，打得紅帽子抱頭鼠竄。憑良心說：碼頭是有工會的，在亂世誰有槍桿誰拳頭大就是道理，實際上是違法的行為，我不得不批判。

賺了三萬元，員工到市場買肉買菜，回到船上升起火來，打個牙祭，感激之餘都說還是于師傅有能力。從青島出發暫停上海，再到基隆，航程三天。

5. 安置

民國38年12月，遷廠人員將機具搬往位於臺北市興雅的原「日本帝國陸軍松山倉庫」，接收日軍臺灣第三修械所。位置包含西至基隆路，東至松山工農、虎林街，南至信義路、北至忠孝東路，大約等同於現在臺北市的信義計畫區，也就是目前臺北市政府、臺北市政府消防局、臺北市政府警察局信義分局、中華電信東四局、信義區行政中心、臺北市立興雅國民中學、臺北101大樓、臺北世界貿易中心、信義威秀影城及新光三越信義新天地等所在之廣大範圍。

父親在基隆一下地，就「轉向」，也就是搞不清東西南北，在他來說是不吉的象徵。員工們安置在44南村和44北村。現在在那兒有個房子，發大財了。

6. 離職

開始抽宿舍了，在青島說好員工均分配宿舍，可是抽了多少次都沒我家的份，聽說都是父親在工作，別人代抽的都沒抽到，等到在臺灣招募的員工都分到宿舍，我們還是沒份。父親打聽之下，原來是沒有送禮，國民黨在大陸敗成這個樣子，仍

然營私舞弊，沒有檢討。我們在臺雙手空拳無親無故，在那困
苦的年代，到哪去借錢買禮物送禮？父親忍無可忍之下燒毀黨
證，憤而辭職，終生罵國民黨。因無處可落腳，母親腹中已懷
著我，只好到日本三板橋公墓，搭了一個棚子，我就在日本公
墓出生了，應該比耶穌基督還要可憐，耶穌基督在馬槽出生，
還有草墊，也有馬兒替他哈氣取暖。所謂好漢不怕出身低，那
只是鼓勵人努力向上，不要失志。但我出身如此之低，也沒成
為好漢。

7. 結語

　　在妹妹、弟弟接連出生之下，父親只好去泉州街租了木板
屋，我已四歲，至今記得很清楚，外面木板塗柏油，有些板在日
曬雨淋下，翹起好多縫。沒有所謂幾房幾廳，就是兩張床，父母
睡一張，小孩睡一張，其他雜物堆放在剩餘的空間，地板是純泥
土，沒有一丁點水泥。隨後又搬去永和。父親在中正橋下蓋了間
違章建築，每年颱風季漲大水，全家逃到較高處的國小避難。奇
的是，公家還派人來發麵包，現在想起來很溫暖。多年後在邵恩
新縣長的法外特許下，將河川地的違章建築全部拆遷，搬到永和
堤防內，就地合法。我們家雖小，但終於有了自己的房產地產。
民眾感念邵縣長的大恩大德，組團去縣府感謝邵縣長愛民的父母
官，邵縣長亦欣然淚下。民國70年邵縣長五十六歲，被經國先生
委任臺北市長，但僅四個月因心臟病請辭。他是基督教徒，信望
愛徹底執行，所幸後來活到九十歲，相信受他恩惠的人甚感欣慰
他的長壽。

　　阿扁當總統時，把三板橋公墓拆除，改建14號、15號公園。
那不肯拆的釘子戶一把火燒光，立刻解決。有時我認為金木水火

土，火的用途最多。

我一直到三十歲，才艱苦奮鬥買房子脫貧。

16、疫情對房地產的衝擊／2021年5月房地產分析

曾文龍

　　一年多了，新冠肺炎殘虐了全世界人民，到現在仍在艱困奮戰。世界各國沒有辦法再熱絡往來，立刻擊垮了航空業、旅行觀光業、飯店旅館業、餐飲業……臺灣一年多來，防禦成功，傷亡率很低，沒有封城，人民照常往來，僅需要量體溫、保持距離，號稱「世界防疫模範生」！然而5月15日，風雲急轉直下，政府突然宣布升級爲三級警戒，然而病毒已長驅直入臺灣許多地方！臺灣人必須守在家自救，不能群聚。分流上班、遠距上班……，街上空蕩蕩，公車捷運乘客稀少，到了假日，宛如空城。人與人不再連結，立即擊潰了兩年來非常熱絡發燒的臺灣房地產。一年多來百業蕭條，唯獨股市、房市、宅配等少數行業異常熱絡。房地產猶如天之驕子，在銀行低利率，許多熱錢無處去的情況，源源不斷湧入房地產。去年房地產不斷發燒發熱，民眾勇於房地產買賣，賣方繳了許多房地合一稅給政府。價格升高，房價升高，政府警覺情況不對，在去年底公開數度打房，立法院並迅速通過了實價登錄2.0、房地合一2.0將在7月1日實施，然而7月1日實施的效果如何尚未可知，新冠肺炎長驅直入臺灣，比政府的打房還屬害，立即把臺灣房地產打得癱趴倒地！一個月來因COVID-19確診和死亡的數字一直攀升，每個數字都是一條人命，叫人怵目

驚心！5月臺灣房地產市場現象如下：

（一）房地合一稅2.0新制將在7月1日實施，稅負更為嚴重，因此4月5月成了房屋出售的逃命波。六都買賣移轉棟數5月份全數大幅增加，5月反映了4月大量售出，在5月移轉登記完畢。臺北市成交2999棟，月增10.6％、年增41.6％；新北成交6549棟，月增3.5％、年增56.7％；桃園成交3896棟，月增3.7％、年增22.4％；臺中成交4303棟，月增11.4％、年增42.4％；臺南成交2517棟，月增17.5％、年增50.2％；高雄成交4490棟，月增20.7％、年增48％。創了八年來同期新高。5月的買賣移轉情況，要到6月的統計才看得出來。

（二）5月房市瞬間冷淡，建商放慢推案時程，但並未降價。因為繼續高漲的營造成本造成巨大壓力，疫情爆發後，缺工情況更嚴重，有些工人甚至染疫而需停工，可能都將爆發未來交屋日期的拖延糾紛。許多建案交屋期可能要延長半年以上，一年來缺工缺料，非常嚴重，勞工工資大漲，工人很難找。

（三）房市急凍，代銷業案場來人減少六成到八成，原來最熱絡的代銷市場進入冷凍庫。5月20日是傳統的代銷業熱門檔期，被新冠肺炎擊潰。許多豪華的接待中心，耗資數千萬，現在門可羅雀，人潮不再。因此不少建案暫停銷售，有些銷售人員採分流上班，有些跑單人員被通知6月中旬前不必上班，被迫休無薪假。

（四）營建署呼籲房東減租，疫情肆虐最嚴重的臺北市、新北市，全國三級警戒延長到6月14日，中央疫情指揮中心宣布三級警戒區域的小吃攤、餐廳都要落實實聯制，並強化清潔消毒，一律外帶、外送或停業。疫情警戒提升，降低民眾外出用餐的意願，餐廳來店率大大減少，許多餐廳店家索性拉下鐵門暫停營

業，或許還能減低成本支出。這項政策大大衝擊雙北市店面租賃市場！撐不下去的店面退租屢有所聞，彷彿掀起烈日下的風暴。5月以來短短不過三週，網路待租店面件數暴增上千間，增幅逾20％。臺北市以大安區約增加一百五十間最多，行走忠孝東路巷弄間，屢見貼著出租紅條的空店面，冷清街景讓人不勝唏噓。士林夜市更盛傳將倒掉兩百家店面。新北市則以板橋增加七十四間店面居冠。以增幅來看，臺北市大安區增幅近20％最多，新北市則以最早爆出社區傳染的蘆洲區增加33％最多，其次為板橋31％，永和30％。而近日確診人數急速上升的三重、新莊、中永和，待租店面數字也在急速增加中！雙北原本人潮熱鬧的街道，如今宛若空城。目前雙北店面平均租金開價下修約5％，網路上出現大量「疫情特惠專案」訴求，為尋求新租客，房東不得不放軟姿態，降低租金。這波疫情對雙北各大商圈可謂慘烈。若疫情緩和速度太慢，沒有來客的日子持續拉長，商圈店家撐不下去的狀況將會愈來愈多，到時候收不到房租收益、空有店面的房東恐怕是愈來愈多了！

（五）各大租屋平台線上代租物件不少，租屋物件推出防疫優惠價，例如有的直接打七折，有的打六折，有位佛心房東還貼出「警消醫護人員半年免租金」。許多社區禁止帶看，加深出租難度，這些對靠包租過活的包租公、包租婆，產生極大的壓力。

（六）低總價剛需市場比較不受影響。疫情爆發後，看屋人確實變少，但房市自住剛性需求仍在，只是需求遞延，疫情若過去、警戒放寬後，房市需求將回籠。央行4月31日發布金融穩定報告指出，國內不動產市場價量齊增，民眾購屋負擔變重。央行指出，109年房市交易量增加，全國建物所有權買賣移轉棟數年增8.76％，內政部住宅價格指數、信義房價指數（成屋市場）及

國泰房價指數（新推案市場）亦升至新高，但新建餘屋賣壓仍在。去年第四季全國房貸負擔率為36.81％，房價所得比為9.2倍，均較去年同期略增，購屋負擔增加，六都中臺北市購屋負擔最重。為抑制房市炒作，政府去年12月推出「健全房地產市場方案」，相關部會修法完善相關管理制度並合理化不動產稅負等，央行亦兩度調整選擇性信用管制措施，均有助房市穩健發展。政府採取一系列健全房市措施後，降溫投機炒作氣氛，房市主要是以自住的剛性需求為主，相信疫情過後還是回籠。

（七）新冠疫情打趴全球經濟，可怕病毒仍持續變異，未來疫情恐成為流感化。人類的居住空間當面臨改革，以保護居家生命的安全。例如：大樓電梯是密閉空間，容易交叉傳染病毒。公共設施當研擬防疫方案。上下樓層管道也是病毒傳播途徑，臺灣新建建築當引進當層排氣、全熱交換器等系統。疫情嚴重，民眾鎖在家裡，宅配需要量大增。大樓管理櫃臺形同中繼站，外送物件如何安全送到住家，是一個嚴肅的課題。櫃檯的酒精、紫外線清淨機等消毒器具儀器，已成為必要。大樓健身房也需改變為個人化的健身空間。總之，如何增加防堵病毒的安全設計、淨化空間走道，都應該納入相關設計。

（八）逃漏房地合一稅。財政部認為近年在稽徵實務上發現三種刻意規避房地合一稅情況，包括刻意高報土地移轉現值、運用空殼公司收購不動產再轉賣股權，這兩種已透過房地合一2.0修法防堵，另外還有虛報裝潢費成本，國稅局已啟動查核。房地合一課稅稅基為房地成交價減除土增稅課稅範圍與各項成本費用，再依照持有年度對應稅率課稅。土增稅是依土地購入與出售時的漲價總數額課稅，但因為土增稅自用稅率為10％，比起房地合一稅10％～45％多半較低，部分民眾夥同交易人刻意高報移轉

土地現值，讓原本適用45%稅率的部分稅基，轉爲適用10%土增稅，以此規避稅負。另外，前幾年也有民眾成立未上市櫃空殼公司，收購單一建案不動產，再將公司股權轉賣他人，因爲未上市櫃股權交易在2021年以前免課基本稅負，同時也停徵證所稅，等於稅負可從房地合一最高稅率45%降爲最低0%，形同變相逃漏稅。

爲因應兩大逃稅情況，財政部自去年啓動修正所得稅額基本條例，將2021年以後的未上市櫃股權交易列入基本稅負範圍，今年更推動房地合一稅2.0，將未上市櫃公司且價值五成以上皆爲不動產的半數股權交易，列入房地合一稅範圍，另外也限定土地漲價總數額以公告現值差額爲限，超出部分只能列費用扣除。

（九）新冠疫情持續升高，飯店生意掉九成。臺灣飯店業者再度成爲超級重災區，據了解，目前呈現小商旅直接休業，大型業者轉做防疫旅館的態勢，新一波倒閉潮一觸即發。疫情升高，飯店業首當其衝，市況更是雪上加霜，但景象迥異於去年疫情乍起之時，斷尾求售的業者面臨市場冷淡，買家審慎的窘境；也有業者認清現實，放棄國際觀光客市場，積極尋求轉型。至於過去一年轉做防疫旅館，以求維持營運動能的業者，也面臨收入大減的無力感。劇烈變局，帶來了大淘汰潮。

原本臺灣抗疫有成，國旅成爲飯店市場主要需求，沒想到好景在今年5月中警戒升級開始，又大量出現退房比訂房還多的慘況。這波疫情來的又猛又急，比去年更慘，甚至短期內無法趨緩，飯店業已然進入另一波寒冬。（本文刊載於現代地政雜誌）

17、我在金瓜石、空軍幼校、官校、部隊、貿易界的歲月

陳熙煬

　　小時候在金瓜石，看到老鷹翱翔在空中，十分的羨慕，做了好多風箏去同老鷹比翼，但無法感受那凌空的滋味，爬到茶籠山頂俯瞰山城，有鳥瞰的感受，那時立下飛行的願望，並放棄擁有獨霸雞腿的權利，改為擁抱雞翅（家中男老大，祖母的最愛，獨享雞腿，但聽說吃雞翅膀會飛，所以更改嗜好）

　　在空軍幼校、官校的環境裡，我這個山裡的孩子，慢慢學習看到更大的環境，更多不同的視野呈現眼前。不同的地區，不同省籍來的同學，讓我在學習飛行的準備中，有了更多新的認識，我像海綿一樣吸收著各樣的文化，習慣，語言（我會講眷村話，吃辣的，不講臺語時，沒有人認的出來我是蕃薯仔）。

　　學校畢業後下部隊，進入了作戰飛行線，又看到另一種江湖。每個人比作戰技術之外還要耍心機，玩政治，與長官博感情，拿資源去供養升官……

　　一次落地過程中撞靶繩的事件，冤屈於被清除的塔臺錄音檔，及上級想遮掩飛安事件的不公平做法，讓我對飛行感到心冷，經理兩年作戰管制參謀官的休息，我脫離了軍旅生涯。和太太一起跨入了貿易界。

　　貿易，很刺激的生活方式，全島跑透透之外，也常常蹲點大

陸，更不時到歐洲客戶那兒找商機。二十四小時不停歇的生活，女兒讓丈母娘跟外傭帶，最後終於太忙，家庭無法顧好，女兒的叛逆讓我們帶著掙錢容易的不捨去了加拿大。

十多年的離開，回國後，正好碰到整個臺灣的政壇大變化。藍、綠、無黨鬥得不可開交，不同的理念，不同的聲音，似乎都認為自己是對的，別的看法都是雜音。我也曾以兩岸四地（臺、中、美、歐）的見聞和人爭論很多次。這樣的情況讓我很不舒心。

近來益躲疫在家，好好仔細回味自己的過往，一幕幕的影象，最鮮明的還是當初在山中看鷹翱翔的片段。

不論省級，國籍，中外，古今，目前這樣的氛圍（抗爭、對立）、這種的情境（疫情、戰爭陰影），好像一直都不曾斷過，而每個人的心中都有一幕類似看鷹的美好日子，讓我們都看鷹去吧！

18、溪頭遊記

許瑞峰

前言：

溪頭乃「河流上游之意」，位於臺灣南投縣鹿谷鄉內湖村，名稱由來是此地於鹿谷鄉境內北勢溪之源頭，因而得名。

溪頭身處於阿里山山脈前端鳳凰稜脈，其林相分布有柳杉、臺灣杉、檜木、櫸木、楠木、銀杏等樹種，擁有豐富生態林貌。

溪頭森林遊樂區是臺灣的知名旅遊景點，現由臺灣大學實驗林管理處所轄，園區內有大學池、紅樓、銀杏林、生態展示中心等景點，並有多條森林步道與登山步道穿梭於林叢之中，其中有座步道建置在多顆大樹空中之間，有「空中走廊」美稱。在附近還有一個「妖怪村」的遊樂景點，有各種各樣的人扮妖怪遊行表演，也有許多小吃美食和禮品商店，遊客在此遊玩可以得到一種新鮮的旅遊體會。

溪頭度假感言：

2017年3月1日，利用短短幾天的連休假期，我們夫妻兩人在百忙中抽空前往溪頭森林遊樂區度假，放鬆一下自己的心情與生活步調。

在溪頭度假的頭一天，天氣一直在下著細雨，但是雨中漫步的溪頭別有一番情趣，穿梭在林間小徑，細雨濛濛，詩情畫

意，隨後在雲霧籠罩下，顯示出非常美麗又優雅的溪頭特有景象。

　　隔天一早，聽著鳥叫聲，在清爽的大自然氣息中醒來，臺灣杉樹林及孟宗竹竹林的寧靜優雅，又襯托出溪頭森林的雨中即景之美。走在林間，大口吸滿清香的芬多精之時，瞬間又聽到五色鳥及青蛙等的彼此歌頌大自然的美妙聲音，伴隨著雨滴的微小滴答滴答的雨聲，整個溪頭森林猶如幾張充滿活力與朝氣的不同凡響的畫作，令人陶醉其中，頓時感覺時光停滯不前，流連忘返。

　　雨後的濛霧則又是溪頭森林的另一種美景之一，整個山林似有似無，恰如含苞待放的美麗少女，隱藏在大自然的懷抱裡，偶而露出笑容似地景色風光，讓人感到一絲絲新鮮感的神秘面紗，宛如遙不可及的夢想景象。

　　夜間的散步，在微微的燈光之下，和心愛的老婆伴侶手牽手，沐浴在涼爽微風下而行，順著三十七年前度蜜月時的舊步道隨心自在地走著，回味無窮。回想起剛結婚時從無到有的奮鬥過程，成家立業的艱辛歷程，還好女兒、兒子都很孝順又上進懂事，閒聊中兩人的雙手更加緊握，彼此之間都覺得這一輩子總算沒有白活了。

　　兩老夫妻深感時光無情地流逝著，還好這一輩子應該可以白頭偕老，相愛到人生的終點吧。

　　次日早上離開溪頭前的一刻，終於陽光的笑臉出來歡送我們一路順風回臺北，遠處望去，柳杉森林的細縫中，充滿著陽光照耀下閃閃發亮的美景，這似乎顯示出人生充滿無限的希望與美好的未來，抱著一顆滿滿的幸福感，開車回臺北溫暖的家，這個連休假期充滿著滿足與喜悅，誠盼好朋友們大家有空時，也應該去

溪頭森林公園走走看看度假一下吧。

溪頭森林孟宗竹竹林 溪頭園區柳衫林 溪頭園區林間小徑

19、2021年1月29日至2月1日股市進出之心學、理學與事功

林正明

　　股市來到民國開國以來的最高點一萬五千至一萬六千點！周五（1月29日）收盤至周日（1月31日）晚上放鬆心情，逛街吃美食。周日（1月31日）晚餐後收心，準備週一（2月1日）交易。

　　即時搓合後，每檔股票，就是一檔期貨，很多程序交易參與，多空轉換速度非常快。適合極短線，多空交易，週四多單歐印，週五停利，拉回低接到刀，停損把獲利賠超過，轉向空單歐印，週一必須把週五賠的賺回來。

　　今天（1月31日）午餐前就收心，腦裏一直再思考，週一（2月1日）加碼放空，還是先停利，或大膽空兩檔可能會補跌股票，極短線交易，不可以失去盤感，以前可以同時多空交易四檔股票，現在難度很高，只能交易兩檔，週一開盤，多空應變非常重要，早上就作功課，操盤順暢，就是最大享受，期待有事功。

20、一個改變我餘生的夢／彭氏氣功／前彭博社臺灣分社社長

彭智明

　　約2009年中在香港的某晚，智明做了一個夢，因而作了一個改變我餘生的重大決定。

　　那晚，我夢見自己乘坐一大船，在激流中向前急駛，當時感覺船身即將墜入瀑布懸崖，因而使盡全力，然而大舟仍然墜下，此時眼見無底深淵，驚恐萬分，突然有股神力把大船及我定在空中，因而驚醒，一身大汗，心中隱約有聲音告訴智明是觀世音菩薩救了我，於是我深思此夢的意義。

　　智明歷任世界三大通訊社（美聯道瓊社，路透社及彭博新聞）駐臺特派員，其中於彭博新聞社時期，榮任臺灣分社社長職務（2004-2008），也是臺灣外籍記者俱樂部首位華人會長（2004-2006），更是臺灣人中，罕見的亞洲級記者（2008年，因表現優異，被拔擢到香港，任職彭博新聞資深記者，負責亞洲區政治，社會新聞）。當時頗為志得意滿，也頗思更上一層樓。然而世俗的事愈順利，也就是愈被五欲染著（通俗指「財色名食睡」，深點指「色聲香味觸」），容易沉淪猶如墜入無底深淵。

　　於是我深切反省過去的一切，智明是虔誠的佛教徒，已茹素二十餘年，並曾在1990年留職停薪，閉關半年，然而功名順遂，

我幾乎已忘了自己曾發願要修行，要自利利他。想想當記者，自利者多、利他者少。於是長考數月後，我決定離開彭博（2009年7月底），從香港遷回臺北，思考將英文寫作跟氣功兩項長處結合，閉關八個月後，終於完成第一本英文氣功書籍的草稿。

　　2010年6月起，我將家傳武學轉化為簡單、易行的健身法，創辦彭氏氣功，以中英文教授氣功及應邀演講。一轉眼，我整理氣功並恢復教學已三年多了，看到多數學員因此而找回健康，也深覺欣慰，與當初構想的「自利利他」頗為吻合。期間有多位朋友問我是否會懷念記者生涯，只要我想想這個夢的警示，我就覺得慶幸做了一個正確的抉擇。三年多來透過演講及app 教學，已有上萬人學過「彭氏氣功大調息：排毒充電秘法」，多少有助他人健康，自己也有較多時間思惟佛法、人生。

21、與阿查雙城記：北京、臺北
╱俊鵬共鳴

呂榮海

呂榮海律師：

你在北京有一邊做一些法律工作賺錢嗎？（可以不答）。

老查競傳：

現在都在吃老本，沒有賺錢。有不少老朋友約我談一些業務，我都是給一些建議，沒有參與。五花八門的都有，以鄉村振興最多，例如土壤修復，醫療普及。其次是收購公司重組的剩餘價值，不良房地產打包出售，還有一個臺商的討債案。

這兩個月做了一些從來沒有做過的事，養了一隻貓，孵了八隻小雞，養了三十幾條魚，還有大約四十個盆栽，其中有黃瓜、小番茄及青蔥。不過，只有青蔥及幾盆花很好，其他的蔬果都無法吃。

呂榮海律師：

@老查競傳

1、我也減少接案了，學習吃老本，互相砌磋勉勵。

2、在北京有場所種花菜、養貓、魚？不錯啊

3、我養了一百多隻蝸牛。上次在農場幫別人養的狗不見了

4、有一首詩，大意是人生像飛鴻在泥上留爪痕。我們認識那麼久、各奔東西，到這年齡結緣，你又是大人才，我很珍惜，

所以多問了一下近況。

老查競傳：

我家有一個比較大的陽臺，花草都是盆栽，魚在魚缸裡面，不是魚池，小雞（才兩周大）目前在客房室內的空盒子裡養，比較麻煩，每天要清除糞便三次，等小雞大一點要移到陽光房。加菲貓會自理還算好處理，就是不准進入養雞的客房。

賴俊鵬：

人生到處知何似？

應似飛鴻踏雪泥。

泥上偶然留指爪，

鴻飛哪復計東西！

老僧已死成新塔，

壞壁無由見舊題。

往日崎嶇還記否？

路長人困蹇驢嘶。

（宋・蘇軾・《和子由澠池懷舊》

呂榮海：

@賴俊鵬

你好棒！

呵，我就是不太會「背書」！

22、成功嶺記憶／今宵多珍重

羅台生

這首〈今宵多珍重〉
是民國五十八年
我上成功嶺
是這一生中
第一次穿上軍服
軍階是陸軍二等兵
俸祿為月薪
新臺幣兩百四十元
每天晚上
十點就寢的時候
就會聽到這首
〈今宵多珍重〉
而另一首
〈科羅拉多之月〉
是我們在第一次
在成功嶺聽勞軍晚會
大家拿著自己的小板凳
坐在大操場看表演
當時的指揮官
是陸軍中將

曹傑
勞軍演唱會
是由
姚蘇蓉首先唱
〈今天不回家〉
而後
就開始舞蹈表演
音樂就是這首
〈克羅拉多之月〉
屈指一算
已經是五十二年前的往事

23、六遊法門寺、懷想

郭鶴松

　　法門寺在陝西省寶雞市扶風縣法門鎮，寶雞市是周文王起兵處，古名叫岐山，是三十六計之「明修棧道／暗度陳倉」的出處（陳倉就是現在的寶雞市陳倉區），法門寺離陝西咸陽機場約兩小時車程，展示的寶物非常值得前去觀賞！最出名的地方美食應該是岐山臊仔麵／文王鍋盔／涼皮／臘汁肉夾饃。

　　我1995年至今應該去了六次以上，尤其是1995至1996年，地宮內的地宮我就爬進去了兩次（照片地基的最中心點／就是照片丟滿錢幣的那一張），這篇報導內容所有的物件我基本上都看過，只有兩件搞不清楚：

　　1.對夜明珠印象模糊，因為夜明珠其實就是純度很高的螢石，對我這個在氫氟酸公司待過的人來說，夜明珠實在是宣傳過盛，不值錢（螢石就是做冷媒的最基本材料－螢石磨成粉＋硫酸）。

　　2.釋迦佛祖的佛指舍利——在1995年至1996年，我不確定看到過是真品還是仿品，但1999年後看到的確定是仿品，因為這釋迦佛祖的佛指舍利太貴重了，基本上是重兵保護、不輕易展示的，除非重大節日有事先公布且嚴密保全才可能展出。

　　法門寺大整修應該是在2000–2006年間，同時景區擴大，此擴大及工程係臺灣建築師李祖原團隊承攬完成，負責本案的建築師應該是成大畢業的黃文旭，現任應該是李祖原建築公司副總經

理，他是南方澳人，老家現在還在我們家隔鄰三間. 他年紀跟我小弟差不多，他們應該是小學從小一起遊玩長大的學長學弟。

此案媒體上並無報導，是因為我2003年2004年因公進出西安較頻繁，此期間在西安機場就碰到黃文旭兩次，才知道這工程原委！——當時大陸知名建築設計，往往是國外團隊設計，但要大陸設計院蓋章用他們名義送件才行，大陸只接受其國內資質（牌照），不接受國外設計資質（牌照），尤其是此官方工程。大陸的設計院通常只承擔審圖及蓋章，不參與設計，只拿錢跟出名義，所以文件及公告展示都是xx設計院，但媒體及廣告倒是會宣傳正確是李祖原建築師事務所——這種方式不知道現在改了沒？現在世界知名的建築師事務所，大陸應該是會接受才是！

24、理？心？「兼美」在紅樓夢中有？

呂榮海

　　故國情懷？與目前現實？臺大外文系教授、前北市文化局長廖咸浩認為，林黛玉代表思念故國大明王朝的感情、陽明心學，薛寶釵代表當時大清王朝的現實及理學；還有遠在臺灣的「眞眞國」（鄭成功）既是眞實，然而也只是短暫的虛幻。最美的奇女子「兼美」兼有黛、釵之美，她奪走了賈寶玉的第一次，也「兼美」理學心學，然而她只存在夢中，希望兼美理學心學的鵝湖書院，奪走了我的思想心儀的第一次，讓我有機會成為思想家及鵝湖行動家，而不只是夢中才存在。這些構成紅樓夢的主軸。現在的臺灣、大陸、兩岸、日本、中華民國、中華人民共和國⋯⋯固有的中華文化及臺灣價值？存在著比紅樓夢更複雜的故國情感與現實之間的糾結，誰有能力寫現代版的紅樓夢？⋯⋯2018年8月12日10：00，臺灣鵝湖書院聽聽廖咸浩述說《紅樓夢》，或許可擦出共譜現代版紅樓夢的感⋯⋯

25、疫情與股價／股海素描

康橋

　　去年疫情大作時，臺股加權指數曾跌到八千多點。我有位老友R兄，當時持有之某公司一千多張股票，跌至每股十元左右，而他大多是以每股二十元左右買的，所以當時在「牌面」上縮水了一千多萬元。

　　但他「鎮定如恆」、「按兵不動」，沒有「認賠售出」。

　　到了今年4月23日，該股單價達到36.9元。R兄不但沒有「賠」，還「賺」了大約兩千萬元！

　　最近這一波疫情來襲，這家公司股價也曾下跌，但有了反彈。5月21日之收盤價為29元。R兄仍然有「賺」。

　　股價有漲就有跌，有跌就有漲！疫情難免使人「窮緊張」、「自己嚇自己」。

　　不過，在去年疫情之亂期間，人心比較「沒底兒」，真的不知道股價會跌至幾點才得「反彈」？以致造成「惡性循環」、「賣多於買」，才會跌那麼多。今年這一波呢？大家心裡有著去年「跌後反漲」的經驗和「期待」，即不會「急著賣」。那麼，「止跌回漲」的情況就比較容易來臨了！

　　舉5月18日之收盤價為例，不僅我持有的九檔股票全部「見紅」，其中有兩檔漲停；而且我所注意到而「不敢」買或「沒有買到」之三十九檔股票全紅，之中有二十一檔漲停！去年從八千

多點後產生的「翻身」預備動作，可沒這麼「快」！

筆者撰寫本文，僅供讀友們參考。

請注意！購買股票前，必須先作好「功課」，選對的，優良的，並有前景，且其領導者為「儒商」型人物，並熱心公益之公司，再「買」，就比較不致於將來「懊悔」！

26、電影學案 洪成昌導演／
學而時習之，不亦說乎

呂榮海

　　鵝湖快樂研習營第十期，2020年6月23日下午，邀請電影〈盲人律師〉的導演洪成昌主講「這樣拍，微電影便瘋傳」。

　　這個課程一經po出，四個小時就滿額，應大家要求及洪導演幫忙，訂於七月六日開第二班（研習營第十一期），又快速一周額滿超載。可見洪導的號召力及視頻時代、智慧手機時代，大家常感有此需求。

　　洪導在演講中放映了五、六片他替國防部、貿易單位、慈善基金會、高工等單位拍攝的微電影，皆百萬以上甚至千萬瘋傳，他並以此案例分析其瘋傳元素，並解構了現在人人心之所思。堪稱現代的「心學」。

　　說真的，我和執行長黃志卿所說的一樣，我看了他的微電影，皆有含著「熱淚」的感覺，相信當天出席的二十五位學員大都有同感。孟子曰：「惻隱之心，人皆有之。」……此之謂也。

　　子曰：學而時習之，不亦說乎，有朋自遠方來，不亦樂乎？人不知而不慍，不亦君子乎？該日的學習，大家群聚一堂四小時，都感到很快樂，一點也不想眠。

　　乃知：快樂、學習、朋友是儒學最大宗旨，《論語》首章三段皆直指「快樂」。相信洪導的「知名度」會快速增高，預祝他

計劃拍製的「大師時代」募資、行銷成功！讓我們不論多少，以「參與、學習」的角度，共襄盛舉……

儒學很大的特色是「開放性」，今天的「文以載道」絕對不只是文字，微電影、電影也是重要途徑，讓我們以開放的態度對「新事務」學而時習之、交朋友、增加知名度並共同「傳道」！

27、黃淑瓊詩選4：思念臺灣故鄉

黃淑瓊

　　許久不曾回故鄉了，去年到今年，清明到中秋，漫長的等待，又等待。

　　難忘故鄉四合院外那一池鳶尾花，棚架下綠油油的絲瓜，還有那一天走近小溪巧遇的白鷺鷥，以及臺灣原生特有的欒樹，早已花開又花落。

　　為此，我一一作詩，在心中思念著。

　　鳶尾若蝶乘風來，
　　蝶似鳶尾凌空飛；
　　相逢總在清明時，
　　莫問遊子胡不歸。

再接一首：

　　孩童高盪秋千樂，
　　歡聲連連笑語落；
　　牽絲掛藤枝葉壯，
　　懸瓜累累結實多。

在美國的絲瓜和中國的一樣

又一首：

纖纖白鷺鷥，
飛到河邊站；
默默望遠方。，
引頸傷形單？

再續一首：

臺灣苦楝舅，
欒樹戀金秋；
花黃不久留，
果紅多早熟。

步行於臺北天母街上（臺灣欒樹不開花時，因葉子長得像苦楝樹，所以也趣稱臺灣苦楝舅）。

范揚隆：

（四十年前的同班同學，三人一起走在人行道上的欒樹下）。

其實是五十年前了。我們三人（歐樂君、劉項、范揚隆）1970年於建中畢業，迄今五十一年矣。那天我和夫人黃淑瓊以及劉項相約拜訪住在天母的歐樂君。走在天母一路上去吃牛肉麵，被老婆偷拍！

28、2021辛丑年末省思Part 1.及Part 2.加入鵝湖書院大家庭

范揚隆

昨天一夜大雨，清晨看了呂律師的歲末隨想，便想起了賴總的建議，我也該寫一篇自己的年度反省了。

Part 1

我是一位非常幸運、幸福的人，應該感謝神、感謝主、感謝耶和華，感謝在天上的父母、祖先。

首先談健康：

我住在舉世聞名的大公園邊，每日清晨八點，固定的去裡面散步，遇到鄰居和朋友都會寒暄幾句或是相約一起走；有一天，走到沙漠園坡頂時，老友馬先生問我：你好像喘氣聲很大，有沒有問題？剛好當天中午當心臟內科醫師的大兒子帶妻小回家陪我們午餐，我就問他怎麼回事？我兒子說：爬坡本來就會short breathe，如果擔心的話，就去看心臟科醫生吧，當天就幫我約了此地最有名的foothill cardiology 心臟專科醫院檢查；幾個星期後，PET scan 檢查和結果都出來了～血管零阻塞，血管壁也沒有什麼垢；我聽了好像中了樂透般的高興，真是祖宗保佑。

前兩個星期，和久未聯絡的朋友去打球，隨口抱怨一下眼力減低了，兩百碼以上的小白球都看不清滾到那裡？朋友說他媳婦

就是眼科醫師，可以幫我約診；沒想到兩天後就可以去看診，結果也是只有輕微白內障，沒有青光眼、沒有黃斑部病變；只是老花眼鏡度數少了兩百度，重配眼鏡就可獲得改善。憂慮多時的白內障手術又可以不做。這又放下了一百個心啊！

再談兒子～

我有兩個兒子，沒有女兒。年紀漸長，我和老伴常抱怨沒女兒將來會很慘。我家老大，天資聰穎領悟力超強，從小到大我們都不操心他，功課名列前矛，讀書做事有主見，小小年紀就下定決心當醫生，實現他老爸當年因考前吃了安眠藥而誤了聯考第一天的考試成績，沒當成醫生的遺憾。

高中畢業時，幾乎全美國的名校都錄取他，他獨鍾西北大學七年制的醫學院，而且很順利的畢業了，經過六年的專科醫生訓練，進入美國有名的Kaiser醫院。一晃十年了。

我家老二，功課也不錯，SAT 差一點滿分，也是被哥倫比亞、西北、伯克萊等名校錄取，不過，他個性比較內向，顧慮太多，沒辦法很快決定自己要什麼？最後選擇了加大伯克萊分校讀工業工程，因爲交了女朋友，女友讀Haas商學院，他也去Haas修學分，沒想到他最後對財務管理、財務分析感興趣；畢業後順利的進入BOA 風險管理部門工作，2007年時，他在芝加哥實習大宗物資的期貨交易、投資等業務；休假回家時就告訴我們許多商品包裹投資的風險，並萌生辭意；我們也不知道包裹投資是什麼樣的？勸他好好做下去，隔年他又轉到紐約BOA大樓上班，做股票交易的實習工作。前後經過三年實習下來，可能表現優良，銀行就升他做風險管理部門的AVP（Assistant Vice President）又過兩年升他做VP（Vice President）順利的過了幾年，放假時他回來說有人排擠他，到處找他麻煩，剛好有前長官

找他一起創業，問我們意見？老實說，我一輩子都當老闆沒給別人上過班，他說的我也不了解就隨他意了；結果他就跟著印度裔美籍老闆創業去了。在BOA的這十年間，他沒交到女朋友，倒是讀了不少書（修了Stanford 大學的AI （人工智能），考取了CFA （財務分析師）level 1，2，3 三級證照；三年前，我看他創業沒有什麼特別進展，建議他回來LA邊遠距上班邊申請到UCLA Anderson school 修MBA的課，結果也都如願。他現在已經在舊金山的公司當Data Scientists 部門經理，工作似乎如魚得水的很快樂。在回來西岸的三年裏，交了一位也在Kaiser 當醫師的女朋友；下個月28日就要結婚了。這對我們兩老來說眞是天大的喜事。我們也可以說是Kaiser family 了。

part 2

今年雖說新冠病毒 蔓延全球，但是對我來說還是有很多小確幸……

很幸運的進入鵝湖書院的大家庭中～

話說二月底時，獨自一人在臺灣避疫，家人都在美國；正想訂機位回美國時，兒媳、老伴一口同聲表示美國疫情嚴重，暫時別回；剛好呂律師在建中歡樂群組中分享橫山鵝湖書院開會的訊息，我看了馬上打定主義要去會呂律師，說不定可以遇到我四十年未見的初中同學溫明正（在呂律師分享的鵝湖照片中有他的合照）。很巧的當天所討論的主題又是「臺灣移民滄桑史」；這也是我所熟悉的主題。因爲自從2005年決定退休後，就在盤算增補編修我們范家族譜，所以在往後的五至六年裡，每年三月中就會參加宗族的廣東陸河掃墓祭祖之旅，在祭祖的旅途中宗親所談的人、地、事、物都與移民史有關；所以和大家會面開會時，就滔

滔不絕講了一串家族移民臺灣的滄桑歷史。

　　緣份就那麼自然的推進，會議結束吃完便當，呂律師、蕭新永，魏秋和諸兄說要去內灣老街附近泡溫泉 我剛好有車就一起去了；沒料到當天是週末遊客很多，我們在車陣中莫名其妙的被交通警察指揮到一條小路上，中途停車向路邊農民買橘子以及蔬菜，順便問路，方知我們已經在往關西鎮的路上，徵求大家同意到我范家一遊，於是大夥展開了餘慶室、雙塘園、拇指園、高平堂、坪林天主堂之旅；也去了我祖先、父母住的祖塔大門～高平岡阜以及我叔叔范光群以及我二哥范醫師的大農舍。因爲時間有限、天已黑，大夥匆匆離去，相約再來。才又有了三月中拇指園范教授的老子《道德經》以及餘慶室的理學傳家講座。

關西范仲淹後代范氏宗祠「餘慶室」

29、憶八卦山曾是我們的聖山

胡崇欣

民國四十九年春上元前，祖父帶著父親和我，三代人參加板橋媽祖宮的媽祖回鑾和八卦山拜祭。

當時的進香團只能是搭火車包車南下，火車由板橋站直放嘉義，再轉臺糖五分車到北港，入住的是北港街上發心的接待家庭。

記憶中，大人們一完成北港回鑾禮後，大家又匆匆搭上小火車趕去彰化八卦山，祭拜乙未年八卦山之役陣亡將士，等一切就序，再回北港夜宿時，已是昏天暗地，年年如此。

當時的八卦山在祖輩的心中是臺灣聖山，每年都不嫌舟車勞頓，必要前往拜奠。反而是在後來的國府教育中，臺灣人的抗日情懷不見了，代之被植入的是中國人的抗日觀，兩者由於時空不同，山河異域，竟莫名其妙的產生了異質變化，迄今猶待融合……

30、感時詩三首；石豐銘、許文彬、呂榮海各附一首

謝三榮（三郎）（東石三郎）

1、宣判了

三百多頁起訴文
指控三中案有損
一審宣判為無罪
有司揚言不停遜

東石三郎1101030
聞前任元首被起訴，一審宣判

呂榮海
我也來一首

有罪重證一頁足
何須編織三百頁
檢官降格如律師
人間混沌苦歲月

許文彬律師

法院不是誰家開
就法論法判下來
是非公道可議論
意識型態且掰掰

謝三郎：

2、起風了
秋風起兮雁南飛
兩岸關係喚不回
公投罷免連番來
兩面應對會很累

東石三郎1101029
聞政權保衛戰開打

石豐銘：
起風了

秋風起兮雁南飛
民主爭戰天天迫
中華兒女共同體
以民為主不後悔
110 10 29 石題

3、兩岸波平

臺海風雲起波瀾
美軍協訓來臺灣
兩岸波平浪不興
永持和諧保平安

東石三郎1101029
據聞美軍協訓

31、憶歌曲〈回憶〉及〈你來〉的作詞者呂佩琳老師

林月嬌

民國六十幾年，兄弟姊妹都未婚嫁，有好幾年我們每晚睡前，聚在一起聊天，聊到沒話題時就唱歌，大弟彈吉他伴奏，最後一定唱〈回憶〉，那是晚安曲，唱完各自回房休息。

民國72年至75年，我在花蓮機場工作，間暇由呂佩琳老師指導聲樂，呂老師與〈回憶〉作曲者郭子究老師是同事，因此由她補上後半段歌詞。

我是呂老師唯一不爲課業、只爲興趣而學，我下課後還要回去上班，所以平常上課不常聊天，直到我調回臺北前的最後一堂課，我謝謝老師爲〈回憶〉作詞，也謝謝郭子究老師作曲，使我們兄弟姊妹有〈回憶〉可回憶，她告知郭老師現住花蓮，並給我電話、地址。

回臺北那天上午，去拜訪郭老師，謝謝老師作了〈回憶〉，使我與兄弟姊妹共享溫馨時光，他很感動，我們幾乎淚眼相對，他不知道他的曲子爲大家帶來美好，大概很少人這樣訴告他，辭別前他送我一捲〈回憶〉的卡帶留作紀念，這是我第一見郭老師，也是最後一次見到他，我調回臺北大約三年後，從報上得知他辭世。

〈回憶〉是每個合唱團必唱，很多人都會唱，我在合唱團不

知唱過多少次，現在每次聽這首歌，腦海裡浮現的是兄弟姊妹齊聚一堂的情景，天南地北聊天的場景，〈回憶〉只能回憶了。

非常謝謝呂老師以愛心及耐心教我，我學過鋼琴，彈過拜爾・徹爾尼，除了會看五線譜外，沒有聲樂基礎，那時甚至很少聽古典音樂，老師一點一滴教我，一週一次共三年多，奠定聲樂基礎。

不過我也很認真學，幾乎每天練一到兩小時，就這樣　傻的學了三年多。

這首〈你來〉是呂佩琳老師作詞，郭子究老師作曲。

間奏原本是口哨聲，他們改成薩克斯風。

回憶

https://youtu.be/_VLw74VxRvo

呂佩琳

http://www.ksnews.com.tw/index.php/news/realtimenews
Content/0000011896

32、鵝要鵬飛

王鵬飛

鵝要說
我要如鳥一般的高飛
飛到同類的心裡，溫暖彼此
飛到異見的嘴邊，開開眼界
飛到道者的頭頂，看清世界
飛到儒者的腳邊，活在當下
飛到釋者的胸前，擁抱眾生
飛到基督的手上，傳播真愛

謝聰敏：
鵝湖精神
海納百川

林良奎：
這篇新詩，很有莊子的筆法。想像力豐富，氣勢磅礴！
應該說：長出了心靈的翅膀

Oscar：
有孳《莊子‧逍遙遊》的味道：北冥有魚，其名為鯤。鯤之
大，不知其幾千里也。化而為鳥，其名為鵬。鵬之背，不知其幾

千里也；怒而飛，其翼若垂天之雲。是鳥也，海運則將徙於南
冥。南冥者，天池也。

33、磐誓

陳連順

臨風守候三千年
我是沉默的蒼天
馭風而來
給你一聲應允
廣大如我
肯將
全部的年華
化作無邊的等待
作磐作石
似誓似盟

呂榮海：

此詩好，看了，也有想寫的衝動……比「劍雨」電影中的那首五百年的石橋等待還長兩千五百年？可以輯錄在某書嗎？

陳連順：

任憑取捨。我已授權，無抄襲或其他任何問題。

34、崑曲欣賞

仇符瑞／陸永明

鵝湖2020

　　2020年8月8日下午觀賞建中老師仇符瑞等主演的崑曲四段，我喜歡崑曲帶有情感的唱腔歌曲，茲快速記其字幕，並略記其中之二段歌謠的大致情節如下：

1、小尼姑思凡

每日裏在佛殿上

燒香拜佛

捨入在空門

不住口的唸著

彌陀

平白地與那地府

吃齋拜佛

孔雀經參不破

叫一聲沒奈何

怎知我感嘆還多

又只見那

兩旁羅漢

口兒裏唸著我

心兒裏想著我

唯有布袋和尚

笑呵呵

有誰肯娶我這

年老娑婆

鐘古樓做不得

望夫臺

不由人心熱如火

想尋找一個年少哥哥

任他打罵

生個娃兒

卻不道是

快活煞了我

2、**斷橋之1**
　　頓然間
　　鴛鴦折頸
　　好教人
　　淚珠暗滾
　　怎知他
　　一旦多薄倖
　　怎不教人
　　兩淚零
　　我細想前情
　　淒清
　　不覺鸞鳳分飛
　　好傷心
　　怎能夠再和鳴？

3、**斷橋之2**
　　如今負此情
　　背前盟
　　忒硬心
　　追思此事
　　眞堪恨
　　不覺心兒
　　氣滿襟
　　幾喪殘生
　　進退無門
　　怎不教人生傷心

此行
休得洩真情

呂榮海律師按：

今天的崑曲表演前，主辦單位代表介紹了「陸永明」的故事。陸永明（1921-2019），活了九十九歲，2019年8月8日去逝，今天是他的紀念日。他除了從上海帶來崑曲唱腔到臺灣，留傳、演唱到今天以外，他還曾因留學東京帝國大學，通日語、中文而於1945年後被中華民國派來接收臺電之一，爲「點亮臺灣的人」之一……

35、古路有行客，寒山常伴君
╱法律需要的是發自內心的溫暖

楊岡儒

拙文《少家法院組織法施行十周年：論司法實務對兒少婦幼保護近況》，載於2022年全國律師月刊6月號。

謹然分享一小段節錄：

伍、代結論：

古路有行客，#寒山常伴君

據此，同樣審酌弱勢者權益保障之衡平或平權觀點，婦幼老殘均為此類，性別並非只是傳統社會結構下所呈現的「立法不利（或不能逕稱「歧視」）」，於傳統法制上迭經大法官釋字之宣告而逐漸改善或改良。

「法律需要的，是發自內心的溫暖。別問我為什麼知道，我就是知道。」這是筆者某次在家事事件調解中，步出調解室激動時，當事人婦女對我講了這句話。筆者愣了一下道：「我現在很生氣、拼命冷靜耶。」她淺淺的微笑了。

後來該案居然神奇的調解成立，有時候，共同的善意及努力，確實真的能避免爭訟的情況。或許家事事件很多時候來自於

「各種衝突或誤會」，但未必不能解決。當事人常常「用他自身的生活案例」在幫筆者上課，或是跟著筆者一起共同學習。人們生活上應該互相幫助的內心及行動，源自於我們感同身受的情感。

或許可以這麼說，當您能感受到別人的痛苦，就能夠以同理心、和善的對待他人，避免造成傷害。

法諺云：「法律的目的，應該是對人們客觀公正的運用法律，藉以保護及救濟無辜者。（Law of ruled by law is the purpose of all the people of fair use of the law, so as to protection and relief for the innocent.）」很榮幸跟這麼多法律人一起共事。

筆者很喜歡一首詩：

荒村帶返照，落葉亂紛紛，
古路無行客，寒山獨見君；
野橋經雨斷，澗水向田分，
不為憐同病，何人到白雲？
《唐・劉長卿》

今為諸君，潤改如下，
「古路有行客，寒山常伴君。」
同樣詩句，助人的路上，有人相伴即不寂寞。
「期待，下一個二十年。」
楊岡儒律師 謹識 2022.4.30
兔寶 2022.6.16.pm5:20

劉長卿，字文房，宣城人，玄宗開元年間進士。史載劉文房

個性頗為剛烈，年輕時於嵩山讀書，與詩仙李白交厚，曾任監察御史。

唐才子傳載：「性剛，多忤權門，故兩逢遷斥，人悉冤之。詩調雅暢，甚能煉飾。其自賦，傷而不怨，足以發揮風雅。」

又如秦公緒，天寶末避亂剡溪，自稱「東海釣客」，與劉長卿、韋應物善，多以詩相贈答。

36、鳥類攝影／家燕、丹頂鶴、八色鳥

王文德

1、「家燕」…可敬的建築師

　　小時候住的房子，牆壁就是用稻草、泥巴、竹子形成，家燕築巢也是先咬一口稻草，然後到水邊咬一口泥巴混合來築巢，厲害吧！

2、丹頂鶴

　　北海道丹頂鶴生寶寶

　　今年十七歲的「KIKA」和二十歲的「BIG」第一次育雛，終於自然繁殖成功，帶著雛鳥趴趴走。

3、八色鳥

穿著小紅褲的八色枒！

37、靜心女史／以一偈語記俄、烏戰亂

王淑貞

媼的平安祝福～
諸淑女仕紳君：
晴熱轉陰雨，
暖寒宜小心。

今細思 南宋・釋鼎需・《偈二十首其三》：

子能承父業，
賺殺（煞）幾多人？
家破人亡後，
無門寄此身。
愁人莫向愁人說，
說向愁人愁殺人。

　　此一偈語，媼用來觀察蘇、烏之戰下的雙方百姓，尤其戰場所在的烏克蘭百姓，不論其貧富，在遭遇（參與）戰火者，家燬人亡，倖存者流離後，其悽慘境遇必皆如此偈所言吧？！

38、伯公、叔公的聯想

洪文東

　　自2020庚子年初COVID-19 疫情在國際間蔓延以來，各國進行各種防疫措施、疫苗注射及防疫規範等。中華民國在臺灣，全國人民遵守中央流行疫情指揮中心的防疫規範，諸如：帶口罩、勤洗手、保持社交安全距離等行為規範。受COVID-19新冠肺炎病毒感染的人數，僅控制在百位數以內，而因新冠肺炎疾病死亡的人數亦控制在十位數，防疫成績亮眼，在國際間受各國肯定。

　　然而，由於病毒從中國大陸武漢開始傳播，接著傳染途徑經由歐洲各國：義大利、西班牙、法國、德國、英國等國，再至美洲美國、巴西、加拿大、墨西哥等國，同時還有亞洲的日本、韓國、印尼、馬來西亞、印度等國，以及澳洲、紐西蘭等國，其中又以美國、印度、巴西三國感染人數、死亡人數最為嚴重，高居世界各國的前三名。病毒在上述各國傳染以來，病毒也在英國、南非、巴西、印度等國，發現產生不同變種，Alapha、Beta、Gamma、Delta等病毒株，傳染力越來越強。

　　2021辛丑年5月15日，臺灣因國際機場出入境管制措施的防疫疏漏，出現防疫破口，造成英國變種病毒的入侵，感染人數突然暴增、死亡人數節節上升，疫情進入社區感染，指揮中心隨即宣佈全國進入三級防疫警戒，因而導致影響了人們日常生活作息。在南投的大哥，在臺北的我與在高雄的弟弟，平日有空皆會利用假日，回草屯北投埔老家聚會敘舊。然而由於疫情規範，三

兄弟只好藉由手機，以視訊通話方式，相約在晚餐後8:30~9:00之間，以手機三方同步聊天，藉以聯繫感情敘敘舊。

我的小孫女很好奇，我們三兄弟在聊天話家常時，問我：「爺爺，他們是誰？」，我回應她：「是爺爺的哥哥與弟弟。」小孫女又問我：「那我要怎麼稱他們？」我再回覆她：「爺爺的哥哥叫伯公，爺爺的弟弟叫叔公。」小孫女回答我：「爺爺，伯公？叔公？很好聽，我知道了！」我的大哥、弟弟對小孫女而言，是伯公、叔公。對她的父親而言，則稱呼我的兄弟為伯父、叔父。對我而言，則稱呼大哥、弟弟。這些稱呼顯示出手足親情，也代表著傳統倫理的親屬關係。

以前學生時代，我們三兄弟從小到大，生長在鄉下農村，平常生活在一起，讀書也在一起。記得有一天晚上，我們在書房讀書寫功課時，弟弟看到窗外天上眾多星星，指著夜空上北斗七星的斗柄上三顆星一直線，說：「哥哥，那三顆星一直線，好像代表著我們三兄弟，三人同心協力，連成一條線。」此一學習生活往事，日後每當夜晚，觀看天上星座，看到北斗七星斗柄的三顆星：天權、玉衡、開陽三星連線（如照片1），就會回憶起弟弟說的那段話。

最近在視訊通話之中，又回味起成長的往事，聊起我弟弟文柏英文名Wen Bor，縮寫W. B.，我哥哥文卿英文名Wen Ching，縮寫W. C.，我的英文名Wen Dong，縮寫W. D.，我們將三顆星一條線，就稱之為BCD直線。代表著我們三兄弟，齊心協力、互助合作，共同努力維護家族產業。我們三兄弟成家立業、各自發展，每逢假日必會回草屯老家聚會探視雙親。回憶起母親常對我們三兄弟說：「兄弟同樣心，黑土變黃金。」俗語說：「兄弟齊心，其利斷金」，所謂團結力量大，誠哉斯言。

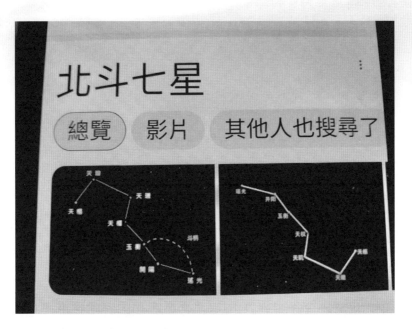

照片1：北斗七星圖片
取自Google網站

作者

洪文東

民國38年（1949年）生於臺灣省南投縣草屯鎮。民國61年（1972年）自國立臺灣師範大學化學系畢業，即應聘至省立南投高中任教高中化學，民國69年（1980年）考取教育廳公費，出國赴美國加州大學Santa Cruz校區化學研究所進修，民國73年（1984年）元月學成歸國經教育部同意，調聘至行政院國家科學委員會服務擔任副研究員，民國81年（1992年）8月，應聘至國立屏東師範學院數理系，擔任教授兼實習輔導處研究組組長、科學教育中心主任等職，民國94年（2005年）8月改名為屏東教育大學，續任化學與生物學系教授，民國95年（2006年）8月，自國立大學退休，再轉聘至美和科技大學護理系擔任教授兼教務長、研發長、健康暨護理學院院長等職，民國104年（2015年）2月，於健康暨護理學院院長任內退休，續兼任護理系教授直至民國107年（2018年）。民國104年（2015年）1月至民國106年（2017年）12月，擔任社團法人臺灣海峽兩岸醫事交流協會顧問，民國104年（2015年）1月至民國109年（2020年）12月，擔任社團法人海峽兩岸醫療產業基金會顧問，中華民國科學教育學會監事（2019年~2021年），現任華夏科技整合聯合總會監事。

學歷：1、國立臺灣師範大學化學系畢業、化學研究所結業。2、美國加州大學Santa Cruz 校區化學研究所碩士。3、國立臺灣師範大學科學教育研究所理學博士。

經歷：1、省立南投高級中學教師（1972年~1984年）。2、行政院國家科學委員會助理研究員、副研究員（1984年~1992年）。3、國立屏東師範學員講師、副教授、教授、國立屏東教育大學教授（1992年~2006年）。4、美和技術學院教授、美和科技大學教授、兼任教授（2006年~2018年）。5、社團法人臺灣海峽兩岸醫事交流協會顧問（2015年~2017年）。6、海峽兩岸醫療產業基金會顧問（2015年~2020年）。7、中華民國科學教育學會監事（2019年~2021年）。8、華夏科技整合聯合總會監事（2021年~）。

著作：1、《國小自然科實驗基本操作》，王龍錫、洪文東、莊嘉坤、謝榮藏，高雄市復文書局，民國84年。2、《師院普通化學》，洪文東、李文德、黃嘉崑、謝榮藏，臺北市五南圖書出版公司，民國85年。3、《科學創造發明與發現》，洪文東，臺灣書店，民國88年。

39、股市隔日沖達人的自剖與勸世文（防詐）

林正明

1、自剖

我是男阿信，初中開始，放學買菜煮飯洗衣服，挑身高一半高的水桶。爬山坡挑水到天亮，假日在臺北火車站，賣愛國獎券、報紙，在靶場撿子彈賣，沒玩過彈珠。

同時大我六歲讀大一的家兄，因壓力大又有燥鬱症，不時對我有瑜亮情節，每天找藉口打我，打得兩小腿爛疤一年才好，感謝這樣子磨鍊，讓我能忍人不能忍，青少年眞空，使我不自覺會許多東西。青少年時孩子氣、好奇、認眞，敏銳反應快，但易受騙，然因貧困而培養出刻苦耐操，有不輕易放棄的特性，離家出走三次，終於成功。

十六歲參加象棋成人國手選拔，夜班晚上七點到上午七點，沒睡覺，早上比賽還是沒人能贏我第一盤。

邱永漢曾從二千人徵二十位人才，稱「邱永漢之友」，全部是大學畢業，留美日碩士，只有我用日文寫自傳，唯一初中畢業，邱永漢面談三次。

日本山口組第一次自助旅行，我是導遊，帶到圓環酒家，當時是大新聞。

　　初中離家出走，睡公園或未關門的公車上，有次在臺中車站，被黑道及警察抓，東躲西藏，好不容易逃到車站，上火車流浪到高雄市。

　　無同學，無朋友，因自卑，為了獲得肯定及尊重，異於常人認真十倍，只要我在，第二名加倍也抵不過我。

　　股市一萬二千點下來時，我慘賠，離婚。因自卑沒自信，反而激發了我，發誓從此只有我付十萬薪水給人，而不是為了月入十萬而受僱。當時房子套牢，自己帶二位小孩，撐的很辛苦，無人關心，為此，我看遍英雄故事，看他們如何面對失敗，如何熬過困境，遺憾未用心學如何守成。

　　之後，先靠電動玩具賓果馬戲團，月入五至十萬，並訓練一位營業員下十家空中交易上手，慢慢賺，用一、二十萬墊款二百萬，到月業績八千萬包一間貴賓室，於政府開放當日沖銷，存了二百萬，我成為有名的小資金業績創造者，證券商要我業績，借我一千萬，我二百萬全押當保證金，市場剛開放，大家還不熟練時，每月倍數成長，七個月一億三千萬，一年二億。

　　報導是隔年的事，出名後因自己困苦長大，所以有人找我幫忙不善拒絕，大家找我要業績，都開戶，出名成了肥羊，被設局幫一家出事券商，煩到頭髮都白我。

　　最忙時分五家券商，每天股票十多億，摩臺日五千口，我下五百口，佔摩臺10%；日盤一千口、兩千口，佔臺灣盤50%、66%，在日本的汽油期貨，好像僅次於住友伊藤忠。

　　當時曾有投顧找我演講，一人兩百萬，二十人聽我演講，他收三成，他說每人身價十億，想學我的膽識，我沒答應，因我只有「快，狠，準，全力以赴，錯了就停損」，不想騙錢。

　　低調很久，去年，有位不認識的女中人找我，她說上面交待

她來找我，我得操盤賺錢，幫助孤兒院、養老院，我從不求神，聽她的去恩主公拜，三次都蓋杯，到松山，媽祖收留了我。

我看好大陸快開放當日沖銷，她說，上面安排一位一樣是朋友，他需要賺錢，他的朋友是大金主，會找我合作，也是說我得等蕭何出現，不知誰是仙姑說的那人。

謝謝那位我們族人帥哥，人肉搜尋找到賴憲政那篇報導，賴憲政原是萬盛證券投顧總經理，萬盛關門，他找我要去新光證券當總經理，我一個月下六十億業績挺他。

如有人遇到逆境熬不過，或可找我，我會提供我的經驗資源，如我無能力，會尋求賴友們支援，教你、陪你如何熬過困境。

　　沒有徹底輸過的人，常常會輸得一塌糊塗；
　　沒體會過饑寒的人，貧困會成為你的歸宿；
　　沒歷經過拼搏的人，屬於你的成功不會長久。

2、勸世文（防詐）

一、請勿在地下盤口下單。

二、請勿交易地下外匯。勿受所謂的老師慫恿程式多強。以為好賺。

三、代操。絕對不可以碰資金。嚴控停損。免得犯法。

四、不可以借錢交易衍生性商品。

加賴以後。

一、○○營業員代操賠錢又挪用資金，我協助雙方，讓營業員還錢也免得被告。

二、有次盤中有位女族友貼哭臉，很嚴重貼圖。她爸爸玩地下期貨，賠很多錢。她替他付到影響婚姻關係，向我求救。我教他們如何和盤口談判，分期還錢，避免黑道追殺。

三、有位很優秀第一女中畢業的，家境清寒，很孝順，想賺錢照顧雙親、改善家裡經濟。我本想讓她在旁邊當學習的小姐。

她被慫恿交易黃金外匯，我都遵稱她黃金女王。上週半夜她說現在是女僕，覺得怪怪的。

起床問她怎麼了？聊了一個半小時。她的老師教她找資金代操，說會和她一起操盤，月獲利可以二倍，給投資者15%、20%、28%，說她可以賺很多錢。她的確曾連二天日賺一倍，讓她更大膽募資。老師叫她放大週轉率，但被我擋下來。

那時覺得她好像很厲害，比我厲害很多，不好勸她小心操盤。

結果上週數萬美元賠到剩數千美元，而且還動用公款付仲介費。我教她約在人多的地方談判，週六下午在公園路麥當勞談判。現在被逼迫還本金五萬美元加20%至28%利息。還有人告訴她說有辦法讓她一次賺五萬美元。也許就是想押她賣給應召站或其他場所，且一般常會被用毒品控制，永無翻身機會，恐怖啊！

她本來未讓雙親知道。她說最壞走到沒人認識的地方……，但人找到她家去了。我勸她先找工作，再上法院由法院判決，比較安全。

我找律師幫她寫訴訟狀。用薪資30%分期還錢，才能平安無

事。自助人助！只要她走正途，我會提供資源給她。如還是走偏門，就愛莫能助了。

前陣子樂陞事件有人自殺。現在認識的人也出事。心情很差。

把我處理的方法提供給參與投機的資金方與操盤人。注意：投機甘賺賠、操盤要嚴格守停損。

希望這樣子的糾紛能減少，也避免再發生悲劇。

歡迎轉貼到期權股票群組。給大家參考。

林正明

40、「書院之旅」記

張崑將

　　昨日（2022年8月17日）謝謝大家完成一天的書院之旅，登瀛與礦溪兩書院，古樸之風尚存，藍田書院雖鸞堂化，但仍存詩社之風。以下幾點心得，與大家分享：

1. 登瀛有結合地方熱心教育人士經營，尚有詩社教學與活動，解說員陳老師都能扣緊儒學與地方人文精神，解說活潑生動，主委還能吟詠古詩，眞是老當益壯，三獻禮保存完整，典雅的臺語引導生動莊嚴，眞是詩禮樂之風猶存的書院，展

現登瀛書院豐富的人文精神，令人看到傳統儒家文化的面向。

2. 礦溪書院由地方鎮公所經營，人煙稀少，有觀光化的趨勢，頗待活化。解說的王老師對於礦溪建築知識相當豐富，學到不少東西。但解說「儒學」相關的書院內涵比較少，這應是我安排的問題，我相信地方文史人士也有對礦溪書院有深入瞭解人士。將來改善之。

3. 藍田書院雖宮廟化，但人氣與經營最旺，這應是書院轉型宮廟化經營最有成效的書院，但也因此不再以書院精神為主體，而是以宗教為主體。

由此次踏訪，有以下幾點心得：

4. 凡由地方鎮公所經營之書院，書院有日漸萎縮之勢，蓋不得

有力或有心人士之所致。如礦溪書院。

5. 凡能結合地方熱心教育人士之書院，書院精神尚能保存。如
   登瀛書院。

6. 凡宗教化後之書院，書院頗能維持經營，但書院的儒學精神
   被淡化。

　　如何活化書院，既繼承與創新書院，真是個大問題，願大家
可多集思廣益，書院參觀多了，也許就更有多元的想法。例如臺
中宏文書院過去有考棚，目前應已被恢復運作，這是一個現代化
的經營。將來可去參訪之，激盪更多的想法。

　　昨日晚餐之際，呂律師念頭一動，欲成立「麗澤書院」於臺
灣，樂觀其成。呂祖謙當年成立於浙江金華，旨趣與意象是取
《易經》兌卦：「君子以朋友講習」，朋友互相講習什麼？「風
聲雨聲讀書聲，聲聲入耳；家事國事天下事，事事關心。」書院
精神本在此。

　　書院的靈魂其實在於「山長」，還有一些君子朋友互相講
習，當年呂祖謙促成鵝湖之會，成立麗澤書院之精神亦在於此。
有德有能的山長及一群君子在哪裡，文化精神就在哪裡。

《鵝湖民國學案》作者簡介

一、主編兼作者

1、賴研

一個標準的風向水瓶座，眼睛看著一處，心常常卻在彼處。在電子業界的江湖中闖蕩起伏，一直過著衝浪般的職場人生。曾經已經習慣在千百人前坦然自若，獨自行走才不動聲色的顯露出靦腆。放棄專業經理人如演員般的生涯之後，遠離鎂光燈，卸下面具，在後臺準備道具，拉佈景，期待新人上場演出。把過去的滄桑留給百度或谷歌搜索。

2、呂榮海

臺灣大學法學博士，博士論文《勞動法的法源》及碩士論文《融資性租賃契約之研究》，分別由王澤鑑、黃茂榮指導，在臺大圖書館存有，歡迎查閱。專業律師逾四十年，助人為樂，2009年見鵝湖書院從法歸（融）儒，成為鵝湖之會、鵝湖書院、麗澤書院志工，研究了十多年的宋明清理學，重掘傳統文化的精良成份，希望融合傳統文化之精華與新時代知識如法學、經濟等。曾任行政院公平交易委員會委員，對產業經濟、勞資關係、農工進化、歷史多有興趣。也自有太陽能發電，曾任民營電廠董事長，堪稱法律界知電者。

近幾年致力於鵝湖書院、關心麗澤書院等文化傳承與民國學案，於傳統文史述大人物之外，疼惜百工百業、布衣庶民生活，為其述傳。認為世界和平、兩岸和平發展是第一人權……攸關東亞、世界庶民的幸福生活。

二、編輯兼作者

1、蕭新永

出生在一個純樸的農村，幾代人不識字，往來也白丁。孩提時代的田莊生活倒是平靜如水，偶而有庭院內的家族紛爭，以及竹籬笆外的鄰居、親戚間的爭端而已，極少有社會波瀾。既非耕讀世家，亦無貨殖傳統，純粹是「日出而作，日沒而息」的田耕生活罷了。

檢視這一生的社會地圖，自大學畢業後進入職場工作，沒有高山、深海般的大幅度起伏，一切都是平淡無奇罷了。

惟有退休以後信仰的是「一輩子的學習」，所以參加許多文史哲相關的社團網站，靠新知識的吸收及消化以補綴乾涸之心靈。但買了一斗室的書，卻找不出浸淫其中的樂趣，看起來還不是讀書的料，更遑論「為學日益，為道日損」的修為了。只好觀看天道循環，星辰日月，四時代序，「廬山煙雨浙江潮」，自自然然地過一生了。

2、洪文東

學歷：

1. 國立臺灣師範大學化學系畢業，化學研究所結業。2.美國加州大學Santa Cruz 校區化學研究所碩士。3.國立臺灣師範大學科學教育研究所理學博士。

經歷：

1. 行政院國家科學委員會副研究員。2. 國立屏東教育大學化學與生物學系教授兼科學教育中心主任。3. 美和科技大學護理系教授兼研發長、教務長、健康暨護理學院院長。4. 社團法人臺灣海峽兩岸醫事交流協會顧問。5. 海峽兩岸醫療產業基金會顧問。6. 中華民國科學教育學會理事、監事。

現任：

1. 臺灣化學教育期刊編輯委員。2.華夏科際整合聯合總會監事。

著作：

1.《國小自然科實驗基本操作》，高雄市復文書局，民國84年。2.《師院普通化學》，臺北市五南圖書出版公司，民國85年。3.《科學創造發明與發現》，臺北市臺灣書店，民國91年。

3、周隆亨 （Henry Chow）

Lehigh U機械工程博士（1988年1月），建中高三12班（1976）

興趣：當代藝術欣賞評論收藏評審，哲學，烹飪，電影，陶藝，路跑，網球，高爾夫，文學。

專長：機械工程，精密量測（流量／振動聲量相關）計量標準，實驗室管理，品保，跨領域科管，智財管理，策略規劃

座右銘：Be Joyful，Be Glorifying（喜樂人生，榮神益人）。

人稱「亨利哥」的我，於國內藝術圈內少有人不認識，樂於分享自身受到藝術作品的感動與見解，可算是臺灣年輕藝術家最重要、也最誠懇的藝術收藏贊助人之一的大家的好朋友。

4、陳蕙娟

政大歷史系畢業，現住新竹，喜歡歷史可以增加思考的深度與廣度，心理學亦是喜好之一，明白人可能的心理狀態，可以理解他人，雖難感同身受，能有同理心。

閱讀是興趣，還有甜食，心情不好的時候最好的安慰；喜歡傳統戲曲，特別是崑曲，優雅的唱詞，細膩的動作，水袖飄動隱含意境，賞心悅目的藝術。

5、陳祖媛

孩子離巢。得空，寫寫短文，有幸在此和大家以文會友，也

要交待一下自己⋯⋯

最高的學歷不過大學畢業。最終的工作不過老總祕書。

1997－現在：宅CEO（家管）

二十多年前，為了孩子回歸家庭，陪著他們長大是我最大的成就。你可以說我是菜籃族或家管，管菜錢、管蘿蔔頭加上計劃未來，所以覺得與時俱進的稱呼應該是「宅CEO」。

從帶孩子的過程中，深深體會到「只有改變才是不變」的王道。

6、潘俊隆

陸軍軍官學校，清華大學科技管理學系，臺北科技大學工業工程管理碩士。曾經歷職業軍人，研發工程師、研發主管、專案經理、工廠主管等職務。

耕莘文學寫作班結業。高中時期即參與文藝研習營並寫作小說、散文及報導文學，作品多次刊登於校刊及縣級刊物。投身軍旅後中斷寫作多年，近幾年開始投身劇本及小說創作。

三、作者群

1、于盼勝（盼盼）

學歷：建中分校、大安高工、臺大歷史系。

經歷：1. 中興工程顧問公司十二年，參加十大建設及水庫、水壩、水力發電廠之水工機械設計，其他工作範圍尚有鋼骨廠

房、鋼拱橋等之設計。2. 民國75年奉派參加中美洲多明尼加水力發電技術團工作，五年後因精通西班牙語獲升遷爲技術團長，85年返臺，共計旅多十年。3. 民國86年轉至臺中大將作機械工程公司，民國104年以總工程師職務退休。4. 臺中正德工程顧問公司從事相關工作，於民國110年完退。

職場工程專業四十六年及文史研究，以「理工報國，文史潤心」自況。

2、三塊（林三元）

年少苦讀，從當時還是鄉下的南港吊車尾考上建中，又靠著國文分數出奇好加上數學太爛，加25%還是沒達高標，從臺大地質「掉到」交大「計算機科學系」，也因爲大學四年成績爛只好幹Sales，從PC賣到超級電腦，從硬體賣到軟體進了臺灣微軟，也因爲兩年業績未達標，被一棒揮出界外球，竟然被中華電信董事長接住，幹了八年半的基金會執行長，2017年3月離開中華電信基金會，從街頭藝人出發，矢志把「草編童玩帶回日常」，開了無數師資培訓工作坊也獲邀演講，因爲三塊相信「Maker start from Doer」，讓孩子從父母、祖父母雙手傳承手作，不只是幫親情與元宇宙對抗！而且還是素養教育的一環、文化傳承基石與推進精密工業的解方。

3、查競傳

臺灣大學法學士，密西根大學比較法碩士，紐約州執業律師。第二屆國民大會代表參與修憲（總統直選案）。五十歲後專

職從事公益。

唯一擔任四個法域（大陸，美國，香港，臺灣）獨立董事之人。

現為中國文化大學法學院博士班學生。

4、陳熙煬

一個手比腦袋好用的鄉下老男孩。

從小好奇，將小鴨子塗滿泥巴，看乾了會如何。看到鷹在空中盤旋而決定以後的飛行目標。心想世界是什麼而轉行貿易去看看世界。外國月亮比較圓？去國外十餘年後返回。

年輕時學習不好，（學歷）不佳，及長杖著健康的身體，累積不少的（經歷），目前在累積（病歷）中。

祈能在學歷、見識，跟隨大家，充實一些！並和群賢們分享經歷，共同討論病歷，並一起努力迎接黃金歲月的到來！

5、胡崇欣

臺灣新北市板橋人。

中興大學臺北法商學院合作經濟系畢。出身外貿尖兵，見證臺灣經濟起飛之艱辛。事業上歷經創業，失敗，再起，外移，起起伏伏，最終在金屬加工業，做出點成績。自感年輕時崇儒，中年好道，近年學佛，也看西洋哲學，但始終好讀書、不求甚解。

六十五歲後，應明志書院之邀，參與管理，開始學客語，做客家人，積極推進明志書院之文藝復興，期勿堙先人於開拓竣工之際，捐資興學，奠基人文之大德懿行。

6、仇符瑞

耽溺戲曲數十年，擴大了我的生活圈，並結交了許多的優秀曲友。

從小愛唱歌，入師大英語系後，唱西洋歌，建中執教時，參加京劇社，正式學習唱、唸、做、表，並在學校及校友們贊助下，固定為校慶粉墨登臺，老師唱主角，學生跑龍套，堪稱當時盛事。

後因緣巧合，隨師習了崑曲，竟迷上婉轉細膩的水磨腔，並堅持至今！換言之，講臺、舞臺都是我的最愛。

7、楊岡儒

字中庸，號勤牛，綽號兔寶律師；臺灣屏東縣人，法學碩士，執業律師，曾任高雄律師公會13屆、14屆理事，全律會全國律師月刊總編輯。

素喜讀古文、理學、心學，研讀《易經》及佛道經典，因資質平庸，勤以補拙，自勉讀書，人十能之，己千之。

鵝湖之會，千古盛傳，象山先生云：「堯舜之前有何書可讀？」此明心見性。或以紫陽先生詩對：「偶攜藜杖出寒谷，又枉籃輿度遠岑。舊學商量加邃密，新知培養轉深沉。只愁說到無言處，不信人間有古今？」兩祖相知相惜，東萊先生居功至偉，功德無量。

中庸云：「庸德之行，庸言之謹，有所不足，不敢不勉，有餘而不敢盡。」復云：「君子和而不流，中立而不倚。國有道，不變塞焉，國無道，至死不變，強哉矯！」

是以中庸謙守，持志明衡力行，謹然與仁人君子互勉之。

8、吳正牧

1947年生，桃園市大園區人。政治大學教育研究所碩士。

曾任：1. 桃園縣首任文化中心主任（今文化局長）；2. 行政院勞委會（今勞動部）勞教科長；3. 臺灣省教育廳臺灣書店總經理；4. 桃園市武陵高中、中壢高商校長。

現任：1. 長虹教育基金會董事；2. UPF和平大使；3. 福建平和壺嗣吳氏文應公臺灣裔孫聯誼會創會長等。

著作：《人文實驗》；《小節》；《師說心語》；《起向高樓敲曉鐘》；《生命的光影》；《舞落在鄉間小路上的花瓣》；《淬煉：初品人生》等十餘本。

目前已退休，賦閒在家，關心文史哲興衰，靜觀天下大小事。

9、許文彬

曾任：總統府國策顧問、法務部顧問、內政部警政署法律諮詢委員、衛生福利部疾病管制署諮詢委員。

學歷：國立臺灣大學法律學系畢業。司法官訓練所第十期結業。

考試：律師高等考試及格（1969年）。司法官特種考試第一名及格（1970年）。

經歷：1. 臺灣高雄地方法院檢察署檢察官。2. 行政院大陸委員會諮詢委員。3. 海峽交流基金會特聘專家。4. 中央選舉委員

會常任巡迴監察員。5. 行政院政務顧問。6. 中華人權協會理事長。7. 中華兩岸文經觀光協會理事長。

10、王淑貞（靜心女史）

1. 中興大學中文系畢，師大國文研究所40學分班結業，民國91年，建中退休。

2. 曾任臺北市國中國文科輔導員、明倫國中訓育組長、建中合作社理事、監事主席、退休會財務長、志工；建中校友會刊編輯。

3. 退休後，無育兒之勞與工作壓力，故積極參與樂齡學習，就臺灣高齡社會言，自覺應為表率，追求健康積極豁達的人生態度；曾任建中、臺科大樂齡學習謎語課講師、臺北市立圖書館部落格及歡樂讀書會講師、三興分館說故事林老師。

11、王鵬飛博士

學歷：清華大學工業工程博士。中央大學數學碩士。中央大學數學學士。

經歷：1. 經濟部中小企業處顧問1996－2011。2. 經濟部標準局專利審查委員1990－1994。3. 亞太產業研究發展基金會副執行長1998－1999。4. 國立中央大學研發處創新育成中心顧問2001－2003。5. 國立中央大學校友會副理事長2000－2004。6. 國立中央大學校友會理事1995－2004兼副總幹事1997－1999。7. 中華三創菁英協會秘書長2019－。8. 中國多媒體協會顧問1996－1999。9. 中華民國企業經理協進會專任副秘書長1995－1996。10. 中華網

際網路研究發展與應用協會理事長2001－2004。11. 中華菁英協會創會理事長2001－2004。12. 臺北市清華大學校友會監事2004－2010。13. 清華投資經理人協會創會會長1998－2004。14. 菁英顧問公司執行顧問1987－1997。

12、陳連順

臺灣臺中人。童年受民初文學薰陶，以寫作自娛。於臺灣大學法律研究所就學期間專攻民商法。畢業後，曾任教於東吳大學法律系、淡江大學公共行政學系，現任臺北商業大學兼任助理教授，並在會計師公會、記帳士公會講授公司治理與財富傳承相關課程。著作有《民法精義：總則篇》、「民法精義：債篇總論》、《公司法精義》、《閉鎖性公司章程的規劃與撰寫》等書。

13、孔憲法

英國劍橋大學地理學博士。曾任成功大學都市計劃學系教授，長期從事有關都市發展史、文化資產保存再利用、景觀規劃、產業園區規劃等領域的研究與教學。曾在澎湖與金門調研、服役，並在泰國讀書，因此對華人移民現象、其故鄉及主要聚居的東南亞事務具有濃厚興趣。喜歡聽音樂、逛書店、博物館、捕捉田野風光等文旅活動。

14、康橋（喬）

本名楊和哲。

專業：寫作、作曲作詞及演唱

迄今已寫出逾二萬篇各式各類文章，其中有二千多篇發表在海峽兩岸報刊雜誌。已作出一千多首樂曲或歌曲，之中有二百多首發表成爲三十二集專輯。七集由「風潮唱片」發行，六集由「音橋唱片」發行，此六集裡，〈茶韻〉專輯榮獲中國大陸民（國）樂CD專輯第二名；二集由「慈濟人文志業出版社」發行，這二集裡，〈車子眞有趣〉專輯入圍了2013年金曲獎兒童音樂項目。也能創作企業主題曲、廣告曲。

康橋（喬）能唱多種不同種類歌曲，包括：西洋懷念情歌、電影主題曲，國臺語歌曲、民謠，日語歌曲，還有自己創作之歌曲（內有一百三十八首《論語》演唱曲）。朋友若有興趣，可加入kk box科技線上音樂聆聽康橋（喬）之作品。

康橋（喬）終身以提倡和平、大愛、環保、養生等理念爲職志。設有臉書和部落格。

15、張崑將

現任臺灣師範大學東亞學系教授。專攻東亞儒學思想比較研究、東亞陽明學、日本儒學思想。過去十幾年來陸續在臺灣師範大學推動「東亞青年儒學營」，並參與臺灣大學負責舉辦的「青年學者東亞儒學研習營」，並且多年帶領兩岸研究生朱子之路研習營。今年與我兄長張溪南出版了《臺灣書院的傳統與現代》，希望能爲臺灣日漸淡薄的中華文化盡點傳承的綿薄

之力。

16、羅台生

主要成就：

1.1984年／1985年榮獲亞太地區十大傑出行銷經理獎。2.1989年中華民國傑出商人獎。3.1995年中華民國十大傑出企業管理人獎。4.2004年國立臺灣科技大學傑出校友獎。5.2006年國立臺北科技大學傑校友獎。6.2011年第二屆世界客家嘉應大會總執行長。7.2013年臺北市工建校七十年傑出校友獎。

主要貢獻：

1.1989年爲宏碁電腦公司創造出自創品牌／周邊事業部／OEM事業部。2.1992年將飛利浦光碟機及光碟片技術引進臺灣，創造出新臺幣八千億的業績。3.創造出世界壽命最長的電腦小教授一號（維基百科報導）。4.訓練及造就一百位總經理，爲臺灣訊息產業服務。

經歷：

1. 臺灣通用公司總工程師。2. 宏碁電腦公司協理。3. 群光電腦公司副總經理。4. 飛利浦公司亞太區總經理。5. 致福公司副總經理。6. 美商愛美達公司副總裁。7. 晶訊公司董事長。

學歷：

1. 臺北工專（國立臺北科技大學）：工業工程畢業。2. 技術學院（國立臺灣科技大學）：工業管理畢業。3. 菲律賓亞洲管理

學院：高階管理畢業。

社會經歷：

1. 宏外線召集人（宏碁電腦公司）。2. 飛友會召集人（飛利浦公司）。3. 臺北市客委會委員。4. 新北市客委會委員。5. 中華畫院協會執行長。6. 全球視野協會理事長。7. 中華幸福企業快樂人協會常務理事。8. 國立臺灣科技大學校友總會理事長。9. 全球客家／崇正聯合總會副總執行長。10. 中華海峽兩岸文經交流協會常務理事。11. 國立臺灣科技大學管理學院聯合校友會理事長。

學術資歷：

1. 國立臺灣科技大學教授級專家。2. 國立臺北科技大學教授級專家。3. 美國管理大學教授暨博士生導師。4. 元智大學教授。5. 教育部大學評鑑委員。

17、王文德 WANG WEN DER

1.（前）美國惠氏藥廠（亞洲）股份有限公司臺灣分公司總裁。2.（前）臺灣惠股份有限公司董事長。

2010年1月1日計劃性退休，除了追求「健康與樂活人生」外，感受到每一個人都有走的一天，關鍵是……你如何精彩的活著？志願扮演社會志工，創造「被社會利用的價值」。

個人是個資深攝影嗜好者（民國54年起），但是在「飛羽攝影」仍然只是十幾年幼幼班菜鳥，近年受到好友林朝枝醫師鼓勵投入另外一個領域——「飛羽攝影」。

「孤獨與寂寞」是退休人員的宿命？感謝「攝影和志工」的嗜好，拯救了我退休後可能帶來的「孤獨與寂寞」，自己的生活也找到了寄託！在我們的手中，我們擁有今天。在我們的夢裡，我們擁有明天。在「健康、樂活、攝影」的領域，我們擁有幸福的未來！

18、林正明

　　朋友說他是「股市隔日沖達人」，曾經一個月下業績六十億挺某股市名嘴負責的証券公司。然而，也是經過股市一萬兩千點跌下來時慘賠的歷練，現在善於停損。

19、范揚隆

　　從小內向、膽小的我，被家人期待讀醫學院、當醫師賺大錢；因為不敢看屍體、不敢看開刀、也不敢看人打針……所以在我年輕時期一直都過著很矛盾的生活。

　　雖然高中考上建國中學，成績一直也都不錯，因為填寫志願表時和家人爭執多次，最後自作主張才填了寥寥幾個志願，落實願望－讀國立屏東科技大學（前身屏東農專）。

　　到了屏東，是我人生最大轉捩點。很快的憑聯考英文九十一分的佳績，應徵到長治鄉的海德農場當《華文世界化》的英文編譯工作，薪水相當高；一夕之間就解惑了－賺大錢不必一定要當醫生。

　　服完預官役出來，去貿易公司當業務，兩年後拿著當年半工半讀存下的第一桶金十萬元，和朋友同組公司「霸洋紡業」、

「霸洲紡業」，此時不但認識了內人，也在兩年內創業成功賺了第一個一千萬。

1982年，我們在新加坡的裕廊、大巴窯，馬來西亞檳城的工廠相繼成立；到1988年公司解散，帶全家移民美國。這工作的十年間，為國家賺取了無數外滙。兩個兒子、媳婦不負所望，都是美國名校畢業；真乃一杯清茶聊慰此生也。

摘錄一段好友對我前半生的評論：

繁華未落，意見真淳，酌濟盈虛，忽興歸志。方燦爛於懋遷，識盈虛之有數，猶叱吒乎風雲，欣寄情於風月。

揚隆吾兄，果乃隱市者乎抑！淑瓊女史，貞雅麗德，文風薰習因以致之耶！

20、黃淑瓊

「世事一場大夢，人生幾度秋涼；夜來風葉已鳴廊，看取眉頭鬢上。」

——蘇軾〈西江月〉

憶十九歲時，颱風登陸的八月考季，頂著風、冒著雨，避開臺北市區多處積水的路段，只為趕赴一場匆忙準備的求職特考。兩個月後皇天不負苦心人，我的十四年公務員生涯於焉開始，而且一天當作兩天用，高效率的完成了大學夜間部五年的課程。畢業次年結婚生子、組家庭。

三十六歲舉家遷徙到美國，一路隨夫經歷了異國創業的過程，全憑一股堅定的毅力和日夜不懈的努力，一步步發展出自己的事業，兩個孩子也順利成長。二十七個年頭日出日落我數過，月圓月缺我盼過，酸甜苦辣我嚐過，悲歡離合我遇過，轉眼之間

已過中年。

　　現正是所謂的「人在天涯鬢已斑」，而肆虐全球的COVID-19令我不曾返臺近三年，思鄉之情早已無可奈何，值此秋涼夜，遙寄中秋月，千里常關懷，天涯勝咫尺。

21、許瑞峰

　　平凡的我生長在臺灣純樸的文化古都－臺南市，後移居到臺灣第一大港口都市－高雄市，國三那年轉學到臺北大同國中就讀，接著考進建國中學，然後去日本留學，最終學歷商學碩士。在日本讀書工作前後將近十年，期間進了日本NEC公司，後被派回到臺灣成立國際採購部，三年後到美國進口商品公司任職總經理。

　　於三十三歲自行創業，主要以電子科技產品為主，行銷日美歐等國各大企業客戶，經常在中美臺日歐等地出差，繁忙的生活讓我感到人生充滿朝氣與喜悅。

　　一眨眼，經營的公司已經過了三十二個年頭，最近十多年也投資了不少的新創公司。感謝老天保佑，讓我有一個平穩的事業和幸福美滿家庭，一男一女都已長大成人，自行就業，各自都有一個收入良好平穩的工作。

　　人生最大的幸福莫過於家人平安健康，無災無難無病痛，就是人生在世最好的財富。（2022年9月17日）

22、謝三榮（三郎）

　　1957年出生於嘉南平原，幼承漁鹽家業，躬耕於海峽之濱。

冬之日，經常驅逐盤旋於自家漁塭上空，伺機啄食養殖的虱目魚之海鷗。曾幾何時，養魚人家的趕鳥活兒，已成為時尚的賞鳥休閒活動。曾入學於臺灣大學法學院，獲法學碩士學位；師事黃季陸、賀凌虛、周道濟及范珍輝等教授。1982年，考試院教育行政高考及格，服務於教育部；並參加國立中正大學的籌備工作，任籌備處秘書；中正大學成立後專任教職（講授憲法、政治學及法學緒論）。

23、靳知勤

自幼成長在桃園濱海的鄉下，養成愛好大自然的習性。中學負笈都會，接觸不同文化背景的同學，啟發探索心理及社會的興趣。後來在大學讀了生物學，從事教育工作。知道學習很重要，但教人是件具挑戰性的事。留學美國愛荷華大學，獲哲學博士後，回臺歷任自然科學博物館科教組主任，東海大學師培中心與教育研究所所長，臺中教育大學理學院長。曾擔任中華民國科學教育學刊總編輯（TSSCI），現任臺中教大特聘教授，關切自然、科學與社會文化議題；致力國民科學素養提升、環境倫理及科學閱讀與寫作等領域之教學與研究。關心未來世界潮流的發展，也顧念小人物的生存與永續。

24、王元慶Oscar Wang

一、專長：1. 製造效率管理：豐田式／精益生產／六個希格碼。2. 供應鍊優化管理：排程、出貨、接單／採購、倉儲、物流。3. 投資效益管制：股票、期貨、選擇權、區塊鍊。

　　二、經歷：1.中國海信集團供應鍊副總。2.佳能企業供應鍊處長。3.緯創資通供應鍊處長。4.光寶科技供應鍊資深經理。5.統寶光電資材經理。6.摩托羅拉生產主任。7.交大專家級教授。

　　三、現職及興趣：1.獨立投資人。2.大學講師。3.寫詩。

25、郭鶴松

　　曾任臺灣上市公司派駐上海嘉定子公司之高管、副總，負責建廠、營運，熟悉上海、東莞、佛山、陝西、臺灣之營商實務，對1988至2022之兩岸企業經營，有深入之瞭解及實務經驗，對臺灣及大陸經濟發展及就業貢獻有時代的代表性之一。

26、魏秋和

　　現任：1.臺灣國信企業管理顧問公司董事長 2.廈門國信經濟諮詢公司董事長 3.福建國信企業管理諮詢公司董事長 4.陸委會臺商張老師 5.新竹縣中小企業榮譽指導員協進會會員

　　學歷：美國西堤（CITY)大學企管碩士MBA

　　著作：1.《高階主管管理實務》 2.《MTP管理才能發展》3.《基層幹部管理實務》 4.《品管圈活動推行方法》 5.碩士論文：《跨業交流在我國之推行》

　　曾任：1.信益陶瓷（冠軍磁磚）總經理 2.中華民國企管顧問學會理事、顧問楷模、高級顧問班講師 3.中華民國全國工業總會「東南亞華商工廠管理研修班講師」 4.中華民國中小企業協會理事 5.日本經營士會會員 6.1974年起從事企業經營管理顧問，輔

導企業八百餘家，主持企管講座一千六百餘次 7.先後在臺灣、上海、福州、泉州、廈門、東莞設有分公司

經營理念：成果分享、合夥制、透過專業素養贏得尊敬、創造價值、本土化

27、曾昭旭

1941年生，廣東大埔縣人。臺灣師範大學國文系、所（博士）畢業，碩士以《俞樾曲園學記》爲研究對象，博士論文以「王船山哲學」爲主題。歷任高雄師大、中央大學、淡江大學教授、系主任、所長。講授《論語》、《孟子》、《老子》、《莊子》、《易經》、中國哲學史、新儒學、電影欣賞與評析、愛情義理學。講學重心不限於大學講堂，更延伸到民間社會，退休之後仍在民間講授儒、道經典，更通過電影故事，探討人生義理、解情書、永遠的浪漫愛、把丟掉的心找回來、兩性關係、婚姻愛情等。

（注：排名不分先後，基本上依提供資料先後）

國家圖書館出版品預行編目資料

鵝湖民國學案 / 呂榮海, 賴研等著. -- 初版. -- 新北市：華夏出版
有限公司, 2022.11
　　面；　　　公分. --（蔚理文叢01；001）
ISBN 978-626-7134-58-0（平裝）

1.CST：學術思想 2.CST：現代哲學 3.CST：文集

128　　　　　　　　　　　　　　　　　　111015453

蔚理文叢 01　001

鵝湖民國學案

著　　作　呂榮海、賴研 等35位
編輯策劃　蔚理有限公司‧臺灣鵝湖書院
　　　　　臺北市103大同區錦西街62號
　　　　　電話：02-25528919
　　　　　Mail：Penny9451@gmail.com
印　　刷　百通科技股份有限公司
　　　　　電話：02-86926066　傳眞：02-86926016
出　　版　華夏出版有限公司
　　　　　220 新北市板橋區縣民大道 3 段 93 巷 30 弄 25 號 1 樓
　　　　　電話：02-32343788　傳眞：02-22234544
E - m a i l　pftwsdom@ms7.hinet.net
總 經 銷　貿騰發賣股份有限公司
　　　　　新北市 235 中和區立德街 136 號 6 樓
　　　　　電話：02-82275988　傳眞：02-82275989
　　　　　網址：www.namode.com
版　　次　2022 年 11 月初版—刷
特　　價　新台幣 900 元　　（缺頁或破損的書，請寄回更換）

ISBN-13：978-626-7134-58-0
《鵝湖民國學案》由呂榮海先生代表授權華夏出版有限公司
出版繁體字版